HECHOS

Justo L. González

COMENTARIO
BIBLICO
HISPANOAMERICANO

EDITOR

Justo L. González

CONSEJO EDITORIAL

Guillermo Cook
René Padilla
Samuel Pagán
Marcos Antonio Ramos
Juan Rojas

Títulos que ya han sido publicados

GÉNESIS, primera parte   Esteban Voth

ESDRAS, NEHEMIAS Y ESTER   Samuel Pagán

AMÓS Y ABDÍAS   Washington Padilla

MARCOS   Guillermo Cook y Ricardo Foulkes

HECHOS   Justo L. González

1 TIMOTEO, 2 TIMOTEO
    Y TITO   Marcos Antonio Ramos

SANTIAGO Y JUDAS   Pablo A. Deiros

TEORÍA Y PRÁCTICA
    DE LA PREDICACIÓN   Cecilio Arrastía

Títulos que aparecerán próximamente

1 SAMUEL Y 2 SAMUEL   Francisco García-Treto

JEREMÍAS Y LAMENTACIONES   Jorge A. González

MATEO   Rafael Cepeda

Otras obras de Justo L. González

HISTORIA DEL PENSAMIENTO CRISTIANO
    (3 tomos. El primero ya está a la venta. Los próximos lo
    estarán en 1992.)

Y HASTA LO ULTIMO DE LA TIERRA: *Historia ilustrada
    del cristianismo* (10 tomos).

LUCES BAJO EL ALMUD

HECHOS

Justo L. González

© 1992 EDITORIAL CARIBE, INC.
9200 S. Dadeland Blvd., Suite 209
Miami, FL 33156 U.S.A.

ISBN 0-89922-380-x

La colección *COMENTARIO BIBLICO HISPANOAMERICANO*
es publicada por Editorial Caribe, Inc. con la cooperación
de la Fraternidad Teológica Latinoamericana.

Impreso por Carvajal S. A.
Impreso en Colombia - Printed in Colombia

Presentación general

«Lámpara es a mis pies tu Palabra y lumbrera a mi camino», cantaba el poeta de antaño. Aquella lámpara que hace siglos iluminó los pasos del poeta hebreo sigue hasta el día de hoy alumbrando el camino de quienes se acogen a su luz. Sin ella, los caminos de nuestro siglo son tan oscuros como los de las peores épocas de la humanidad. Nos ha tocado caminar en medio de guerras y rumores de guerras, entre pestilencias que matan de noche e injusticias que matan de día. La noche es oscura; el camino, incierto. Hay luces que nos deslumbran y nos hacen perder el camino. Empero, hoy como antaño, la Palabra de Dios sigue siendo lámpara a nuestros pies y lumbrera a nuestro camino.

La importancia y autoridad de las Escrituras fueron principios fundamentales de la Reforma Protestante del Siglo XVI. Empero tal énfasis sobre la Biblia no es característica exclusiva de la Reforma Protestante. Tanto es así, que bien podría decirse que la historia de la iglesia no es sino un largo comentario que el pueblo creyente ha ido escribiendo, no solo con sus palabras, sino también con sus actividades. Buen comentarista fue el cristiano que entregó su vida por su fe. Buen comentarista fue el que supo amar al prójimo, hacer justicia, anunciar perdón. Mal comentarista fue el que persiguió a quienes no concordaban con él, o el que usó de su fe para escapar de su responsabilidad frente al prójimo. Y, si bien es cierto que en la Reforma del siglo XVI la Biblia jugó un papel de suma importancia, también es cierto que en nuestros días, a fines del siglo XX, otra gran reforma comienza a despuntar; y en ella, como en el siglo XVI, el redescubrimiento de las Escrituras ha de jugar un papel central.

La lámpara que alumbra el camino es útil en tanto y en cuanto a su luz se dirige hacia el camino por donde andamos. Hay que cuidar de la lámpara; hay que asegurarse de que sus lentes estén limpios; pero al fin de cuentas lo más importante es ver el camino mismo a la luz de la lámpara.

Es por eso que un comentarista como el presente ha de tratar, no solamente del texto en la situación original en que fue escrito, sino también del texto dentro del contexto en que nos ha tocado vivir.[1] Hay comentarios escritos en otros tiempos y otras latitudes que nos son todavía de gran provecho. Pero no nos basta con tales recursos. Ya nos va haciendo falta un comentario que arroje la luz de la Palabra sobre los ásperos caminos por los que transita el pueblo de habla hispana en todo este vasto hemisferio; ya nos va haciendo falta un comentario escrito por quienes acompañan a nuestro pueblo en ese duro camino; ya nos va haciendo falta, como nuestro propio título lo llama, un «Comentario Bíblico Hispanoamericano».

Es nuestro deseo y nuestra esperanza que el Comentario Bíblico Hispanoamericano sea a la vez un llamado y una contribución a ese redescubrimiento de las Escrituras.

EL CONSEJO EDITORIAL

---

1 En los comentarios, la sección «el texto en nuestro contexto» aparece destacada con un tipo de letra diferente.

Contenido

Materiales preliminares

Presentación general 5

Lista de abreviaturas 13

Introducción general 17
      El carácter del libro 17
      El autor 18
      Fecha de composición 21
      El propósito del libro 22
      Texto 27

Bibliografía 29

Bosquejo del libro 33

Comentario sobre Hechos

I. Introducción (1.1-26) 37
    A. Dedicatoria y prólogo (1.1-3) 37
    • Los hechos del Espíritu 40
    B. La promesa del Espíritu (1.4-8) 42
    • El reino y nuestra realidad 45
    C. La ascensión (1.9-11) 49
    • La vista puesta en el cielo 51
    Ch. La elección de Matías (1.12-26) 54
    • La estructura y la misión 57

II. El Pentecostés (2.1-41) 61

A. La manifestación del Espíritu Santo (2.1-13) 61
• La desventaja de los aventajados 65
• Multiplicidad y uniformidad 67
B. Explicación y respuesta (2.14-41) 68
    1. El discurso de Pedro (2.14-36) 68
    2. La respuesta de la multitud (2.37-41) 71
• La comunidad del Espíritu 72
Los postreros días 72
Ciudadanos de dos reinos 74
El Espíritu nivelador 75

III. La iglesia en Jerusalén (2.42-8.3) 79
A. Un resumen (2.42-47) 79
• La iglesia entre el temor y el gozo 82
B. Un milagro y sus consecuencias (3.1-4.31) 86
    1. El milagro (3.1-10) 86
    2. La explicación de Pedro (3.11-26) 87
    3. La reacción de los poderosos (4.1-22) 89
    4. La reacción de los fieles (4.23-31) 93
• Los conflictos de hoy 94
C. El uso de los bienes (4.32-5.11) 102
    1. Otro resumen (4.32-35) 102
    2. Casos concretos (4.36-5.11) 107
• La naturaleza de la iglesia y su vida interna 110
Interpretación e ideología 110
Misión y uso de bienes 111
El precio de la gracia 114
Ch. Arrecia la persecución (5.12-42) 116
    1. Aumenta la popularidad del Evangelio (5.12-16) . . . 116
    2. Se intenta callar a Pedro y a Juan (5.17-42) 117
• La cuestión de los milagros 119
• ¡Ojo con Gamaliel! 121
• Los que convierten en ajenjo el juicio 122
D. Griegos y hebreos (6.1-7) 125
• El pluralismo en la iglesia 128
E. Esteban (6.8-8.3) 132
    1. Su arresto (6.8-12) 132
    2. Su juicio (6.13-7.56) 133
    3. Su muerte: se desata la persecución (7.57-8.3) 136
• El enemigo que nos llama a la obediencia 138

IV. Nuevos horizontes (8.4-12.24) 143
   A. La obra de Felipe (8.4-40) 143
      1. En Samaria (8.4-25) 144
      • Entre Simón Mago y Simón Pedro 150
      2. El etíope (8.26-40) 153
      • Cuando se cumple la promesa 157
   B. La conversión de Saulo (9.1-31) 159
      1. La conversión (9.1-19) 159
      2. Pablo como discípulo (9.20-31) 162
      • Los caminos de Damasco 165
      • Llamados siempre nuevos 169
   C. La obra de Pedro (9.32-11.18) 170
      1. Dos milagros (9.32-43) 170
      2. Pedro y Cornelio (10.1-48) 171
      3. Informe de Pedro a la iglesia de Jerusalén (11.1-18) 175
      • Lo que Dios limpió, no lo llames tú común 176
   Ch. La iglesia de Antioquía (11.19-30) 178
      • La grandeza de lo pequeño 184
      • La misión en ambos sentidos 186
   D. La persecución de Herodes (12.1-24) 187
      1. Introdución: muerte de Jacobo (12.1-2) 187
      2. Pedro encarcelado y librado (12.3-19a) 188
      3. La muerte de Herodes (12.19b-24) 191
      • La fe y la persecución 192

V. La misión se define (12.25-15.35) 197
   A. El envío (12.25-13.3) 198
      • Llamamiento y comunidad 199
   B. Chipre (13.4-12) 200
      • Saulo, que también es Pablo 203
   C. Antioquía de Pisidia (13.13-51a) 205
      • El poder del evangelio 209
   Ch. Iconio (13.51b-14.6a) 211
      • Evangelio y polarización 212
   D. Listra y Derbe (14.6b-21a) 214
      • El mensajero y el mensaje 216
   E. El regreso (14.21b-28) 217
      • La misión a Antioquía 218
   F. El concilio de Jerusalén (15.1-35) 219

1. Se plantea el problema (15.1-3) 219
2. Los hechos de Jerusalén (15.4-29) 221
3. El regreso a Antioquía (15.30-35) 227
• Misión y visión 228

VI. La misión a Europa (15.36-18.22) 231
A. El llamamiento (15.36-16.10) 231
1. Pablo y Bernabé se separan (15.36-41) 231
2. Timoteo se une a la misión (16.1-5) 232
3. La visión del macedonio (16.6-10) 233
• Lecciones misioneras 235
B. Filipos (16.11-40) 238
1. Inicio de la misión en Europa (16.11-15) 238
• Misión, reto y oportunidad 240
2. La muchacha con espíritu de adivinación (16.16-24) 241
• Cuando el mal produce bien, y el bien, mal 242
3. La conversión del carcelero de Filipos (16.25-34) . . 245
• Conversión radical 245
4. Los misioneros absueltos y expulsados (16.35-40) . 247
• Humildad y dignidad 247
C. Tesalónica (17.1-9) 248
• Mensaje subversivo 250
Ch. Berea (17.10-14) 251
• La saña de los perseguidores 252
D. Atenas (17.15-34) 252
• Predicación y popularidad 255
• El propósito de la criatura humana 257
E. Corinto (18.1-17) 258
• Los hechos del Espíritu y los hechos de la historia 262
F. El regreso (18.18-22) 264
• Misión y conexión 267

VII. En derredor de Efeso (18.23-20.38) 271
A. Discípulos deficientes (18.23-19.7) 271
1. El episodio de Apolos (18.23-28) 271
• Una mujer que enseñaba teología 273
2. Los doce discípulos de Efeso (19.1-7) 274
• Jesús y el Espíritu 274
B. Milagros en Efeso (19.8-22) 275

1. La enseñanza de Pablo (19.8-10) 275
2. Los falsos milagros (19.11-16) 276
3. La reacción del pueblo (19.17-20) 278
4. Un bosquejo del futuro (19.21-22) 279
• La victoria sobre los demonios de hoy 279
C. El alboroto en Efeso (19.23-41) 284
• Los que sirven al bolsillo 287
Ch. Viaje a Macedonia, Grecia y Troas (20.1-12) 290
1. El viaje (20.1-6)............................. 290
2. El episodio de Eutico (20.7-12) 291
• El más grande milagro 291
D. La despedida en Mileto (20.13-38) 294
1. Viaje de Troas a Mileto (20.13-16) 294
2. Despedida de los ancianos de Efeso (20.17-38) 294
• El ministerio de hoy 296

VIII. Cautiverio de Pablo (21.1-28.31) 301
A. Viaje de Mileto a Jerusalén (21.1-16) 301
• Los mandatos del Espíritu 303
B. Entregado a los gentiles (21.17-22.24) 304
1. Recibimiento por la iglesia en Jerusalén (21.17-25) . 304
2. Arresto de Pablo en el Templo (21.26-36) 306
3. Diálogo de Pablo con Lisias (21.37-39) 307
4. Discurso de Pablo al pueblo (21.40-22.24) 308
• Poderes de oposición 309
C. Pablo bajo la custodia de Lisias (22.25-23.33) 314
1. Pablo reclama la ciudadanía romana (22.25-29) ... 314
2. Pablo ante el sanedrín (22.30-23.10) 315
3. Complot contra Pablo (23.11-22) 316
4. Pablo es enviado a Cesarea (23.23-33) 317
• En medio de los poderes 318
Ch. Pablo bajo la custodia de Félix (23.34-24.27) 320
1. Primera entrevista con Félix (23.34-35) 320
2. El juicio ante Félix (24.1-23) 321
3. Entrevista con Félix y Drusila (24.24-27) 323
• Veleidad, poder y paciencia 324
D. Pablo bajo la custodia de Porcio Festo (25.1-26.32) 325
1. El juicio ante Festo (25.1-12) 325
2. Pablo ante Agripa y Berenice (25.13-26.32) 327
• El testimonio ante la vacilación y la curiosidad 330

E. Pablo es enviado a Roma (27.1-28.10) 332
   1. Inicio del viaje (27.1-12) 332
   • Los expertos y la autoridad 334
   2. Tempestad y naufragio (27.13-44) 335
   • La iglesia, esperanza del mundo 337
   3. En la isla de Malta (28.1-10) 339
   • ¡Ojo con la teología barata! 340
F. Pablo en Italia (28.11-31) 341
   1. Camino a Roma (28.11-15) 341
   2. Pablo en Roma (28.16-31) 342
   • Epílogo: Los hechos del Espíritu 344

Lista de abreviaturas

Versiones de la Biblia

BA	*Biblia de las Américas*
BJ	*Biblia de Jerusalén*
CI	*Versión de Cantera/Iglesias*
LNB	*La Nueva Biblia (Ediciones paulinas)*
NBE	*Nueva Biblia Española*
NC	*Versión de Nácar Colunga*
NTH	*Nuevo Testamento de Herder*
RVA	*Reina/Valera Actualizada*
RVR	*Reina/Valera Revisada*
VM	*Versión Moderna*
VP	*Versión Popular*

Otras abreviaturas

AndUnivSemSt	*Andrews University Seminary Studies* (Berrien Springs, MI)
AngThRev	*Anligcan Theological Review* (Evanston, IL)
Ant	*Antonianum* (Roma)
AusBibRev	*Australian Biblical Review* (Melbourne)
BangThF	*Bangalore Theological Forum* (Bangalore)
Bib	*Biblica* (Roma)
BibArch	*Biblical Archaelogist* (Durham, NC)
BibLitur	*Bibel und Liturgie* (Klosterneuburg)
BibOr	*Bibliotheca Orientalis* (Leiden)
BibTo	*The Bible Today* (Collegeville, MI)
BibTrans	*Bible Translator* (London)
BibZeit	*Biblische Zeitschrift* (Paderborn)
Bsäch	*Berichte über die Verhandlungen der königlich sächsischen Gesellschaft der Wissenschaften* (Leipzig)

BZ	*Biblische Zeitschrift* (Freiburg i.B.; Paderborn)
BZntW	*Beihefte zur Zeitschrift für die neutestamentliche* Wissenschaft (Giessen; Berlin)
CBQ	*Catholic Biblical Quarterly* (Washington)
CollTheol	*Collectanea Theologica* (Varsovia)
Comm	*Communio* (Sevilla)
Conc	*Concilium* (New York)
ConcThM	*Concordia Theological Monthly* (St. Louis)
Christus	*Christus:* Revista mensual (México)
Dia	*Dialog* (St. Paul)
DIB	*Diccionario Ilustrado de la Biblia*, Caribe, Miami, 1974
EphThLov	*Ephemerides Theologicae Lovanienses* (Leuven)
EstEcl	*Estudios Eclesiásticos* (Madrid)
EstBib	*Estudios Bíblicos* (Madrid)
EtThRel	*Etudes Théologiques et Religieuses* (Montpellier)
EvTh	*Evangelische Theologie* (München)
Exp	*The Expositor* (London)
ExpTim	*The Expository Times* (London)
FilolNt	*Filología neotestamentaria* (Córdoba, Esp.)
GuL	*Geist und Leben* (München)
HTR	*Harvard Theological Review* (Cambridge, EE.UU.)
IDB	*The Interpreter's Dictionary of the Bible*, 4 vols. + supl., Abingdon, Nashville, 1962
Int	*Interpretation: A Journal of Bible and Theology* (Richmond)
IntRevMiss	*International Review of Missions* (Ginebra)
JBL	*Journal of Biblical Literature* (New Haven, Boston, etc.)
JEH	*Journal of Ecclesiastical History* (London)
JfdT	*Jahrbücher für deutsche Theologie* (Göttingen)
JJewSt	*Journal of Jewish Studies* (Oxford)
JnRyl	*Journal of the John Rylands Library* (Manchester)
JQR	*The Jewish Quarterly Review* (Merion Station, PA)
JR	*The Journal of Religion* (Chicago)
JRomSt	*The Journal of Roman Studies* (London)
JStNT	*Journal for the Study of the New Testament* (Shef-field)
JTS	*The Journal of Theological Studies* (Oxford)

LMD	*La Maison Dieu* (Paris)
MiscB	*Miscelanea Biblica* (Roma)
Neot	*Neotestamentica* (Stellenbosch, Sudáfrica)
NkZ	*Neue kirchliche Zeitschrift* (Leipzig)
NRT	*Nouvelle Revue Théologique* (Tournai)
NT	*Novum Testamentum* (Leiden)
NTSt	*New Testament Studies: An International Journal* (Cambridge, Eng.)
PalExQ	*Palestine Exploration Quarterly* (London)
Prot	*Protestantesimo* (Roma)
RCatalT	*Revista Catalana de Teología* (Barcelona)
RechScR	*Recherches de Science Religieuse* (Paris)
RelStudRev	*Religious Studies Review* (Macon, GA)
RestorQ	*Restoration Quarterly* (Abilene, TX)
RevBib	*Revue Biblique* (Jérusalem)
RevisBib	*Revista Bíblica con Sección Litúrgica* (Madrid)
RevScPhTh	*Revue des Sciences Philosophiques et Théologiques* (Paris)
RevThLouv	*Revue Théologique de Louvain* (Louvain)
RevThom	*Revue Thomiste* (Toulouse)
RHE	*Revue d'Histoire Ecclésiastique* (Louvain)
RHPR	*Revue d'Histoire et de Philosophie Religieuses* (Strasbourg)
RicRel	*Ricerche Religiose* (Roma)
RivBib	*Rivista Biblica* (Brescia)
RScR	*Revue des Sciences Religieuses* (Strasbourg)
RTP	*Revue de Théologie et de Philosophie* (Genève; Lausanne)
Salm	*Salmanticensis* (Salamanca)
ScEccl	*Sciences Ecclésiastiques* (Paris)
SecCent	*Second Century* (Macon, GA)
ST	*Studia Theologica* (Lund)
StNTUmw	*Studien zum Neuen Testament und seiner Umwelt* (Linz)
StRelScRel	*Studies in Religion / Sciences Religieuses* (Waterloo, Ontario)
Th	*Theology: A Journal of Historical Christianity* (London)
ThQ	*Theologische Quartalschrift* (Tübingen)
ThRund	*Theologische Rundschau* (Tübingen)
ThSt	*Theological Studies* (New York)
ThuGl	*Theologie und Glaube* (Paderborn)

ThWzNT	*Theologisches Wörterbuch zum Neuen Testament,* 10 vols., ed. G. Kittel, W. Kohlhammer, Stuttgart, 1933-79
TTQ	*Tübinger Theologische Quartalschrift* (Tubinga, Alemania
TynBull	*Tyndale Bulletin* (Cambridge, Gt. Britain)
TZT	*Tübinger Zetschrift für Theologie* (Tubinga, Alemania)
VyP	*Vida y Pensamiento* (San José)
WaW	*Word and World* (St. Paul)
ZKgesch	*Zeitschrift für Kirchengeschichte* (Stuttgart)
ZkT	*Zeitschrift für katholische Theologie* (Innsbruck)
ZntW	*Zeitschrift für die neutestamentliche Wissenschaft* (Giessen; Berlin)

Introducción general

No hay mejor modo de estudiar un libro de la Biblia que leer el libro mismo. Por ello, será en el estudio del texto bíblico, y en nuestra exposición y discusión de ese texto, que estudiaremos con mayor detenimiento muchas de las cuestiones que los comentarios acostumbran incluir en sus extensas «introducciones». Aquí, en esta breve introducción, nos limitaremos a unas observaciones sobre el carácter del libro, su autor, fecha, propósito, valor histórico y texto.

El carácter del libro

El libro de Hechos es único en todo el Nuevo Testamento. Los evangelios, que le preceden, constituyen un género literario particular, posiblemente creación de Marcos.[1] Las epístolas que le siguen se adaptan a las prácticas generales del género epistolar en la época en que fueron escritas, aunque con las adaptaciones necesarias debido a su contenido y circunstancias específicas. El Apocalipsis es un ejemplo (sin duda el más notable) de la literatura apocalíptica que circulaba tanto entre judíos como entre cristianos. Hechos es diferente. No es ni un evangelio, ni una epístola, ni un escrito apocalíptico.

Es diferente, además, porque es continuación de uno de los cuatro evangelios, Lucas. A ninguno de los otros evangelistas se le ocurrió continuar la narración de la vida y enseñanzas de Jesús con un segundo libro. Puesto que en el orden actual de los libros del Nuevo Testamento el Evangelio de Juan aparece entre Lucas y Hechos, muchas veces no nos percatamos de que el Evangelio de Lucas y Hechos son dos tomos de una sola obra. Esto puede verse en la dedicación de ambos libros a «Teófilo», y en la referencia al «primer tratado» en Hechos 1.1.[2] Ya en su Evangelio, Lucas da muestras de que le

---

1 Véase, en este *Comentario Bíblico Hispanoamericano*, la introducción a *Marcos*, por G. Cook y R. Foulkes, pp. 9-31.

2 Sobre quién era Teófilo, y cuántos «tratados» escribió o proyectó escribir Lucas, véase más adelante el comentario a 1.1-3. (En particular, sobre Teófilo, las notas 3-5, y sobre la posibilidad de un tercer tratado, la nota 2.)

interesa continuar la historia de Jesús y de su pueblo más allá de la resurrección. Los otros evangelistas terminan con la resurrección de Jesús, y con algunas de sus enseñanzas.[3] Solamente el Evangelio de Lucas se preocupa por narrarnos su ascensión (Lc. 24.50-52a), y darnos un indicio de lo que sucedió después: «Volvieron a Jerusalén con gran gozo; y estaban siempre en el templo alabando y bendiciendo a Dios» (Lc. 24.52b-53). Esos últimos versículos del Evangelio muestran que Lucas, al tiempo de escribir su «primer tratado» (nuestro tercer evangelio), ya se interesaba en la continuación de la narración.

¿Quién escribió este libro único en todo el Nuevo Testamento? ¿Cuándo lo escribió, y con qué propósito? Estas son las principales preguntas que se hacen los eruditos sobre Hechos, y que discutiremos nosotros, antes de abordar el comentario sobre el texto mismo.[4]

El autor

Tradicionalmente se ha pensado que estos dos libros fueron escritos por Lucas, el «médico amado» que junto a Demas envía saludos a los colosenses (Col. 4.14), y cuyo nombre se consigna también en las salutaciones de Filemón 24 y 2 Timoteo 4.11. Esta opinión aparece por primera vez en el Canon Muratorio, un documento de fines del siglo II, y en Ireneo, autor que floreció por la misma época.[5] También a mediados del siglo II el hereje Marción, quien se decía ser el campeón de la tradición paulina, al proclamar su canon del Nuevo Testamento incluía en él, además de las epístolas de Pablo, el Evangelio de Lucas, cuya autoridad respetaba por haber sido acompañante de Pablo. Más tarde, y a partir del siglo IV, algunos comenzaron a sugerir que Lucas y el «Lucio» que aparece en 13.1 eran la misma persona.

En este contexto es necesario distinguir entre dos cuestiones. La primera es si el autor del Tercer Evangelio, sea cual fuera su nombre, es también el autor de Hechos. La segunda es si ese autor es el «Lucas» a que se refieren las epístolas paulinas.

Sobre la primera, existe unanimidad casi total. Los dos libros son del mismo autor; y esto se confirma no solamente por las palabras iniciales de ambos, que claramente establecen esa relación, sino también por la continuidad de estilo, que denota la misma pluma. Es más, esa continuidad es tal que hasta hay quien ha sugerido que inicialmente se trataba de un solo libro,

---

3 Sobre el fin de Marcos, véase el comentario sobre Marcos 16 en *Marcos*, de Cook y Foulkes, pp. 360-367.

4 Una de las cuestiones que se discute entre los eruditos del Nuevo Testamento, y que no hemos incluido en este comentario, es la de las fuentes que Lucas utilizó al redactar el libro de Hechos. Hay eruditos que creen poder distinguir varios estratos de redacción en Hechos, y entre lo que Lucas recibió de otros, y lo que fue cosecha propia. Hemos decidido no seguir esa metodología en el presente comentario. Como ejemplos de ella, pueden verse los comentarios de Haenchen y de Roloff, que se mencionan en la Bibliografía general.

5 Ireneo, *Adv. haer.* iii, 1.1, 10.1, 12.1-15, 14.1.

que luego se dividió en dos para que la primera parte fuera paralela a los otros evangelios.[6] Tal opinión no ha recibido buena acogida entre los eruditos bíblicos.

Lo que sí se debate todavía es si el autor de estos dos libros es en realidad «Lucas, el médico amado». Los libros mismos no dicen una palabra al respecto. El título del «Evangelio de Lucas», como los demás títulos de los libros del Nuevo Testamento, fue añadido en el siglo II, y por tanto no puede usarse como prueba de que fue en verdad Lucas quien lo escribió. Algunos han defendido la autoría lucana con base en el interés de éste por cuestiones médicas; empero otros responden que ese interés no es mayor que el que se ve en cualquier persona medianamente educada del período helenístico, y que no hay en los dos libros un solo indicio de que nuestro autor haya tenido conocimientos especiales de medicina.[7] Lo cierto es que en los dos libros, el Evangelio de Lucas y Hechos, no hay base sólida ni para afirmar ni para negar que el autor haya sido médico.

El principal argumento de quienes sostienen que Lucas no pudo haber escrito estos libros (y particularmente Hechos) es una serie de supuestas «discrepancias» entre éste y las epístolas paulinas.[8] Sobre varias de ellas volveremos al comentar acerca de los textos pertinentes en Hechos. Veamos ahora las principales:

En primer lugar, hay una serie de datos en los que es difícil compaginar lo que Hechos narra con lo que Pablo cuenta en sus epístolas. Un ejemplo de ello es la cuestión de los viajes de Pablo a Jerusalén. ¿Cuántas veces, y con qué propósitos, estuvo Pablo en Jerusalén después de su conversión? En 9.26, Hechos nos sugiere que Pablo fue a Jerusalén poco después de su conversión. Pero en Gálatas 1.15-21, Pablo afirma que tras su conversión, sin ir a Jerusalén, fue a Arabia, y que tres años después volvió a Damasco, y entonces fue a Jerusalén. Como mostraremos al comentar sobre 9.20-31, la aparente contradicción que algunos eruditos señalan, en realidad no lo es. Lo mismo puede decirse de lo que Hechos dice sobre el concilio apostólico de Jerusalén, y lo que Pablo afirma en Gálatas.

En segundo lugar, se señalan varias supuestas discrepancias entre la personalidad y la teología de Pablo según se ven en sus cartas, y lo que Hechos nos da a entender. Para el autor de Lucas-Hechos, los «apóstoles» son los doce, y Pablo no se cuenta entre ellos (aunque en 14.4,14, Lucas les da ese título a Bernabé y al propio Pablo). Pablo, sin embargo, argumenta en sus cartas a favor de su apostolado, al que parece equiparar con el de los doce. También

---

6 Véase el comentario sobre 1.9-11, especialmente la nota 27.

7 Los principales textos en que aparecen términos que podrían considerarse médicos son Lucas 4.38; 5.18; 22.44 y Hechos 3.7; 9.18; 28.8.

8 Véase el artículo de F. F. Bruce, «Is the Paul of Acts the Real Paul?», en *JnRyl*, 58, 1976, pp. 282-305.

en este caso la diferencia es más aparente que real. Hechos no intenta darles a los «doce» la autoridad que estos intérpretes pretenden.[9]

Otro ejemplo tiene que ver con lo que se requería de los gentiles convertidos. Según 15.29, se les exigía cuatro cosas. Según Gálatas 2.9, las «columnas» de Jerusalén, Jacobo, Pedro y Juan, les dieron a Bernabé y a Pablo «la diestra en señal de compañerismo», sin imponerles carga alguna a los gentiles. Empero lo que sucede en el caso de esta objeción es que muchos intérpretes siguen leyendo la historia del cristianismo primitivo a través de los lentes de la famosa escuela de Tubinga. Esa escuela, cuyo principal exponente fue F. C. Bauer, sostenía que en la iglesia primitiva hubo un gran conflicto entre las tendencias «judaizantes» de Jacobo y la apertura hacia los gentiles de Pablo; los libros «posteriores» del Nuevo Testamento, como Hechos, reflejan la posición intermedia a que la iglesia llegó a la postre. Aunque la mayor parte de las premisas de la escuela de Tubinga han caído en descrédito, todavía se sigue pensando en términos de un gran conflicto entre Pablo y las autoridades cristianas de Jerusalén.[10]

Por otra parte, hay varias porciones del libro de Hechos (16.10-17; 20.5-15; 21.1-18; 27.1--28.16) en las que la narración aparece en primera persona plural («nosotros»). Estas porciones, a las que los eruditos llaman «secciones nosotros» han dado lugar a amplios debates. La dificultad principal estriba en que si el «nosotros» se toma al pie de la letra, no siempre es fácil ver cómo o cuándo el narrador se une o se aparta de Pablo y sus acompañantes. Por esa razón se han sugerido varias hipótesis. Las más comunes son: primera, que el autor de Hechos utilizó un «diario de viaje» de uno de los acompañantes de Pablo, y que el «nosotros» aparece en las secciones tomadas de ese diario; y, segunda, que el «nosotros» es una clave teológica o estilística con la que el autor quiere indicarnos algún punto.[11] Como señalaremos más adelante, al comentar sobre 16.10, ninguna de estas hipótesis nos convence. La primera, porque si el autor hubiera empleado un supuesto «diario de viajes» se hubiera tomado el trabajo, bien sencillo por cierto, de cambiar la narración de la primera persona a la tercera, para que concordara con el resto de su obra. El autor de Lucas-Hechos es cuidadoso con su estilo, y una discrepancia en el uso de las personas verbales no se le habría escapado. La segunda, porque en todas sus diversas versiones esta hipótesis implica que el libro de Hechos está escrito en clave, y que esa clave es tal que nadie la entendió sino hasta que llegó el intérprete moderno que sugiere la hipótesis en cuestión.

9 Sobre todo si se acepta el modo en que hemos interpretado el episodio sobre la elección de Matías (1.12-26) y la secuela a la elección de los «siete» (6.1-7).

10 Sí es cierto que Pablo tuvo serios conflictos con los «judaizantes», como puede verse en Gálatas. Empero esto no quiere decir que esos judaizantes tuvieran el apoyo de la iglesia de Jerusalén. Véase J. Munck, *Paul and the Salvation of Mankind*, SCM, London, 1959.

11 Véanse las notas bibliográficas, y los resúmenes de las posiciones de diversos autores, en el comentario a 16.10.

Lo más probable parece ser que el «nosotros» se refiere, como el texto parece indicarlo, a uno de los acompañantes de Pablo, quien es también el autor del libro. Puesto que el propósito del autor, como veremos repetidamente, no es dar una narración detallada de todo lo sucedido, no nos dice cuándo ni por qué se apartó o se unió al grupo. No sólo el «nosotros», sino también toda una serie de otros personajes, inclusive Pedro, aparecen y desaparecen en la narración, sin que se nos diga una palabra sobre lo que hacían en el entretanto. Es más, al final del libro se nos deja sin información definitiva incluso acerca de lo que fue de Pablo.

Ahora bien, ¿sería este acompañante de Pablo el mismo a quien el apóstol llama «Lucas, el médico amado»? Es imposible saberlo con toda certeza. El libro mismo —como el Tercer Evangelio— no nos dice quién fue su autor. Tampoco el resto del Nuevo Testamento arroja luz sobre este punto. Como hemos dicho, las indicaciones sobre los posibles conocimientos médicos del autor son insuficientes para llegar a una conclusión. Sin embargo, una tradición muy antigua, que se remonta al siglo segundo, afirma unánimemente que el autor de Hechos se llamaba Lucas, y que fue el médico compañero de Pablo. A falta de mejores razones, nos inclinamos a pensar que esa tradición es veraz, aunque reconociendo que no es absolutamente indudable.[12]

Por todas estas razones, en las páginas que siguen llamaremos «Lucas» al autor de Hechos y del Tercer Evangelio, dando por sentado que acompañó a Pablo, si no en todos sus viajes, al menos en aquellos episodios que se narran en las «secciones nosotros». Empero, el uso de este nombre no quiere decir que afirmemos categóricamente que el autor de estos dos libros es el mismo a quien Pablo llama «el médico amado».

Fecha de composición

¿Cuándo se escribió el libro de Hechos? El libro mismo no nos da fecha. Se ha sugerido que la razón por la que el libro termina sin decirnos qué fue de Pablo tras su prisión en Roma es que fue escrito cuando Pablo estaba todavía preso.[13] Tal hipótesis plantea enormes dificultades. La principal tiene que ver con la fecha de composición del Evangelio de Lucas. Casi todos los eruditos concuerdan en que el primer Evangelio en escribirse fue Marcos, entre los años 65 y 69.[14] Si Hechos es el «segundo tratado» de Lucas, entonces su Evangelio se escribió antes. Y el prefacio de Hechos da a entender que Teófilo, su destinatario, ya había tenido tiempo de recibir y de leer el Evangelio. Además,

12 Véase un resumen de los argumentos a favor de esta teoría en I. Howard Marshall, *The Acts of the Apostles*, Inter-Varsity Press, Leicester, 1980, pp. 44-46.

13 Sobre las razones por las que el libro termina tan abruptamente, véase el comentario a 28.30-31.

14 Véase la introducción de G. Cook y F. Foulkes a *Marcos*, en este *Comentario Bíblico Hispanoamericano*, pp. 9-31.

que Lucas no se ocupe de la iglesia en Jerusalén más que al principio de Hechos, y luego se olvide de ella, puede ser indicio de que ya para la fecha en que escribía, esa iglesia había dejado de existir. Puesto que esto sucedió en el año 70, cuando Jerusalén fue tomada por los romanos, y los cristianos huyeron a Pela, es dable suponer que Hechos se escribió después de esa fecha.

Por otra parte, Hechos no hace referencia alguna a las epístolas de Pablo; por ello, es de suponerse que fue escrito antes de que esas epístolas fueran recopiladas y comenzaran a gozar del gran prestigio que pronto tuvieron. Es más, es muy posible que haya sido uno de los motivos propulsores de quienes decidieron coleccionar las epístolas paulinas. Además, una serie de autores cristianos antiguos, comenzando con Clemente de Roma hacia fines del siglo primero, parecen conocer el libro. Ciertamente ya a mediados del siglo segundo, Hechos contaba con gran autoridad en toda la iglesia.

Por todo ello, lo más probable es que haya sido escrito alrededor del año 80.

En cuanto al lugar en que fue escrito, es imposible saberlo. Tradicionalmente se ha relacionado la doble obra de Lucas-Hechos con Antioquía, principalmente por la atención que Hechos le presta a la iglesia en esa ciudad. Empero lo cierto es que no hay pruebas suficientes para determinar el lugar en que el libro fue escrito.

El propósito del libro

La primera impresión que recibimos al comenzar a leer Hechos es que Lucas está narrando la historia del cristianismo primitivo. El título, así como los primeros versículos, nos dan esa impresión. Y así continuamos leyendo todo el libro, dando por sentado que se trata de una historia de la iglesia en su primera generación. Pero cuando tras leer todo el libro repasamos su contenido, nos damos cuenta de que se trata de una historia bastante singular. Todo historiador tiene que seleccionar los materiales de que dispone, pues es imposible contar todo lo que sucedió en el pasado. Pero la selección de Lucas es extraña. Al principio centra su atención sobre la iglesia de Jerusalén, luego se aparta de ella para no decirnos una palabra más sino hasta cuando Pablo regresa a Jerusalén (21.17-25). De la obra de los doce apóstoles se nos dice muy poco. Aunque se mencionan sus nombres en 1.13, luego no se nos dice una palabra más sobre la mayoría de ellos, y los únicos que aparecen en el resto de la narración son Pedro, Juan y Jacobo (quien muere en 12.2, y no ha de confundirse con el otro Jacobo, hermano del Señor, que sí aparece más tarde en la narración).[15] En el capítulo 8 Felipe ocupa el centro de la narración, pero

---

15 Sobre los diversos «Jacobos» o «Santiagos» en el Nuevo Testamento, véase el comentario sobre la Epístola de Santiago en esta serie, escrito por Pablo Deiros.

luego no vuelve a aparecer sino de pasada en 21.8-9. Los acompañantes de Pablo entran y salen de escena, la mayoría de las veces sin que se nos diga cuándo se unieron o se apartaron del grupo.

Luego, si bien Hechos es una narración, se trata de una narración selectiva. Lucas cuenta unos incidentes y otros no. Y esto nos lleva a plantearnos la cuestión decisiva para la interpretación de todo el libro: ¿Cuál es la base para esa selección? Del modo en que respondamos a esa pregunta dependerá el modo en que interpretemos el libro como un todo.

En tiempos modernos, quienes primero trataron de responder a esta cuestión fueron los eruditos de la escuela de Tubinga. Esta escuela, profundamente influenciada por la filosofía de Hegel, leía la historia como una serie de tesis contra las que iban surgiendo antítesis, para luego resolver el conflicto en una síntesis. En la historia de la iglesia primitiva, el conflicto se planteó entre los elementos más tradicionales o judaizantes, cuyo prototipo era Jacobo, y los más helenizantes, representados por Pablo. Ese conflicto se ve claramente, según esta escuela, en las epístolas paulinas, especialmente en Gálatas. A la postre se llegó a una síntesis o solución intermedia que reconciliaba ambas posiciones, excluyendo sus extremos. Esto es lo que vemos en Hechos, cuyo propósito es presentar la historia del cristianismo primitivo en términos tales que parezca que siempre hubo unidad y acuerdo entre estos elementos, y en particular entre Jacobo y Pablo.[16]

Por muchas razones, tal teoría ha sido generalmente abandonada. Aun cuando haya habido en la iglesia primitiva una multiplicidad de perspectivas, los contrastes y generalizaciones de la escuela de Tubinga estaban demasiado claramente determinados por sus presuposiciones filosóficas, derivadas principalmente de la obra de Hegel. Por tanto, pronto hubo multitud de eruditos que señalaron las debilidades de esa teoría, y los muchos puntos en los que no se ajustaba al texto mismo de Hechos y del resto del Nuevo Testamento.

Otra teoría que pronto ganó aceptación general, y que todavía goza de adeptos, es la que ve en Hechos una obra apologética, escrita con el propósito de mostrar que el cristianismo no se opone al Imperio Romano. Esa teoría se ha presentado en diversas formas. Hay quien sugiere, por ejemplo, que Teófilo era un oficial romano, y que Lucas le dirigió su doble obra para mostrarle que el Imperio no tenía por qué perseguir a la iglesia. Otros piensan que Hechos fue escrito en preparación para la defensa de Pablo en Roma, y dirigido a un oficial que estaría involucrado en el juicio.[17]

Aunque esta teoría tiene todavía sus defensores, no la hemos seguido por varias razones. Una de ellas es que, aunque hacia el final de Hechos hay varios

---

16 El principal exponente de estas teorías fue F. C. Bauer, especialmente en su libro *Paulus, der Apostel Jesu Christi*, publicado en 1845.

17 Estas teorías, y muchas otras, pueden verse resumidas en Haenchen, *The Acts of the Apostles*, Westminster, Filadelfia, 1971, pp. 14-50. Un buen ejemplo de la hipótesis apologética es la obra de B. S. Easton, *Early Christianity*, Seabury Press, Greenwich, Ct, 1955, pp. 33-118.

episodios que podrían interpretarse en este sentido, tal teoría no explica el propósito del libro en su totalidad. Además, como veremos en el comentario mismo, Lucas no siempre presenta a las autoridades romanas del modo más favorable, sino que muestra sus debilidades, veleidades y hasta injusticias.[18]

¿Cuál es, entonces, el propósito de Hechos? Si nos colocamos en la posición en que se encontraría su autor, digamos hacia el año 80, no se nos hará muy difícil responder a esa pregunta. La iglesia, que había comenzado con una visión del poder de Dios, y con las mayores esperanzas de que el avance de su misión llevaría al cumplimiento de las promesas de Dios, se veía ahora en serios conflictos con el Imperio Romano y con la civilización circundante. No eran únicamente conflictos políticos, cuya expresión extrema sería la persecución. Había también conflictos culturales y de valores. El modo de vida que los cristianos propugnaban no era el mismo de la sociedad circundante. No era siquiera el mismo de los mejores elementos de esa sociedad. Luego los cristianos, que habían comenzado su misión como heraldos de una nueva era, corrían ahora el peligro de desanimarse al chocar con los poderes de la vieja era.

En tal situación, lo que hacía falta era una guía que ayudara a los cristianos en su comportamiento y en su fe en tiempos difíciles. En medio del conflicto con Roma, con el judaísmo, y con la civilización circundante, ¿qué hemos de hacer? ¿Cuál ha de ser nuestra actitud? ¿Por qué no desanimarnos?

Lucas responde con una doble obra. Su primera parte es un evangelio en el que se ve que Jesús, aunque no haya sido un revolucionario al estilo de los zelotes, tuvo conflictos con las autoridades de su propio pueblo judío y con las del Imperio. La segunda parte muestra lo mismo con respecto a los primeros discípulos. Es por esto que Lucas se detiene a contarnos los confrontamientos entre los primeros discípulos y el Sanedrín, el martirio de Esteban, las varias comparecencias de Pablo ante las autoridades judías y romanas, el episodio del Areópago en Atenas, y el modo en que los sabios de su tiempo se burlaban de Pablo a pesar de todos sus esfuerzos por presentarse ante ellos con toda su erudición. Los cristianos del tiempo de Lucas estaban pasando por experiencias semejantes, y el libro de Hechos tiene el propósito de fortalecerles y dirigirles en medio de tales conflictos.[19]

Esto quiere decir que para entender el libro de Hechos necesitamos conocer algo del contexto en que fue escrito. Puesto que se trata del contexto general del Nuevo Testamento, no podemos dedicarle aquí todo el espacio que merece.[20] Es necesario recordar, sin embargo, algo de la situación tanto de Palestina como de todo el Imperio Romano.

18 Hay una excelente crítica de la teoría que hace de Hechos una obra apologética en R. J. Cassidy, *Society and Politics in the Acts of the Apostles*, Orbis, Mariknoll, N.Y., 1988, pp. 145-57.

19 Tal es la tesis, muy bien argumentada, de Cassidy, *Society and Politics*, pp. 158-70.

20 En un futuro volumen anejo a esta serie, publicaremos una introducción general al Nuevo Testamento, en donde estos temas se discutirán más a fondo. Además, para el trasfondo

Toda la narración de Hechos tiene lugar dentro del vasto Imperio Romano, el que incluía toda la costa del Mar Mediterráneo. En Europa se extendía hasta las riberas del Rin y del Danubio. En Asia llegaba hasta el Eufrates. En Africa sus límites eran los confines del desierto. Era un imperio multiforme, cuyas provincias y ciudades se gobernaban de diversos modos según su historia y circunstancias particulares. Así, por ejemplo, a partir del año 27 a.C., sus provincias se dividían en «imperiales» y «senatoriales», y cada uno de estos dos tipos tenía su propia forma de gobierno. Las provincias imperiales estaban bajo el gobierno del emperador, quien nombraba un «procurador» como su representante. Cada provincia o ciudad conquistada o añadida al Imperio conservaba buena parte de las leyes tradicionales. En ciertos casos, se le concedía a alguna ciudad una condición especial. Así había, por ejemplo, «colonias», ciudades libres, etc. Llama la atención que Lucas siempre se refiere a los oficiales en cada ciudad usando sus títulos precisos. De esto veremos varios ejemplos al comentar sobre el texto.

La estructura política de Judea varió durante el período narrado por Hechos. A partir del año 6 d.C., la mayor parte había estado bajo el gobierno de procuradores romanos, aunque los sucesores de Herodes el Grande tenían jurisdicción sobre parte de los territorios cercanos. Cuando comienza la narración en Hechos, Herodes Felipe era «tetrarca» de una zona cercana de Judea al nordeste de Galilea. En el año 37, Calígula le concedió esos territorios y otros a Herodes Agripa I. Gracias a su fiel colaboración con los romanos, Herodes Agripa fue recibiendo cada vez más territorios y autoridad, hasta que en el año 41 fue hecho rey de Judea y Samaria, con lo cual llegó a gobernar un territorio tan extenso como el de Herodes el Grande. A su muerte en el 44, su hijo Herodes Agripa II era demasiado joven, y los romanos no le dieron el trono de su padre.[21] Luego, durante todo el resto de la narración de Hechos —por ejemplo, cuando Pablo vuelve por última vez a Jerusalén— Herodes Agripa II, aunque tiene el título de rey, no lo es de Judea. Sí tiene ciertas prerrogativas especiales, como la de nombrar el sumo sacerdote y ser el guardián del tesoro del Templo. Pero no gobierna en la región.

Lo que acabamos de decir sobre el nombramiento del sumo sacerdote es índice del modo en que la situación política afectaba la vida religiosa en Judea. Los romanos respetaban la religión de sus súbditos, pero se cuidaban de tenerla bajo control, de modo que no fuera utilizada para incitar a rebeliones. En consecuencia, los jefes religiosos de Israel tenían que preocuparse constantemente por sus relaciones con los romanos y evitar cualquier acto religioso que pudiera verse como subversivo o promotor de desórdenes. En los primeros capítulos de Hechos, veremos el impacto de esa situación sobre el modo en que el sanedrín y en general los jefes del judaísmo reaccionaban frente al

específico de algunos lugares como Corinto, puede verse el volumen apropiado de esta misma serie.

21 Sobre Agripa II, véase el comentario a 25.13.

cristianismo. Por otra parte, el hecho mismo de que los jefes religiosos aparecieran ante el pueblo como sirviendo al poder extranjero les restaba autoridad y los obligaba a extremar el control sobre el pueblo para evitar motines o acciones en contra de ellos mismos.

Desde el punto de vista de Roma, la primera obligación de todo gobernante era mantener el orden. Cualquier desorden o motín era castigado con severidad. En nuestro estudio veremos repetidamente el temor por parte de las autoridades de que se produjera un motín (*stásis*) por el cual se les pudiera culpar. Esto quiere decir que los cristianos, cuya predicación creaba alborotos y discusiones, pronto tendrían dificultades con las autoridades. Esto se ve ya en los conflictos con el sanedrín en los primeros capítulos del libro. Esta era la situación en que vivía Lucas cuando escribió el libro.

El momento en que el cristianismo irrumpe en el mundo coincide con el período de mayor gloria del Imperio Romano. Como todo imperio, éste también justificaba su existencia con base en una ideología. En su caso, era la ideología del imperio como agente civilizador. La palabra «civilización» viene de la raíz que significa «ciudad»; y el modo en que los romanos entendían su tarea civilizadora era precisamente la «ciudadificación» del mundo. Para ellos, la más grande creación humana era precisamente la ciudad, y su propósito era extender la vida citadina a todo el Imperio. Por eso, durante sus años de mayor gloria erigieron bellos edificios en las principales ciudades, construyeron caminos que unían a una ciudad con otra, y hasta fundaron ciudades enteras en lo que poco antes fueron campos yermos o pantanos insalubres. La industria de la construcción llegó a ser la principal del mundo mediterráneo. Los ricos construían casas suntuosas con mármoles y otras piedras de diversos colores: amarillo traído desde las canteras de Simitu en Africa, verde de Grecia, rojo de Egipto, y violeta del Felsberg. Y quienes de veras deseaban mostrar su riqueza y liberalidad mandaban construir foros públicos, templos, y otras joyas arquitectónicas que embellecían las ciudades. Nunca antes había visto el mundo mediterráneo tal «civilización».

Empero aquella prosperidad, como todas, tenía también su lado negativo. Las ciudades tenían que vivir de la agricultura; y los grandes mercados promovían el crecimiento de los latifundios. Sin embargo, los ricos y poderosos prácticamente no pagaban impuestos, siendo los campesinos y los obreros quienes llevaban la mayor carga fiscal. Por ello, al tiempo que los primeros siglos de nuestra era vieron la progresiva desaparición de las pequeñas fincas que habían sido el fundamento de la vieja República Romana, las familias senatoriales y otros miembros de la aristocracia iban aumentando sus posesiones. Muchos que habían sido dueños de la tierra, o bien quedaban en ella trabajando para sus nuevos amos, o bien se unían a la creciente masa parcialmente desempleada que se congregaba cada vez más en las ciudades. Así, las mismas ciudades en que se construían bellos foros tenían un cada vez mayor número de indigentes viviendo en «villas miseria».

Tales eran las ciudades que Pablo visitaba en sus viajes. Cuando le vemos en Atenas, molesto porque la ciudad está «entregada a la idolatría» (17.16), debemos imaginarle en medio de las bellezas arquitectónicas del Areópago y de todo lo que los romanos habían añadido a su alrededor. Lo mismo cuando leemos sobre el alboroto en Efeso, y sobre el teatro de aquella ciudad (19.29). Ese mismo alboroto ha de recordarnos la otra realidad, las masas empobrecidas y desempleadas que eran también parte de la escena y de las consecuencias del «progreso» económico del Imperio (véase el comentario sobre 17.5).

En medio de esa situación, aparecen primero en Jerusalén, y luego en otras partes del Imperio, unas gentes que andan hablando de un Reino de Dios, y de un «Señor» Jesucristo. Tal Reino y tal Señor, por su sola existencia, cuestionan la justicia y el orden del César, y niegan su autoridad absoluta.[22] Lo que Lucas nos narra entonces es la historia de la misión de aquellos primeros cristianos, impelidos y fortalecidos por el Espíritu, y cómo esa misión les va llevando a conflictos cada vez más serios con la sociedad que les circunda. Como bien dice Cassidy, «según Lucas va desdoblando su narración, la imagen de Pablo como el gran misionero va cediendo el lugar a la imagen de Pablo como prisionero romano y como testigo ante las autoridades romanas».[23]

¿No es esta situación la misma que podría darse aquí en Hispanoamérica en la medida en que la iglesia de Cristo, en el cumplimiento de su celo misionero, confronte con fuerza y convicción los valores de una sociedad que insiste en vivir de espaldas al Evangelio? Como consecuencia de ello, surgirían conflictos muy parecidos a los que reseña Hechos. Así tendríamos entonces que si Lucas escribió para los cristianos de su época, que comenzaban a abocarse al gran conflicto con Roma, también escribió para nosotros.

Texto

Al comparar los manuscritos de Hechos, notamos que este libro nos ha llegado en dos versiones. La que se encuentra en la mayoría de los manuscritos más antiguos, y parece acercarse más al original, recibe el nombre de «texto egipcio», «común» o «neutral». La otra es comúnmente llamada «texto occidental».[24] Otros libros del Nuevo Testamento existen también en estas dos versiones, pero ninguno muestra variantes tan extensas ni frecuentes como Hechos. Desde fecha tan antigua como el siglo II hay autores y traducciones que utilizan tanto uno como otro texto. Se ha sugerido que ambas versiones proceden del mismo autor, que revisó su propia obra unos pocos años después

---

22 En 25.26 tenemos el primer caso en toda la literatura antigua en que se le aplica al emperador el título de «Señor». Ese título, que los cristianos le daban a Jesús, sería causa de buena parte del conflicto en las generaciones posteriores.

23 *Society and Politics*, p. 162.

24 Se habla también de un «texto bizantino» y de un «texto de Cesarea»; pero éstos no son sino variantes posteriores de los textos mencionados arriba.

de escribirla. Otros sostienen que el texto occidental es el original, y que el egipcio es una revisión posterior hecha por otra persona.[25] Sin embargo, la mayoría de los estudiosos de la Biblia concuerda en que el texto egipcio o neutral es el original, y que el texto occidental es una revisión de aquél, aunque es posible que en algunos casos el texto occidental sí se acerque más al original que el egipcio.

Por lo general, RVR y las otras versiones castellanas han seguido el texto egipcio, aunque ha habido traductores que han preferido el texto occidental. En nuestro propio comentario señalaremos lo que dice el texto occidental allí donde sea pertinente o aclaratorio.

Sí vale la pena señalar aquí que en algunos casos las variantes del texto occidental parecen reflejar los prejuicios y condiciones de su autor. Así, por ejemplo, este texto tiene un marcado prejuicio antifemenino, y parece ser síntoma de la reacción general antifemenina que tuvo lugar en la iglesia hacia fines del siglo primero y principios del segundo.[26]

25 Véase Haenchen, *Acts*, p. 51, donde se ofrece la bibliografía pertinente.

26 Por ejemplo, mientras el texto egipcio, salvo en un caso, se refiere a «Priscila y Aquila», el texto occidental los llama «Aquila y Priscila». En 17.21, el texto occidental cambia las palabras, de modo que el calificativo «de distinción» no se aplique directamente a las mujeres, como en el texto egipcio. Y en 17.34, omite toda mención a Dámaris.

Bibliografía

La bibliografía que sigue es meramente introductoria. La hemos incluido con una breve descripción del carácter de cada libro para que el lector pueda tener una lista básica de los libros más fácilmente accesibles en nuestros círculos. Muchos de estos títulos están incluidos, no a manera de recomendación, sino porque están en castellano. Recomendamos al lector que amplíe esta bibliografía con la que aparece en las notas al calce en el resto de este comentario.

W. Barclay, *Hechos*, vol. 7 de *El Nuevo Testamento comentado*, La Aurora, Buenos Aires, 1974.

F. Bovon, «Evangelio de Lucas y Hechos de los Apóstoles», en *Evangelios sinópticos y Hechos de los Apóstoles*, vol. 9 de *Introducción a la lectura de la Biblia*, Cristiandad, Madrid, 1983, pp. 211-301. Católico. Buena introducción, aunque no es un comentario.

F. F. Bruce, *The Book of the Acts*, volumen de *The New International Commentary on the New Testament*, edición revisada, Grand Rapids, Eerdmans. Excelente comentario conservador. Erudito en cuanto al trabajo del autor, y moderadamente erudito en su estilo. Ediciones Nueva Creación prepara una edición en castellano.

R. J. Cassidy, *Society and Politics in the Acts of the Apostles*, Orbis, Maryknoll, 1987. Excelente discusión del propósito del libro, con comentario sobre el texto para apoyar su tesis.

H. Conzelmann, *Acts of the Apostles*, Fortress, Philadelphia, 1987. Erudito, aunque no muy extenso. Versión de la edición alemana de 1972. Trabaja bastante la cuestión de las fuentes de Lucas.

R. Earle, «Hechos», en *Comentario Bíblico Beacon*, tomo VII, Casa Nazarena de Publicaciones, Kansas City, MO, 1985, pp. 255-604. Conservador. Comentario sobre el texto inglés de Hechos.

P. N. M. Flanagan, *Hechos de los Apóstoles*, parte de la serie *Conoce la Biblia*, Sal Terrae, Santander, 1976. Católico. Introducción sencilla al estudio de Hechos.

E. Haenchen, *The Acts of the Apostles: A Commentary*, Westminster, Philadelphia, 1971. Muy erudito y de difícil lectura. Tiene muchas notas de valor, aunque excesivamente preocupado por la cuestión de las fuentes y la composición literaria del libro.

M. Henry, «Hechos» en *Hechos de los Apóstoles, Romanos, 1 Corintios*, CLIE, Barcelona, 1989. Comentario de carácter semidevocional, preocupado por cuestiones de hace casi tres siglos, cuando fue originalmente escrito.

S. M. Horton, *El libro de los Hechos*, Vida, Miami, 1983. Conservador, moderadamente popular.

J. Kürzinger, *Los Hechos de los Apóstoles*, 2 vols., Herder, Barcelona, 1979. Relativamente sencillo. Católico moderado.

I. H. Marshall, *The Acts of the Apostles*, parte de la serie *Tyndale New Testament Commentaries*, Eerdmans, Grand Rapids, 1980. Conservador y moderadamente erudito.

J. Munck, *The Acts of the Apostles*, volumen de *The Anchor Bible*, Doubleday & Company, Garden City, 1967. No está a la altura del resto de los volúmenes en la misma serie.

W. Neil, *The Acts of the Apostles*, volumen de *New Century Bible*, Oliphans, Marshall, Morgan & Scott, Londres, 1973. Moderadamente erudito. Conservador.

C. C. Ryrie, *Los Hechos de los Apóstoles*, Outreach, Inc., Grand Rapids, 1981. Muy elemental.

J. Roloff, *Hechos de los Apóstoles*, Cristiandad, Madrid, 1984. Moderadamente erudito, con poca documentación. Preocupado por la cuestión de las fuentes.

J. Straubinger, *Hechos de los Apóstoles*, Ediciones Aldu, Montevideo, 1945. Estudio relativamente sencillo, católico, con algunas notas interesantes.

R. C. Tannehill, *The Narrative Unity of Luke-Acts: A Literary Interpretation*, vol. 2: *The Acts of the Apostles*, Fortress, Minneapolis, 1990. Moderadamente erudito. Hace uso de los métodos de la crítica literaria. Muchas observaciones interesantes.

Ernesto Trenchard, *Comentario a los Hechos de los Apóstoles*, Editorial Literatura Bíblica, Madrid, 1977. Conservador. Moderadamente erudito.

L. Turrado, «Hechos de los Apóstoles» en *Biblia Comentada*, vol. VI a,

Biblioteca de Autores Cristianos, Madrid, 1975, pp. 1-246. Católico conservador. Moderadamente erudito. Buena información histórica.

D. J. Williams, *Acts*, volumen de *Good News Commentary*, Harper & Row, San Francisco, 1985. Buen comentario del texto mismo. Poca discusión teológica. Moderadamente erudito.

W. H. Willimon, *Acts*, volumen de la serie *Interpretation*, John Knox, Atlanta, 1988. Comentario mayormente homilético, con poco estudio del texto. No está a la altura del resto de la serie.

A. Wikenhauser, *Los Hechos de los Apóstoles*, Herder, Barcelona, 1973. Católico. Moderadamente conservador.

Bosquejo del libro

I. Introducción (1.1-26)
   A. Dedicatoria y prólogo (1.1-3)
   B. La promesa del Espíritu (1.4-8)
   C. La ascensión (1.9-11)
   Ch. La elección de Matías (1.12-26)

II. El Pentecostés (2.1-41)
   A. La manifestación del Espíritu Santo (2.1-13)
   B. Explicación y respuesta (2.14-41)
      1. El discurso de Pedro (2.14-36)
      2. La respuesta de la multitud (2.37-41)

III. La iglesia en Jerusalén (2.42-8.3)
   A. Un resumen (2.42-47)
   B. Un milagro y sus consecuencias (3.1-4.31)
      1. El milagro (3.1-10)
      2. La explicación de Pedro (3.11-26)
      3. La reacción de los poderosos (4.1-22)
         a. La irrupción (4.1-6)
         b. El discurso de Pedro (4.7-12)
         c. El veredicto (4.13-22)
      4. La reacción de los fieles (4.23-31)
   C. El uso de los bienes (4.32-5.11)
      1. Otro resumen (4.32-35)
      2. Casos concretos (4.36-5.11)
         a. Interpretación e ideología
         b. Misión y uso de bienes
         c. El precio de la gracia
   Ch. Arrecia la persecución (5.12-42)

        1. Aumenta la popularidad del Evangelio (5.12-16)

        2. Se intenta callar a Pedro y a Juan (5.17-42)

   D. Griegos y hebreos (6.1-7)

   E. Esteban (6.8-8.3)

        1. Su arresto (6.8-12)

        2. Su juicio (6.13-7.56)

        3. Su muerte: se desata la persecución (7.57-8.3)

IV. Nuevos horizontes (8.4-12.24)

   A. La obra de Felipe (8.4-40)

        1. En Samaria (8.4-25)

        2. El etíope (8.26-40)

   B. La conversión de Saulo (9.1-31)

        1. La conversión (9.1-19)

        2. Pablo como discípulo (9.20-31)

   C. La obra de Pedro (9.32-11.18)

        1. Dos milagros (9.32-43)

           a. La sanidad de Eneas (9.32-35)

           b. Dorcas es resucitada (9.36-43)

        2. Pedro y Cornelio (10.1-48)

           a. La visión de Cornelio (10.1-9a)

           b. La visión de Pedro en Jope (10.9b-23a)

           c. Los acontecimientos de Cesarea (10.23b-48)

        3. Informe de Pedro a la iglesia de Jerusalén (11.1-18)

   Ch. La iglesia de Antioquía (11.19-30)

   D. La persecución de Herodes (12.1-24)

        1. Introducción; muerte de Jacobo (12.1-2)

        2. Pedro encarcelado y librado (12.3-19a)

        3. La muerte de Herodes (12.19b-24)

V. La misión se define (12.25-15.35)

   A. El envío (12.25-13.3)

   B. Chipre (13.4-12)

   C. Antioquía de Pisidia (13.13-51a)

   Ch. Iconio (13.51b-14.6a)

   D. Listra y Derbe (14.6b-21a)

   E. El regreso (14.21b-28)

   F. El concilio de Jerusalén (15.1-35)

        1. Se plantea el problema (15.1-3)

        2. Los hechos de Jerusalén (15.4-29)

           a. Primera acogida y dificultades (15.4-5)

    b. La asamblea (15.6-29)
      i. La intervención de Pedro (15.6-12)
      ii. La intervención de Jacobo (15.13-21)
      iii. La decisión (15.22-29)
    3. El regreso a Antioquía (15.30-35)

VI. La misión a Europa (15.36-18.22)
  A. El llamamiento (15.36-16.10)
    1. Pablo y Bernabé se separan (15.36-41)
    2. Timoteo se une a la misión (16.1-5)
    3. La visión del macedonio (16.6-10)
  B. Filipos (16.11-40)
    1. Inicio de la misión en Europa (16.11-15)
    2. La muchacha con espíritu de adivinación (16.16-24)
    3. La conversión del carcelero de Filipos (16.25-34)
    4. Los misioneros son absueltos y expulsados (16.35-40)
  C. Tesalónica (17.1-9)
  Ch. Berea (17.10-14)
  D. Atenas (17.15-34)
  E. Corinto (18.1-17)
  F. El regreso (18.18-22)

VII. En derredor de Efeso (18.23-20.38)
  A. Discípulos deficientes (18.23-19.7)
    1. El episodio de Apolos (18.23-28)
      a. Un resumen (18.23)
      b. La predicación de Apolos (18.24-28)
    2. Los doce discípulos de Efeso (19.1-7)
  B. Milagros en Efeso (19.8-22)
    1. La enseñanza de Pablo (19.8-10)
    2. Los falsos milagros (19.11-16)
      a. Un resumen sobre los milagros (19.11-12)
      b. El demonio sarcástico (19.13-16)
    3. La reacción del pueblo (19.17-20)
    4. Un bosquejo del futuro (19.21-22)
  C. El alboroto en Efeso (19.23-41)
  Ch. Viaje a Macedonia, Grecia y Troas (20.1-12)
    1. El viaje (20.1-6)
    2. El episodio de Eutico (20.7-12)
  D. La despedida en Mileto (20.13-38)
    1. Viaje de Troas a Mileto (20.13-16)

    2. Despedida de los ancianos de Efeso (20.17-38)
      a. La obra pasada de Pablo (20.18-21)
      b. La situación presente de Pablo (20.22-24)
      c. El futuro (20.25-31)
      d. Conclusión (20.32-38)

VIII. Cautiverio de Pablo (21.1-28.31)
  A. Viaje de Mileto a Jerusalén (21.1-16)
  B. Entregado a los gentiles por los judíos (21.17-22.24)
    1. Recibimiento por la iglesia en Jerusalén (21.17-25)
    2. Arresto de Pablo en el Templo (21.26-36)
    3. Diálogo de Pablo con Lisias (21.37-39)
    4. Discurso de Pablo al pueblo (21.40-22.24)
  C. Pablo bajo la custodia de Lisias (22.25-23.33)
    1. Pablo reclama la ciudadanía romana (22.25-29)
    2. Pablo ante el Sanedrín (22.30-23.10)
    3. Complot contra Pablo (23.11-22)
    4. Pablo es enviado a Cesarea (23.23-33)
  Ch. Pablo bajo la custodia de Félix (23.34-24.27)
    1. Primera entrevista con Félix (23.34-35)
    2. El juicio ante Félix (24.1-23)
    3. Entrevista con Félix y Drusila (24.24-27)
  D. Pablo bajo la custodia de Porcio Festo (25.1-26.32)
    1. El juicio ante Festo (25.1-12)
    2. Pablo ante Agripa y Berenice (25.13-26.32)
  E. Pablo es enviado a Roma (27.1-28.10)
    1. Inicio del viaje (27.1-12)
    2. Tempestad y naufragio (27.13-44)
    3. En la isla de Malta (28.1-10)
  F. Pablo en Italia (28.11-31)
    1. Camino a Roma (28.11-15)
    2. Pablo en Roma (28.16-31)

I. Introducción (1.1-26)

A. Dedicatoria y prólogo (1.1-3)

Las primeras palabras de Hechos nos indican que este libro es continuación de otro.[1] Como vimos en la Introducción General (pp. 9-21), ese otro libro anterior es el Evangelio de Lucas, del cual Hechos es secuela.[2]

No se sabe quién es el «Teófilo» a quien tanto Lucas como Hechos van dedicados.[3] El nombre mismo quiere decir «amador de Dios»; por tanto, algunos comentaristas han sugerido que se trata no de una persona particular, sino de un nombre simbólico que Lucas les da a todos sus lectores. Sin embargo, hay razones para rechazar tal teoría. En primer lugar, el nombre mismo de Teófilo era relativamente común en el siglo primero, no solamente entre los gentiles (el nombre mismo es de origen griego), sino hasta entre los

---

1 Sobre algunas de las cuestiones literarias y estructurales del prólogo de Hechos, véase: Prosper Alfaric, «Les prologues de Luc», *RHR* 115, 1937, 37-52; Emanuel Hirsch, *Frügeschichte des Evangeliums*, J. C. B. Mohr, Tubinga, 1951, pp. xxx-xxxix; Eduardo Iglesias, «El libro de los Hechos: El prólogo», *Christus*, 1, 1935-36, 429-36.

2 La forma griega que se emplea aquí para decir «primer tratado» (*prôtos* en lugar de *próteros*) técnicamente daría a entender que debió haber un tercer tratado. T. Zahn, «Das dritte Buch des Lukas», *NkZ*, 28, 1917, 373-95. Al tratar sobre los últimos versículos de Hechos (en la sección que hemos llamado **Epílogo**) ofreceremos nuestra propia interpretación de por qué el libro parece no terminar ahí. Lo cierto es que el griego del período helenista que Lucas emplea no distinguía claramente entre *prôtos* y *próteros*; por tanto, no hay por qué suponer que Lucas escribió o proyectó escribir un tercer volumen. E. Haenchen, *The Acts of the Apostles: A Commentary*, Westminster, Philadelphia, 1971, p. 137, n. 1.

3 Edgar J. Goodspeed, «Was Theophilus Luke's Publisher?», *JBL*, 73, 1954, 84; H. Mulder, «Theophilus, de 'Godvrezende'», en N. J. Holmes et. al., eds., *Arcana revelata*, J. H. Kok, Kampen, 1951, pp. 77-88. Sin tratar de resolver la cuestión de la identidad de Teófilo, Paul S. Minear ofrece un excelente estudio de los retos a que se enfrentarían los lectores de Lucas, y por tanto del propósito de Hechos, en «Dear Theo: The Kerygmatic Intention and Claim of the Book of Acts», *Int*, 27, 1973, 131-50. Hay un buen resumen de las diversas posiciones sobre la identidad de Teófilo en F. F. Bruce, *Commentary on the Book of Acts*, 2a. edición, Eerdmans, Grand Rapids, 1954, pp. 30-32.

judíos. En segundo lugar, en Lucas 1.3 se le da a este Teófilo el título de «excelentísimo». Este era un título de honor que normalmente se empleaba solo para los romanos de la clase ecuestre; es decir, la clase inmediatamente inferior a la aristocracia senatorial. Aunque es posible que Lucas no lo haya empleado en ese sentido técnico,[4] sí es indicio de que los dos libros iban dirigidos a una persona de cierto rango social. En tercer lugar, era costumbre en aquellos tiempos dedicarle un libro a una persona ilustre y pudiente, quien entonces se ocupaba de promover su circulación. Por todas estas razones, lo más probable parece ser que Lucas le dedicó sus dos libros a un cristiano relativamente pudiente, no solamente para su propia instrucción personal, sino también y sobre todo para que lo hiciera circular entre otros cristianos.[5]

En todo caso, el hecho mismo de que tanto este libro como el Evangelio de Lucas lleven un prólogo que en cierto modo sigue las estructuras convencionales de la literatura de la época,[6] y que el libro vaya dedicado a un cristiano con cierto status social como Teófilo, da a entender que, para el tiempo en que Lucas escribe, la iglesia cristiana se va abriendo paso entre algunos elementos de las clases medias y más elevadas de la sociedad. Los problemas que esto plantea se encuentran en el trasfondo de mucho de lo que Lucas ha de contarnos más adelante.

La palabra que la RVR traduce por «tratado», y la VP por «libro», es *logos*. Es el mismo término que aparece en el prólogo del Evangelio de Juan, y que allí se traduce por «Verbo» (RVR, BA) o por «Palabra» (VP, BJ, NBE, NTH). En este caso tiene ciertamente el sentido de «libro» (BJ, NBE), «tratado» o «relato» (BA, NTH).

---

4 Contra tal suposición, sin embargo, parece militar el uso que el mismo Lucas hace de ese título en Hechos 24.3 y 26.25.

5 Decimos que Teófilo era cristiano, porque en Lucas 1.4 se le dice que el propósito del libro es «para que conozcas bien la verdad de las cosas en las cuales has sido instruido». Es cierto que las palabras que se emplean aquí también pudieran dirigirse a un juez o funcionario que tendría autoridad para juzgar a los cristianos, y que en ese caso pudieran traducirse e interpretarse en el sentido de «para que conozcas la verdad acerca de las cosas sobre las que has recibido informes». Tal interpretación no ha encontrado acogida entre los comentaristas. Repetidamente a través de la historia de la interpretación de Hechos se ha sugerido que «Teófilo» es un seudónimo para algún cristiano que nos es conocido por otros medios. El candidato a tal honor más frecuentemente mencionado es Flavio Clemente, el cristiano de la aristocracia romana que murió como mártir en la persecución de Domiciano a fines del siglo primero. También se ha tratado de identificarle con otros «Teófilos»; por ejemplo, uno que aparece en la falsa «Séptima epístola de Séneca» (que en realidad es obra de algún escritor cristiano) y otro que se encuentra en la literatura pseudo-clementina (*Recog.* 10.1). Pero tales intentos de identificar a Teófilo con algún otro personaje no son más que hipótesis imposibles de comprobar.

6 Victoriano Larrañaga, «El proemio-transición de Act. 1:1-3 en los métodos literarios de la historiografía griega», *MiscB*, 2, 1934, 311-74; D. W. Palmer, «The Literary Background of Acts 1.1-14», *NTSt*, 33, 1987, 427-38; P. W. ven der Host, «Hellenistic Parallels to the Acts of the Apostles: 1:1-26», *ZntW*, 74, 1983, 17-26; D. W. Palmer, «The Literary Background of Acts 1.1-14», *NTSt*, 33, 1987, 427-38.

La traducción del verbo «comenzó» del v. 1 varía de versión en versión. En algunas se lo traduce como «desde el principio» o alguna frase parecida; en otras, sencillamente es omitido. Lo que el verbo mismo parece indicar, es que el primer libro (es decir, el Evangelio de Lucas) trata sobre lo que Jesús empezó a hacer y a enseñar, «hasta el día en que fue recibido arriba» (1.2), y que por tanto este segundo libro sigue tratando sobre lo que Jesús continuó haciendo y enseñando después de su ascensión, aunque ahora a través del Espíritu Santo.[7] La afirmación de que Jesús dio sus mandamientos «por el Espíritu Santo» (1.2) contribuye a entretejer los dos libros. En el primero, cuando Jesús estaba físicamente presente, el Espíritu Santo actuaba a través de Jesús. En el segundo, después de la ascensión, Jesús continuará actuando a través del Espíritu Santo.[8]

Las «pruebas indubitables» del v. 3 (o «pruebas convincentes», como lo traduce BA) probablemente se refieren, no solamente a las apariciones de Jesús, sino también a su insistencia en su resurrección física. En Lucas 24.37-43, cuando los discípulos «atemorizados, pensaban que veían espíritu», Jesús les muestra sus heridas, les invita a que le toquen, y por último, como prueba final, come delante de ellos. Es a esto que se refieren las «pruebas indubitables»; por tanto, no basta con decir, como la VP, que «Jesús mismo se presentó en persona a ellos».

En el mismo v. 3, los «cuarenta días» no han de tomarse necesariamente de manera literal, pues es frase que frecuentemente se emplea en el sentido de «muchos días». Así la emplea el propio Lucas en Lucas 4.2 (véase además, por ejemplo, Gn. 7.4, 14, 17; Ex. 24.11; Ez. 4.6; en Hechos mismo: 7.30, 36, 42). Sí es de notarse el paralelismo entre estos «cuarenta días» y el tiempo que se nos dice pasó Moisés en el monte Sinaí recibiendo la Ley (Ex. 24.18). De igual modo que Moisés en esos cuarenta días recibió instrucciones acerca de la conducta futura de Israel, así también Jesús en estos cuarenta días instruyó a los apóstoles para su tarea futura.[9]

---

7 También es posible interpretar el «comenzó» como un giro griego que únicamente le añade fuerza a los verbos principales, y por tanto, traducir el pasaje como «lo que Jesús hizo y enseñó». Así lo interpreta Jürgen Roloff, *Hechos de los Apóstoles*, Madrid, Cristiandad, 1984, p. 44.

8 La gramática griega permite traducir este pasaje de otros dos modos. Uno de ellos haría que «por el Espíritu Santo» se refiera, no únicamente a los «mandamientos», sino también a la elección de los apóstoles. El otro se referiría a la acción del Espíritu únicamente en esa elección, y no en los mandamientos que Jesús dio. La traducción corriente, que es la que aparece en RVR, es la más natural. Véase Lorenzo Turrado, *Hechos de los Apóstoles y epístola a los Romanos*, Biblioteca de Autores Cristianos, Madrid, 1975, pp. 27-28.

9 Véase Roloff, *Hechos*, pp. 46-47; Wilhelm H. Roscher, «Die Tessarakontaden und Tessarakontadenlehren der Griechen und anderer Völker», *Bsäch*, 61, 1909, 17-206. Roloff recalca también que el número de «cuarenta días» tiene el propósito de ponerle término a las apariciones del Resucitado. Después de esos días, y de la ascensión, podrá haber visiones de Jesús, pero no apariciones físicas de él.

Por último, Lucas resume lo que Jesús enseñó durante los «cuarenta días» como el «reino de Dios».[10] Como veremos en la próxima sección, el tema del reino se relaciona íntimamente con la expectación de los discípulos.

Los hechos del Espíritu

Las primerísimas palabras del libro de Hechos son: «En el primer tratado», lo que nos da a entender que este libro no ha de leerse aisladamente. Es la continuación del Evangelio de Lucas, el «primer tratado» dirigido al mismo Teófilo a quien este segundo libro va también dirigido. Lo que en realidad tenemos aquí es una historia en dos partes. La primera trata acerca de los hechos de Jesús, y la segunda de los hechos del Espíritu después de la ascensión de Jesús.

Pero nuestro autor no quiere que pensemos que se trata de dos historias completamente separadas. Es por eso que, al referirse en Hechos al Evangelio, dice que allí escribió acerca de «las cosas que Jesús *comenzó* a hacer y a enseñar». Al decir «comenzó», indica que este segundo tratado, a pesar de narrar lo que tuvo lugar después de la ascensión de Jesús, trata todavía del ministerio de Jesús, el que no terminó con la ascensión, sino que continúa en la obra del Espíritu y, como veremos repetidamente en el curso de este comentario, en la vida de la iglesia. Este segundo tratado narra la segunda parte de lo que se cuenta en el primero. Los hechos del Espíritu son continuación y parte del Evangelio.

Ahora bien, al empezar este segundo tratado, Lucas considera necesario resumir lo que dijo en el primero. No puede repetirlo todo, pero sí tiene que decir en una palabra algo que resuma las obras y enseñanzas de Jesús. Y, para él, no hay mejor modo de hacerlo que refiriéndose al mensaje del reino de Dios. Es por esto que le dice a Teófilo (y nos dice a nosotros) que durante el tiempo que Jesús pasó con sus discípulos entre la resurrección y la ascensión les habló «acerca del reino de Dios». Basta leer el Evangelio de Lucas para percatarse de que el tema central de las enseñanzas de Jesús es el reino de Dios. Casi todas las parábolas hacen referencia a ese reino. Y las buenas nuevas que le dan el nombre de «evangelio» consisten precisamente en que el reino de Dios se ha acercado en la persona y obra de Jesús (véase, por ejemplo, Lc.

10 Sobre las enseñanzas verbales directas de Jesús en Hechos, véase A. Wikenhauser, «Las instrucciones que Cristo Resucitado dio según los Hechos de los Apóstoles 1:3», *RevisBib*, 17, 1955, 117-22.

10.9,11). Sobre lo que significa el mensaje del «reino» para nosotros se tratará en la próxima sección (comentario sobre 1.4-8). Antes de seguir, debemos señalar la importancia de la continuidad entre los dos «tratados» de Lucas.

Una cara de lo que Lucas nos está diciendo es que es imposible conocer a Jesús sin la intervención del Espíritu Santo. Pablo lo dice en pocas palabras: «nadie puede llamar a Jesús Señor, sino por el Espíritu Santo» (1 Co. 12.3). Lucas lo dice al principio de su Evangelio afirmando que María concibe a Jesús por obra del Espíritu Santo (Lc. 1.35), señalando varios casos de personas que reconocen a Jesús por el mismo Espíritu (Lc. 1.41; 2.25-27), y apuntando que el Espíritu descendió sobre Jesús en su bautismo, al momento de comenzar su ministerio (Lc. 3.22).

Para ser cristiano no basta con haberse criado entre cristianos, o con pertenecer a una cultura supuestamente «cristiana». Jesús se nos da a conocer como Señor y Salvador, no sencillamente por tales acciones o influjos humanos, sino por obra del Espíritu Santo, que utiliza esas experiencias humanas para revelarnos el verdadero carácter y poder de Jesús. Sin el Espíritu Santo, es imposible ser cristiano.

La otra cara es que la función del Espíritu consiste en guiar a las gentes hasta Jesús. Lo que el Espíritu hace hoy, lo está haciendo Jesús a través del Espíritu. Es por eso que Lucas dice que su primer tratado habla acerca de «las cosas que Jesús *comenzó* a hacer y a enseñar» (1.1). Por el Espíritu, Jesús continúa actuando y enseñando. Ese es, precisamente, el tema del «segundo tratado». Por ello, lo que el Espíritu ha de enseñar no es una revelación superior a la de Jesús; es lo mismo que Jesús enseñó.

Comprender la relación entre Jesús y el Espíritu Santo es de suma importancia para nuestra iglesia hoy. Hay entre nosotros un error harto difundido, según el cual la revelación de Dios tiene lugar en tres etapas sucesivas, cada una superior a la anterior, de modo que cada una sobrepasa a la otra. Según esa opinión, primero vino la revelación del Padre, en el Antiguo Testamento; luego la de Jesús, en los Evangelios; y por último la del Espíritu, en la iglesia, después de la ascensión de Jesús. Ese error no es nuevo, pues lo sostuvieron en el siglo II los montanistas,[11] y en la Edad Media los seguidores de Joaquín de Fiore.[12]

---

11 Véase Justo L. González, *Y hasta lo último de la tierra: Una historia ilustrada del cristianismo*, 10 tomos, Caribe, Miami, 1978-88, 1:137-38; del mismo autor, *Historia del pensamiento cristiano*, Caribe, Miami, 1992, vol. 1, pp. 139-141.

12 Véase González, *Y hasta...*, 4:135-36, 195-96; *Historia del pensamiento...*, vol. 2, p. 197.

Es fácil ver por qué tal opinión ha tentado a muchas generaciones y tienta a la nuestra, pues encaja muy bien con cierta falsa idea de la «espiritualidad». Para muchos, la «espiritualidad» consiste en apartarse de todo lo que sea físico o material. Puesto que Jesús es un personaje físico, con carne y huesos materiales, parece entonces que «la religión del Espíritu» es superior a la de Jesús. Y esto, que es un problema para nosotros hoy, lo fue ya para los cristianos de tiempos del Nuevo Testamento. Es por ello que en 1 Juan 4.2-3, donde se trata de «probar los espíritus», la prueba consiste precisamente en la relación entre tales «espíritus» y la carne de Jesús: «Todo espíritu que confiesa que Jesucristo ha venido en carne, es de Dios; y todo espíritu que no confiesa que Jesucristo ha venido en carne, no es de Dios». El propósito de todo el libro de Hechos es describir la acción del Espíritu llevándonos al Jesús que ha venido en carne y que, por obra del Espíritu, continúa actuando hoy a través de la iglesia.

Y esto tiene consecuencias prácticas. Si «la religión del Espíritu» es superior, resulta que el mejor modo de servir a Dios es ocupándonos únicamente de las cosas «espirituales», y desentendiéndonos de las materiales. En un hemisferio plagado de pobreza, hambre, desnutrición y toda otra clase de males físicos, la iglesia no tendría entonces por qué preocuparse por tales cosas, y debería dedicarse únicamente a predicar el «evangelio». Empero tal «evangelio», como Lucas lo muestra en sus dos tratados, no es el evangelio de Jesucristo, y por tanto no es tampoco producto de la acción del Espíritu Santo.

B. La promesa del Espíritu (1.4-8)

Esta sección y la que sigue (1.9-11) vuelven sobre lo que se trató al final del «primer tratado».[13] Sirven de puente entre los dos libros. La instrucción de permanecer en Jerusalén, y la promesa del Espíritu Santo, que son el tema de esta sección, aparecen abreviadas en Lucas 24.49. La ascensión del Señor, que será el tema de la próxima sección de Hechos, aparece también, mucho más brevemente, en Lucas 24. Empero lo que allí era conclusión aquí es introducción; lo que allí sirvió para completar la narración aquí sirve para marcar el tono de todo lo que sigue.

Lucas (al igual que Pablo en Gálatas) emplea dos términos que en castellano se traducen por «Jerusalén»: *Ierousalêm* (Jerusalén) y *Hieorsólyma* (Jerosólima). El primero es de origen hebreo, mientras que el segundo es helenista. Por lo general, Lucas emplea el primero cuando tiene connotaciones

---

13 José Ramos García, «La restauración de Israel», *EstBib*, 8, 1949, 75-133.

religiosas y relacionadas con el Templo, mientras que el otro es sencillamente el nombre geográfico del lugar.[14] Aquí, Jesús les dice a los discípulos que vayan a «Jerosólima». Hay quienes piensan que el uso de este término es indicación de que no tuvieran ninguna relación con el Templo y las instituciones religiosas judías de Jerusalén. Tales argumentos, sin embargo, no son muy convincentes.[15]

En el v. 4,[16] la palabra que RV traduce como «estando juntos» (y que la VP omite) quiere decir literalmente «compartiendo la sal», y da a entender que Jesús estaba a la mesa con los discípulos. Esto nos recuerda que una de las «pruebas indubitables» que el Señor dio de su resurrección según Lucas fue comer ante los discípulos, y que tanto en Lucas como en Juan se relatan cenas en las que el Señor resucitado estuvo en medio de sus discípulos.

En el mismo versículo, la «promesa del Padre» (frase que aparece también en el texto paralelo en Lucas 24.49) es el Espíritu Santo, según lo explica el próximo versículo: «Porque Juan ciertamente bautizó con agua, mas vosotros seréis bautizados con el Espíritu Santo».[17] Este contraste entre el bautismo de Juan y el de Jesús aparece en todos los evangelios, siempre en boca de Juan el Bautista (Mt. 3.11; Mr. 1.8; Lc. 3.16; Jn. 1.33). Las palabras de Juan el Bautista, dichas al principio del ministerio de Jesús, aparecen aquí al final de ese ministerio, pero ahora en boca de Jesús.

En los versículos 6-8, «los que se habían reunido» le preguntan a Jesús sobre la restauración del reino a Israel, y es en respuesta a esa pregunta que Jesús les promete más claramente la dádiva del Espíritu Santo.[18] Sobre este pasaje, analizaremos más detalladamente algunos puntos. El primero es que no se nos dice que los que hicieron la pregunta fueran los apóstoles mismos.

---

14 Hay un buen estudio de estos dos términos y su significado teológico: G. Morales Gómez, «Jerusalén-Jerosólima en el vocabulario y la geografía de Lucas», *RCatalT*, 7, 1982, 131-86. Véase también I. de la Potterie, «Les deux noms de Jérusalem dans les Actes des Apôtres», *Bib*, 63, 1982, 153-87.

15 Quien más ha subrayado y defendido tal opinión es Josep Rius Camps, *El camino de Pablo a la misión de los paganos: Comentario lingüístico y exegético a Hch 13-28*, Cristiandad, Madrid, 1984. La tesis de todo el libro de Rius Camps es que Hechos trata sobre el modo en que la iglesia en general, y Pablo en particular, se van desprendiendo de su judaísmo. Pablo, en lugar del visionario que ve la necesidad de la misión a los gentiles, es el conservador judaizante que persiste en predicarles «primero a los judíos», y el libro de Hechos es la historia (frecuentemente expresada en términos simbólicos) de cómo Pablo, hacia el final de su carrera, se despoja de tales ideas.

16 William H. P. Hatch, «The Meaning of Acts 1:4», *JBL*, 30, 1911, 123-28.

17 Ernest Best, «Spirit-Baptism», *NT*, 4, 1960-61, 236-43. Como indica la RVA, la construcción gramatical de este pasaje es tal que la preposición «con» también puede traducirse por «en»: Juan bautizó «en» agua, y los discípulos serán bautizados «en» el Espíritu Santo.

18 Sobre el modo en que Lucas entiende la iglesia como «restauración de Israel», véase J. Schmitt, «L'église de Jérusalem ou la 'restauration' d'Israël d'après les cinc premiers chapîtres des Actes», *RScR*, 27, 1953, 209-18; D. L. Tiede, «The Exaltation of Jesus and the Restoration of Israel in Acts 1», *HTR*, 79, 1986, 278-86.

El propósito de Lucas no es recalcar la ofuscación mental de los apóstoles, que tras «cuarenta días» de instrucción especial después de la resurrección no comprenden todavía en qué consiste el mensaje de Jesús. Más adelante (1.15) veremos que los reunidos en Jerusalén eran «como ciento veinte en número». Luego, es posible interpretar el texto en el sentido de que la pregunta la hicieron algunos de éstos y no los apóstoles.

En todo caso, hay que aclarar el sentido de la respuesta de Jesús. A veces se dice que los discípulos todavía pensaban en términos materialistas, como la restauración de un reino político, y que Jesús les corrige porque no era de eso que trataba su mensaje. El texto no dice tal cosa. Jesús corrige, sí, a los discípulos, pero no por sus intereses materialistas o políticos. De hecho, la misma palabra «reino», que es central en el mensaje de Jesús, necesariamente tiene connotaciones políticas.[19] Jesús les corrige más bien por dos razones: Primero, porque quieren «saber los tiempos o las sazones, que el Padre puso en su sola potestad»; y segundo (y esto más por implicación que directamente), porque el reino no ha de ser restaurado únicamente a Israel, sino que hay que incluir también en él a los samaritanos[20] y a todas las gentes, «hasta lo último de la tierra».[21]

Poco antes (1.3) Lucas nos acaba de decir que Jesús pasó los cuarenta días después de su resurrección «hablándoles acerca del reino de Dios». El reino de Dios es el centro del mensaje de Jesús en el Evangelio, y ha de ser también el mensaje de los apóstoles en Hechos. Ese reino, en la visión bíblica, no es un lugar puramente espiritual donde van las almas de los muertos. Es la consumación de la voluntad de Dios para toda la creación, física y espiritual. Es sobre eso que Jesús les ha hablado durante cuarenta días, y es sobre eso que ahora algunos le preguntan. En su respuesta, Jesús no les dice que tal reino no haya de venir, sino que les advierte que no han de preocuparse por cuándo tal cosa ha de suceder. La venida del reino tendrá lugar en el tiempo y la sazón «que el Padre puso en su sola potestad». Lo que se niega aquí no es la idea del reino; lo que se niega es el interés en saber cuándo ese reino ha de venir.

---

19 D. L. Tiede, «Acts 1:6-8 and the Theo-Political Claims of Christian Witness», *WaW*, 1, 1981, 41-51, muestra que Lucas estaba bien consciente del sentido político-religioso del mensaje de Jesús sobre la inauguración del reino de Dios, y de su envío de los discípulos como sus «agentes». El mensaje del reino es una crítica radical a todas las aspiraciones políticas de los reyes de los gentiles, incluso del Imperio Romano.

20 Véase Morton S. Enslin, «Luke and the Samaritans», *HTR*, 36, 1943, 277-97.

21 Quizá debamos mencionar aquí la insólita interpretación de D. R. Schwartz, «The End of the Ge (Acts 1:8)», *JBL*, 105, 1986, 669-76. Según Schwartz, el «fin de la tierra» en este texto se refiere no a los confines de la tierra habitada, sino a los confines de la tierra prometida a Israel. De ser así, resulta que Jesús les está dando a los discípulos una visión bastante limitada de su misión, y que será únicamente más tarde, al desarrollarse los acontecimientos en Hechos, que se hablará de una misión más amplia. Véase también la nota sobre Etiopía en 8.27.

Por otra parte, la idea de que ese reino sería para Israel, y únicamente para Israel, sí se niega en estos versículos.[22] Los discípulos indagan sobre la restauración del reino «a Israel»; el Señor les responde con la necesidad de serle testigos «hasta lo último de la tierra». Ese contraste no se aclara más en este texto. Todo el resto del libro va a ser la narración del modo en que, gracias a la dirección del Espíritu, los discípulos van descubriendo que el reino no es solamente para Israel. Se ha dicho con cierta razón que la última parte del versículo 8 es el bosquejo de todo el resto del libro: «en Jerusalén, en toda Judea, en Samaria, y hasta lo último de la tierra». Lo que no se ha recalcado suficientemente es que en todo ese proceso, y especialmente en sus primeras etapas, los primeros cristianos están descubriendo, por obra del Espíritu, que el alcance del reino es mucho mayor de lo que pensaban.

La función de los discípulos ha de ser la de «testigos».[23] El texto mismo no dice más. Conviene, sin embargo, que aclaremos la relación entre esta cualidad y el reino. Según la teología de Lucas, Dios le ha dado el señorío a Jesús. Por tanto, el mensaje del reino es también el mensaje de que con la venida de Jesús ese reino ha sido inaugurado. Es por esto que ser testigos de Jesús es también ser testigos del reino. El reino mismo, como idea y esperanza, no necesitaba de «testigos» entre los judíos. Era parte de la expectación de todos los judíos fieles. Aquello de que los discípulos han de dar testimonio, no es sencillamente la idea o la promesa del reino, sino el hecho de que en Jesús ese reino ha quedado inaugurado. Sobre esto volveremos al ver lo que Hechos dice sobre la obra de Jesús y del Espíritu. Hay que subrayar, no obstante, el carácter histórico del «testimonio» de los discípulos. No se es «testigo» de una idea. Se es «testigo» de un hecho, de un acontecimiento, de la obra y las palabras de una persona. El testimonio para el cual los discípulos reciben poder es el anuncio concreto de lo que Dios ha hecho en la vida, muerte y resurrección de Jesús.

El reino y nuestra realidad

Decíamos que el mensaje de Jesús según el Evangelio de Lucas es el reino de Dios, y que Lucas comienza ahora este segundo tratado resumiendo ese mensaje precisamente en términos del reino. Tengamos esto en mente, porque a través de todo

---

22 Walter J. Galus, *The Universality of the Kingdom of God in the Gospels and the Acts of the Apostles*, tesis doctoral, Catholic University of America, Washington, D.C., 1945.

23 Edouard Burnier, *La notion de témoignage dans le Nouveau Testament. Notes de théologie biblique*, F. Roth, Lausanne, 1939; Eduardo Iglesias, «El Libro de Hechos: ¡Seréis mis testigos!», *Christus*, 2, 1936, 637-42; Vittorio Subilia, «Nota sulla nozione di testimonianza nel Nuovo Testamento», *Prot*, 4, 1949, 1-22.

este segundo tratado el tema del reino aparecerá repetidamente, si no siempre de manera explícita, sí de modo implícito. Para entender los hechos del Espíritu como los entiende este libro de la Biblia hay que verlos como los hechos del Espíritu que tienen lugar dentro del reino y hacia el reino. En el primer tratado, Lucas ha aclarado lo que quiere decir este reino que se encuentra en el centro mismo de las enseñanzas de Jesús. En 4.43, Jesús mismo dice que lo que él anuncia es «el evangelio [las buenas nuevas] del reino de Dios». Sus milagros son señales del reino. Sus parábolas son promesas y descripciones de la vida en el reino. Su propia vida es inauguración de ese reino.

Se trata de un reino harto extraño, que ha de compararse a una semilla de mostaza (Lc. 13.18-19) o a un poco de levadura (Lc. 13.20-21). Es un reino en el que se establece un orden distinto del que existe en el reino presente, pues «hay postreros que serán primeros, y primeros que serán postreros» (Lc. 13.30). Y, en palabras que muchas veces no nos gustan, pero que son parte del Evangelio, es un reino en el que los pobres, los que tienen hambre, los que lloran y los aborrecidos son bienaventurados, mientras lo contrario es cierto de los que viven bien y son respetados: «¡Ay de vosotros, ricos! porque ya tenéis vuestro consuelo. ¡Ay de vosotros, los que ahora estáis saciados! porque tendréis hambre» (Lc. 6.24-25).

Es de ese extraño reino que habla Hechos. Lo que en él se nos cuenta no es sino los hechos del Espíritu que nos permite vivir, aun en medio de los reinos de este mundo, como ciudadanos de ese otro reino. Buena parte del libro de Hechos cuenta cómo ese extraño orden del reino de Dios se hace realidad en la vida de la iglesia cuando ésta es obediente a los dictados del Espíritu.

Mientras tanto, continúan los hechos del viejo orden. Todavía los ricos se gozan. Todavía los que comen más de lo necesario se regocijan en su hartura. Todavía los diarios se ocupan más de los poderosos que de los que sufren. Pero los que hemos escuchado «el evangelio del reino de Dios» sabemos que ese nuevo reino es una realidad inevitable, y tratamos de organizar nuestras vidas y nuestras acciones, aún dentro del viejo orden, de tal modo que den testimonio del nuevo para el cual nos estamos preparando y del cual en parte disfrutamos ya.

Tal es el ambiente en el que se desenvuelve la iglesia hispanoamericana. Nuestra tierra y nuestro pueblo tienen abundancia de recursos naturales y humanos, que son en sí señales del Reino; sin embargo, en medio de tanta abundancia millones de personas viven en una desesperante pobreza. En América Latina, la situación de los pobres, lejos de mejorar, va empeorando cada día más. Lo mismo sucede con los hispanos de los Estados Unidos, entre quienes, según el último censo, casi el 40% de los niños pertenece a hogares en niveles de miseria.[24]

Y, ¿qué decir de la falta del temor de Dios? Los poderosos se aprovechan de los débiles como si no hubiera un Dios que ve y juzga sus desmanes. En la misma iglesia hay supuestos «líderes» que se enriquecen con la predicación del Evangelio mientras el pueblo se muere de hambre. Ciertamente, aunque el reino de Dios ha sido inaugurado, seguimos viviendo en el viejo reino, en el que los poderosos se aprovechan, y los privilegiados siguen siendo privilegiados.

Los primeros pasajes de Hechos nos advierten de a lo menos dos tentaciones. Sobre la segunda trataremos al discutir la ascensión del Señor (1.9-11). La primera es semejante a la de aquellos discípulos que le preguntaron al Señor si estaba a punto de restaurar el reino a Israel (1.6). Israel llevaba siglos de opresión, y durante todo ese tiempo había estado esperando su liberación. Había muchos partidos políticos entre los judíos del tiempo de Jesús; pero de un modo u otro todos, excepto quizás los más extranjerizantes (los que hablaban de la «prosperidad» y la «paz» que había traído el Imperio Romano), soñaban con el día en que el reino les fuera restaurado. Luego, nada tiene de extraño el que los discípulos le hicieran esa pregunta a Jesús. Lo que sí es notable es que, como vimos al exponer el texto, Jesús les responde ampliando su concepto del reino. Ellos le preguntan por la restauración del reino a Israel; él les contesta hablándoles de una misión «hasta lo último de la tierra».

Nuestra iglesia, con razón, no ha perdido la expectativa del fin. Empero la tentación para nosotros consiste precisamente en estrechar las fronteras del reino, de modo semejante a como lo hicieron aquellos discípulos. Oprimidos y a veces hasta despreciados por razones religiosas en los países en que somos minoría religiosa, por razones culturales en los Estados Unidos, donde somos minoría étnica, y frecuentemente por razones económicas en todas partes, lo que ardientemente deseamos es que venga el reino para nosotros, para que se nos acabe este sufrimiento. En lugar de preguntarnos cómo hemos de ser testigos en esferas cada vez más amplias, lo que hacemos es preguntarnos cuándo ha de venir el reino.

---

24 Según datos ofrecidos a la prensa por la Oficina del Censo de los EE.UU., 2 de septiembre de 1986.

Esa actitud se comprende, como se comprende también la actitud de aquellos sufridos discípulos judíos que le preguntan a Jesús, «Señor, ¿restaurarás el reino a Israel en este tiempo?» El texto bíblico nos dice claramente que no nos es dado conocer los tiempos y las sazones, sino que lo que hemos de esperar es el poder del Espíritu Santo y entonces ser testigos «hasta lo último de la tierra»; es decir, que nuestro testimonio ha de alcanzar hasta donde alcanza la obra creadora de Dios.[25] Hay quienes piensan que por medio del Espíritu Santo pueden predecir cuándo ha de llegar el fin. En nuestros días, hay quienes miran al nuevo estado de Israel, y a base de una supuesta «restauración de Israel» y de lo que dicen que el Espíritu les ha revelado, afirman que ello es señal de que el fin se aproxima. A tales personas, el texto les recuerda que ésa no es la función del Espíritu Santo, sino que es darnos poder. Ese poder no consiste solamente en la habilidad de testificar, sino que alcanza todos los ámbitos de la vida. Por el poder del Espíritu tenemos fe; por el poder del Espíritu podemos vivir en esperanza aún en las situaciones más difíciles; por el poder del Espíritu sabemos que somos personas dignas aunque el mundo nos aplaste y nos pisotee. Mas ese poder nos ha sido dado, no solamente para que lo gocemos en nuestras propias vidas, sino también para que seamos testigos de Jesús y del reino. (Sobre el carácter de ese reino diremos más al tratar sobre 2.14-21.)

Por otra parte, hay que subrayar el sentido exacto de la palabra «testigos», que es lo que los discípulos han de ser mediante el poder del Espíritu Santo. Hay varias clases de verdades, y a cada una de esas clases le corresponde un modo de comunicarla. Por ejemplo, es verdad que dos y dos son cuatro; pero nunca decimos que alguien «es testigo» de que dos y dos son cuatro. Esa clase de verdad la comunican, no los testigos, sino los maestros. Por otra parte, cuando ante un tribunal hay que esclarecer la verdad de los hechos, lo que hacen falta no son maestros, sino testigos. El maestro dice: «tal o cual cosa es siempre así, por naturaleza»; el testigo dice: «tal o cual cosa ha sucedido así». Luego, la primera característica del testigo es que se refiere, no a verdades matemáticamente invariables como la de que dos y dos son cuatro, sino a hechos históricos. Es importante que entendamos esto, porque el mensaje del evangelio no es una serie de doctrinas, sino una serie de hechos. Lo que proclamamos no son ideas, teorías o doctrinas, por muy ciertas que sean. Lo que proclamamos son los hechos, las

---

25 En este sentido, quizá tengan algo que enseñarnos aquellos antiguos cristianos que, aun en medio de la persecución, oraban «por la demora del fin», para tener mayor oportunidad para la proclamación del evangelio. Tertuliano, *Apol.*, 32.

acciones y las promesas — que no son sino hecho futuros— de Dios en Jesucristo. Tristemente, a veces los cristianos hemos confundido esto, y entonces actuamos como si el evangelio fuera una serie de doctrinas, donde hay que hacer que todo el mundo crea exactamente estos cuatro, diez, o doscientos puntos. Pero no; el evangelio son las buenas nuevas de lo que Dios ha hecho, está haciendo y ha de hacer en Jesucristo. El evangelio no es una filosofía, ni un estilo de vida. Es una noticia. Y, como toda noticia, quienes la comunican son testigos vivenciales de ella.

Hay una relación entre las realidades eternas y los hechos que son objeto de testimonio, de igual modo que hay una relación entre el principio matemático de que dos y dos son cuatro y la experiencia que tiene quien ve que dos piedras más dos piedras son cuatro piedras. Pero lo que hace al verdadero testigo es que conoce no solamente la verdad eterna, sino que la ha visto en su propia vida y en su historia.

Lo anterior quiere decir que aquello de que damos testimonio es el hecho concreto e histórico de que Jesucristo ha venido en la carne, y los hechos concretos e históricos que resultan de ello. Por esa razón, el testimonio cristiano siempre tiene en cuenta la situación en que se encuentra. No es una serie de palabras que repetimos en todo tiempo y en toda circunstancia, sino el modo en que los cristianos de cada tiempo y de cada circunstancia damos fe de lo que tuvo lugar en el siglo primero en la vida de Jesús, y de lo que tiene lugar en nuestro siglo en nuestras propias vidas y en nuestra propia historia. La historia de nuestro pueblo, entonces, no es cosa aparte de nuestra tarea de ser testigos. La historia de nuestro pueblo —nuestra propia historia— es el campo propio de nuestro testimonio. Un testimonio que no se encarne en su historia ni es testimonio ni se refiere al Señor que se ha encarnado en nuestra historia humana. Por ello, cuando en el resto de este comentario vayamos relacionando lo que leemos en Hechos con nuestra propia historia, no estaremos haciendo algo opcional, algo que hacemos porque nos gusta, sino que estaremos buscando el modo de ser verdaderos testigos como las Escrituras lo requieren.

C. La ascensión (1.9-11)

Este texto es paralelo a Lucas 24.50-52.[26] Hay quienes afirman que hay una discrepancia entre ambos textos, pues aquí se habla de una ascensión que

---

26 Sobre la relación entre ambos textos, véase Philippe H. Menoud, «Remarques sur les textes de l'ascension dans Luc-Actes», *BZntW*, 21, 1954, 148-56; Heinrich Schlier, «Jesu Himmelfahrt

tuvo lugar después de «cuarenta días», y en Lucas se da a entender que fue el mismo día de la resurrección de Jesús. Con base en ese detalle, se argumenta que los dos libros eran originalmente uno solo, y que fue al separarlos que algún redactor incauto introdujo esa discrepancia.[27] Lo cierto es que el Evangelio de Lucas no dice claramente que la ascensión haya tenido lugar inmediatamente después de la resurrección; por tanto la supuesta diferencia en verdad no lo es. Lo mismo puede decirse con respecto al lugar en que ocurre la ascensión. En Lucas, es en Betania; aquí, es en el Monte de los Olivos (1.12). De hecho, Betania está en la ladera del Monte de los Olivos, a unos tres kilómetros de Jerusalén. Luego, el único problema pendiente sería que en Lucas la ascensión parece tener lugar a unos tres kilómetros de Jerusalén, mientras en Hechos tiene lugar «camino de un día de reposo», que es más bien como un kilómetro. Por lo tanto, si hay alguna discrepancia, se trata únicamente del lugar exacto de la ascensión.

Donde sí hay una marcada diferencia es en el énfasis de cada uno de los textos. En Lucas, a pesar de la brevedad del texto, se nos dice que Jesús estaba bendiciendo a los discípulos cuando se separó de ellos, y después se nos dice únicamente que «volvieron a Jerusalén con gran gozo». En Hechos, el énfasis recae más bien sobre lo que acontece inmediatamente después de la ascensión. Mientras los presentes están todavía mirando al cielo, «dos varones con vestiduras blancas» aparecen junto a ellos y les preguntan por qué miran al cielo. El tono de la pregunta es tal que les indica que no tienen por qué quedarse mirando al cielo: «¿Por qué estáis mirando al cielo? Este mismo Jesús, que ha sido tomado de vosotros al cielo, así vendrá como le habéis visto ir al cielo.» Estos dos personajes nos recuerdan a los «dos varones con vestiduras resplandecientes» que se les aparecieron a las mujeres en la tumba vacía, y les dijeron que no debían buscar entre los muertos al que vive (Lc. 24.4-5). En ambos casos, lo que estos personajes hacen es cambiar la dirección en que los discípulos dirigen la mirada. En el primero, les dicen a las mujeres que no busquen en la tumba vacía. En el segundo, les dicen a los discípulos (en este caso al parecer todos «varones galileos») que no sigan mirando al cielo, sino que confíen en que Jesús ha de volver.

nach den lukanischen Schriften», *GuL*, 34, 1961, 91-99; P. A. Stempvoort, «The Interpretation of the Ascension in Luke and Acts», *NTSt*, 5, 1958-59, 30-42. Quizá el estudio más completo, aunque sobrepasado en algunos puntos por trabajos más recientes, sea todavía el de Victoriano Larrañaga, *La ascensión del Señor en el Nuevo Testamento*, 2 vols., Instituto Francisco Suárez, Madrid, 1943.

27 Etienne Trocmé, *Le «Livre des Actes» et l'histoire*, Presses Universitaires de France, Paris, 1957, pp. 30-41.

La vista puesta en el cielo

Decíamos al comentar el pasaje anterior que hay dos tentaciones que nos acechan, y que la primera consiste en estrechar las fronteras del reino. Ahora vemos que la otra tentación que frecuentemente nos acosa es la del escapismo religioso: quedarnos mirando al cielo, donde está Jesús. Jesús les había dicho a sus discípulos que después de su ascensión fueran a Jerusalén, donde recibirían el poder del Espíritu Santo. Pero después de la ascensión los discípulos se quedaron mirando hacia el cielo, y fue necesario que vinieran los «dos varones con vestiduras blancas» para que les recordaran que lo que tenían que hacer no era quedarse mirando al cielo. Jesús volverá del cielo, sí, les dicen los dos varones; pero entretanto hay trabajo que hacer. Y es sobre ese trabajo que trata todo el resto del libro de Hechos.

Lo que los varones les prometen a los discípulos no es que ellos también van a ir al cielo, sino que Jesús volverá a la tierra. Si fuera lo primero, podrían desentenderse de Jerusalén, y de todo lo demás de que trata el libro de Hechos. Pero no es eso, sino que Jesús volverá a la tierra, y es en esta tierra donde los discípulos han de ser obedientes, en medio de circunstancias y de retos bien terrenos. Con demasiada frecuencia, nosotros los cristianos nos dedicamos a «mirar al cielo», y nos olvidamos de que hemos sido puestos en esta tierra para cumplir una misión.

Por muchas razones, ésta es una tentación particular del cristianismo evangélico hispanoamericano. Lo que ha sucedido es que, por una serie de circunstancias históricas, políticas y sociales, se ha predicado entre nosotros un «evangelio» que tiene poco que ver con el reino total de Dios sobre toda la creación, y consiste únicamente en la promesa de que el alma continuará viviendo eternamente en el cielo. Desde el punto de vista del reino presente, tal «evangelio» resulta inocuo; no le es una amenaza. Si el «reino» tiene que ver solamente con el «más allá», los que predican ese «reino» no tendrán mayores conflictos con el «más acá». Y es por eso que tal tergiversación del evangelio completo y verdadero les gusta, no solamente a los que manejan el reino presente, sino también a muchos cristianos que ven en ello una manera de evitarse problemas. El precio que pagamos por esa tranquilidad es harto elevado. Nuestra predicación, con tanto preocuparse del «más allá», frecuentemente corre el riesgo de decirles poco a quienes todavía tienen que vivir en medio de las injusticias y los sufrimientos del «más acá». (Como aquel filósofo de antaño, que por ir estudiando las estrellas cayó en un pozo.)

Por lo pronto, y mientras sea su voluntad, el Señor no nos llama al cielo, sino ante todo a Jerusalén, a prepararnos para nuestra misión, y luego al mundo, «hasta lo último de la tierra».

Hay otro modo de mirar al cielo que sí tiene valor positivo. Este modo de mirar al cielo se debe, no a que el cielo sea «espiritual», sino a la ascensión misma.[28] El triunfo de Jesús ya ha tenido lugar en el cielo.[29] Esto es garantía, no solamente de la victoria de Jesús, sino también de la nuestra. Esto lo expresa Juan Calvino en su *Institución de la religión cristiana*: «La fe sabe que, al ascender al cielo, el Señor nos ha abierto las puertas del reino celestial, que Adán había cerrado, pues el Señor ha entrado al cielo en nuestra carne, y de ello se sigue... que en cierto sentido ya estamos sentados en los lugares celestiales. No se trata únicamente de una esperanza del cielo, sino que ya nuestra cabeza [Cristo] está allí».[30] Es también así que la Epístola a los Hebreos interpreta el Salmo 8.6, donde se dice del ser humano, «Todo lo pusiste debajo de sus pies». Hebreos comenta que en realidad no vemos tal cosa, pues es mucho lo que nos falta de tal poder; empero «vemos a aquel que fue hecho un poco menor que los ángeles, a Jesucristo, coronado de gloria y de honra» (He. 2.9).

La importancia de esto para nuestro contexto es enorme. Constantemente vemos al ser humano pisoteado y atropellado por fuerzas que no puede controlar. El hambre, la pobreza y la opresión son experiencia frecuente de buena parte de nuestro pueblo. Si sólo miráramos lo que vemos, diríamos que somos seres miserables, sin futuro ni esperanza. Y el trecho no es muy largo entre decir tal cosa y aceptar la opresión y la miseria como lo que verdaderamente nos corresponde. Pero no. Si no nos vemos a nosotros mismos ahora en gloria, sí vemos a nuestra Cabeza, Jesucristo, en gloria. Y su gloria es la que él nos tiene deparada. Como dice Pablo, «vuestra vida está escondida con Cristo en Dios. Cuando Cristo, vuestra vida, se manifieste, entonces vosotros también seréis manifestados con él en gloria» (Col. 3.3-4).

28 Sobre la historia de la interpretación de la ascensión, y el papel que ha jugado en la historia del pensamiento cristiano, véase J. G. Davies, *He Ascended into Heaven: A Study in the History of Doctrine*, Lutterworth Press, London, 1958.

29 Esto puede parecerle extraño a quien crea que el cielo, en contraste con la tierra, es y ha sido siempre un lugar de calma y pureza. Según la visión del Nuevo Testamento, parte del triunfo de Jesús consiste en echar del cielo a los poderes del mal. Véase Lucas 10.18 y Apocalipsis 12.12-13.

30 *Inst.* 2.16.

Hay un modo de predicar, harto difundido en nuestra América, que parece pensar que mientras más se degrade al ser humano más se exalta a Dios. «Yo no soy más que un gusano», se nos enseña a decir. La Biblia, sin embargo, nos enseña algo muy distinto. Uno de nosotros está sentado ya a la diestra del Padre. Todos nosotros hemos de reinar con él en gloria. No somos gusanos. Somos reyes y sacerdotes (Ap. 1.6), «linaje escogido, real sacerdocio, nación santa, pueblo adquirido por Dios» (1 P. 2.9). ¡Que nadie se atreva a despreciarnos ni oprimirnos!

Si el que se sienta a la diestra de Dios es «uno de nosotros», es decir, un ser humano, todo ser humano es digno del más alto respeto. A veces los cristianos hemos utilizado esto de ser «reyes y sacerdotes» para tratar de imponerles nuestra voluntad a los que no creen como nosotros. No es de eso que se trata aquí. No solamente nosotros, sino todo ser humano, es como el que ya se sienta a la diestra de Dios. Luego, si como cristianos hemos de resistir a toda opresión a que se pretenda sujetarnos, también como cristianos hemos de resistirnos a la tentación de oprimir a otros. Cuando un cristiano, por cualquier razón, se ve tentado a abusar de su prójimo, a explotarle, a despreciarle, ha de ver, sentado a la diestra de Dios, a Uno que es como ese prójimo.

En nuestra América hemos sufrido por siglos de una visión de Jesucristo como únicamente crucificado, pero no resucitado ni sentado a la diestra del Padre. Esa visión se empleó en tiempos de la conquista para tratar de convencer a los aborígenes de que debían aceptar todos los sufrimientos que los conquistadores les imponían, se empleó en tiempos de la colonia para apuntalar el poder de los jefes de entonces, y se sigue empleando con los mismos propósitos hasta nuestros días. No pensemos, sin embargo, que solamente la iglesia católico-romana practica tales cosas. Con bastante frecuencia vamos viendo que, ahora que los evangélicos comenzamos a ser suficientemente numerosos para que se nos tenga en cuenta, nosotros también estamos tentados a imponer nuestra voluntad. ¡Testimonio de ello es que ya hasta ha habido dictador evangélico en nuestra América hispana! Cuando como evangélicos nos sintamos tentados a oprimir al vecino, por cualquier razón que sea, recordemos que, en virtud de la ascensión del Señor, hay Uno sentado a la diestra de Dios, ¡y ese Uno es como el vecino a quien despreciamos y oprimimos!

Ch. La elección de Matías (1.12-26)

Este capítulo introductorio se completa con la elección de Matías.[31] Tras la ascensión de Jesús, los discípulos vuelven a Jerusalén (como también lo indica Lc. 24.52), y allí se reúnen en «el aposento alto».[32] Este parece ser el mismo aposento en que tuvo lugar la Santa Cena (Lc. 22:12; Mr. 14.15).[33] Aquí se añade el dato de que los doce moraban en el aposento alto. Lucas repite la lista de sus nombres, que nos dio anteriormente en el Evangelio (Lc. 6.14-16).[34] Sin embargo, acto seguido nos habla de otros que «perseveraban unánimes en oración y ruego». En estos otros están incluidas «las mujeres» así como María y los hermanos de Jesús. En cuanto a estos «hermanos» se ha discutido mucho, no porque el texto bíblico lo requiera, sino porque va envuelta en ello la virginidad perpetua de María. Los que defienden esa virginidad han argumentado que este texto y otros que hablan de los «hermanos» de Jesús en realidad se refieren a sus primos. Aparte de la cuestión de la virginidad perpetua de María, la discusión no tiene mayor importancia.

El tema de las «mujeres» sí merece atención. Al parecer se trata de las mismas mujeres, varias de ellas pudientes, que acompañaban a Jesús y que se ocupaban de sus gastos, según se ve en Lucas 8.2-3. Un manuscrito de alrededor del año 500, el «Códice Bezae», dice «las esposas e hijos», dando a entender que eran personas que dependían de los discípulos varones. Ese manuscrito, como buena parte del texto occidental (véase la Introducción), muestra cierto prejuicio antifemenino, por lo cual se puede pensar que lo que está tratando de hacer en este caso es restarles importancia a estas mujeres que acompañaron a Jesús en su ministerio, sufragaron sus gastos, y al parecer

---

31 Paul Gaechter, «Die Wahl des Matthias», *ZkT*, 71, 1949, 318-46; Eduardo Iglesias, «Los Hechos de los Apóstoles: Muéstranos al que has elegido», *Christus*, 2, 1936, 902-8; Charles Massan, «La reconstitution du collège des douze, d'après Actes 1:15-26», *RTP*, série 2, 5, 1955, 193-201; Philippe Menoud, «Les additions au groupe des douze apôtres, d'après le livre des Actes», *RHPR*, 37, 1957, 71-80; K. H. Rengstorf, «Die Zuwahl des Matthias», *ST*, 15, .1961, 35-67; J. Rius-Camps, «L'elecciò de Maties: Restauraciò pòstuma del Nou Israel», *RCatalT*, 12, 1987, 1-27; L. S. Thornton, «The Choice of Matthias», *JTS*, 46, 1945, 51-59; J. Dupont, «Le douxième apôtre (Actes 1.15-26) à propos d'une explication récente», *BibOr*, 24, 1982, 193-98.

32 «Las casas grandes tenían debajo del tejado raso una habitación suplementaria, a la cual se podía subir sólo por una escalera exterior; esta habitación, al revés de la gran sala del piso de abajo, no estaba acondicionada para los usos normales de la vida diaria (dormir, cocinar, comer, etc.). Es una habitación tranquila, a la que uno se retira para orar o para estudiar la Escritura (1 Re 17.19ss; 2 Re 4.10s; Dn 6.11); es el lugar preferido de los rabinos para sus reuniones». Roloff, *Hechos*, p. 54.

33 Aunque el término griego que Lucas emplea aquí (*hyperiôn*) es distinto del que usa en el Evangelio (*anágaion*).

34 Las listas de los doce en el Nuevo Testamento no son siempre las mismas. Véase el estudio de Wilhelm Weber, «Die neutestamentlichen Apostellisten», *ZwT*, 54, 1912, 8-31. Aunque desde entonces se han hecho muchos estudios al respecto, el problema planteado sigue siendo el mismo. Donde la RVR dice «Judas, hermano de Jacobo», el griego dice sencillamente «Judas de Jacobo». Es por ello que RVA y otras versiones dicen «Judas, hijo de Jacobo».

también participaron de los acontecimientos de Pentecostés, como veremos más adelante.

Lo que complica la situación es que en el versículo 16 Pedro se dirige claramente a un grupo que es exclusivamente masculino: «varones hermanos». Un modo de resolver esta aparente contradicción es suponer que entre el versículo 14 y el 15 la escena ha cambiado, de modo que los ciento veinte reunidos cuando Pedro habla son un grupo distinto del que se describe en los versículos 13 y 14. Es claro que en algún lugar durante todo este pasaje la escena cambia, pues es inconcebible que en el aposento alto cupieran las ciento veinte personas a que se refiere el versículo 15. Sin embargo, lo más probable es que el cambio de escena tenga lugar entre el versículo 13, donde se nos dice que los doce moraban en el aposento alto, y el 14, donde se añaden las mujeres y otras personas que perseveraban en oración junto a los doce. En tal caso, tras regresar a Jerusalén y al aposento alto, los apóstoles se reunieron con otros en otro lugar, y el número de los congregados era de unas ciento veinte personas. Entonces, a partir del versículo 15, Lucas nos está describiendo una escena típica como la que podría tener lugar en alguna sinagoga u otra asamblea en la que las mujeres están presentes, pero no participan en la decisión. En algunos casos, los varones estaban en el centro del salón, y las mujeres en los bordes o en un balcón. En ese caso, en medio de una asamblea mixta, Pedro se dirige a los varones, pidiéndoles que nombren a otro para ocupar el lugar que Judas ha dejado vacante entre los apóstoles. (Este fenómeno del cambio de escena sin advertir al lector ocurre en otros lugares de Hechos, como veremos al estudiar el episodio de Pentecostés.)

Sigue entonces el discurso de Pedro, instando a los «varones hermanos» a elegir un sucesor en lugar de Judas. Aunque el discurso aparece en boca de Pedro, en realidad es Lucas quien lo está resumiendo.[35] Esto puede verse en el versículo 19, donde Pedro explica que Acéldama «en su propia lengua» quiere decir «Campo de sangre». Hablando arameo, entre personas que hablaban el mismo idioma, Pedro no habría tenido para qué explicar el sentido de una palabra aramea.[36] De igual modo, las citas de los Salmos 109.8 y 69.25, que aparecen en el versículo 20, no son tomadas del texto hebreo, sino de la versión griega del Antiguo Testamento que se conoce como la «Septuaginta».[37] Luego, Lucas está describiendo una escena en términos generales,

---

[35] Aproximadamente el treinta por ciento del libro de Hechos consiste en discursos que Lucas pone en labios de diversos actores. Se ha discutido mucho sobre la autenticidad histórica de tales discursos, y especialmente de los que proclaman el evangelio. Sobre esto trataremos más detenidamente al estudiar los discursos de Pedro en los capítulos 2 y 3.

[36] Sobre «Acéldama» y su trasfondo, véase Max Wilcox, *The Semitisms of Acts*, Clarendon, Oxford, 1965, pp. 87-89.

[37] Aunque es costumbre hablar de la «Septuaginta» como si de veras hubiera existido una versión oficial al griego, el hecho es que, aparte del Pentateuco, lo que existía en el siglo primero era toda una serie de traducciones variadas que circulaban independientemente. No fue sino hasta el siglo tercero, o quizá el cuarto, que todo esto vino a verse como un todo. Hecha esa salvedad,

adaptándola para que sus lectores (que son de habla griega y que por tanto sí
usan la Septuaginta y también necesitan que se les expliquen las palabras
hebreas y arameas) entiendan lo que está sucediendo.

El discurso de Pedro gira alrededor de dos «necesidades»: en el versículo
16 la traición de Judas se introduce con la frase «era necesario», y en el 21 la
acción que Pedro va a proponer se introduce con la misma palabra en presente:
«es necesario». La primera necesidad se refiere a la traición de Judas en
cumplimiento de las Escrituras. Pedro no está tratando sobre el tan discutido
tema de la relación entre la predestinación divina y la responsabilidad humana.
Sencillamente está diciendo que, en cumplimiento de las Escrituras, Judas
traicionó al Señor. La segunda «necesidad» se refiere a la responsabilidad
presente: en vista de lo sucedido, hay que nombrar a otro para que tome el
lugar de Judas.[38]

En cuanto a lo que le sucedió a Judas tras su traición, hay dos tradiciones,
ambas reflejadas en el Nuevo Testamento. Según una de ellas, que puede verse
en Mateo 27.3-8, Judas arrojó las monedas en el Templo, y se ahorcó. Fueron
entonces los sacerdotes quienes utilizaron ese dinero para comprar el «Campo
de sangre». Según la otra tradición, que aparece en Hechos, fue Judas mismo
quien compró el campo en el cual cayó y murió.[39] Desde tiempos antiguos se
acostumbró unir estas dos tradiciones explicando que Judas se ahorcó, pero la
cuerda o la rama de que colgaba se rompieron, cayendo de cabeza y reventán-
dose.

Lo que Pedro propone es que otro tome «su oficio». El texto griego de los
Salmos que Lucas cita en el versículo 20 se refiere a *episkopê*. Esta palabra,

sin embargo, es posible hablar de la «Septuaginta» en el sentido del conjunto de esas traducciones independientes, y del consenso entre ellas. Véase Sidney Jellicoe, *The Septuagint and
Modern Study*, Clarendon, Oxford, 1968.

[38] I. H. Marshall, *The Acts of the Apostles*, Inter-Varsity Press, Leicester, England, 1980, pp. 65-66,
señala que la razón por la que hay que elegir un sustituto para Judas no es la necesidad de cumplir
profecías del Antiguo Testamento, sino completar el número de los testigos de la vida y
resurrección de Jesús.

[39] Además, en la iglesia antigua había otra tradición, según la cual Judas se hinchó de manera
descomunal. Aparece en un fragmento de Papías (*Padres Apostólicos*, Biblioteca de Autores
Cristianos, Madrid, 1950, pp. 878-79): «Como ejemplo grande de impiedad anduvo en este
mundo Judas, quien llegó a hincharse de tal modo en su carne que no podía pasar ni siquiera
por donde pasa fácilmente un carro; ni aun la sola mole de su cabeza. ...Y después de muchos
tormentos y castigos, murió —dicen— en un lugar de su propiedad, que quedó desierto y
despoblado hasta el presente a causa del mal olor». Es posible que esta tradición se relacione
con la que aparece en Hechos, según la cual Judas «se reventó por la mitad». Las dos tradiciones
son comparadas brevemente por Rubén Darío García, *La Iglesia, el pueblo del Espíritu*,
Ediciones Don Bosco, Barcelona, 1983, pp. 63-64. García ofrece además algunas referencias
en la literatura intertestamentaria que ilustran el uso de imágenes y tradiciones semejantes a las
que el Nuevo Testamento le aplica a Judas. Véase, además: Pierre Benoit, «La mort de Judas»,
en *Synoptische Studien: Alfred Wikenhauser zum siebzigsten Geburstag*, Karl Zink, München,
1953, pp. 1-19; H. G. Hoelemann, *Letzte Bibelstudien*, Gustav Wolf, Leipzig, 1885, pp. 104-60;
W. Wrede, *Vorträge und Studien*, J. C. B. Mohr, Tübingen, 1907, pp. 127-46.

«episcopado» quería decir antiguamente «oficio» (RVR), «cargo» (VP, BA, BJ, NBE), o «supervisión». Sin embargo, con el correr de los años fue asociándose con uno de los oficios en la iglesia cristiana, y fue surgiendo la idea de que los obispos —los que ocupaban el «episcopado»— eran los sucesores de los apóstoles. Este texto dio cierta base para ello, pues en él el cargo de un apóstol recibe el nombre de «episcopado».

Pedro sugiere que de entre los «varones» —eso es lo que dice literalmente el versículo 21— que han estado con Jesús a través de todo su ministerio se escoja a otro para ocupar el lugar de Judas. El requisito es extraño e interesante, pues varios de los doce no habían «estado junto con nosotros, todo el tiempo que el Señor Jesús entraba y salía entre nosotros, comenzando desde el bautismo de Juan». En Juan 1.40-41, se da a entender que Pedro y Andrés sí llenaban ese requisito. Pero lo mismo no es cierto de varios de los otros. En todo caso, la congregación[40] sugiere dos nombres: José Barsabás[41] «el Justo», y Matías. De ninguno de estos personajes se sabe más que lo que dice este texto. En Hechos 15.22 se habla de un Judas Barsabás que bien pudo haber sido hermano de José. De Matías, quien finalmente resultó electo, no se nos dice más en el Nuevo Testamento. Según una tradición posterior, predicó en Judea y murió como mártir, apedreado.[42]

En cuanto al modo de echar suertes, el texto no da indicación alguna. Lo más común era escribir los nombres de los candidatos en piedrecillas, echarlas en un recipiente, y sacudirlo hasta que alguna cayera.

La estructura y la misión

¿Qué podemos decir de la elección de Matías y del modo en que hemos de aplicarla a nuestra situación? Lo que digamos depende de cómo interpretemos el mensaje y el propósito de Hechos. Frecuentemente se ha pensado que Hechos fue escrito para exaltar el papel y la autoridad de los apóstoles. De ser así, este pasaje estaría mostrando que el duodécimo de los apóstoles, Matías, fue elegido por el Señor tanto como lo fueron los otros. A Matías no se le vuelve a mencionar en todo el libro de Hechos, ni en el resto del Nuevo Testamento. Luego, hay que ver en este episodio un paso en la transición que tratarán los primeros capítulos de Hechos. Según veremos al avanzar en nuestro estudio, al tiempo

---

40 El Códice Bezae dice que Pedro propuso los dos nombres. Para esto solamente hace falta cambiar una letra en el verbo, haciendo de él singular en vez de plural. El Códice Bezae posiblemente está tratando de hacer recalcar la autoridad de Pedro, quien propone los nombres de los candidatos.

41 Algunos manuscritos dicen «Barrabás», pero esto claramente es un error.

42 Clemente, *Strom.*, ii.163, vii.318; Eusebio, *Hist. Ecl.*, i.12.2, iii.25.6; Epifanio, *Pan.*, i.20.

que la misión de la iglesia se va ampliando va surgiendo un liderato nuevo. Los apóstoles, como buenos judíos, veían una importancia especial en el número doce, relacionándolo con las doce tribus de Israel. Desde esa perspectiva, hacen lo que parece lógico: nombran a otro para completar aquel número. Pero el Espíritu está presto a hacer nuevas cosas, abriendo la iglesia a todo un mundo más amplio, que requerirá de otros líderes. La tarea de ser testigos, no solamente en Jerusalén y en Judea sino también en Samaria y hasta lo último de la tierra, requeriría de personas capaces de tener esa visión. Comentando sobre esto, alguien ha dicho que los discípulos escogieron a Matías, pero el Espíritu escogió a Pablo. Aunque tal aseveración no ha de tomarse literalmente, sí apunta hacia uno de los temas de Hechos, que es el modo en que el Espíritu va haciendo surgir líderes nuevos para nuevas circunstancias.[43]

En los capítulos que siguen veremos más sobre esto. Por lo pronto, dada nuestra situación, el texto, y el hecho de que nuestras circunstancias como cristianos hispanoamericanos están en constante estado de flujo, cabe que vayamos reflexionando sobre la relación que hay entre una misión que va transformándose y la transformación de las estructuras y del liderato de la iglesia para llevar a cabo esa misión. Cuando en nuestro medio evangélico nos preguntamos sobre la estructura de la iglesia y el modo en que ha de gobernarse, muchas veces tratamos de encontrar en el Nuevo Testamento un patrón fijo, un modelo que copiar. Pero lo que todo el libro de Hechos nos muestra es que lo fundamental no es la estructura de la iglesia, sino su misión. Los once tratan de mantener la estructura nombrando a otro para sustituir a Judas. Eso está bien. Pero bien pronto el Espíritu va a llamar a la iglesia a una nueva misión que requerirá un liderato distinto del de los apóstoles.

Hay además otros modos en que el texto se relaciona con situaciones que todos conocemos en nuestras iglesias. La «vieja guardia», es decir, los once, piensa que la estructura de la iglesia siempre ha de ser igual que la que ellos conocieron, y hasta tratan de buscar líderes cuyas experiencias y perspectivas sean semejantes a las de ellos. Los «doce», reducidos ahora a «once», piensan que la elección de otro como ellos es absolutamente imprescindible.

---

43 Sobre la diferencia entre la elección de los apóstoles por Jesús y esta elección de Matías, merecen citarse las siguientes líneas: «Lucas ha tenido interés en precisar en el prólogo de Hch. ... que Jesús eligió a los doce movido por el Espíritu Santo. El motivo de esta puntualización, no hecha en Lc. 6,13, aparece ahora: Lucas quiere contrastar la elección de los Doce, que Jesús había hecho, con la restauración del número Doce por parte de los 120 hermanos, una vez que Jesús ya no está con ellos y antes de la venida del Espíritu». Josep Rius Camps, *El camino de Pablo a la misión a los paganos*, Cristiandad, Madrid, 1984, p. 24.

Y hasta llegan a poner requisitos en la elección, requisitos que varios de ellos mismos no llenan (el haber estado con Jesús desde su bautismo por Juan). Quien no haya tenido las mismas experiencias no tiene derecho a ser líder. ¿No es así que muchas veces se eligen los líderes en nuestras iglesias? En lugar de preguntarnos quién puede hacer una mejor contribución a la misión de la iglesia en un mundo siempre cambiante, buscamos quien pueda continuar lo que hasta ahora se ha hecho, quien mejor se ajuste a los patrones de las generaciones anteriores, quien no rete ni amplíe la visión de los que hasta ahora han mandado. Al hacer tal cosa, lo que de veras estamos haciendo es colocar la organización por encima de la misión, con lo que estamos afirmando que para nosotros lo importante no es la misión al mundo, sino salvaguardar las estructuras que hasta aquí nos han servido, o de las cuales nos hemos servido. Como veremos en los capítulos que siguen, el Espíritu Santo no tolera tales prácticas, y constantemente va obligando a la iglesia a reformarse para ser fiel a su misión. El hecho de que no se nos diga una palabra más sobre Matías debería servirnos de advertencia: cuidado con pretender que el Espíritu se ajuste a nuestros propios designios.

II. El Pentecostés (2.1-41)[1]

A. La manifestación del Espíritu Santo (2.1-13)

Los acontecimientos que se narran aquí tienen lugar el día de Pentecostés. La palabra «pentecostés» quiere decir «quincuagésimo» o «número cincuenta». Era el nombre que los judíos de habla griega le daban a la «fiesta de las semanas».[2] Se celebraba después de siete semanas (una «semana de semanas») a partir de la Pascua. Originalmente era una celebración agrícola, cuando se completaba la cosecha y se hacía un sacrificio simbólico de dos panes hechos con el trigo de la nueva cosecha, así como de ciertos animales que la ley estipulaba (Lv. 23.15-21). Tras la destrucción del primer Templo, la celebración del Pentecostés entre los judíos se fue transformando poco a poco en una celebración de la entrega de la ley a Moisés en el Sinaí.

Algunos comentaristas[3] han relacionado la dádiva de la ley en la celebración judía del Pentecostés con la dádiva del Espíritu en la fecha de esa celebración. De ser así, la conclusión sería que Lucas nos está diciendo que, así como Dios dio la antigua ley en el monte Sinaí en Pentecostés, así también dio la nueva ley del Espíritu en Pentecostés.[4] Aunque la coincidencia no deja

---

1 El modo en que hemos dividido el texto, como ocurre frecuentemente, está sujeto a diversidad de opiniones. Por ejemplo, G. Krodel, «The Holy Spirit, the Holy Catholic Church: Interpretation of Acts 2:1-42», *Dia*, 23, 1984, 97-103, argumenta que el pasaje sobre Pentecostés no termina sino en el versículo 42, que según nuestra opinión es en realidad parte y bosquejo del «resumen» que viene después de Pentecostés.

2 Ex. 34.22; Dt. 16.10; Nm. 28.26; 2 Cr. 8.13. Véase *DIB*, «Pentecostés».

3 Por ejemplo, W. L. Knox, *The Acts of the Apostles*, Cambridge University Press, Cambridge, 1948, p. 75.

4 Un detalle que le añadiría interés a tal relación es que, según la tradición judía, cuando Dios dio la ley en el Sinaí su palabra se manifestó en las setenta lenguas de todas las naciones (aunque, naturalmente, sólo los israelitas la recibieron). Sobre las tradiciones rabínicas acerca del Pentecostés, véase H. L. Strack y P. Billerbeck, *Kommentar zum Neuen Testament aus Talmud und Midrash*, 6 vols., C. H. Beck, München, 1922-61, 2:597-602.

de tener su atractivo, el hecho es que Lucas no ofrece el menor indicio de tal relación.[5]

En todo caso, no hay que ir tan lejos para encontrar la razón por la que Lucas declara que estos acontecimientos tuvieron lugar el día de Pentecostés. Esa fiesta atraía a gran número de peregrinos judíos de todas partes del mundo conocido, que venían a adorar en Jerusalén, y es precisamente la presencia de estas personas de diversos trasfondos lo que provee oportunidad para el milagro de las lenguas.[6]

En el versículo 1 se nos dice que estaban «todos unánimes juntos». Este «todos», y la misma palabra en el versículo 4, han de entenderse en el sentido de que no eran solamente los doce los que estaban presentes, sino también las mujeres y los demás que se indican en 1.13-15. Fue sobre todos éstos, y no solamente sobre los doce, que descendió el Espíritu.[7]

Los versículos 2 y 3 describen dos fenómenos extraordinarios cuya fuerza sobrecogedora se nos oculta porque ya sabemos lo que se nos va a decir en el 4, que todo esto era manifestación del Espíritu Santo. Leamos el texto por orden, como quien no sabe lo que viene después, y veremos algo de la situación dramática que Lucas nos describe. Los discípulos están reunidos en oración, como al parecer han estado por varios días desde la ascensión del Señor (véase 1.14). Están «sentados» en una casa. La escena, aunque es de expectación, es tranquila. De repente, sin anuncio alguno, de manera inesperada, se oye de lo alto un gran estruendo «como de un viento recio que soplaba, el cual llenó toda la casa donde estaban sentados». El texto no dice que soplara un viento recio, sino que se oyó un estruendo que el autor compara con el sonido del viento, y que ese estruendo llenó la casa. Acto seguido, a lo que se oye se le une lo que se ve: «y se les repartieron lenguas repartidas, como de fuego, asentándose sobre cada uno de ellos». Hasta este punto, no se nos ha descrito sino una escena que causa espanto.

Es en el versículo 4 que Lucas por fin nos indica cuál es la causa de lo que está sucediendo: «y fueron todos llenos del Espíritu Santo». A consecuencia de ello, «comenzaron a hablar en otras lenguas». (Nótese el paralelismo entre las «lenguas» de fuego y las «lenguas» en que hablan los creyentes. En griego, como en castellano, la palabra es la misma.)[8] El verbo griego que RVR traduce como «hablar» es *apofthéggomai*, verbo que aparece en el Nuevo Testamento

---

5 Lo mismo puede decirse de Pablo, quien relaciona la dádiva del Espíritu con las primicias más bien que con la revelación de la ley en el Sinaí. Ro. 8.23.

6 A. Causse, «Le pélerinage à Jérusalem et la première Pentecôte», *RHPR*, 20, 1940, 120-41.

7 Antonio Salas Farragut, «Estaban 'todos' reunidos (Hch. 2.1); Precisiones críticas sobre los 'testigos' de Pentecostés», *Salm*, 28, 1981, 299-314, señala que la comunicación plena del Espíritu requiere y lleva a la participación tanto de la jerarquía como de las bases.

8 Cp. J. Rius-Camps, «Pentecostés versus Babel: Estudio crítico de Hch. 2», *FilolNt*, 1, 1988, 35-61.

solamente en Hechos (1.4,14; 26.25). Quiere decir hablar en términos solemnes, aunque no necesaria ni normalmente en éxtasis.[9]

Lucas hace entonces un paréntesis en su narración (1.5) para decirnos que había en Jerusalén judíos de «todas las naciones bajo el cielo». Ese paréntesis es necesario para entender lo que sigue. Lucas, como buen narrador, nos da la información que necesitamos y nada más, a fin de no interrumpir su relato. La mayoría de los comentaristas piensa que estos judíos eran en su mayor parte peregrinos que habían venido a Jerusalén para las festividades religiosas.[10] Según algunos cálculos, los que acudían a Jerusalén en tales ocasiones llegaban hasta los cien mil.[11] Además, aunque la mayoría hayan sido peregrinos, también es un hecho que muchos judíos piadosos de la diáspora (es decir, de los que estaban dispersos por otras partes del mundo) iban a Jerusalén a terminar sus días (véase más abajo, el comentario sobre 6.1).

Lucas vuelve entonces a su narración diciéndonos que «hecho este estruendo, se juntó la multitud». Sin que se nos avisara, ha cambiado el lugar de la acción, pues antes estábamos en una «casa» y ahora parece que nos encontramos en un lugar más amplio, tal como una plaza frente a la casa.[12] La imagen mental que frecuentemente nos hacemos es que el «estruendo» que atrae a la multitud es el de los cristianos hablando en diferentes lenguas. Pero es posible que se refiera al «estruendo» de 2.2.[13] Sea cual fuere el caso, el hecho es que «estaban confusos». Esto es interesante, pues a veces se ha hablado del Pentecostés como lo contrario de la torre de Babel, afirmando que, mientras en Babel se confundieron las lenguas, en Pentecostés se sobrepasó el obstáculo entre las lenguas. Lo cierto es que, según el texto, la primera reacción de la multitud es de confusión, precisamente porque «cada uno les oía hablar en su propia lengua». Aquí cabe notar que este fenómeno no es exactamente el mismo de la glosolalia que se discute en las epístolas paulinas, pues allí las lenguas no son inteligibles a quienes las escuchan, y requieren quien las interprete, mientras que aquí el fenómeno mismo de hablar en lenguas tiene el propósito de comunicar el mensaje, y no hay necesidad de traductores.

La sorpresa de los que escuchan se relaciona con el hecho de que todos los que hablan son «galileos». ¿Qué quiere decir esto? Una posibilidad es que el término «galileo» se emplee aquí como sinónimo de «cristiano». Hay pruebas de que este término se usó así, normalmente en sentido peyorativo,

---

9 Gerhard Kittel, *ThWzNT*, 1:448.

10 La posición contraria, es decir, que se trataba de judíos de la diáspora que ahora vivían permanentemente en Jerusalén, puede verse en Ernst Haenchen, *Acts*, Westminster, Philadelphia, 1971, p. 168.

11 Joachim Jeremias, *Jerusalén en tiempos de Jesús: Estudio económico y social del mundo del Nuevo Testamento*, Tercera edición, Cristiandad, Madrid, 1985, pp. 95-102.

12 Por esa razón, algunos eruditos han sugerido que la «casa» era el Templo, y que lo que ahora sigue tiene lugar en el patio del Templo. No hay base para esto, más que la conjetura de aquellos eruditos. Además, normalmente Lucas no emplea la palabra «casa» para referirse al Templo.

13 Aunque las palabras griegas que RVR traduce como «estruendo» en ambos casos son diferentes.

por largo tiempo. De ser así, la pregunta querría decir, «¿no son cristianos todos éstos?» Tal pregunta, sin embargo, no vendría al caso en este contexto, donde los que escuchan no tienen por qué saber que los que hablan son cristianos. Otra posibilidad es que los que escuchan reconocen el acento galileo de los que hablan (como en Mt. 26.73). Empero esto tampoco vendría al caso, visto el hecho de que los que escuchan les oyen hablar cada uno en su propio idioma. Todo lo que podemos afirmar es que, por cualquier razón que sea, los que escuchan reconocen que los que hablan son galileos, gente despreciada por los judíos más cultos de Jerusalén, y que el sentido de la pregunta es más bien: «¿No son todos éstos unos galileos ignorantes y atrasados? ¿Cómo, pues les oímos hablar cada uno en nuestra lengua?»

La lista de las naciones de origen de estos judíos que escuchan y comentan ha sido objeto de mucha discusión entre los eruditos. Los puntos en discusión tienen que ver principalmente con la relación entre esta lista y otras semejantes.[14] Lo que Lucas quiere recalcar es que estas gentes vienen de todo el mundo conocido, inclusive de Partia, más allá de los confines del Imperio Romano. Los «romanos» que se mencionan en la lista son también judíos, en este caso procedentes de Roma, y no «romanos» en el sentido de gentiles. El texto dice claramente que todos los que participan son judíos, si no de nacimiento, al menos por conversión («prosélitos» en 2.10).

El tema de que los creyentes hablan es «las maravillas de Dios» (1.11). Lucas no nos dice más. Dado todo el contexto, y el discurso de Pedro que sigue, es de suponer que no hablaban específicamente de la muerte y resurrección de Jesús, sino de todo lo que Dios había hecho a través de la historia.

También es interesante notar que los que escuchan, aunque vienen de diferentes regiones y sus lenguas nativas son distintas, sí pueden comunicarse entre sí, aun aparte del milagro pentecostal, preguntándose unos a otros cuál sería el significado de lo que estaban presenciando (2.12).

Hay, sin embargo, otros que se burlan (2.13). Una vez más, al leer este texto damos por sentado lo que el texto no declara. Pensamos que estas gentes se burlan de los cristianos que hablan en lenguas, y que es a ellos a quienes

14 Probablemente la lista que ha creado más discusión sea la de Pablo de Alejandría, quien en el año 378 d.C. escribió un tratado de astrología en el que relaciona los signos del zodíaco con las naciones bajo cada uno de ellos. La lista de naciones que aparece allí es mucho más antigua, y se parece mucho a la de Hechos; pero no es la misma. Evidentemente Lucas no incluye a los griegos y a los judíos porque necesita nacionalidades con las que los judíos no pudieran comunicarse fácilmente. Los «medos» y los «elamitas» no eran nombres que se les daba ya a los habitantes de esas regiones, y es posible que Lucas los haya empleado imitando la Septuaginta, donde sí aparecen como pueblos contemporáneos. Sobre todo esto, véase Haenchen, *Acts*, pp. 169-70, n. 5. Stefan Weinstock, «The Geographical Catalogue in Acts 2:9-11», *JRomSt*, 38, 1948, 43-46; J. Brinkman, «The Literary Background of the 'Catalogue of Nations' (Acts 2:9-11)», *CBQ*, 25, 1963, 418-27. En la lista tal y como aparece en Hechos, también la palabra «Judea» ha causado dificultades, pues por muchas razones se piensa que posiblemente el texto original decía otra cosa. Sobre este punto, véase Bruce, *Acts*, p. 58, n. 13.

acusan de estar ebrios. Empero el texto también puede interpretarse de otro modo que probablemente tenga más sentido. Estos que se burlan son «otros», es decir, no son los que escuchan a los cristianos hablando en sus propias lenguas. Por alguna razón que el texto no aclara, estos «otros» no perciben el milagro. Están presentes con la multitud, pero el milagro les pasa desapercibido. El texto no dice por qué. Una posibilidad es que son judíos naturales del país, que esperan entender lo que se dice, y que por tanto no se maravillan ante el hecho de que los oyen en su propia lengua, el arameo que se hablaba entonces en la región. Al no percibir el milagro, se burlan. ¿De quién se burlan? ¿Únicamente de los que hablan? ¿O de los que escuchan y se muestran maravillados? Posiblemente de ambos. Puesto que no ven el milagro, deciden que todos los que están involucrados en él, tanto los que hablan como los que escuchan atónitos, están «llenos de mosto».

La desventaja de los aventajados

En la porción del texto que hemos estudiado hasta aquí, no se nos dice mucho acerca de la obra del Espíritu Santo. Ciertamente, todo el libro de Hechos trata sobre esa obra. Por tanto sería prematuro tratar de elaborar sobre este texto toda una doctrina sobre el Espíritu Santo y el modo en que actúa. Eso lo iremos viendo según se vaya desdoblando el libro ante nuestros ojos.

Sin embargo, hay un detalle importante en la narración que acabamos de estudiar: No todos perciben el milagro. Se trata de uno de los milagros más sorprendentes de todo el texto bíblico. Una multitud de personas que hablan diferentes lenguas, pueden entender lo que dicen los cristianos llenos del Espíritu Santo. Pero hay otros que no ven el milagro, sino que dicen que los que hablan (o los que escuchan maravillados) «están llenos de mosto».

¿Cómo puede ser esto? ¿Cómo puede ser que algunos, en lugar de ver el milagro, no vean sino un motivo de burla? Probablemente, porque los que se burlaban eran los que hablaban la lengua del país. Puesto que esperaban entender de cualquier modo, el hecho mismo de comprender lo que se decía no les maravillaba. Si espero que se hable en mi idioma, ¿por qué he de sorprenderme si entiendo lo que se dice? Y si no me sorprendo, ¿cómo no he de pensar que los que se sorprenden son motivo de burla?

Lo que esto quiere decir es que los que se burlaban eran los que de otro modo parecieran tener ventaja. Eran naturales del país. Cuando alguien hablaba, esperaban entenderle. Y por eso no veían el milagro.

Lo que está teniendo lugar entonces en Pentecostés es un ejemplo de lo que Jesús dijo tantas veces en sus parábolas: que los «primeros» quedan postergados, y que los que piensan que el reino les pertenece corren el riesgo de perderlo. El Espíritu se manifiesta con poder, y quienes de otro modo parecerían tener ventaja, porque son naturales del país, quedan en desventaja, precisamente porque no pueden ver lo extraordinario que está aconteciendo.

Al estudiar la próxima sección, veremos que Pedro describe el poder «nivelador» del Espíritu Santo. Pero no hacen falta las palabras de Pedro para ver ese poder. Aquí, en el hecho mismo de Pentecostés y en las diversas reacciones a ese hecho, vemos ese poder nivelador.

Todo esto que vemos en este pasaje se sigue viendo hasta el día de hoy. Si algo hay que caracterice a nuestras iglesias, es nuestro énfasis en la presencia y el poder del Espíritu Santo. Y, como en el caso de Pentecostés, hay quienes nos miran desde afuera y piensan que estamos «llenos de mosto». Nuestro entusiasmo les confunde. ¿A qué vienen tanta alegría y hasta tanto alboroto? Y entonces nos acusan de ser «irracionales», «emotivos» o «ignorantes».

Lo que sucede en tales casos es muy semejante a lo que tiene lugar en el texto que acabamos de estudiar. Quienes nos miran y piensan que estamos «llenos de mosto» son precisamente los que están acostumbrados a llevar ventaja en el orden social. Lo que tienen y lo que son, según ellos piensan, lo tienen y lo son porque se lo merecen. Son como aquellos judíos que, por ser naturales del país, esperaban entender, y a quienes por tanto no sorprendió el milagro de Pentecostés. Tampoco estas gentes de hoy pueden sorprenderse por el milagro de la gracia de Dios. Y porque no pueden sorprenderse, se burlan de los que sí se sorprenden. Por eso es posible hablar de la «desventaja de los aventajados».

Empero no nos apresuremos demasiado a jactarnos de nuestra propia ventaja. Los cristianos, por el hecho mismo de serlo, estamos siempre tentados a confiar en nuestra propia ventaja, y no en el poder sorprendente del Espíritu. Así se da en nuestras iglesias, además del fenómeno que acabamos de describir, otro fenómeno que parece opuesto, pero que en realidad es la otra cara de la misma moneda: nos posesionamos del Espíritu Santo como si nos perteneciera. Exigimos que el Espíritu se manifieste siempre de un modo particular que nosotros hemos determinado. Para unos es el hablar en lenguas. Para otros es el culto «decente y con orden». Si pensamos que el Espíritu siempre se manifiesta en lenguas, cuando alguien no las habla decimos que no tiene el Espíritu. Si pensamos que el Espíritu se manifiesta siempre según el orden que nuestros rituales prescriben, nos negamos a ver su presencia cuando alguien habla en lenguas. Lo uno y lo otro son negaciones de la libertad del Espíritu, que «sopla de donde quiere» (Jn. 3.8), y cuya variedad de dones es sorprendente (1 Co. 12.8-11, nótese especialmente el final del v. 11: «a cada uno en particular como él quiere»).

La trampa está precisamente en creernos aventajados. Quien se cree aventajado, pierde toda ventaja. Quien cree saber cómo el Espíritu Santo va a actuar, se arriesga a no ver su acción cuando tenga lugar. Si algo nos dice el libro de Hechos, es precisamente esto: la actividad del Espíritu Santo es siempre sobrecogedora y sorprendente.

Multiplicidad y uniformidad

Frecuentemente se ha establecido el contraste entre Babel y Pentecostés, y se ha dicho que mientras en la primera se produce la confusión de la multiplicidad de lenguas, en el segundo se produce la unidad. Hay que tener cuidado, sin embargo, pues tal interpretación se puede emplear para oprimir o tratar de suprimir la expresión de aquéllos que no hablan el mismo idioma o pertenecen a la misma cultura. Entre nosotros, esos textos, interpretados de ese modo, se pueden emplear para oprimir al quechua que vive en Perú, o al hispano que vive en Chicago.

Empero es posible leer estos textos de otro modo. En la historia de Babel, son los humanos quienes utilizaron su unidad lingüística para dar rienda suelta a su orgullo: «Y se dijeron unos a otros: Vamos, hagamos ladrillo y ...» (Gn. 11.3). En Babel, Dios produce la multiplicidad de lenguas. Y lo que Dios produce en Pentecostés es también una multiplicidad de lenguas.

Como dice un intérprete, en cierto sentido Pentecostés es «una segunda Babel». Lo que sucede allí es que «de repente, a partir de un pequeño grupo de gente de cultura y lengua uniformes, surge una explosión multilingüe y multicultural por el poder del Espíritu Santo. En Pentecostés Dios le dio su aprobación al pluralismo lingüístico y cultural».[15] Como consecuencia de tal interpretación,

---

15 I. G. Malcolm, «The Christian Teacher in the Multicultural Classroom», *Journal of Christian Education*, 74, 1982, p. 53.

«Babel fue un monumento al orgullo de un grupo humano; la Iglesia es un monumento a la humillación de cualquiera que pretenda que su idioma domine sobre los demás».[16]

Desde este punto de vista, lo primero que nos dice el libro de Hechos sobre la acción del Espíritu es que el Espíritu actúa, no para hacer que todos se conformen al mismo patrón o que todos sean iguales, sino para hacer accesible la gracia de Dios a todos por igual, no importa cuál sea su cultura, o cuál su idioma. Las implicaciones para la vida de nuestra iglesia hoy son obvias.

B. Explicación y respuesta (2.14-41)

1. El discurso de Pedro (2.14-36)

Es en respuesta a la acusación de embriaguez que Pedro pronuncia su discurso. Sobre los discursos en Hechos, y especialmente los llamados discursos «kerigmáticos», es decir, los que van dirigidos a la proclamación del evangelio, se ha discutido mucho. Buena parte de la discusión ha girado alrededor de la tesis de C. H. Dodd, según la cual los discursos en Hechos nos sirven para reconstruir el bosquejo de la predicación apostólica, y hay ciertos elementos constantes en ese bosquejo.[17] En fecha más reciente los eruditos han llegado a la conclusión de que Lucas tiene su propia teología, y emplea los discursos como modo de presentarla.[18] Esto no quiere decir, sin embargo, que Lucas haya inventado sus discursos, sino que ha empleado materiales antiguos, que de algún modo le han llegado a través de la tradición de la iglesia, y con ellos los ha compuesto. Al mismo tiempo, el propio Lucas parece estar consciente del desarrollo del pensamiento cristiano desde los orígenes hasta sus días, y trata de ser fiel a ese desarrollo. Luego, en los discursos de Hechos se encuentra una combinación de materiales antiguos, la propia teología de Lucas, y el esfuerzo de éste por ser fiel al desarrollo histórico tal como él lo entiende.

El modo y la medida en que estos diversos elementos se combinan varía de discurso en discurso. Esto puede verse particularmente en el contraste entre el discurso de Pedro que ahora estudiamos y el que aparece en Hechos 3. El sermón de Pentecostés tiene todas las características de un discurso compuesto por Lucas, resumiendo los puntos esenciales de su teología, aunque con elementos de origen petrino. El del capítulo siguiente, por otra parte, tiene un

---

16 *Ibid.*

17 C. H. Dodd, *The Apostolic Preaching and Its Developments*, Harper, New York, 1936. La misma tesis aparece en F. F. Bruce, *The Speeches in Acts*, Tyndale, London, 1942, y en Trocmé, *Le Livre*, p. 208.

18 Ulrich Wilckens, *Die Missionsreden der Apostelgeschichte*, Neukirchener Verlag, Neukirchen-Vluyn, 1963. Cp. J. Dupont, «Les discours missionaires des Actes des Apôtres», *RevBib*, 69, 1962, 37-60.

indudable sello arcaico, y posiblemente se acerque mucho más a la primitiva predicación de la iglesia.[19]

La razón de esto es que la cita de Joel en Hechos 2, y el sermón de Pedro que sigue, tienen en Hechos una función paralela a la que tienen en el cuarto capítulo del Evangelio de Lucas la cita de Isaías y el sermón de Jesús que sigue. En ambos casos, Lucas nos ofrece un texto bíblico que sirve de resumen o de anuncio de lo que ha de seguir. Luego, el sermón de Hechos 2 lleva bien marcado el sello de Lucas el teólogo, mientras que en el discurso de Hechos 3 Lucas el historiador nos ofrece materiales de sabor más antiguo.

Volviendo entonces al discurso de Pedro tal como aparece en Hechos 2, la palabra que RVR traduce como «poniéndose en pie» normalmente se emplea para un orador que se dispone a hacer un discurso. El verbo «habló» es el mismo verbo griego a que nos hemos referido en 2.4. Las palabras con que Pedro empieza su sermón también se ajustan al principio de una pieza de oratoria. Luego, la imagen que Lucas quiere presentarnos es la de un discurso formal.

Este discurso se divide en tres partes, cada una de las cuales comienza con un llamado a la audiencia: «varones judíos» (2.14); «varones israelitas» (2.22); «varones hermanos» (2.29). Cada una de las tres porciones gira alrededor de citas bíblicas, la primera de Joel y las otras de los Salmos.

En la primera sección de su discurso, Pedro responde al comentario de que los que participan del milagro están ebrios diciendo sencillamente que son las nueve de la mañana («la hora tercera del día»). Algunos comentaristas han querido relacionar esto con las horas de oración de los judíos o con otras prácticas parecidas. Pero lo más probable es que Pedro no le está prestando mucha importancia al comentario sobre la embriaguez, por lo que sencillamente dice que es demasiado temprano para estar borracho.[20]

Sigue entonces la interpretación de Pedro de lo que está ocurriendo. Como en todos estos discursos, lo que Lucas nos ofrece aquí es un resumen que va dirigido a la vez a las personas a quienes Pedro habla en el pasado, y a «Teófilo» y los demás lectores del propio Lucas. Esto produce ciertos anacronismos, de los cuales el más importante es que los textos bíblicos que Lucas pone en labios de Pedro son tomados, no del texto hebreo o de alguna traducción aramea, sino de la Septuaginta (la versión griega a que ya hemos hecho referencia). Citando esa versión,[21] Pedro explica que lo que está

---

19 Según ha sido abundante y detalladamente demostrado por Richard F. Zehnle, *Peter's Pentecost Discourse: Tradition and Lukan Reinterpretation in Peter's Speeches of Acts 2 and 3*, Abingdon, Nashville, 1971.

20 David John Williams, *Acts*, Harper & Row, New York, 1985, pp. 39-40.

21 De hecho, la cita misma ha sido discutida por los eruditos, pues los textos que se conservan de la Septuaginta no concuerdan tampoco en ciertos puntos con lo que Pedro cita. La principal diferencia es que en ninguno de los textos antiguos aparecen las palabras «en los postreros días». Lo que se debate es entonces si Lucas ha tomado esto de una forma del texto que no se ha conservado, o si adaptó la cita para el uso que iba a darle. Cp. Zehnle, *Peter's Discourse*, pp.

teniendo lugar es el cumplimiento de la profecía de Joel («*esto* es lo dicho por el profeta Joel»).

La profecía se refiere a «los postreros días», es decir, a la venida del reino. Esto es de suma importancia para entender todo el mensaje, no sólo del discurso de Pedro, sino del libro mismo de Hechos. Lo que está aconteciendo aquí es que el reino se va abriendo camino. Estamos «en los postreros días». No importa cuán largos sean esos postreros días (ya lo dijo Jesús, «no os toca a vosotros saber los tiempos y las sazones» 1.7). El hecho es que con la muerte y resurrección de Jesús, y con la dádiva del Espíritu, el reino se ha inaugurado. Lo que falta ahora es el cumplimiento final, cuando estos «postreros días» lleguen a su término.

La obra del Espíritu en estos «postreros días», según la describe el texto que Pedro cita, podría describirse como «niveladora» (2.17-18) y como «catastrófica» (2.19-20). Es «niveladora», porque el Espíritu se derramará sobre «toda carne» (es decir, no será prerrogativa exclusiva de los profetas o los sacerdotes): incluye también a los hijos y las hijas, los jóvenes y los ancianos, los siervos y las siervas.[22] Es «catastrófica», porque habrá prodigios en el cielo y señales en la tierra, el sol se convertirá en tinieblas, etc. Y el final de todo esto será «el día del Señor, grande y manifiesto». Ese día, como en toda la tradición profética, produce peligro y temor, y por tanto es necesaria la palabra final de esperanza e invitación: «todo aquel que invocare el nombre del Señor, será salvo».

Quizá sea bueno insistir en que esta cita de Joel es de suma importancia para todo el libro de Hechos, donde juega un papel semejante al que juega en Lucas 4 la cita de Isaías. En el Tercer Evangelio, aquella cita resume el carácter del ministerio de Jesús. Aquí, la cita de Joel resume el carácter de la obra del Espíritu. En cierto modo, todo lo que sigue es desdoblamiento de lo que ya estaba implícito en la cita de Joel.[23]

En 2.22, al decir «como vosotros mismos sabéis», Pedro parece indicar que los que le escuchan, aunque sean peregrinos en Jerusalén, saben lo que ha

---

28-30. Sobre todo esto, lo más acertado parece ser la opinión de Edesio Sánchez Cetina: «Cuando comparamos el texto hebreo, el texto griego de la Septuaginta y el texto griego de Hechos, nos damos cuenta de que Lucas ha adaptado la cita para que corresponda en forma más gráfica al evento que él describe... Esta deliberada alteración del texto citado se debe a la dirección que ha tomado el autor. No va de la Escritura al evento contemporáneo, sino hace un movimiento a la inversa. El autor parte del evento y va a la Escritura para demostrar la vinculación del evento con la profecía: ¡Miren, hoy se ha cumplido lo prometido por el profeta!» «Pentecostés en Joel 2:18-32, en Hechos 2, y en nuestros días», *VyP*, 4/1-2, 1984, p. 53.

22 Hechos dice «*mis* siervos y *mis* siervas». Los adjetivos posesivos no aparecen ni en el texto hebreo ni en la Septuaginta. ¿Quiere esto decir que Hechos «espiritualiza» la condición de siervo o de esclavo, de igual modo que hoy decimos que alguien es «siervo del Señor», o quiere decir más bien que Dios eleva a los esclavos o siervos haciéndolos suyos? El texto no lo aclara.

23 Véase, por ejemplo, C. H. Talbert, ed., *Perspectives on Luke-Acts*, T. & T. Clark, Edimburgo, 1978, p. 195.

sucedido en los últimos meses. Las otras citas bíblicas que Pedro aduce son tomadas de los Salmos. Ya en tiempos de Jesús, algunos exégetas judíos acostumbraban interpretar los Salmos que originalmente se referían a los reyes en términos mesiánicos. Esto es lo que ahora hace Pedro. Esto parece haber sido práctica general de la iglesia primitiva, como puede verse en el uso repetido de un texto tal como el Salmo 110.1 (aparte del discurso de Pedro en 2.34-35, en Mt. 22.43-45; Mr. 12.36-37; Lc. 20.42-44; 1 Co. 15.25; He. 1.13, 10.13, y muchas otras posibles alusiones).[24] Por último, nótese que en 2.32, cuando Pedro dice: «de lo cual todos nosotros somos *testigos*», se hace alusión al modo en que lo que está teniendo lugar es cumplimiento de la promesa de Jesús en 1.8. Jesús les prometió que, por el poder del Espíritu Santo, serían testigos: ahora, al momento mismo de haber recibido ese poder, ya son testigos.

2. La respuesta de la multitud (2.37-41)

Lucas continúa relatándonos que los que oyeron[25] «se compungieron de corazón». La palabra griega que RVR traduce por «compungieron» indica un dolor profundo, y la traducción de la NBE es más literal, al decir que las palabras de Pedro «les traspasaron el corazón». El modo en que se dirigen a los apóstoles, llamándoles «hermanos» —no ya «estos galileos»— indica su actitud favorable. La respuesta de Pedro incluye una invitación y una promesa. La invitación es al arrepentimiento y al bautismo. Aunque esto no resulta claro en RVR, el «cada uno de vosotros» en el texto griego se aplica tanto al arrepentimiento como al bautismo. Luego, ambos términos de la invitación están en singular: cada uno ha de arrepentirse y bautizarse. La promesa también tiene dos elementos: el perdón de los pecados y el don del Espíritu Santo. Por otra parte, la promesa de ese don sí está en plural: «recibiréis».

El versículo 39 ayuda a borrar algo de la impresión antijudía que puede haber dejado el discurso de Pedro. Pedro les acusa, sí, de ser cómplices en la muerte del Señor; pero acto seguido les recuerda que ellos son herederos especiales de la promesa. La frase «para todos los que están lejos» no ha de entenderse, como es el caso en Efesios, como refiriéndose a los gentiles. Al contrario, en toda la narración de Hechos Lucas muestra claramente que hay un progreso en el entendimiento de los apóstoles en cuanto a la amplitud de la promesa. El punto de conversión para Pedro en ese sentido aparecerá en el capítulo 10. Por tanto, en este pasaje Pedro se está refiriendo más bien a los judíos de todo el orbe, a los judíos de la diáspora que son al fin de cuentas los que están representados entre quienes le escuchan.

---

24 Fue probablemente en reacción a la exégesis cristiana que posteriormente los exégetas judíos por largo tiempo se negaron a interpretar éste y otros Salmos en términos mesiánicos, como sí se había hecho antes de la controversia con los cristianos.

25 El Códice Bezae, aparentemente para evitar la impresión de que todos se convirtieron, dice: «Algunos de ellos».

El versículo 40 ha sido introducido por Lucas para darnos a entender que el discurso de Pedro que nos ha dado no es sino un resumen de todo lo que dijo y enseñó.

Por último, en el versículo 41 llegamos al resultado del discurso y la invitación de Pedro: unas tres mil personas son bautizadas. De acuerdo a lo que Pedro les prometió en 2.38, es de suponerse que también recibieron el don del Espíritu Santo, aunque no se nos dice que ese don fuera acompañado de señales extraordinarias tales como hablar en lenguas. Por lo general, en el libro de Hechos el bautismo y el don del Espíritu Santo van mano a mano, aunque hay excepciones que veremos más adelante (8.16, 10.44, 19.2-6).

La comunidad del Espíritu

Todo el pasaje sobre Pentecostés tiene el propósito de enmarcar el libro entero, dándonos a entender el modo en que el Espíritu obra, y el modo en que la comunidad del Espíritu, la iglesia, ha de vivir. Luego, el estudio de este pasaje, y de sus implicaciones para nosotros hoy, es de importancia capital si hemos de ver lo que todo el libro de Hechos nos dice en nuestro contexto. En ese sentido, hay varios elementos en estos pasajes que es importante recalcar.

Los postreros días

El primero de ellos es que la resurrección de Cristo y la dádiva del Espíritu han inaugurado, como dice Pedro, «los postreros tiempos». Al mismo tiempo que, como hispanoamericanos, hemos de mirar a nuestro contexto social, cultural, político y económico, como cristianos hemos de mirar también a nuestro contexto dentro del orden de los tiempos de Dios. Lo uno y lo otro no son mutuamente antagónicos, sino que de hecho la comprensión de cada uno de esos contextos arroja luz sobre el otro.

Dentro del orden de los tiempos de Dios, vivimos en «los postreros días». Esos días bien pudieran durar unos segundos más, o bien pudieran durar veinte siglos más; pero en cualquiera de ambos casos seguimos viviendo en «los postreros días». Lo que esto quiere decir no es que falten tantos o cuantos días para la consumación final de la historia. Lo que quiere decir es que esa consumación ya ha comenzado, que el reino no solamente está en el futuro sino que también está entre nosotros, por difícil que nos sea creerlo en nuestra vida cotidiana. Sea que el mundo dure mil siglos más, o sea que dure un segundo más, por lo pronto vivimos «entre los tiempos» (entre el principio del fin, y el fin último), y por tanto vivimos en dos reinos. Ya el reino de Dios se ha inaugurado; pero el viejo reino sigue existiendo todavía.

Es necesario aclarar esto, pues un modo equivocado de entender la relación entre esos dos «reinos» conduce a un modo equivocado de entender todo el mensaje cristiano y nuestra responsabilidad en el reino presente. A modo de explicación podríamos decir que el contraste bíblico entre los dos reinos es temporal más bien que espacial, y que tiene que ver con las relaciones entre las criaturas más bien que con la naturaleza de esas criaturas.

Contraste temporal más que espacial. Pensar en los dos «reinos» en sentido espacial nos lleva a pensar en términos de un reino que es el mundo en que vivimos, y otro reino que se encuentra en otro lugar, en un «más allá». Pero este reino que buscamos no trata tanto de un «más allá» como de un «día del Señor», de un futuro de Dios. La diferencia entre lo que tenemos y lo que esperamos no es un «más allá», sino un «todavía no». Desde esa perspectiva, la dádiva del Espíritu es un «ya» o un «por fin». Esto es lo que les dice Pedro a los que le escuchan. El poder del Espíritu a que se refiere 1.8 es precisamente ese poder de ser testigos de Jesús y de su reino viviendo en el reino presente como quienes tenemos las primicias del reino por venir.

Decíamos además que *el contraste entre estos dos reinos tiene que ver con las relaciones entre las criaturas, más que con la naturaleza misma de esas criaturas.* Cuando se habla de «dos reinos», muchas veces pensamos que hay cosas que pertenecen a uno y cosas que pertenecen a otro. En varios momentos en la historia de la iglesia se ha hablado por ejemplo de un reino de las almas y un reino de los cuerpos, y hasta se ha llegado a decir que el evangelio ha de gobernar sobre el uno, mientras la ley civil ha de gobernar sobre el otro.[26] Pero esto no es lo que quiere decir el contraste entre el reino presente y el reino por venir. El contraste no se basa en la «naturaleza» o en la «materia» de que están hechas las cosas, ni en que unas sean físicas y otras espirituales. El contraste se basa más bien en el orden que impera en cada uno de esos reinos. En uno de ellos impera el más poderoso, cada cual busca lo suyo, se oprime a los que no tienen quien les defienda. En el otro, impera Dios, y en consecuencia impera la ley del amor, que

---

26 Por ejemplo, en el siglo XIII el papa Inocencio III dijo: «Así como Dios el creador del universo estableció dos grandes luminarias en el firmamento, la mayor para que presidiese sobre el día, y la menor para que presidiese en la noche, así también estableció dos grandes dignidades en el firmamento de la Iglesia universal... La mayor para que presida sobre las almas como días, y la menor para que presida sobre los cuerpos como noches. Estas son la autoridad pontificia y la potestad real». Reges. 1.401.

es la que lleva a la verdadera justicia y equidad. Luego, vivir en el reino presente como ciudadanos del reino por venir no es desentendernos de las cosas físicas, sino que es más bien colocar todas las cosas, tanto físicas como espirituales, bajo el gobierno de la voluntad de Dios, voluntad de paz, justicia y equidad.

Volviendo entonces al texto de Hechos, y al pasaje de Joel que Pedro cita en él, vemos que lo que Pedro está diciendo es precisamente que vivimos en «los postreros días», y que señal de ello es la obra «niveladora» del Espíritu, que se derrama sobre toda carne, varones y mujeres, jóvenes y ancianos, y sobre los siervos y las siervas. Como veremos más adelante, buena parte del tema de Hechos es precisamente esto de vivir como súbditos del reino por venir aun en medio de un reino presente que no reconoce ese nuevo orden.

Ciudadanos de dos reinos

Empero la cosa no es tan sencilla como podría parecer a simple vista. No es simplemente que el nuevo orden esté en la iglesia, en los que tienen y reconocen el poder del Espíritu, y el viejo orden en los demás. En el caso mismo de Pentecostés, el nuevo orden se manifiesta en la comunicación que se hace posible por el poder del Espíritu. Cada cual entiende a los que hablan en su propia lengua. Pero eso no quiere decir que no haya también cierta medida de comunicación que existe aun aparte de esa manifestación del Espíritu. Los que escuchan pueden comunicarse entre sí, como vimos al examinar el texto. Pueden comunicarse entre sí porque forman parte de un vasto imperio que facilita esa comunicación. Más adelante, los cristianos harían uso de los caminos romanos, y de las facilidades de comunicación que habían resultado del imperialismo romano, para comunicarse entre sí y para propagar el evangelio. Luego, aun aparte de la unidad que es el resultado del don pentecostal, hay una unidad que es el resultado del imperialismo romano. Y hay que buscar el modo de afirmar esa unidad sin afirmar ese imperialismo. Por otra parte, tampoco puede decirse que toda la vida de la iglesia sea señal del reino, o se viva bajo el nuevo orden. Como veremos más adelante, Lucas muestra bien claramente que el viejo orden sigue existiendo en la iglesia, y que parte de la obra del Espíritu consiste precisamente en destruirlo.

¿Cómo vivir en el Imperio Romano como ciudadanos del reino de Dios? He ahí uno de los temas centrales de todo este libro. Esa es parte de la disyuntiva en que se encuentran los cristianos en el libro de Hechos. Como veremos más adelante, hay casos en que esa disyuntiva sale a la superficie y se vuelve tema de gran importancia.

Y éste es precisamente uno de los temas candentes para todo cristiano en el día de hoy. El orden existente se opone de muchos modos al orden del reino. Vivimos bajo una serie de poderes que oprimen a los pobres y que se aprovechan de los débiles. Esto es cierto tanto en el orden social dentro de cada uno de nuestros países como en el orden internacional, en el que los países más pobres, cargados ya por una deuda externa que les es imposible pagar, se ven forzados a participar de sistemas económicos que los hacen cada vez más pobres, mientras los recursos económicos tienden a fluir hacia los países que ya son más poderosos. Al mismo tiempo, el orden existente también ha producido elementos positivos: caminos, escuelas, medios de comunicación, adelantos médicos, etc. Todos estos elementos pueden verse como señales de la vida abundante que Dios desea para todos, como también hubiera podido decirse de muchos de los elementos de la vida bajo el Imperio Romano. Dadas esas circunstancias, surge el problema de cómo evaluar el orden en que vivimos, hasta qué punto participar de él, cómo tratar de cambiarlo, etc. Estas preguntas se plantean tanto con respecto al orden general de la sociedad en que vivimos como respecto al orden y estructura de la iglesia.

El problema no es nuevo. Ya lo vivieron los primeros cristianos, súbditos del imperio más avanzado que hubiera conocido la cuenca del Mediterráneo hasta esa fecha, pero de un imperio que también en muchos modos representaba el viejo orden frente al nuevo, inaugurado este último en los «postreros días» de la resurrección y del Pentecostés.

Porque el problema no es nuevo, los cristianos de quienes Hechos nos habla tuvieron que enfrentarse a él. Y por la misma razón en el curso de nuestro estudio iremos viendo indicios que pueden servirnos para discernir las señales del reino mientras vivimos «entre los tiempos», en estos «postreros días» que se inauguraron con la resurrección y el Pentecostés.

El Espíritu nivelador

Por lo pronto, el texto que estamos estudiando ya nos da un indicio: este Espíritu Santo que es primicias del nuevo orden se manifiesta como poder nivelador y destructor de privilegios. Como dice el texto de Joel, el Espíritu se derrama sobre «toda carne», sobre los hijos y las hijas, sobre los jóvenes y los ancianos, sobre los siervos y las siervas.

La historia misma del Pentecostés es también testigo de esto. Puede verse al menos en dos puntos. El primero es la posibilidad de que los que no percibieron el milagro —los que decían que los demás estaban borrachos— no lo percibieran porque no pensaban que había nada de extraordinario en entender lo que se decía. Eran gentes del país. En esa situación, eran privilegiados. Esperaban que se hablara en su lengua. Y porque eran privilegiados y esperaban entender, entendieron lo que se decía, pero no entendieron el milagro. Los privilegiados, por el hecho mismo de serlo, quedan en desventaja. Para los cristianos de hoy que viven en regiones en que domina una cultura distinta de la suya, esto tiene especial significado. Tal es el caso de los hispanos en los Estados Unidos, o de los indígenas en diversos países de América Latina. Frente a los prejuicios de cultura y de idioma que tan frecuentemente persisten en la iglesia, un comentarista ha dicho acertadamente que el milagro de Pentecostés «dejó en claro que dentro de la comunidad cristiana ninguna lengua jamás habría de ser más importante que otras».[27]

Lo mismo es cierto de todos los otros métodos que la sociedad emplea para determinar el valor o el prestigio de una persona. El Espíritu nivelador actúa de tal modo que a los poderosos, los ricos y los sabios les resulta más difícil apreciar su poder que a los débiles, los pobres y los iletrados. Esto no quiere decir que debamos buscar ser ignorantes, o estar hambrientos, o ser oprimidos para poder ver la obra del Espíritu; pero sí quiere decir que nos equivocamos si pensamos que por nuestra erudición estamos mejor capacitados para ver esa obra. Este es un hecho de sobra conocido en América Latina, donde constantemente vemos cómo el Espíritu se manifiesta con plena libertad entre los pobres y los oprimidos.

Lo que sucede en cuanto a las relaciones entre el orden de la iglesia y el orden del mundo también lo encontramos en las relaciones dentro de la iglesia. La iglesia siempre ha estado tentada a aceptar en su seno el orden del mundo. Tiempos hubo en que los obispos eran casi siempre hijos o parientes de personas ricas y poderosas. Aunque a veces esta situación ha sido motivo de protesta, el hecho es que se repite con mucha frecuencia. Habiendo sido por tanto tiempo un pequeño grupo marginado, cuando empezamos a tener en nuestro seno personas prestigiosas pensamos que ellas deben ocupar puestos especiales en la iglesia. O, si no, pensamos que el Espíritu actuará únicamente a través de los

27 Charles Yrigoyen, *Hechos para nuestro tiempo: Un estudio de los Hechos de los Apóstoles*, Junta General de Ministerios Globales de la Iglesia Metodista Unida, Nueva York, 1986, p. 18.

sistemas que nosotros hemos creado, y de las personas a quienes hemos dado poder. Pero no. El Espíritu es nivelador y destructor de privilegios. En América hispana vemos esto repetidamente. En la Iglesia Católica, la resistencia por parte de muchos en la jerarquía a las «comunidades de base» y al liderato laico se debe en buena medida a esto: tales comunidades y tal liderato parecen amenazar el control por parte de la jerarquía. También en algunas iglesias evangélicas, las manifestaciones inesperadas del poder del Espíritu han chocado con el deseo de control por parte de las estructuras eclesiásticas, y el resultado ha sido que esas estructuras no han sabido responder a los retos del momento. Ciertamente, cuando en algunas de nuestras iglesias «históricas» se critica el «desorden» de quienes dicen haber recibido el Espíritu, frecuentemente lo que se teme no es el «desorden», sino la pérdida del control de las estructuras de poder. Algo parecido sucede en algunas iglesias pentecostales, donde hay líderes que pretenden usar del «poder» del Espíritu Santo para dominar las congregaciones. Lo mismo parece estar en juego en muchos de los intentos, tanto en iglesias protestantes como en la Iglesia Católica, por limitar el papel de la mujer. Pero en realidad todo esto se opone al poder «nivelador» del Espíritu que vemos en Hechos, que se derrama sobre «toda carne» y sobre los «hijos e hijas».

El segundo punto digno de mención especial es el modo en que los que escuchan se refieren a los que hablan. Al principio, a pesar del milagro, no ven en ellos sino a unos «galileos» es decir, gente marginada y despreciada.[28] Después, en el versículo 37, se dirigen a estos «galileos» como «hermanos». Y por fin, en el 42, esas mismas personas tienen a aquellos «galileos» por maestros en cuyas enseñanzas perseveran.

Al principio de su primer tratado, Lucas pone en boca de María un himno que dice, entre otras cosas, que Dios «Esparció a los soberbios en el pensamiento de sus corazones. Quitó de los tronos a los poderosos, y exaltó a los humildes. A los hambrientos colmó de bienes, y a los ricos envió vacíos» (Lc. 2.51-53). Ahora, al principio de su segundo tratado, Lucas nos narra acontecimientos que son corroboración del himno de María.

---

28 El tema de Galilea como señal tanto de mestizaje como de ser marginado ha sido de especial importancia y significado en el desarrollo de la teología hispana en los Estados Unidos. Véase Virgilio Elizondo, *Galilean Journey: The Mexican-American Journey*, Orbis, Maryknoll, N. Y., 1983; Orlando Costas, «Evangelism from the Periphery: A Galilean Model», *Apuntes*, 2, 1982, pp. 51-59; Orlando Costas, «Evangelism from the Periphery: The Universality of Galilee», *ibid.*, pp. 75-84.

Para la iglesia de habla hispana, tanto de Latinoamérica como de los Estados Unidos, compuesta como está en su mayor parte de personas marginadas, que frecuentemente sufren presión y hasta persecución por su oposición a muchos elementos del orden que nos rodea, estas palabras han de ser de gran consuelo.

III. La iglesia en Jerusalén (2.42-8.3)

En el bosquejo de Hechos, pasamos ahora a considerar el modo en que, por el poder del Espíritu, los discípulos son testigos de Jesús en Jerusalén. Durante poco más de cinco capítulos, se nos ofrecerán descripciones de la vida de esa iglesia, y se nos contarán incidentes de esa vida. Después, será poco lo que se nos dirá sobre la iglesia de Jerusalén. Si Hechos fuera una historia de la iglesia, o una historia de los apóstoles, podríamos quejarnos de que Lucas nos deja «en el aire», sin contarnos más del curso posterior de aquella iglesia o de la vida de varios de sus líderes. Pero, como hemos visto, el propósito de este libro no es contarnos la historia de la iglesia, sino mostrarnos cómo, por el poder del Espíritu Santo, la iglesia va descubriendo y redescubriendo su misión. Por tanto, cuando la línea de choque de esa misión deje de ser Jerusalén, la iglesia en esa ciudad pasará a segundo plano en la narración.

A. Un resumen (2.42-47)

Diseminados por el libro de Hechos, se encuentran varios «resúmenes» o sumarios que han suscitado discusión entre los eruditos (aparte de éste, los más extensos son 4.32-35 y 5.12-16; pero hay muchos otros más breves: 6.7, 9.31, 19.20, 28.31, etc.).[1] Buena parte de esa discusión tiene que ver con las fuentes que Lucas emplea para esos resúmenes, y no afecta en gran modo la interpretación de los textos en nuestra situación. En cuanto a la función de esos resúmenes, debería resultar clara: Lucas busca un equilibrio entre la narración

---

1 Véase la bibliografía en Haenchen, *Acts*, p. 190. A ella han de añadirse: J. Lach, «Katechese über die Kirche von Jerusalem in der Apostelgeschichte 2, 42-47; 4, 32-35; 5, 12-16», *CollTheol*, 52, suplemento, 1982, 141-53; H. Zimmermann, «Die Sammelberichte der Apostelgeschichte», *BZ*, 5, 1961, 71-82.

de incidentes particulares y la declaración más generalizada de lo que está sucediendo.[2]

En el primero de sus resúmenes, nos describe la vida cotidiana de los primeros cristianos. El tema que aquí se destaca es la perseverancia, de especial importancia para la iglesia en el tiempo en que Lucas escribió, cuando se empezaban a entrever las grandes dificultades a que los cristianos tendrían que enfrentarse en su relación con la sociedad de su tiempo. En el versículo 42, se nos dice que «perseveraban» en cuatro cosas: 1) la doctrina de los apóstoles; 2) la comunión unos con otros; 3) el partimiento del pan; 4) las oraciones. En cierto modo, esas cuatro cosas son el bosquejo del resto del resumen.[3]

1) Perseverar en la «doctrina» de los apóstoles no quiere decir sencillamente que fueran ortodoxos, que no se desviaran de sus enseñanzas. Quiere decir que perseveraban en la práctica de aprender de los apóstoles; que eran asiduos estudiantes o discípulos bajo ellos. Esa «enseñanza» apostólica no consistía en meras lecciones verbales, pues en el versículo 43 se nos dice que los apóstoles seguían haciendo «muchas señales y maravillas». Para entender a cabalidad lo que es la «doctrina de los apóstoles», hay que recordar que «apóstol» quiere decir «enviado», y que por tanto la doctrina «apostólica» es, por definición, doctrina misionera, doctrina abierta y flexible orientada hacia la misión. Buena parte del contenido de la enseñanza apostólica, sin embargo, consistía de la narración y repetición de los hechos y dichos de Jesús, a quien los nuevos conversos no habían escuchado personalmente.

2) La «comunión unos con otros» merece discusión aparte. La palabra que RVR traduce con esta frase es *koinônía*.[4] Hay pocas palabras griegas de uso más frecuente entre los cristianos hoy que esta palabra, *koinônía*. En algunos círculos todos se precian de saber lo que quiere decir: *koinônía*, se afirma, quiere decir «compañerismo». Empero ésa es una interpretación harto parcial e incompleta del sentido de esa palabra. *Koinônía*, en su uso corriente en la vida cotidiana de la sociedad de ese tiempo, no quería decir solamente el sentido de fraternidad o de solicitud entre compañeros. Quería decir también «sociedad», «corporación» o «compañía», en un sentido semejante al que

2 Quien escribe estas páginas ha tenido la experiencia de escribir varios libros sobre la historia de la iglesia y de su teología. Al escribir esos libros, ha visto repetidamente la necesidad que llevó a Lucas a incluir sus «resúmenes»: por una parte, la narración tiene que destacar personajes e incidentes específicos; por otra, cada cierto tiempo es necesario hacer generalizaciones que ayuden al lector a ver el cuadro total.

3 La relación entre la perseverancia y estos cuatro elementos es tal que P.-H. Menoud organiza su estudio sobre este pasaje alrededor de cuatro temas: la perseverancia en la enseñanza de los apóstoles, la perseverancia en la comunión, la perseverancia en el rompimiento del pan y la perseverancia en las oraciones. Su conclusión: «Toda la vida de los fieles no es sino una perseverancia». *La vie de l'église naissante*, Delachaux & Niestlé, Neuchatel, 1952.

4 Sobre esta palabra y las de raíces afines a que aquí hacemos referencia, ver *ThWzNT*, 3:789-810. Véase también Arthur Carr, «The Fellowship of Acts 2:42 and Cognate Words», *Exp*, series 8, 5, 1913, 458-64.

empleamos hoy al decir que Pedro y Juan tienen una «compañía», que son «socios», o que tienen una «corporación».[5] La *koinônía* es compañerismo, sí; pero también es solidaridad y el compartir de sentimientos, de bienes y de acciones.

Los versículos 44 y 45 en realidad son una explicación de esta «comunión». La «comunión unos con otros» consistía precisamente en que «tenían en común [*koiná*] todas las cosas».[6] Esto no quiere decir, como a veces se enseña, que juntaran todos sus recursos en un fondo común, de tal modo que ya nadie tenía nada. Los verbos en este versículo están en pretérito imperfecto, como bien los traduce la RVR: «vendían» y «repartían». Lo que esto indica es una acción continuada. No «vendieron» y «repartieron», sino que iban vendiendo y repartiendo, como el texto mismo lo dice, cuando se iba haciendo necesario: «según la necesidad de cada uno». Sobre esto volveremos al tratar sobre el próximo de los «resúmenes» de Hechos (4.32-35), y sobre el episodio de Ananías y Safira (4.36-5.11), donde se aborda este tema con más detenimiento.

3) El «partimiento del pan» no quiere decir sencillamente comer juntos. Se refiere a la comunión o cena del Señor, que desde el principio y por largos siglos fue el centro del culto cristiano.[7] Es por esto que en el versículo 46, donde Lucas vuelve sobre este tema, se le une a la asistencia al Templo. Según ese versículo, los cristianos perseveraban tanto en la asistencia al Templo (su culto como judíos, que todos ellos eran) como en el partimiento del pan (el nuevo culto cristiano que iba surgiendo).[8] En ese mismo versículo dice que el partimiento del pan se hacía «con alegría». En sus orígenes, la eucaristía o cena del Señor era una celebración, pues lo que se recordaba no era solamente la muerte de Jesús, sino también y sobre todo su resurrección y su futuro regreso en gloria. Fue después, con el correr de los siglos, que el énfasis empezó a

---

5 En Lc. 5.9, donde la RVR dice que Jacobo y Juan eran «compañeros» de Simón, lo que el griego dice es que eran *koinônoí* con Simón, es decir, que eran dueños de la barca juntamente con él. De igual modo, cada vez que en el Nuevo Testamento se habla de la *koinônía* del Espíritu, o de la *koinônía* de Jesús, esto ha de entenderse, no solamente como el amor y el compañerismo que los cristianos tienen unos con otros en virtud de Jesús o del Espíritu, sino también en el sentido de que los cristianos son juntamente dueños, socios, partícipes, en Jesús o en el Espíritu. En *Amherst Papyri*, eds. B. P. Grenfell y A. S. Hunt, 100, 4, hay un caso en el que el pescador Hermes hace de otro pescador su *koinônós* o socio.

6 Franz Meffert, *Der kommunistische und proletarische Charakter des Urchristentums*, Bitter, Recklinghausen, 1946.

7 Allen Cabanis, «Liturgy-Making Factors in Primitive Christianity», *JR*, 23, 1943, 43-58; R. Orlett, «The Breaking of Bread in Acts», *BibTo*, 1, 1962, 108-13. Un buen resumen de lo que se sabe sobre la comunión en el Nuevo Testamento es el de C. P. M. Jones en Jones et al., eds., *The Study of Liturgy*, Oxford University Press, New York, 1973, pp. 148-69.

8 F. Montagnini, «La comunità primitiva come luogo cultuale. Nota da At. 2,42-46», *RivBib*, 35, 1987, 477-84, interpreta todo el pasaje de tal modo que culmina en la vida cúltica de la comunidad.

recaer en la crucifixión, y que el culto de comunión tomó el carácter solemne y fúnebre que en muchos círculos tiene todavía.

4) Sobre las «oraciones» no se nos dice mucho, en parte porque más adelante se nos va a presentar un cuadro de la iglesia en oración. En el versículo 47 se nos dice que alababan a Dios; pero eso es todo, por el momento.

El resumen termina con una doble aseveración sobre el resultado que todo esto tenía ante «el pueblo». Más adelante volveremos sobre el contraste entre este pueblo y sus jefes. La primera aseveración se refiere a la aceptación general de que los discípulos gozaban: tenían «favor con todo el pueblo».[9] La segunda, al crecimiento constante de la iglesia: «el Señor añadía cada día a la iglesia los que habían de ser salvos».

La iglesia entre el temor y el gozo

Tras el breve bosquejo del versículo 42, este resumen de la vida de la iglesia empieza con palabras sobrecogedoras: «sobrevino temor a toda persona». Luego, hacia el final del resumen, se nos habla de «alegría y sencillez de corazón». Lo que interviene entre el temor al principio del texto y el gozo al final es la vida cristiana en comunidad y en obediencia. Y el texto nos dice, en forma tan abreviada que casi es taquigráfica, que esa vida en comunidad y obediencia consiste en una perseverancia con cuatro facetas.

La primera de ellas es «la doctrina de los apóstoles». Como vimos, esto no consiste en la mera ortodoxia. No es sencillamente creer lo que creyeron los apóstoles. Lo que el texto indica es una perseverancia en el aprendizaje, en el estudio, en la profundización. No es que aquellos primeros cristianos se convirtieran y a partir de entonces fueran como rocas inmóviles. Es más bien que se convertían y a partir de entonces perseveraban en aprender; a la vez que los apóstoles perseveraban también en enseñarles cada vez más de lo que habían aprendido de Jesús.

La perseverancia en el estudio y el aprendizaje ha de ser una de las marcas de nuestra iglesia hispanoamericana si ha de ser verdaderamente fiel, y si ha de poder pasar del temor al gozo. A muchos de nosotros se nos ha enseñado —con cierta medida de razón— que «basta con creer». Pero no se nos ha enseñado también que éste en quien creemos es un Señor que tiene abun-

---

9   El texto griego podría traducirse de otros modos: «teniendo la gracia [de Dios] ante todo el pueblo» y también «dando gracias [a Dios] ante todo el pueblo». Williams, *Acts*, p. 46. Empero el modo en que RVR entiende el texto es probablemente correcto.

dantes riquezas que ofrecernos a cada paso, con sólo que le pidamos.

La «doctrina de los apóstoles» no es sencillamente la repetición de lo que enseñaron los apóstoles. Es sobre todo la enseñanza y el estudio que nos permiten llevar a cabo nuestro «apostolado», nuestra misión, en el día de hoy. La iglesia vive en un mundo siempre cambiante. Puesto que la misión es puente entre el mensaje de lo que ha tenido lugar en Jesucristo y la realidad en que viven los destinatarios del mensaje, el estudio misionero siempre ha de tomar en cuenta el mundo en que la iglesia vive. Es por esto que no basta con repetir lo que siempre se ha dicho, del mismo modo que se ha dicho. Hay que estudiar tanto la Palabra como el mundo a que hemos de comunicarla. La perseverancia en ese estudio es el equivalente de la perseverancia de la iglesia primitiva en la doctrina de los apóstoles.

Hay círculos en nuestras iglesias donde se teme que el estudio (excepto quizá el estudio bíblico) produce incredulidad, cuando lo cierto es que el estudio que se emprende motivado por la fe nos lleva a una fe más profunda y más madura, y que la fe que sucumbe ante el estudio no es verdadera fe. Vivimos en tiempos en que se nos plantean problemas urgentísimos y complicadísimos. Si hemos de responder a esos problemas con fidelidad y gozo, sin dejarnos llevar por el temor, tendremos que equiparnos para ello perseverando en el estudio, profundizando en el mensaje de las Escrituras, analizando los problemas que se nos plantean en la sociedad contemporánea con los mejores instrumentos a nuestro alcance.

Por otra parte, si los cristianos han de perseverar en el aprendizaje, sus maestros han de perseverar tanto en la enseñanza como en su propio aprendizaje de lo que han de enseñar. Ya basta de sermones en que se dice siempre lo mismo. Ya basta de clases de escuela dominical en las que no se estudia el texto bíblico con seriedad y profundidad. ¡Quiera Dios que este Comentario Bíblico Hispanoamericano nos ayude a todos a perseverar y a progresar en la «doctrina de los apóstoles»!

La segunda faceta de esta perseverancia que lleva del temor al gozo es la «comunión unos con otros». Lucas nos describe una comunidad en la que el amor se manifiesta en forma concreta. Poco después de Lucas —o quizá hasta por la misma época— un cristiano anónimo escribió: «si compartimos en las cosas imperecederas, ¿no hemos de compartir en las que han de perecer?»[10] Si

---

10 *Didajé*, 4.8. Lo que el griego dice literalmente es que somos *koinônoi* en las cosas inmortales, y que por tanto hemos de serlo también en las perecederas.

nos llamamos «hermanos», ¿no hemos de tratarnos como tales? En un mundo de injusticias sociales como es el mundo en que vivimos, hay siempre la tentación de permitir que esas injusticias penetren en la iglesia, y hasta que determinen su vida y su estructura. Empero el amor ha de tomar forma concreta, y lo mismo ha de decirse del anuncio del reino. Si anunciamos justicia, si hablamos de la necesidad de que haya justicia en nuestra sociedad, hemos de esforzarnos para que la propia vida de la iglesia sea un reflejo, aunque quizás imperfecto, del orden que anunciamos. (Sobre lo que esto quiere decir en nuestra sociedad, volveremos a tratar al estudiar 4.32-5.11.)

La dádiva del Espíritu, nos decía Pedro en un pasaje anterior, es señal de que vivimos en los «postreros días»; que el reino se ha acercado; que ya en cierto modo, precisamente porque tenemos el Espíritu de Dios, tenemos las primicias del reino. Este es un mensaje de gozo. La *koinônía* en la iglesia es uno de los modos en que podemos vivir ya, ahora en este viejo reino, como quienes gustamos del venidero.

La tercera faceta de la perseverancia de aquellos cristianos es el culto. Tanto el culto del Templo, que como judíos seguían practicando, como el culto de la cena del Señor, recordatorio del acontecimiento sin par de la resurrección del Maestro, y señal del otro acontecimiento final de su retorno en la consumación del reino. Este es quizá el punto más fuerte de nuestra iglesia hispanoamericana. Somos una iglesia que adora. En otros círculos la adoración tiende a descuidarse, eclipsada bien por la indiferencia o bien por un activismo que pronto pierde su impulso. Hasta el presente, la mayor parte de la iglesia de habla hispana no se ha dejado llevar por esas corrientes, y por ello no solo se ve en ellas un gozo que muchas veces no se ve en otras iglesias, sino que también nuestra actividad en asuntos sociales, por ejemplo, tiene en la adoración una fuente de fortaleza y de perseverancia que muchos admiran.

La adoración de que aquí hablamos tiene lugar en comunidad. Esto es cierto, en el texto de Hechos, tanto en relación con el culto en el Templo como con la eucaristía. La fe cristiana es fe comunitaria, no lo olvidemos. Tiene, sí, su dimensión profundamente personal. Pero una fe privada, por muy ortodoxa que sea, no es fe cristiana.

Aquí también tenemos nosotros los de habla hispana algo que contribuir. La mayor parte de la Biblia fue escrita originalmente para ser leída en público, en el seno de la comunidad de fe. Esto es cierto tanto del Antiguo Testamento como de la casi totalidad del Nuevo.

Probablemente la principal excepción sea la epístola a Filemón. En nuestro idioma, esto se ve constantemente en el uso de la segunda persona en plural: «vosotros» o «ustedes». Desafortunadamente, el idioma de la mayoría de quienes nos trajeron la fe protestante, el inglés, no hace esa distinción. «Tú» es «you», y «ustedes» también es «you».[11] Por tanto, el error de leer la Biblia en términos individualistas es mucho más fácil en inglés que en castellano. Y, puesto que quienes nos enseñaron a leer la Biblia la leían en inglés, a veces nos trasmitieron, junto al mensaje bíblico, un individualismo que no es parte de ese mensaje.

Gracias a la importancia de la adoración pública entre nosotros, vamos dejando atrás buena parte de esa desafortunada herencia individualista. Cultivemos por tanto nuestra adoración pública, y quizá de ella saldrá nuestra principal contribución de vuelta a quienes nos trajeron la Biblia.

La cuarta faceta de la perseverancia que Lucas describe es la oración (1.42) o la alabanza (1.47). Al describir esta oración en términos de alabanza, lo que se nos está diciendo es que aquella iglesia le atribuía todo lo que era y lo que tenía a Dios. Ese es el carácter de la alabanza: «Gracias, Señor, por...» Para que el temor pueda llevar al gozo, hay que perseverar en la alabanza. Si lo que tenemos y lo que somos es obra de la gracia de Dios, no tenemos que estar constantemente ansiosos por temor a perderlo. Y esto es cierto de las otras tres facetas. El estudio ha de hacerse en alabanza. La justicia y la equidad han de practicarse en alabanza. La adoración ha de centrarse en la alabanza. En todas las cosas, gloria a Dios. Si de veras creemos y vivimos esto, ¿qué temor podrá haber que se sobreponga a nuestro gozo?

Lucas termina su resumen diciendo que «el Señor añadía cada día a la iglesia[12] los que habían de ser salvos». En algunas de nuestras iglesias se habla de la «evangelización» como una obsesión: «tenemos que ser más evangelizadores»; «tenemos que ganar más almas para Cristo»; «tenemos que descubrir nuevos métodos de evangelización». En medio de esa obsesión, corremos el riesgo de perder la «alegría y sencillez de corazón» de que habla nuestro texto.

Pero Lucas nos presenta la cosa de otro modo. Es el Señor

---

11 Sí hay un plural, «ye», que aparece en versiones antiguas como la del rey Jacobo (King James). Empero el mismo sabor arcaico de esa forma plural impide que se le escuche con toda claridad.

12 En realidad, los mejores manuscritos omiten «a la iglesia». Una traducción literal diría sencillamente: «el Señor añadía cada día los que iban a ser salvos». Empero, puesto que se sobreentiende que era a la comunidad que el Señor los añadía, el copista que introdujo «a la iglesia» probablemente interpretó correctamente el sentido del texto.

quien añade a la iglesia. La iglesia ha de dar testimonio, sí, y esas facetas de su perseverancia que acabamos de discutir son parte de su testimonio. Pero en fin de cuentas es el Señor quien añade a la iglesia.

Muchas de nuestras iglesias están experimentando esto. En tiempos en que en otras latitudes hay preocupación porque el número de sus miembros disminuye, la iglesia hispana en general está creciendo rápidamente. ¿Por qué? Porque es una iglesia en que se experimenta algo de la alegría y sencillez de corazón de que nos habla Lucas.

La iglesia a que se refiere Lucas crecía porque, gracias al Espíritu Santo, tenía «favor con todo el pueblo». Lo que esto quiere decir, sin embargo, no es que estuviera constantemente preocupada por ganarse el favor del pueblo, o que no fuera una iglesia «controversial». Para entender a cabalidad lo que esto significa debemos estudiar el pasaje que sigue.

B. Un milagro y sus consecuencias (3.1- 4.31)

Tras el «resumen» que acabamos de estudiar, Lucas pasa a relatar un acontecimiento particular que ilustra dicho resumen, y luego a contarnos de sus consecuencias. Este es un procedimiento que emplea repetidamente. Por ejemplo, en la sección que viene inmediatamente después de ésta (4.32-5.11) nos ofrece primero un resumen sobre la vida de los cristianos y el modo en que usaban sus bienes, para luego hablarnos específicamente de los incidentes en los que son protagonistas Bernabé, Ananías y Safira.

En el caso que ahora estudiamos, como veremos a medida que avancemos, lo que tenemos es una ampliación de lo que significa la frase del resumen anterior, «teniendo favor con todo el *pueblo*» (2.47).

1. El milagro (3.1-10)

La narración es clara,[13] y basta con leer el texto bíblico para captar su sentido; por tanto, nos limitaremos aquí a detenernos sobre algunos detalles. La «hora novena» corresponde aproximadamente a nuestras tres de la tarde. Como veremos más adelante (4.3), es por lo avanzado de la hora que la convocatoria del concilio se deja para el día siguiente. La puerta «Hermosa» presenta dificultades para los intérpretes, pues hasta donde sabemos no había puerta alguna con tal nombre. Algunos piensan que se trata de la puerta de Nicanor, que nuestro autor llama «hermosa» porque era de bronce pulido.

---

13 R. Filippini, «Atti 3,1-10: Proposta di analisi del racconto», *RivBib*, 28, 1980, 307-17.

Otros sugieren diversas alternativas.[14] En todo caso, la geografía del Templo no es lo que le interesa a Lucas, sino el milagro y sus consecuencias. El «míranos» de 3.4 contrasta con 4.12, donde Pedro increpa a las gentes porque «ponéis los ojos en nosotros». Cuando el enfermo les presta atención, Pedro pronuncia las palabras más citadas de este pasaje: «No tengo plata ni oro, pero lo que tengo te doy; en el nombre de Jesucristo de Nazaret, levántate y anda».[15] El «nombre» de Jesucristo es tema que merece especial atención, pues aparece repetidamente en esta sección. Comentaremos sobre él al llegar a 4.12. Por último, los saltos que el cojo da (3.8) nos recuerdan la profecía de Isaías 35.6: «entonces el cojo saltará como un ciervo».

2. La explicación de Pedro (3.11-26)

Acto seguido, Lucas nos lleva al punto en que Pedro pronuncia un discurso en el que explica lo sucedido. Pedro y Juan siguen abriéndose camino por el patio del Templo.[16] Pero el cojo que había sido sanado no les deja ir, y al llegar al pórtico de Salomón la concurrencia es grande (el texto dice, en una hipérbole sugestiva, que «todo el pueblo, atónito, concurrió a ellos»).

En este versículo y medio que sirven de introducción al discurso de Pedro (3.11-12a), la palabra «pueblo» —*laós*—[17] aparece dos veces. Esto es importante, pues al llegar a 4.1-2a veremos que Lucas está estableciendo un contraste entre el «pueblo» y sus dirigentes. (Recuérdese además que en el último versículo de la sección anterior, 2.47, se afirma que los cristianos tenían «favor con todo el *pueblo*».)

El discurso de Pedro tiene el propósito de darle el crédito a Jesús, y no a Pedro o a Juan, por el milagro que ha tenido lugar. Pedro dice a los que le escuchan que no deben mirarle con los ojos fijos (*atenízein*) como si fueran ellos los que hubieran hecho andar al cojo. Esto es interesante, puesto que en 3.4 el mismo verbo es utilizado con respecto a Pedro: «fijando en él los ojos...» El verbo que Pedro usa para decir a los presentes que no hagan con respecto

---

14 S. Corbett, «Some Observations on the Gateways to the Herodian Temple in Jerusalem», *PalExQ*, 84, 1952, 7-15; Ethelbert Stauffer, «Das Tor des Nikanor», *ZntW*, 44, 1952-53, 44-66; E. Wiesenberg, «The Nicanor Gate», *JJewSt*, 3, 1952, 14-29.

15 E. Iglesias, «No tengo plata ni oro...», *Christus*, 4, 1937, 661-65, 745-50; Paul Jaggi, *Was ich aber habe, das gebe ich dir: Eine Deutung der Heilung des Lahmen ver der schönen Tempelpforte nach Apostelgeschichte 3 und 4*, Christliches Verlagshaus, Bern, 1953.

16 Exactamente por qué parte del recinto, o de sus patios, Pedro y Juan van, es imposible saberlo, puesto que no sabemos cuál puerta es «la Hermosa».

17 Lucas usa dos palabras que se pueden traducir por «pueblo»: *laós* y *ójlos*. Ambas pueden tener el sentido de «pueblo común», pero *ójlos* tiene más la connotación de «gentío», «muchedumbre», mientras que *laós* también se refiere al pueblo como nación; p. ej., en la frase «pueblo de Dios». En estos primeros capítulos de Hechos, Lucas utilizará exclusivamente el término *laós*, y reservará *ójlos* para el capítulo 14, donde se refiere al gentío desorganizado de Listra, y para 17.8, donde se trata del pueblo alborotado de Tesalónica. Cp., más abajo, 4.1-6.

a él, es el mismo que usa con respecto al ciego. La diferencia está en que Pedro fijó los ojos en el necesitado para ver su necesidad y responder a ella, mientras que estas gentes fijan los ojos en Pedro, no para ver su necesidad, sino en señal de admiración o casi de adoración.

En 3.16, Pedro dice dos veces que el cojo ha sido sanado por fe en Jesús; pero no dice si se trata de la fe del cojo (que al parecer no sabía de Jesús), o de la fe de Pedro y Juan. En todo caso, lo que Pedro dice es que es el Dios del pueblo a quien se dirige, el Dios de Abraham, de Isaac, etc., el que ha glorificado a Jesús,[18] el mismo Jesús a quien ellos negaron. Lo trágico de esa situación llega a su cumbre en el contraste de 3.15: «matasteis al Autor de la vida».

Pero no todo termina en tragedia. Porque Dios resucitó a Jesús (3.15b), de tal modo que el *nombre* de Jesús tiene ahora poder —tema sobre el que volveremos al tratar sobre 4.7-12— y que por la fe en ese *nombre* el cojo ha sido sanado. Y porque Dios es poderoso para sobreponerse al mal de los humanos (3.15b-16). Además, porque para los que mataron al Autor de la vida queda todavía abierta la puerta del arrepentimiento y la conversión (3.17-26). Pedro les dice que sabe que lo hicieron por ignorancia, no sólo ellos, sino también sus gobernantes (3.17),[19] y también que era necesario que el Cristo sufriera (3.18). En consecuencia, les invita a arrepentirse y a convertirse, aceptando a Jesucristo, quien fue anunciado por «todos los profetas» (3.19-26).

El carácter literario y el estilo de este discurso difieren notablemente del sermón de Pedro en Pentecostés que acabamos de estudiar, como lo demuestra Richard Zehnle.[20] Esto puede verse en los títulos que Pedro le da a Dios («Dios de Abraham, de Isaac y de Jacob»; «Dios de nuestros padres» [3.13]), los que le da a Jesús («Autor de la vida» [3.15]; «Hijo» [3.13,26][21]; el «Santo» y «justo» [3.14]), y los que les da a sus oyentes («hijos de los profetas» e «hijos del pacto» [3.25]). Además, Zehnle señala varias otras palabras que no son las que Lucas normalmente emplea. Lo que esto da a entender es que al escribir este discurso, Lucas hizo uso de materiales muy antiguos, probablemente provenientes de la iglesia primitiva. Zehnle, sin embargo, no está dispuesto a afirmar que sean materiales provenientes del mismo Pedro.

18 Esto puede entenderse como refiriéndose a la glorificación de Jesús en su resurrección y ascensión, o como refiriéndose al milagro mismo, que ha resultado en gloria para Jesús.

19 Empero cp. C. Escudero Freire, «Kata agnoian (Hch. 3.13): ¿Disculpa o acusación?» *Comm*, 9, 1976, 221-31.

20 *Peter's Discourse*, pp. 44-60.

21 Lo insitado de este título no se ve en el castellano, pero sí en el griego, pues el término que Lucas emplea normalmente es *huiós*, mientras que en 3.13,26 la palabra en boca de Pedro es *país*.

3. La reacción de los poderosos (4.1-22)

a. La irrupción (4.1-6)

Todo este discurso se lo dirige Pedro al pueblo, que estaba atónito por haber visto el milagro. Empero ahora irrumpen en escena los poderosos, quienes reaccionan negativamente. Su motivación se muestra bien claramente en 4.1-2. Pedro y Juan[22] están todavía hablándole al *pueblo* cuando «vinieron sobre ellos los sacerdotes con el jefe de la guardia del templo, y los saduceos, resentidos de que enseñasen al *pueblo* y anunciasen en Jesús la resurrección de los muertos».

El tema del «pueblo» (*laós*) tiene gran importancia para Lucas, tanto en el Evangelio como en Hechos. En el Evangelio, *laós* aparece 29 veces, y solamente en dos de esos casos se puede encontrar un uso paralelo en otro de los Evangelios. En Hechos, *laós* aparece 48 veces. En la mayor parte de esos casos, el *laós* tiene connotaciones positivas (excepciones: 6.12; 12.1).[23] Al estudiar el uso de este término por Lucas, se ve que tiene dos dimensiones: por una parte, señala la importancia de la comunidad para la vida de fe, y por otra, cuando se le usa en contraste con los «principales», señala el carácter «popular» del mensaje cristiano, y la oposición de los que ven su poder amenazado.

Lucas nos da a entender que en la acción contra los apóstoles hay dos motivaciones. Una es de carácter teológico: los saduceos no creían en la resurrección de los muertos, y la predicación de Pedro y Juan claramente iba en contra de sus creencias. Pero el texto muestra que ésa no es la verdadera causa por la que las autoridades intervienen. La verdadera causa es que estaban «resentidos de que enseñasen al *pueblo*»; en otras palabras, que usurparan y subvirtieran su autoridad. El «jefe de la guardia del templo» —literalmente, el «general del templo»— era el capitán de la guardia, compuesta toda de levitas. Los saduceos, aunque eran un partido religioso más bien que una estructura de autoridad reconocida, sí eran en su mayoría representantes de las clases altas y pudientes. Luego, Lucas reconoce aquí que hay estructuras oficiales de poder, como el jefe de la guardia del templo, y otras que no por ser extraoficiales dejan de ser poderosas, como los saduceos; y reconoce también que éstas se confabulan cuando peligra su control sobre el pueblo. Que ese control peligra en este caso, lo indica claramente Lucas cuando dice que «muchos de los que habían oído la palabra, creyeron; y el número de los varones era como cinco mil» (4.4).

Son los poderosos, celosos de su poder y prestigio, quienes encarcelan a

---

22 Aunque en el capítulo anterior se cita sólo el discurso de Pedro, ahora resulta que Juan también estaba hablando. Esto nos indica que el propósito de Lucas no es citar palabra por palabra todo lo que se dijo, y quién lo dijo, sino recalcar los puntos sobresalientes.

23 Zehnle, *Peter's Discourse*, pp. 63-66, donde se subraya la dimensión comunitaria de *laós* más que su contraste con los «poderosos».

Pedro y a Juan hasta el día siguiente, pues es demasiado tarde para hacerles juicio a esa hora (véase 3.1).[24]

El versículo 4 suena extraño en medio de esa narración. Los apóstoles acaban de ser encarcelados, y en lugar de continuar contando los sucesos de su encarcelamiento y juicio, Lucas nos dice que «muchos de los que habían oído la palabra, creyeron; y el número de los varones era como cinco mil». El hecho de contar a los «varones» es señal del carácter patriarcal de aquella cultura, y se ha de entender en el sentido de que se suponía que con ellos vendrían sus familias, de igual modo que a veces hoy decimos que en una congregación hay «cincuenta familias». Pero lo sorprendente del texto es que, en un momento de amenaza y al parecer de inminente derrota, Lucas nos habla de todos estos millares de conversiones. Juan Crisóstomo, uno de los más grandes predicadores de todos los tiempos, señala lo inaudito del hecho:

> ¿Cómo es eso? ¿Los vieron acaso honrados? ¿No los vieron más bien encadenados? ¿Cómo fue entonces que creyeron? ¿No se ve en esto el evidente poder de Dios? Era de suponerse que hasta los que habían creído anteriormente flaquearan en su fe [al ver a los apóstoles encarcelados]. Pero lo que sucede es todo lo contrario, porque el sermón de Pedro había sembrado la semilla profundamente en ellos y había penetrado sus mentes. Por eso los enemigos se resienten todavía más, porque no les tienen miedo.[25]

Lo que Juan Crisóstomo está indicando es que Lucas pone este versículo precisamente en este lugar para señalar que la fe no es cosa únicamente para los buenos tiempos, y que no es necesario el prestigio y el poder para que las gentes crean. Al contrario, es precisamente en el momento en que los poderosos muestran su desaprobación, y lo hacen con mano fuerte, que el número de los creyentes aumenta.

Al día siguiente, los que se reúnen para pronunciar juicio representan a las mismas clases pudientes que encarcelaron a los acusados: «los gobernantes, los ancianos y los escribas, y el sumo sacerdote Anás, y Caifás y Juan y Alejandro, y todos los que eran de la familia de los sumos sacerdotes» (4.5-6).[26] Anás no era ya el sumo sacerdote; pero se acostumbraba que los que habían tenido ese título lo conservaran aún después de retirados. Caifás, el

---

24 En esa época no se usaba la cárcel como castigo, sino como lugar donde retener a los acusados hasta tanto se les hiciera juicio. Los castigos eran generalmente corporales —muerte, azotes, trabajos forzados— multas y destitución de posiciones de responsabilidad. Además, según la Mishnah (*Sanh.* 4.1) los juicios sobre cuestiones capitales debían terminar el mismo día en que se comenzaban.

25 *Hom. x in Act.*

26 Paul Gaechter, «The Hatred of the House of Annas», *ThS*, 8, 1947, 3-34; Robert Eisler, *The Enigma of the Fourth Gospel, Its Author and Its Writer*, Methuen, London, 1938, pp. 39-45.

sumo sacerdote en función, era yerno de Anás. De Juan y Alejandro no se sabe nada (excepto si tiene razón el texto occidental, que dice «Jonatán» en lugar de «Juan», pues Jonatán sucedió a su cuñado Caifás en el año 36).

b. El discurso de Pedro (4.7-12)

El juicio tiene lugar ante el «concilio» o «sanedrín».[27] Este estaba compuesto principalmente por la aristocracia judía, y por los principales escribas. Puesto que los aristócratas eran en su mayoría saduceos, y los escribas fariseos, frecuentemente había fuertes debates en el concilio. Al parecer, el sanedrín o concilio había estado completamente dominado por los saduceos hasta el principio de la era cristiana, cuando los fariseos comenzaron a disputarles parte del poder. Hacia tiempos de la guerra judía y la destrucción de Jerusalén en al año 70, ya eran los fariseos quienes dominaban en el sanedrín.[28]

Al comenzar el juicio, la pregunta que les plantean a Pedro y Juan no es lo que han hecho, sino con qué autoridad lo han hecho (4.7). El problema es en última instancia cuestión de poder y de control.

La respuesta de Pedro, inspirada por el Espíritu Santo («lleno del Espíritu Santo»), va dirigida a los jefes («gobernantes» y «ancianos»), pero les da a entender que es respuesta tanto para ellos como para el pueblo («sea notorio a todos vosotros, y a todo el pueblo de Israel» 4.10).

El modo en que Pedro expresa el milagro que ha tenido lugar es significativo, pues la palabra griega que RVR traduce como «enfermo» (asthenês)[29] quiere decir, literalmente, «carente de poder», y el verbo que RVR traduce por «sanar» (sôzô)[30] quiere decir tanto «sanar» como «salvar» o «liberar». Luego, lo que Pedro está diciendo es a la vez que un enfermo ha sido sanado y que una persona carente de poder, oprimida por su enfermedad, ha sido sanada, salvada, liberada, fortalecida.

Los jefes le han preguntado que en qué nombre, o con qué autoridad han realizado el milagro; y Pedro les contesta que lo han hecho «en el nombre de Jesús de Nazaret». Citando el Salmo 118.22, les dice que este Jesús es «la piedra reprobada por vosotros los edificadores» (4.11); es decir, por vosotros los jefes que se suponía fuerais los constructores de Israel.

---

27 Sidney Benjamin Hoenig, *The Great Sanhedrin*, Dropsie College for Hebrew and Cognate Learning, Philadelphia, 1953; Hugo Mantel, *Studies in the History of the Sanhedrin*, Harvard University Press, Cambridge, Mass., 1961.

28 Sobre el trasfondo de esta situación, véase William Wagner Buehler, *The Pre-Herodian Civil War and Social Debate: Jewish Society in the Period 74-40 B.C., and the Social Factors Contributing to the Rise of the Pharisees and the Sadducees*, Friedrich Reinhardt, Basel, 1964; Louis Finkelstein, *The Pharisees: The Sociological Background of Their Faith*, Jewish Publication Society of America, Philadelphia, 1940; M. Simon, *Las sectas judías en el tiempo de Jesús*, EUDEBA, Buenos Aires, 1962.

29 *ThWzNT*, 1:488-92.

30 *ThWzNT*, 7:966-1024.

La repetición del «nombre» en todo este pasaje es importante.[31] Cuando se habla aquí del «nombre», no se quiere decir sencillamente el sonido, las dos sílabas «Je-sús». El nombre es la esencia misma de una cosa. Es por eso que el nombre de Yahvé es sagrado: porque Yahvé mismo es sagrado. El «nombre» es la autoridad y el poder con que se realiza una acción. Los jefes de Israel les preguntan a Juan y a Pedro que en qué «nombre», con qué autoridad, han hecho lo que han hecho. Pedro les contesta que lo han hecho «en el nombre de Jesús de Nazaret». El «nombre» de Jesús no es sino Jesús mismo. Y Pedro llega entonces a su tan citada conclusión: «No hay otro *nombre* bajo el cielo, dado a los hombres, en que podamos ser salvos» (4.12). El verbo «salvar» se refiere tanto a la salvación eterna como a la salvación del cuerpo, es decir, la salud. Entre salvar y sanar no hay en el Nuevo Testamento la distancia enorme que muchas veces pensamos. Por ello, la aseveración de Pedro pudiera traducirse como «no hay otro nombre bajo el cielo, dado a los hombres, en que podamos ser *sanos*».[32] Lo que Pedro está diciendo aquí no es sólo que toda «salvación» viene de Jesús, sino también, y mucho más directamente, que toda salud nos es dada por el mismo nombre. A alguien puede parecerle que al señalar esto estamos limitando el poder de Jesús, o el alcance de la aseveración de Pedro; pero lo que estamos haciendo es todo lo contrario. Al afirmar que *toda* salud y *toda* salvación (salud física y espiritual, salvación social, etc.) vienen de Jesús, Pedro está afirmando el señorío universal de ese Jesús en cuyo nombre el cojo ha sido sanado/salvado/liberado/fortalecido. Y esto tiene consecuencias directas, pues la otra cara de la afirmación del poder universal de ese *nombre* es la limitación de la supuesta autoridad de los poderosos que les están pidiendo cuentas a Pedro y a Juan.

c. El veredicto (4.13-22)

Los jueces se maravillan del «denuedo» de Pedro y de Juan. Esto nos da a entender que no fue solamente Pedro, cuyo discurso Lucas resume, sino también Juan, quien habló. Una vez más, recordemos que Lucas no nos está dando una versión taquigráfica y literal de todo lo que cada quien dijo, sino más bien una narración de los puntos sobresalientes, siempre con miras a mostrar cómo obra el Espíritu Santo. El «denuedo» (RVR), la «confianza» (VP, BA) o «valentía» (BJ) con que hablaban los apóstoles es la misma que más adelante la iglesia pedirá (4.29) y recibirá (4.31). Las palabras que RVR traduce como «hombres sin letras y del vulgo» (*agrámmatos* e *idiôtês*) literalmente quieren decir analfabetos e incultos.

Empero lo que más sobresale en 4.13 es la afirmación que «les reconocían que habían estado con Jesús». Esto no quiere decir que fuera en ese momento

---

31 *ThWzNT*, 5:242-83.
32 Sobre todo esto, y la falta de consistencia en las traducciones, véase Irene W. Foulkes, «Two semantic problems in the translation of Acts 4.5-20», *BibTrans*, 29, 1978, 121-28.

que se enteraran de que Pedro y Juan eran discípulos de Jesús. Ya lo sabían, y probablemente de sobra. Lo que ahora reconocen es que, aunque supuestamente se han deshecho de Jesús crucificándole, todavía no han salido del problema, pues ahora tienen que vérselas con estos otros que desde el punto de vista de ellos son tan tercos como Jesús. Y, lo peor del caso, tampoco pueden negar el milagro, pues el ex-cojo está ahora «en pie» con ellos. Y los que ahora se les enfrentan con argumentos contundentes y seguros de lo que están diciendo son «hombres sin letras y del vulgo»; es decir, gente que normalmente no se atrevería a hablar ante una asamblea tan distinguida como lo es el sanedrín.

Lucas no nos dice cómo fue que se enteró de las deliberaciones del concilio; pero lo que nos cuenta es sumamente realista. Los poderosos no saben qué hacer. Lo que sucedió es manifiesto y notorio, y por tanto se dicen, «no lo podemos negar» (4.16). Por implicación, se nos da a entender que si pudieran lo negarían, aunque saben que es cierto. La única solución que encuentran, ya que no pueden negar la verdad, es ocultarla, «que no se divulgue más entre el pueblo». Una vez más, lo que está en juego es el control del pueblo, en este caso mediante el control de la información.

Para controlar la información, hay que controlar sus fuentes, y por tanto el concilio decide amenazar a los apóstoles, para que no sigan hablando o enseñando en el nombre de Jesús. La respuesta de los apóstoles, hombres iletrados, pone de manifiesto la veleidad de los miembros del concilio, pues les dicen que ya que ellos son jueces, supuestamente maestros de la ley de Dios, juzguen ellos sobre lo que han dictaminado. La conclusión inevitable es que los jueces son juzgados por la misma ley que no obedecen.

Los jueces no encuentran modo alguno de castigarlos, y se limitan a amenazarlos de nuevo y dejarles ir. Los dejan ir, no porque buscaran justicia, sino «por causa del pueblo». Luego, como hemos visto en todo este pasaje, para entender lo que está sucediendo hay que verlo desde la perspectiva de una lucha por el control del pueblo.

4. La reacción de los fieles (4.23-31)

Pedro y Juan van entonces y les cuentan a «los suyos» (¿a toda la congregación, o a sus más allegados?) todo lo que ha acontecido. Aparentemente les cuentan sobre todo de las amenazas de que han sido objeto, pues la respuesta de los creyentes es elevar una oración que trata precisamente sobre el tema de las amenazas.

La oración misma es interesante.[33] La primera parte (4.24-27) plantea el viejo y difícil problema de cómo un Dios soberano, hacedor de todo cuanto

---

33 Didier Rimaud, «La première prière dans le livre des Actes 4:23-31 (Ps. 2 et 145)», *LMD*, 51, 1957, 99-115.

hay, permite que los buenos sean perseguidos y oprimidos. La confabulación contra Jesús es enormemente poderosa: Herodes, Poncio Pilato, los gentiles y el pueblo de Israel. (Nótese que aquí se incluye el pueblo. El pueblo se dejó llevar por sus jefes, pero no por ello deja de ser responsable.) ¿Cómo permite Dios tales cosas? La pregunta, a menudo angustiosa, no tiene respuesta desde nuestra perspectiva humana, y por tanto puede ser paralizadora. Pero estos creyentes, aun cuando plantean y reconocen la dificultad, al fin de cuentas reconocen que la respuesta última está en los designios de Dios (4.28). Y pasan entonces a pedir «denuedo» para hablar la palabra, y que se hagan «sanidades y señales y prodigios» mediante el nombre de Jesús. Lo interesante de esto es que los discípulos piden lo que ya tienen. Ya se han hecho sanidades y señales, y fue precisamente por ello que Pedro y Juan fueron llevados ante el Concilio. Y allí, ante el Concilio, mostraron el mismo «denuedo» por el que ahora ruegan a Dios.

En el v. 31, su oración es contestada. Tal es el significado del temblor del lugar en que estaban congregados. Nótese que no se habla necesariamente de un temblor de tierra, sino de una sacudida en el lugar de su asamblea. Si el temblor es señal de la respuesta divina, el Espíritu Santo, del cual fueron llenos, es la respuesta misma, que les permite, tal como pidieron en el v. 29, hablar «con denuedo la palabra de Dios».

Los conflictos de hoy

La historia que Lucas nos narra es singularmente contemporánea. Lo primero que notamos en ella es que hay una diferencia marcada entre el «pueblo» y sus supuestos «jefes». El pueblo está dispuesto a creer. El pueblo conoce al cojo, y se regocija ante su sanidad. Los jefes están más interesados en su poder y en su ideología que en el bienestar del cojo; y su preocupación por el pueblo es solo asegurarse que continúe aceptando su autoridad. Que esto sucede hoy en nuestro medio, resulta obvio. Hay países en nuestra región donde se habla de las «doce familias» o las «treinta familias» que poseen casi toda la tierra, son prácticamente dueños de la nación y cuyos representantes se turnan en el gobierno. Hay ciudades en los Estados Unidos donde se habla de los «treinta» que controlan las finanzas, el comercio, la industria, y buena parte del gobierno. En el sanedrín había divergencias de opinión, pues entre los saduceos y los fariseos había diferencias tanto de clase como de doctrina; pero al fin de cuentas tanto los unos como los otros estaban más preocupados por su poder y su prestigio que por el bien del cojo o del pueblo. Lo mismo sucede en muchos de nuestros países donde hay un congreso elegido de un modo más o menos democrático, y donde los miembros de ese congreso difieren entre sí; pero todos o casi todos concuerdan en usar al pueblo como escalón sobre el cual treparse en su escalada hacia el poder.

En el texto, estas estructuras de poder son tanto oficiales como extraoficiales. El sanedrín, el sumo sacerdote y el jefe de la guardia del Templo son autoridades constituidas como tales. Los saduceos, por otra parte, son un grupo relativamente informe de personas generalmente pudientes, que son conservadoras tanto en su teología como en su política. Porque son conservadoras en su teología judía, no admiten la resurrección de los muertos, que según ellos es una doctrina reciente y carente de fundamento en la antigua fe de Israel. Porque son conservadoras en su política, tienden a colaborar con el Imperio Romano, y a recibir beneficios económicos por razón de esa colaboración.

¿Podrá pintarse un cuadro más parecido al de tantos de nuestros países? Hay estructuras oficiales, presidentes, gobernadores de provincias o de estados, senadores y diputados. Hay además estructuras semioficiales, que dicen tener una función, pero en realidad tienen mucho más poder del que por ley les corresponde. Tal es el caso, por ejemplo, de muchos de nuestros ejércitos, cuya función legal es defender al país de supuestas amenazas o posibles invasiones, pero cuyo poder real es frecuentemente mucho más amplio. Ese poder incluye el poner y quitar presidentes; y también a veces incluye el constituirse en jueces y verdugos, como ha sucedido repetida y recientemente en tantos regímenes latino-americanos donde se han establecido «escuadrones de la muerte», o donde el ejército mismo se ha ocupado de hacer «desaparecer» a quienes estorbaban sus planes o amenazaban su poder. Otra de esas estructuras semioficiales de poder es el partido político, pues en algunos de nuestros países hay partidos tan poderosos que son ellos, en sus cónclaves internos, quienes determinan los resultados de elecciones supuestamente democráticas. Y en los Estados Unidos el sistema de los «dos partidos», no tan diferentes entre sí, es tal que fuera de esos dos partidos no hay posibilidad política alguna.

Y hay por último estructuras extraoficiales de poder: las familias ricas que se casan entre sí y retienen toda la tierra y todo el poder entre sus miembros; los «nuevos ricos» que han acumulado capitales a base del comercio o de la industria, y que ahora se aseguran de eliminar toda competencia económica antes que sea demasiado fuerte, con lo cual ahogan el desarrollo económico de nuestros países; los que manejan los medios de comunicación, a través de los cuales manipulan la información y la opinión pública.

En el texto se nos habla de unos «edificadores» que no construyeron bien (4.12) y de unos jueces que juzgaron mal (4.19). Uno de los títulos que se les daba a los escribas era el de «edificadores» (véase el comentario a Mr. 12.10 en el *CBH*). Los que habían sido puestos para edificar al pueblo han rechazado la principal piedra del ángulo. Los que habían sido puestos para velar por la verdad y por el bien del pueblo han emitido juicio falso, ordenándoles a Pedro y a Juan que oculten la verdad. Y ésa es desafortunadamente la misma práctica de tantos y tantos de nuestros gobernantes. Cuando su función debió ser defender y desarrollar la economía del país, lo que hicieron fue hipotecarlo de tal modo que la deuda externa más bien pareció «deuda eterna». Cuando su función debió ser velar por el bienestar económico y social de los ciudadanos, lo que hicieron fue facilitar el camino de los poderosos, aceptando sobornos y participando de empresas que los enriquecieran a ellos, pero no al pueblo. Cuando su función debió ser velar por la ley y la justicia, lo que hicieron fue promulgar leyes que protegieran sus intereses, nombrando jueces que torcieran los veredictos, y castigando a todo el que de algún modo cuestionó o amenazó su poder.

En el texto se nos habla también de los saduceos como parte importante en todo el proceso contra los apóstoles. Los saduceos se oponen a los apóstoles por dos razones: la cuestión de la autoridad y la cuestión de la resurrección. En 4.2 se nos dice que los apóstoles fueron objeto de represión porque enseñaban al pueblo y porque anunciaban la resurrección de los muertos. Se entiende que la doctrina de la resurrección de los muertos es rechazada por los saduceos, y que por tanto éstos consideran que los apóstoles están enseñando herejía. Pero bien pronto la cuestión doctrinal queda olvidada, y el juicio parece limitarse a la cuestión de la autoridad conque los apóstoles han sanado al cojo. Es un caso típico en que los desacuerdos teológicos se emplean para ocultar las verdaderas motivaciones, que son cuestiones de poder y de control. Lo mismo sucede con frecuencia en nuestros círculos. Se acusa a alguien de enseñar falsa doctrina; pero lo que en realidad se quiere decir es que esa persona de algún modo está subvirtiendo el orden establecido, o está cuestionando a quienes detentan el poder. Esto no es cosa nueva de nuestros tiempos, pues lo mismo ha sucedido a través de toda la historia de la iglesia. Naturalmente, sí hay casos en los que es necesario rechazar doctrinas que amenazan el corazón mismo de la fe. Tal fue en la iglesia primitiva el caso del gnosticismo, que la iglesia rechazó categóricamente.[34] Y lo mismo sucede en nuestros días, cuando nuevas formas del gnosticismo, así como doctrinas claramente heréticas como las de los «moonies», la mal llamada ciencia cristiana, los testigos de Jehová y otras, han de ser rechazadas categóricamente. Empero esto no ha de ocultarnos la otra realidad: que muchas veces, tanto en otros tiempos como ahora, los cristianos que ejercen el poder se han aferrado a él, y que en defensa de sus intereses han pretendido ver graves herejías donde no había sino resistencia a su autoridad.

Podrían citarse muchos casos. Uno tomado de nuestra América es el del dominico fray Gil González de San Nicolás, quien trabajaba en Chile durante la conquista, y declaró que hacerles la guerra a los indios para tomar sus tierras era pecado mortal, y que por tanto quienes no se arrepintieran —lo que incluía devolver las tierras robadas— quedarían excomulgados. Siguiendo sus indicaciones, muchos dominicos, franciscanos y otros se negaron a oír las confesiones de quienes tuvieran tierras tomadas de los indios. Muchos seglares se negaron a participar de la guerra contra los indios. La causa de los conquistadores peligraba. Puesto que lo que decía González se basaba en principios generalmente aprobados por la iglesia, no había modo de responderle. A la postre, se acudió a un subterfugio, acusando a González de hereje por haber declarado que los pecados actuales de los padres pasaban a los hijos.[35]

Esto parece cosa de la conquista y de la iglesia de aquellos tiempos. Empero en nuestros días, y en particular en algunos círculos eclesiásticos de nuestra América, este fenómeno ha venido a ser tristemente frecuente. Como en el caso de los saduceos, el conservadurismo político se confunde con el supuesto conservadurismo teológico, y una cosa se usa como excusa y como apoyo de la otra.

La nota realista y contemporánea, sin embargo, va más allá. El sanedrín quiere controlar y manipular la información. Su preferencia hubiera sido que nadie supiera sobre la sanidad del cojo. Pero, una vez que ese milagro es «manifiesto» y «notorio», buscan el modo de que el pueblo sepa sólo lo que a ellos les conviene, y que la información no se disemine demasiado. El propósito de su acción no es castigar a los apóstoles por algún delito, ni tampoco proteger la ortodoxia. Su propósito es «que no se divulgue más entre el pueblo», y que si se divulga la noticia de la curación, no se le relacione con el nombre de Jesús.

---

34 Véase, J. L. González, *Historia del pensamiento cristiano*, vol. 1, pp. 124-134.
35 Antonio de Egaña, *Historia de la Iglesia en la América española: Hemisferio sur*, Biblioteca de Autores Cristianos, Madrid, 1966, p. 209.

Esto también parece haber sido escrito en el día de hoy. Visitaba hace poco un país donde ha habido «desaparecidos» a diario. Puesto que se trata de personas cuyos familiares, amigos y vecinos saben que han desaparecido, y han protestado ante las autoridades, en los diarios aparece una pequeña nota diciendo que «no se conoce el paradero de...» A los pocos días aparece otra nota: «Ha aparecido el cuerpo de... aparentemente víctima de un crimen» o «En el lago tal se ha encontrado el cuerpo de fulano o mengano, quien murió ahogado». Tales noticias, cuando aparecen, aparecen en un rincón del diario, donde se espera que pocos les presten atención. Puesto que lo que ha sucedido no se puede ocultar, se hace todo lo posible por restarle importancia, y porque los lectores no relacionen la nota que aparece en la página cuatro sobre un desaparecido con otra que aparece en la página quince sobre alguien cuyos parientes no han visto en una semana. En una aldea en el interior del mismo país hubo una matanza. Cuando estuve visitando el país, había toda una campaña montada tratando de culpar a diversos grupos, y nunca mencionando a quienes todos sospechaban eran los verdaderos autores.

En otros lugares sucede lo mismo a niveles menos dramáticos, pero que también tienden a subvertir o a manipular la verdad a favor de ciertos intereses particulares.[36] A veces lo que se dice es cierto, pero el modo en que se dice sirve a propósitos que se trata de mantener ocultos. Por ejemplo, la población hispana de los Estados Unidos está creciendo a una velocidad vertiginosa. Según algunas proyecciones de la Oficina Nacional del Censo, para el año 2080 habrá ciento cincuenta millones de hispanos en los Estados Unidos. Esa misma estadística, que bien puede ser cierta, se utiliza entonces en artículos que parecen regocijarse del «futuro hispano» de la nación, pero cuyo propósito verdadero es crear desconfianza hacia los hispanos por parte de los negros y otras minorías. Lo que se dice es verdad. Pero se dice de tal modo que se fomenta la división entre las diversas minorías del país. De más está decir que esto sirve a los intereses de los que ahora se benefician de la condición inferior de los negros, los hispanos y otras minorías.

El sanedrín buscaba modos de subvertir la verdad para evitar la posible subversión por parte de los cristianos. Lo mismo se ha

---

36 Sobre el modo en que esto se hace en los Estados Unidos, por ejemplo, véase E.S. Herman y N. Chomsky, *Manufacturing Consent: The Political Economy of the Mass Media*, Pantheon Books, Nueva York, 1988, y H.I. Schiller, *Culture, Inc.: The Corporate Takeover of Public Expression*, Oxford University Press, Nueva York, 1989. Estos dos libros ofrecen ejemplos del modo en que esto funciona. Desde un punto de vista más teórico, véase A. y M. Mattelart, *Pensar sobre los medios: Comunicación y crítica social*, DEI, San José, 1988.

hecho a través de las edades. Cuando Lucas escribió sobre este episodio, ya sabría sobre otro triste capítulo en la historia de la iglesia. En el año 64, hubo un gran incendio en Roma. Las casas donde vivía buena parte del bajo pueblo se quemaron. Pronto la gente empezó a decir que era el emperador Nerón quien había ordenado el incendio. Lo más probable es que la acusación no fuera cierta. Pero en todo caso Nerón, en lugar de responder a esos rumores tratando de descubrir la verdad, lo que hizo fue circular otros rumores que eran al menos tan falsos como los anteriores: habían sido los cristianos quienes le habían prendido fuego a la ciudad. El resultado fue la primera persecución de los cristianos por parte de las autoridades romanas.[37]

Todo esto nos indica que los cristianos debemos comprender cómo se maneja la información en nuestros medios. Al conocido dicho según el cual los cristianos deben leer la Biblia en una mano y el diario en la otra, el finado teólogo Orlando Costas respondía diciendo que «todo depende de cuál diario». En efecto, los diarios manipulan la información, y hay que estar conscientes de ello para saber interpretar lo que nos dicen. En algunos de nuestros países, el control de la información tiene lugar abiertamente por parte del gobierno, que establece sistemas de censura más o menos oficiales. En otros, lo que sucede es que cada diario pertenece a los representantes de una ideología particular, y entonces las noticias se tuercen de tal modo que apoyen esa ideología. En muchísimos más, los periódicos son propiedad privada de sectores económicamente poderosos, cuyos representantes manejan, además, la banca, el comercio, la industria y el poder político. Es obvio, entonces, que la tendencia informativa y de opinión de la prensa sea orientada a favorecer y defender los intereses de aquel sector. Por último, un factor que también es determinante en esto tiene que ver con la venta de publicidad. Los periódicos se sostienen a base de anuncios comerciales. Si publican algo que no les gusta a los anunciantes éstos se retiran y la empresa periodística pierde su sostén económico. Lo mismo es cierto de las revistas, la televisión, la radio, y todos los medios de difusión noticiosa. Es por esto que, cuando los cristianos adoptan actitudes contrarias a los deseos de quienes manejan los medios de información, se les tilda de «comunistas», «radicales», «reaccionarios», «subversivos», o cualquier otro apóstrofe que sirva para desautorizarlos.

Tristemente, lo mismo sucede a veces en los ámbitos eclesiásticos, donde hay pastores que no les comunican a los laicos lo que

37 Véase González, *Historia ilustrada*, 1:64-70.

saben, con la excusa de que «se van a escandalizar», cuando la realidad es que de ese modo tratan de mantener su poder y supuesta autoridad. Tales supuestos «edificadores» se niegan a edificar el edificio de Dios si no se hace bajo su control y dirección.

¿Cuál es la respuesta de la iglesia a tales manejos y amenazas en el texto que estamos estudiando? Lo primero que hace es reconocer su perplejidad ante lo que está aconteciendo. Hay una nota de santa protesta en los versículos 24-26, donde los creyentes increpan a Dios, preguntándole, si él es poderoso e hizo los cielos y la tierra, ¿por qué es que «se amotinan las gentes, y los pueblos piensan cosas vanas»? Reconozcamos esa nota de santa protesta, que es parte de la fe bíblica, y que muchas veces reprimimos en nosotros mismos y en nuestras iglesias. Basta con leer los Salmos (de donde viene parte de la oración que la iglesia eleva) para ver que el Dios de Israel no es un Dios que se moleste porque uno le exprese sus dudas, sus frustraciones, y hasta su rebeldía: «¿Hasta cuando, Jehová? ¿Me olvidarás para siempre?» (Sal. 13.1) «Dios mío, Dios mío, ¿por qué me has desamparado? ¿Por qué estás tan lejos de mi salvación, y de las palabras de mi clamor? Dios mío, clamo de día, y no respondes; y de noche, y no hay para mí reposo» (Sal. 22.1-2). «¿Por qué, oh Dios, nos has desechado para siempre? ¿Por qué has encendido tu furor contra las ovejas de tu prado?» (Sal. 74.1).[38]

En muchas de nuestras iglesias se da la impresión de que hacer tales preguntas es señal de falta de fe. Pero lo cierto es todo lo contrario. La fe conlleva una relación con Dios tal que nos es posible dirigirnos a Dios con toda franqueza. Ocultar las perplejidades, las angustias y las dudas no es señal de fe, sino más bien de falta de ella. La iglesia que se nos describe en Hechos comienza expresando libremente su perplejidad, para luego reconocer que de algún modo lo que está sucediendo ha de verse dentro del contexto de los misteriosos designios de Dios (4.28), lo que sin embargo no disminuye la responsabilidad de los culpables, ni la maldad de lo que está aconteciendo. De algún modo que no entendemos, dicen aquellos cristianos, lo que está sucediendo es malo. De algún modo que no entendemos, todo está en las manos de Dios. De algún modo que no entendemos, las dos cosas son ciertas. Y en medio de todo ello, creemos en un Dios dispuesto a escuchar nuestras quejas y nuestras perplejidades y dudas.

Empero hay más. Aquella iglesia pasa de expresar su angustia a pedirle a Dios el poder para responder a la situación. Y es aquí

38 Ingrid González, «Salmos de lamentación: Protesta ante el sufrimiento» *VyP*, 4, 1984, 69-88.

que podemos aprender mucho del texto. Aquellos cristianos pudieron haberle pedido a Dios que les quitara las amenazas, que no les metiera en más problemas, que les ayudara a evitar los conflictos con los poderosos de su pueblo. Pero lo que piden es todo lo contrario. Piden que «se hagan sanidades y señales y prodigios mediante el nombre de tu santo Hijo Jesús» (4.30). Y piden poder para hablar «con todo denuedo». Las amenazas que reciben se deben precisamente a un prodigio que se hizo en el nombre de Jesús. Lo que se les ha ordenado es que callen y no sigan enseñando y sanando en el nombre de Jesús. Lo que ellos piden es que se hagan más milagros como el que ha dado lugar a las amenazas de los poderosos, y que se les dé el poder para desobedecer la orden del sanedrín y continuar predicando en el nombre de Jesús con denuedo.

Tenemos mucho que aprender de aquellos antiguos hermanos nuestros. En muchas de nuestras iglesias, el argumento más común para evitar que se haga o se diga algo es que «es controversial». En muchas de nuestras iglesias, cuando vamos a tomar decisiones sobre algún programa, lo primero que nos preguntamos es qué impacto ese programa va a tener sobre el modo en que se nos ve en la sociedad. Vivimos en un continente lleno de personas necesitadas; por así decir, de «cojos» que no pueden caminar. Vivimos en un continente que tiene necesidad de la proclamación del nombre de Jesucristo: de su proclamación íntegra, como el Señor que nos salva de la muerte eterna, y como el Señor que nos da poder para sobreponernos a todas las muertes que el orden social perpetúa a diario. En medio de ese continente, con demasiada frecuencia nos vemos tentados a decir «Señor, ayúdanos a evitarnos problemas». Cuando vemos los casos de manipulación de la información a que nos hemos referido más arriba, nos vemos tentados a decir, «Señor, ayúdanos a callar». Cuando alguien en la iglesia empieza a responder a las necesidades de los oprimidos, y los opresores empiezan a poner presión sobre la iglesia, nos vemos tentados a decir, «Señor, no permitas que esos revoltosos nos creen problemas».

Pero lo que este texto nos invita a decir y hacer es todo lo contrario. En lugar de decir, «Señor, ayúdanos a evitarnos problemas», el texto nos invita a decir, «Señor, danos más señales de tu poder, que es lo que nos ha creado el problema para empezar». En lugar de decir, «Señor, ayúdanos a callar», el texto nos invita a decir, «Señor, concede a tus siervos que con todo denuedo hablen tu palabra». En lugar de decir, «Señor, no permitas que esos revoltosos nos creen problemas», el texto nos invita a decir, «Señor, danos más revoltosos».

A veces se dice que si no cuidamos de nuestro prestigio, haremos peligrar nuestra misión evangelizadora. Para esto también el texto tiene respuesta, pues el versículo 4 está allí precisamente por esa razón. En el momento mismo en que Pedro y Juan han sido hechos presos por «controversiales» y «revoltosos», el Señor añade a la iglesia cinco mil familias. Es en los momentos más difíciles, y precisamente cuando arriesga su propio bienestar en pro de la verdad y del bien de los enfermos y oprimidos (recuérdese lo que vimos sobre el término *asthenês*), que Dios da el crecimiento. Al final del pasaje anterior (2.47) vimos que los cristianos tenían «favor con todo el pueblo», y que el Señor añadía cada día a los que habían de ser salvos. Ese favor con el pueblo no consiste en quedar bien con todos (como dice el dicho, «con Dios y con el Diablo»), sino en tomar el partido del pueblo frente a los que lo oprimen, a los que tratan de controlarlo mediante información falseada.

Hablar «con denuedo» la palabra de Dios es don del Espíritu Santo (4.31). Hablarla «con denuedo» es hablarla con entereza, aun cuando ello cause revuelo entre el pueblo y amenazas por parte de los que quieren controlarlo todo. En nuestra América, ésta es una necesidad urgente. La iglesia ha de ganarse el favor del pueblo tomando el partido del pueblo, poniendo a su servicio sus recursos espirituales, materiales y humanos. Cuando la iglesia se mantiene al margen de las necesidades y las luchas del pueblo, o cuando se parcializa identificando su mensaje con el de cualquier grupo que tiene o que busca el poder, su vida y su testimonio son muy distintos de lo que nos pinta Lucas en estos versículos de Hechos.

C. El uso de los bienes (4.32-5.11)

1. Otro resumen (4.32-35)

Llegamos ahora a otro resumen de los que, como hemos dicho, Lucas incluye en su narración para ofrecernos generalizaciones y comentarios que luego se ilustran o se discuten en casos particulares. Este trata sobre la vida económica de la iglesia primitiva. Puesto que las cuestiones económicas no se discuten en nuestras iglesias con la frecuencia que merecen, hemos de hacer un estudio cuidadoso de este pasaje.

Al leerlo (así como el otro, más breve, que ya hemos estudiado en 2.44-45), lo primero que hemos de preguntarnos es si lo que aquí se nos cuenta sucedió realmente. ¿Es cierto que los primeros cristianos practicaron el tipo de propiedad común que se describe aquí, o se trata más bien de una ficción de la imaginación de Lucas, quien proyecta hacia la vida de la iglesia en el pasado una visión romántica o idealizada? Tenemos que plantearnos esta pregunta, porque hay eruditos que lo han hecho, argumentando que lo que aquí se describe es en realidad la comunidad ideal según la concebían algunos filósofos griegos y helenistas —especialmente los pitagóricos— y que por tanto lo que tenemos aquí no es sino un intento de pintar a la iglesia cristiana primitiva como una comunidad ideal. Tal es, por ejemplo, la interpretación de Luke T. Johnson, quien se refiere a este pasaje como un intento de simbolizar la autoridad de los apóstoles.[39] En otra obra, el mismo autor presenta toda una lista de fuentes griegas y helenistas: Platón, un proverbio citado por Aristóteles, y las vidas de Pitágoras escritas por Diógenes Laercio, Porfirio y Jámblico.[40] En breves palabras, lo que argumentan Johnson y otros es que Lucas, al tratar de describir la comunidad cristiana primitiva, toma de fuentes helenistas sobre el valor de la unidad y de la amistad, y en particular sobre el modo en que esa unidad y amistad se manifiestan en la comunidad de bienes.

Lo primero que ha de decirse sobre tal interpretación es que no toma en cuenta las grandes diferencias entre el ideal pitagórico y lo que se describe en este texto. El primero es una asociación elitista de filósofos quienes comparten los bienes porque ello les ayuda a consagrarse a la «vida filosófica»; lo segundo es una comunidad abierta que se regocija aumentando su número, y cuya capacidad de compartir es el resultado de la dádiva del Espíritu y de su expectación escatológica.

Otra objeción que ha de hacérsele a tal interpretación del texto es que no explica por qué o cómo el autor puede describir un pasado relativamente reciente proyectando hacia él prácticas que nunca existieron, y que tampoco existían en tiempos del autor mismo. Ciertamente, uno de los principios básicos en la interpretación de textos históricos es que los autores tienden a proyectar hacia el pasado las prácticas y condiciones de su propio tiempo. Si cuando Hechos fue escrito —digamos que por el año 80 d.C.— la comunidad de bienes no se practicaba en la iglesia, ¿qué razón tendría el autor para afirmar que se practicó antes? Ciertamente no su deseo de presentar la comunidad primitiva en términos ideales, puesto que inmediatamente después del «resumen» que estamos estudiando Lucas nos cuenta el episodio de Ananías y Safira, y poco después el de la injusticia en la distribución para las viudas (6.1).

En tercer lugar, la interpretación de este pasaje como un intento por parte de Lucas de idealizar la iglesia primitiva choca con la posibilidad, sugerida por varios autores, de que éste y otros «resúmenes» de los que aparecen en Hechos son el resultado de la incorporación al libro, por parte de Lucas, de

---

39 L. T. Johnson, *The Literary Function of Possessions in Luke-Acts*, Scholars Press, Missoula, Montana, 1977, pp. 189, 198. Las mismas ideas aparecen en D. L. Mealand, «Community of Goods and Utopian Allusions in Acts II-IV», *JTS*, 28, 1977, 96-99; J. Downey, «The Early Jerusalem Christians», *BibTo*, 91, 1977, 1295-1303.

40 L. T. Johnson, *Sharing Possessions: Mandate and Symbol of Faith*, Fortress Press, Philadelphia, 1981, p. 119.

otros materiales que andaban circulando independientemente.[41] Si estos materiales son anteriores a la composición de Hechos, se nos hace más difícil todavía pensar que se trata de una falsa proyección hacia el pasado de condiciones supuestamente ideales.

Sí podría argumentarse que, de igual modo que Lucas reinterpretó y subrayó el tema del renunciamiento en su Evangelio para avergonzar a los ricos, así también introdujo el de la comunidad de bienes en Hechos con el mismo propósito.

Puede ponérsele, sin embargo, punto final a toda esta discusión si se demuestra que no solamente en el tiempo en que Lucas fue escrito, sino por algún tiempo después, la comunidad de bienes que aquí se describe siguió practicándose en la iglesia. Tal es ciertamente el caso, como mostraremos en un momento.

Sin embargo, antes de pasar a esa demostración histórica, hay otra interpretación común de este pasaje y de su importancia que es necesario comentar y rechazar. Según esa interpretación, la iglesia primitiva sí tenía originalmente todas las cosas en común, pero esa práctica pronto fue abandonada. Frecuentemente esa explicación va unida a la idea —totalmente carente de base en el texto bíblico— de que la pobreza que existió poco después en la iglesia de Jerusalén se debió, en parte al menos, a esa práctica de compartir los bienes, y que fue por eso que Pablo tuvo que esforzarse tanto en recoger dinero para los pobres en Jerusalén. Esta opinión aparece en su forma típica en la siguiente cita, tomada de uno de los comentarios más frecuentemente empleados en los Estados Unidos:

> No importa cuán amplio haya sido el experimento «comunista» de Jerusalén, parece ser que muy pronto dejó de funcionar, quizá debido en primer lugar a la desavenencia entre los «griegos» y los «hebreos» (6.1), y, en segundo lugar, porque los administradores que habían sido nombrados a raíz de la disputa fueron obligados por los judíos a abandonar la ciudad. Probablemente también la ardiente expectación del fin llevó a la improvidencia para el futuro, con el resultado de que la comunidad de Jerusalén siempre fue pobre.[42]

41 Véase, por ejemplo, E. Trocmé, *Le «Livre des Actes» et l'histoire*, Presses Universitaires de France, París, 1957, pp. 195-96. Por otra parte, cp. P. Benoit, «Remarques sur les 'Sommaires' de Actes 2/42 à 5,» en *Aux sources de la tradition chrétienne, Mélanges offerts à M. Goguel*, Delachaux & Niestlé, París, 1950, pp. 1-10.

42 H. C. Macgregor, en *The Interpreter's Bible*, 9:73. R. J. Sider, *Rich Christians in an Age of Hunger*, Intervarsity Press, Downers Grove, Illinois, 1977, p. 101, cita la opinión parecida de otro autor moderno, J. A. Ziesler, *Christian Asceticism*, Eerdmans, Grand Rapids, 1973, p. 110: «El problema en Jerusalén fue que convirtieron todo su capital en efectivo, con lo cual no les quedaron recursos para los tiempos difíciles, y los cristianos de origen gentil tuvieron que venir en su ayuda».

Esta idea de que la pobreza de los cristianos en Jerusalén fue el resultado de la práctica de la comunidad de bienes es relativamente común. Sin embargo, no hay base alguna para tal interpretación, ya sea en Hechos mismo, ya en otros documentos antiguos. Por el contrario, Hechos sí habla de una gran hambre, y da a entender que ésa fue la razón por la que la iglesia de Jerusalén se vio en necesidad de recibir ayuda del exterior (11.27-30). Josefo también se refiere a una hambruna que tuvo lugar en Judea, y que llegó a su clímax alrededor del año 46.[43] Y los historiadores romanos Tácito y Suetonio mencionan en sus escritos varios períodos de hambre durante el reinado de Claudio (que es también la fecha en que Hechos coloca el hambre que hizo necesaria la colecta para los pobres en Jerusalén).[44]

A fin de responder tanto a la interpretación que hace de este texto un idilio romántico como a la que afirma que la comunidad de bienes fue un desastre económico, lo primero que hemos de hacer es aclarar la naturaleza de la comunidad de bienes que Hechos describe. Para ello, referimos al lector a lo que hemos dicho más arriba (2.42, 44-45) sobre el sentido de la palabra *koinōnía* y sobre el hecho de que los verbos en aquel pasaje, como en éste, están en pretérito imperfecto. En síntesis, lo que indicamos allí es que estos verbos en tiempo imperfecto nos dan a entender que no se trata de que todos fueran y vendieran lo que tenían, como en las comunidades monásticas de fecha posterior. Lo que el texto dice es más bien que, según iba surgiendo la necesidad o la oportunidad, los cristianos iban vendiendo lo que tenían para responder a esas necesidades.

Lo que este texto que ahora estamos estudiando le añade al de Hechos 2 son dos cosas:[45] Primera, que «no había entre ellos ningún necesitado»; segunda, que «traían el precio de lo vendido, y lo ponían a los pies de los apóstoles».

Lo primero es una referencia a Deuteronomio 15.4-11, donde se insta a Israel a cumplir con la ley de Dios, de tal modo que «no haya en medio de ti necesitado» y que en caso de que lo haya, se compartirá con él de lo que se tiene. Quizá esto explique un fenómeno interesante en los dos libros de Lucas-Hechos: se ha señalado que, mientras en el Evangelio de Lucas los pobres son tema constante, en Hechos ni siquiera aparece la palabra «pobre».[46]

---

43 *Ant.* 20. 5.

44 Tácito, *Ann.* 12. 43; Suetonio, *Claud.* 18.

45 También aclara qué era lo que los cristianos vendían. Las palabras que se emplean en el 2.45, y que RVR traduce por «propiedades» y «bienes» son relativamente imprecisas. Lo que vendían según 4.34 eran fincas («heredades» según RVR) y casas; en otras palabras, se trataba principalmente de bienes raíces.

46 J. A Bergquist, «'Good News to the Poor': Why does this Lucan Motif Appear to Run Dry in the Book of Acts?», *BangThFor*, 18, 1986, argumenta que esto se debe a que el tema de los pobres no es tan central para Lucas como a menudo se ha dicho. Según él, lo importante es el mensaje de la salvación que Dios trae en Jesucristo. En Hechos, los cristianos (y en otro contexto los gentiles) vienen a ser los «de fuera» para quienes el mensaje es buenas nuevas.

Este es el único lugar donde se trata del tema, y aún en este caso se emplea una palabra griega distinta (*endeês*), que no da la idea de pobreza radical que aparece repetidamente en Lucas (*ptôjós*). ¿Cómo ha de explicarse esto? Una posible explicación es que Lucas está diciendo que, en virtud de la dádiva del Espíritu, se va cumpliendo la promesa de Deuteronomio.

El segundo detalle que este texto añade por encima de lo que se nos dice en el capítulo 2 es que el producto de lo que se vendía se colocaba «a los pies de los apóstoles». Es posible que esto deba entenderse literalmente: los apóstoles están sentados presidiendo la asamblea, y los creyentes que han vendido posesiones colocan el dinero a sus pies. También es posible que deba entenderse en el sentido de que lo ponían a disposición de los apóstoles, como cuando hoy decimos, «a los pies de usted». En todo caso, lo que se añade aquí es que había un método para la distribución de los recursos, y que ese método consistía sencillamente en que los apóstoles repartían lo que había según la necesidad de cada cual.

En conclusión, lo que este resumen describe no es un régimen en el cual todos venden lo que tienen, lo ponen en un fondo común, y luego viven de ello, sino más bien una comunidad cuyo amor mutuo es tal que si alguien tiene necesidad otros van y venden sus propiedades para responder a esas necesidades. Además, en este segundo resumen, al parecer ya la comunidad ha crecido lo suficiente que se hace difícil la ayuda directa al necesitado por parte del que vende una propiedad. Ahora, los que venden sus propiedades les traen el resultado a los apóstoles, que son quienes se ocupan de la distribución de lo recibido.

Una vez aclarado todo esto, podemos volver a la pregunta que dejamos pendiente más arriba, es decir, si hay otros indicios de prácticas semejantes en la iglesia antigua aparte de estos textos en Hechos. La primera respuesta que viene a la mente es la colecta para los pobres en Jerusalén que ocupa un lugar tan importante en las epístolas de Pablo. Al examinar lo que Pablo dice sobre esa colecta, resulta claro que lo que tenemos aquí es una continuación de la *koinônía* que se nos describe en Hechos, aunque ampliada ahora para incluir a la iglesia en diversas ciudades.[47] Hechos fue escrito más tarde que las epístolas de Pablo, en un círculo de fuerte influencia paulina. De hecho, la mayor parte del libro se dedica al ministerio de Pablo. Luego, en lugar de sugerir que la comunidad de bienes que se describe en Hechos es el resultado de influencias helenísticas o de la idealización de la comunidad primitiva, bien puede argumentarse que —aunque algunas frases en Hechos 2 y 4 tengan algún paralelo en la literatura griega anterior— lo que Lucas está describiendo es el sentido de *koinônía* que se encontraba en el centro mismo del ministerio de

---

47 En *Faith and Wealth: The Origins, Significance, and Use of Money in the Early Church*, Harper & Row, San Francisco, 1990, he incluido un estudio de la correspondencia de Pablo en este sentido, mostrando precisamente que la colecta para los pobres no es sino una extensión de la *koinônía* primitiva.

Pablo. De ser así, lo que Hechos está describiendo no es un momento efímero en la vida de la iglesia, ni un sueño idílico de cómo las cosas debieron haber sido en los primeros días de vida de la iglesia, sino un aspecto fundamental de la vida de la iglesia tanto en sus orígenes como en tiempos de Lucas.

Lo que es más, la comunidad de bienes, lejos de ser un elemento efímero en la vida de la iglesia antigua, continuó por largo tiempo. En la *Didajé*, un documento que parece ser de fines del siglo primero o principios del segundo, se nos dice: «No has de menospreciar al necesitado, sino que has de compartir [*synkoinônein*, ser *koinônoí* juntos] todas las cosas con tu hermano, y no has de decir que son propiedad tuya. Porque si somos socios [*koinônoí*] en lo imperecedero, ¿no hemos de serlo más en lo perecedero?»[48] Y las mismas ideas aparecen, posiblemente unos cincuenta años más tarde, en la llamada *Epístola de Bernabé*.[49] Por la misma época, es decir, a mediados del siglo segundo, el *Discurso a Diogneto* afirma que los cristianos «ponen mesa común, mas no lecho».[50] Esto es probablemente un modo breve de distinguir la comunidad de bienes de los cristianos de la que habían propuesto Platón y otros, que incluía también la promiscuidad sexual. En todo caso, lo importante es que la comunidad de bienes de que nos habla Hechos continuaba en tiempos de este documento. Lo que es más, semejantes aseveraciones se encuentran en los escritos de Justino Mártir, también de mediados del siglo segundo,[51] y de Tertuliano, hacia fines de ese siglo.[52]

Luego, las interpretaciones que pretenden deshacerse de este texto diciendo que se trató de un experimento fallido y efímero en la iglesia primitiva carecen de fundamento histórico.

2. Casos concretos (4.36-5.11)

Como es su costumbre, Lucas entreteje sus resúmenes con ejemplos concretos de lo que se dice en ellos. Aquí nos lleva a dos de esos ejemplos, uno positivo (4.36-37) y otro negativo (5.1-11).

El primer caso es el de un hombre cuyo verdadero nombre era José, pero a quien los apóstoles habían puesto por sobrenombre Bernabé.[53] Se nos dice que era levita, «natural de Chipre» y que vendió una propiedad. El texto no

48 *Did.* 4.7-8.
49 *Barn.* 19. 8.
50 *Diog.* 5. 7.
51 *I Apol.* 14.2; 15.10; 67.1,6.
52 *Apol.* 39.
53 Las palabras que RVR traduce en este sentido también podrían traducirse como «Bernabé de los apóstoles», queriendo decir entonces que Bernabé era uno de los apóstoles. Aunque tal cosa sería posible, pues en la iglesia primitiva el título de «apóstol» no estaba reservado para los doce (véase, por ejemplo, 14.4,14), tal traducción requiere una interpretación poco común de la estructura gramatical griega que se emplea aquí. Cp. V. Burch, «The Name Barnabas and the Paraclete», *ExpTim*, 27. 1951-56, 524.

nos dice si la propiedad estaba en Jerusalén o en Chipre. Que «Barnabás» quiere decir «Hijo de consolación», nos lo dice Lucas, pero es difícil ver cómo se obtiene esa etimología del arameo.

El hecho de que se mencione en particular la acción de Bernabé no quiere decir que esa acción fuera un caso extraordinario, lo cual contradiría lo que Lucas acaba de decir en los versículos anteriores.[54] Es sencillamente un caso más en el que Lucas, tras la generalización de sus resúmenes, nos ofrece un ejemplo concreto. Además, Lucas aprovecha esta oportunidad para presentar a un personaje que tendrá cierta importancia en el resto de su historia.

Sigue entonces el caso de Ananías y Safira.[55] Aunque el texto no lo dice, la secuencia de la narración y el hecho de que los apóstoles le habían dado a Bernabé el título de «Hijo de consolación», sí sugieren fuertemente que Ananías y Safira fueron movidos por celos, o por deseos de que se les admirara tanto como a Bernabé. Sea cual fuere el caso, lo que el texto narra resulta bien claro. Primero Ananías, y después Safira, mienten en cuanto al precio de la propiedad, dando a entender que están entregándole la totalidad a la comunidad, y mueren a consecuencia de su mentira. El uso de un verbo griego poco común, que RVR traduce por «sustraer» en 5.1 y 3, relaciona este episodio con otro en que aparece el mismo verbo: el de Acán en Josué 7 (según la Septuaginta, que es la que Lucas usa). Empero, mientras Acán tomó lo que no era suyo, Ananías sencillamente sustrajo una parte de lo suyo, y pretendió entonces que lo estaba entregando todo.

Un problema que la narración presenta es el modo en que se suceden los acontecimientos. Ananías muere, y los jóvenes de la congregación lo llevan a enterrar, al parecer sin siquiera tratar de decírselo a su viuda. Cuando Safira llega, tres horas después, no sabe lo que ha acontecido. Lucas no nos explica por qué tanta prisa en enterrar a Ananías, ni tampoco por qué no se le enviaron noticias a Safira. El texto casi da a entender que fue a propósito que Pedro no hizo nada por avisarle a Safira, para atraparla como cómplice en la mentira de su esposo. Una explicación sobre la prisa en enterrar a Ananías es que había leyes que ordenaban que los muertos fueran sacados de Jerusalén antes de cierta hora. Según el texto, los jóvenes que se llevaron el cadáver de Ananías demoraron tres horas en llevárselo, sepultarlo y regresar. Luego, es posible pensar que, debido a la prisa en llevarse al muerto, y quizá porque Safira no estaba en su casa, nadie pudo avisarle. Pero todo eso son conjeturas, pues el texto nos sugiere sencillamente que Safira no estaba enterada.

Los «jóvenes» a quienes se refiere el texto no son necesariamente un grupo

---

54 Así lo interpreta Haenchen, *Acts*, 233. Pero Haenchen parece haberse hecho el propósito de descontar lo que Lucas dice sobre asuntos económicos.

55 P.-H. Menoud, «La mort d'Ananias et de Saphira», en *Mélanges ...*, pp. 146-54; J. S. Ruef, *Ananias and Sapphira: A Study of the Community Disciplinary Practices Underlying Acts 5:1-11*, tesis doctoral, Harvard, 1960; R. Schmacher, «Ananias und Sapphira», *ThuGl*, 5, 1913, 824-30.

específico, en contraposición, por ejemplo, a los «ancianos», que pronto llegaron a serlo. Lo que se da a entender es más bien que para este trabajo, que requería cargar un cuerpo, los jóvenes eran los más indicados. En cuanto a la sepultura, lo más probable es que no fuera una fosa en la tierra, sino una cueva o hendidura sobre la que se colocaría una piedra. También esto requeriría la fuerza de los jóvenes.

Aparte de estos detalles sujetos a interpretación, la historia misma muestra que la comunidad de bienes a que se refiere el resumen anterior era, como ya hemos dicho, voluntaria y continua. No es que todos vendieron todo lo que tenían, sino que iban vendiendo sus propiedades según se iba haciendo necesario para suplir las necesidades de los menos afortunados. Aunque en 4.32 se nos dice que «todos» los que tenían propiedades las vendían, esto parece ser una hipérbole, pues aquí Pedro le dice a Ananías que no tenía obligación alguna de vender su propiedad, y que aun después de vendida no tenía obligación de traer el dinero.[56] Su pecado no está en retener lo que de todos modos era suyo, sino en mentir al Espíritu.

El terrible castigo de Ananías y Safira parece fuera de toda proporción con su crimen, hasta que nos damos cuenta de que, según lo que Pedro dice, lo que han hecho es mentirle, no a la iglesia, sino a Dios. Pedro ve la situación como un gran conflicto entre Satanás y Dios. Lo que le ha sucedido a Ananías es que Satanás ha llenado su corazón, y en consecuencia Ananías le ha mentido al Espíritu Santo (5.3) o, lo que es lo mismo, a Dios (5.4). Y a Safira, Pedro le dice algo semejante: ha tentado al Espíritu del Señor (5.9).[57]

El resultado de todo esto lo expone Lucas en otro de sus resúmenes, en este caso el que aparece en 5.11. Allí no está claro quiénes son la «iglesia», y quiénes los que «oyeron». Una posibilidad es que la «iglesia» en este caso quiera decir la asamblea, los que estaban congregados al suceder el hecho, en contraste con los que más tarde «oyeron» lo que había sucedido. Otra posibilidad es que se trate de una construcción idiomática paralela,[58] y que la «iglesia» y los que «oyeron» sean los mismos. En todo caso, lo que le importa recalcar a Lucas es el temor general que estos hechos provocaron.

56 Sobre este punto véase, además de la tesis de Ruef citada anteriormente, F. Scheidweiler, «Zu Act. 5:4», *ZntW*, 49, 1958, 136-37; B. J. Capper, «The Interpretation of Acts 5.4», *JStNT*, 19, 1983, 117-31. Este último argumenta que lo que tenemos aquí es un indicio de distintos grados de iniciación en la iglesia primitiva. Ananías y Safira no tenían que vender su propiedad, ni tenían tampoco que entregar todo el producto de la venta, porque no eran miembros plenos de la comunidad. El argumento no parece haber convencido a muchos estudiosos de la Biblia.

57 A. Mettayer, «Ambiguité et terrorisme du sacré: Analyse d'un texte des Actes des Apôtres (4,31-5,11)», *StRelScRel*, 7, 1978, 415-24, subraya el paralelismo entre el terror de este pasaje y el espanto de Pentecostés, así como entre la función del Espíritu en ambos pasajes. Hay una buena discusión de las reacciones que este texto inspira en Bruce, *Acts*, pp. 110-12.

58 Una «construcción paralela» es aquella en que se repite lo mismo, aunque con palabras distintas, como cuando el salmista dice: «Hiciste cesar su gloria, y echaste su trono por tierra» (Sal. 89.44).

La naturaleza de la iglesia y su vida interna

Interpretación e ideología

El pasaje que acabamos de estudiar es uno de los que más frecuentemente se tergiversan. Los intérpretes, tanto católicos como protestantes, se esfuerzan en quitarle los «dientes». Esto lo hacen de diversos modos: 1) Argumentando que se trata de una imagen ideal de la iglesia que Lucas nos pinta, pero que nunca existió. 2) Pretendiendo que lo que aquí se describe fue un intento fracasado, que a lo sumo duró unas semanas o unos meses. 3) Exagerando lo que el texto dice, sin hacer caso del tiempo verbal en pretérito imperfecto, y dando a entender entonces que las dificultades posteriores de la iglesia de Jerusalén se debieron a que «quemaron su capital».

Sin embargo, como hemos visto, ni el texto mismo ni los documentos históricos de la época dan base para ninguna de estas interpretaciones. Es más, lo que hemos dicho sobre el sentido de la palabra *koinônía* (ver comentario a 2.42) nos da a entender que lo que se describe aquí bien puede encontrarse dondequiera que el Nuevo Testamento o los textos cristianos antiguos hagan referencia a esta idea.

Lo que evidentemente ha sucedido en este caso es que los intérpretes, inclusive muchos de los que más insisten en la autoridad de la Palabra, se han dejado llevar por sus convicciones ideológicas, y por ello no han tomado en serio lo que el texto mismo dice.

Esto ha de servirnos de advertencia. No basta con decir que la autoridad última la tiene la Escritura. Hay que tratar el texto con la seriedad y reverencia que esa aseveración requiere. En nuestra América, mucho de lo que pasa por «bíblico» no es sino interpretación tendenciosa, falta de respeto y de obediencia al texto bíblico. El texto dice lo que dice, nos guste o no nos guste. La función del intérprete no es quitarle el aguijón al texto, sino hacerlo inteligible y aplicable a nuestra situación.

Al comentar sobre 4.2, vimos cómo los saduceos disfrazan su interés por controlar la situación con el manto de una discusión teológica sobre la resurrección de los muertos. Más adelante, al tratar sobre 19.23-40, veremos un caso en el que son los paganos quienes ocultan sus verdaderos motivos económicos tras cuestiones supuestamente religiosas. No deja de llamarnos poderosamente la atención que Lucas demuestre tener conciencia de tales motivos y manejos, pues a veces se piensa que esto es cosa de los tiempos modernos. Pero más notable todavía es que, a pesar de la claridad con que Hechos describe esos manejos, todavía los seguimos practicando. Un caso típico es el modo en que los intérpretes desvirtúan el texto que ahora estudiamos. Por todo esto, la primera aplicación que este texto ha de tener en nuestra situación es recordarnos del peligro de la interpretación falseada por nuestros intereses económicos y nuestras convicciones ideológicas, interpretación demasiado frecuente en nuestras iglesias hispanoamericanas.

Misión y uso de bienes

El tema obvio de todo el pasaje, 4.32-5.11, es el dinero; pero tras ese tema, y lo que se nos dice aquí, hay toda una concepción de la iglesia y su misión.

La cuestión de la comunidad de bienes no es, como tantos comentaristas piensan, un intento de aplicarle a la iglesia nociones helenistas de lo que debería ser una sociedad ideal. Es más bien el resultado de lo que dijo Pedro en su discurso de Pentecostés: «sucederá en los postreros días». En otras palabras, lo que está aconteciendo con la resurrección de Cristo y la dádiva del Espíritu es que los postreros días han comenzado. Como decíamos más arriba, los cristianos viven en dos reinos: el presente del pecado, y el venidero de Dios. Dentro de esa perspectiva, la iglesia ha de ser señal del reino a la que ella pertenece. Es por esto que el derramamiento del Espíritu sobre «toda carne», y el hecho de que los hijos y las hijas profetizaran, era señal de los postreros días.

Empero el reino se caracteriza sobre todo por el amor, la paz, la abundancia y la justicia. Las imágenes del reino que aparecen en el Antiguo Testamento todas subrayan uno u otro de estos elementos del *shalom* de Dios. Luego, cuando Lucas nos habla de la iglesia como una comunidad en la que el amor («la multitud era de un corazón y un alma») era tal que «ninguno decía ser suyo propio nada de lo que poseía», y «no había entre ellos ningún necesitado», está describiendo, no la vida de una comunidad ideal, sino la vida de una comunidad que de veras es señal y anticipo del reino verdadero; como diría Pedro, de una comunidad que vive «en los postreros días». No se trata entonces de mirar hacia el pasado, como si se tratase de reconstruir la iglesia ideal de Hechos (que nunca existió, pues lo que Hechos nos describe no es una iglesia ideal, sino real), sino de mirar hacia el futuro, como quienes tratamos de señalar hacia la comunidad futura del Reino (que sí ha de existir).

La comunidad de bienes no es un fin en sí misma. El propósito de la iglesia no es practicar la comunidad de bienes, sino practicar el amor. Es por ello que vemos ese extraño fenómeno de que, en medio de una iglesia que supuestamente practica la comunidad de bienes, Ananías bien pudo haber conservado su propiedad, sin venderla y sin dar el dinero a los apóstoles. No se trata de un comunitarismo legislado, sino del comunitarismo que es expresión del amor y de la nueva vida en el Espíritu.

Luego, aun aparte de lo que digamos hoy de la comunidad de bienes, lo que sí es importante es que este texto nos dice algo acerca del carácter de la iglesia; o más bien, ilustra algo que ya se nos dijo antes: la iglesia es la comunidad que, en virtud de la dádiva del Espíritu, vive en los postreros días aún en medio de este mundo que sigue viviendo en el tiempo viejo.

Es dentro de ese contexto que tiene sentido la enormidad del castigo de Ananías y Safira. Al leer los diversos comentarios sobre este pasaje, nos damos cuenta cuánta dificultad tienen los intérpretes en aceptar la narración de Lucas en este punto. El problema no está en el carácter milagroso de las muertes de Ananías y de Safira, pues aun los comentaristas que no parecen tener problemas con otros milagros sí tienen dificultades cuando se enfrentan a éste. El problema está en el castigo al parecer desproporcionado. Ananías no tenía que vender su propiedad, según Pedro afirma claramente. Una vez que la había vendido, tampoco tenía que entregarles el dinero a los apóstoles. Luego, resulta que Ananías y Safira pagan con la vida porque dejaron de hacer algo que no estaban obligados a hacer.

Pero ésa no es toda la realidad, según nos la describe el texto. El pecado no está en vender o no vender, dar o no dar. El pecado está en la mentira. Y esa mentira no es sencillamente ante la iglesia, sino ante Dios (5.3, 4).

Esto se relaciona con lo que acabamos de decir sobre el carácter de la iglesia. Puesto que en virtud del Espíritu Santo la iglesia es la comunidad de los postreros días, mentirle a la iglesia es mentirle a Dios. Según Pedro plantea la situación, hay una gran lucha entre Satanás y Dios. Satanás ha llenado el corazón de Ananías, quien por ello le ha mentido al Espíritu Santo. Luego, lo que Ananías ha hecho —y también su esposa— no es sencillamente quedarse con unas piezas de plata o de oro. Lo que ha hecho es darle entrada a Satanás, como consecuencia de lo cual le miente a Dios.

Lo que este pasaje indica es que mentirle a la iglesia es asunto muy serio, porque es imposible mentirles únicamente a los miembros humanos de ella. En la iglesia está presente también el Espíritu Santo, que es quien la sostiene. Mentirle a la iglesia es mentirle a Dios; y mentirle a Dios no se ha de tomar a la ligera. Es, como Pedro dice, una acción satánica.

Si en nuestras iglesias de hoy todo el que le mintiera a la iglesia cayera muerto, ¡bien pocos miembros quedarían! Son pocos los que se atreven a ser cándidos con la iglesia. Es más, bien podría decirse que la iglesia es uno de los lugares en que más difícil se nos hace ser sinceros. *Esto se debe a que hemos perdido la costumbre de decir la verdad.* Por ejemplo, si tenemos dudas acerca de algún aspecto de la fe, pocas veces nos atrevemos a expresarlas en medio de una clase de la escuela dominical, y a pedirles a los demás que nos ayuden. O, si algún pecado o tentación corroe nuestra vida espiritual, pocas veces nos atrevemos a confesarlo ante los hermanos. Y, aunque en la comunidad hispana se acostumbra hablar de los problemas propios con más franqueza que en otras culturas, según nos vamos amoldando más a la vida urbana moderna, o según vamos subiendo en la escala social, más difícil se nos va haciendo hablar de problemas que podamos tener en la casa o en el empleo.

La principal razón por la que se nos hace difícil decir la verdad es que los demás tampoco la dicen. Puesto que nadie habla de sus dudas, las mías parecen ser excepcionales. Puesto que nadie habla de sus pecados, los míos parecen ser enormes. Puesto que nadie habla de sus problemas, yo debo haberme buscado los míos. En otras palabras, le mentimos a la iglesia porque en medio de ella la mentira y la apariencia han venido a ocupar el lugar del amor y la verdad.

Lo trágico de esa situación, según nos lo da a entender este texto, no es solamente que perdemos el solaz que pueden darnos los demás. Lo trágico es más bien que por nuestra falsedad e hipocresía le damos entrada a Satanás, le mentimos a Dios mismo, y negamos el carácter propio de la iglesia. Si la iglesia misma miente, cabe preguntarse hasta qué punto es iglesia del Espíritu Santo.

En muchas de nuestras iglesias se le presta gran atención y se habla mucho de la presencia y los dones del Espíritu. Esto es bueno y correcto. Pero muchas veces nos olvidamos de que el Espíritu nos ha de conducir a toda verdad (Jn. 16.13), y que el más excelente de sus dones es el amor (1 Co. 12.31-13.13). Muchas veces, al mismo tiempo que decimos que tenemos el Espíritu de Dios, nos mentimos los unos a los otros aparentando ser más santos de lo que somos, tener más fe de la que tenemos, o hacer mayores sacrificios de los que hacemos. O nos mentimos unos a otros con medias verdades. O manipulamos la verdad acerca de hermanos con quienes discrepamos, a fin de que no se les tome en cuenta; o, por lo menos, se le tome menos en cuenta que a nosotros. Según el texto, cuando hacemos tal cosa le mentimos al Espíritu mismo. Y lo peor es que la mentira va creciendo; y por nuestra mentira otros no se atreven a decir la verdad.

El precio de la gracia

Dietrich Bonhoeffer dice que uno de nuestros problemas es que andamos constantemente en búsqueda de la iglesia ideal, y que en esa búsqueda menospreciamos a todas las demás. Pero lo cierto es que la iglesia ideal no existe.[59] Lucas nos describe una iglesia con una bella vida espiritual, pero no ideal. Lo que se nos hace difícil entender, pero a pesar de ello es necesario, es que este conjunto de seres humanos tan débiles y pecadores como nosotros somos en realidad la Iglesia de Cristo, donde mora el Espíritu Santo. En la raíz misma del pecado de Ananías y Safira se encuentra esa perspectiva. Como el mismo Lucas nos va contando, no eran ellos los únicos que tenían problemas y conflictos en la iglesia de Jerusalén (véase por ejemplo 6.1). Su pecado no estuvo en ser menos perfectos que los demás. Estuvo más bien en no poder ver, en aquella comunidad de gentes como ellos, la presencia del Espíritu Santo.

Pero como el texto trata específicamente sobre el dinero y las propiedades, es menester que tratemos de ello también, pues en el uso del dinero y de las propiedades los cristianos nos vemos tentados a mentir, y la iglesia se ve tentada a ser infiel a su misión. La comunidad de bienes que el libro de Hechos describe es una señal escatológica; es decir, es una señal del tiempo final, cuando no habrá necesitados, y cuando habrá perfecta paz y justicia. Puesto que la iglesia es comunidad del Espíritu o, lo que es lo mismo, comunidad de «los postreros días», parte de su misión consiste en dar testimonio del futuro que Dios ha de traer. Ese testimonio hemos de darlo, no solamente de palabra, ni tampoco solamente mediante nuestras vidas individuales, sino también me-

---

59 D. Bonhoeffer, *El precio de la gracia*, Sígueme, Salamanca, 1968, p. 334ss.

diante la vida comunitaria de la iglesia. Para ser fiel a su misión, la iglesia ha de buscar, en la medida de lo posible, ser señal del reino venidero. Expliquemos esto mediante una ilustración. Supongamos que alguien nos dice que está convencido de que el Japón es el mejor país del mundo, que no hay cultura como la japonesa, y que tan pronto como pueda se mudará para allá, donde espera pasar el resto de sus días. Supongamos que le preguntamos a esa persona qué está haciendo mientras espera el día en que pueda vivir en el Japón. Y supongamos que nos dice que ...¡está estudiando italiano! Nos reiríamos en su cara. Sus acciones presentes son una negación rotunda de lo que dice son sus planes futuros. Quien de veras espera ir a vivir al Japón comienza desde ahora a practicar para la vida en ese país, y por tanto estudia japonés. Los cristianos bien podemos pasarnos la vida hablando acerca del reino venidero, y predicándolo con elocuencia; pero si no damos muestras de que nuestra esperanza es genuina, será difícil creernos. Podemos pasarnos la vida hablando de un orden de justicia y de paz; pero si no vivimos como quienes de veras creen en ese orden, será difícil que nos crean.

Esta es una de las razones por las que es tan importante el orden interno de la iglesia. En el primer «resumen» en que estudiamos la cuestión de la comunidad de bienes, se nos dice que «el Señor añadía cada día a la iglesia los que habían de ser salvos» (2.47). La comunidad de bienes, el amor entre los hermanos, era también un medio de testimonio. Y, si esto es cierto, también lo es lo contrario: una iglesia en la que se mantienen inalterables las distinciones sociales y económicas, en la que cada cual dice que lo que posee es suyo propio (en contraste con 4.32), no puede ser fiel testigo de Jesús y del reino venidero. Es cierto que la vida moderna es muy complicada, y que una comunidad de bienes sencilla como la que se describe en Hechos presenta enormes dificultades. Pero ello no nos libra de la obligación de buscar modos en que nuestra comunidad pueda ser señal que apunta hacia el reino venidero, hacia el día en que, con el decir del profeta, «se sentará cada uno debajo de su vid y debajo de su higuera» (Mi. 4.4). Y tales modos existen, si de veras los buscamos. Así, por ejemplo, en algunos de los barrios más marginados de América Latina las iglesias participan activamente en las «ollas comunes», en las que los vecinos, a veces con la ayuda de instituciones eclesiásticas y paraeclesiásticas, juntan lo que tienen, lo preparan en común, y de ese modo tratan de suplir a las necesidades de todos. Cuando tal sucede, frecuentemente se cumple otra vez lo de 2.47, que tenían «favor con todo el pueblo». Conozco el caso que se dio en una comunidad pobre de Buenos Aires donde una iglesia evangélica apoya y organiza una olla común. Un panadero fue a la iglesia y ofreció pan y dulces para que las gentes pobres del barrio pudieran celebrar la Navidad. «Pero», les dijo, «vengan a buscar el pan el viernes, pues soy judío y no abro los sábados». Porque se ocupa de las necesidades de su barrio, porque no solamente anuncia el reino, sino que vive en anticipación de él, porque vive en serio la presencia del Espíritu Santo, esta iglesia goza del «favor de todo el pueblo».

Ananías y Safira le mintieron al Espíritu Santo, y pagaron con la vida. Habrá quienes se incomoden al leer este pasaje, pues les parecerá que presenta a un Dios demasiado severo. Pero el hecho es que el Dios de la Biblia es cosa seria. No se puede jugar con él. Y porque Dios es cosa seria, su iglesia es cosa seria. No se puede jugar «a las iglesitas» como los niños juegan «a las casitas». Mentirle a la iglesia es mentirle a Dios. Decir que todo lo que tenemos es de Dios, y luego negárselo a nuestros hermanos necesitados, es burlarse de Dios. El precio en el caso de Ananías y Safira fue la muerte física. El precio en nuestro caso puede ser aún mayor: la muerte espiritual.

Ch. Arrecia la persecución (5.12-42)

Esta sección es un ciclo parecido al que ya estudiamos en 4.1-31: los milagros producen celos que llevan a un juicio, y al final del juicio el mensaje sigue abriéndose paso.

1. Aumenta la popularidad del Evangelio (5.12-16)

El ciclo empieza con otro de los «resúmenes» que hemos encontrado repetidamente en estos primeros capítulos de Hechos. En este caso, el resumen trata casi exclusivamente de los milagros que tenían lugar, y de la creciente popularidad de los cristianos. Una vez más, el centro de actividades parece ser el pórtico de Salomón, aunque ahora los que buscan milagros parecen seguir a Pedro, poniendo a los enfermos donde él tiene que pasar, con la esperanza de que su sola sombra los sane.[60]

Como en el caso anterior, aquí también puede verse el contraste entre el «pueblo» y los poderosos. «Por mano» de los apóstoles —es decir, usando de ellos como de un instrumento— se hacían milagros «en el pueblo» (5.12), y

---

60 Sobre el poder curador de las «sombras» en la cosmovisión antigua, y su importancia en este contexto, véase: Werner Bieder, «Der Petrusschatten, Apg. 5:15», TZ, 16, 1960, 407-9; P.W. van der Horst, «Peter's Shadow: The Religio-Historical Background of Acts v.15», NTSt, 23, 1977, 204-12.

«el pueblo los alababa grandemente» (5.13). Sin embargo, en este último versículo se habla también de «los demás», quienes no se atrevían a «juntarse» con ellos. La palabra que RVR (al igual que VP, BJ, BA, NBE) traduce por «juntarse» no quiere decir unirse, en el sentido de hacerse miembros de la iglesia, sino acercarse, codearse. Quiénes sean «los demás», el texto no lo dice, pero todo el contexto parece darle la razón a Martin Dibelius, quien sugiere que son los «principales» o «jefes» del pueblo.[61] De ser así, lo que el texto da a entender es que la cúpula religiosa y social ejercía tal presión sobre sus miembros, que aun aquellos que quisieran acercarse a los discípulos no se atrevían (lo cual nos recuerda el caso de Nicodemo, que vino a Jesús «de noche»).

Los milagros se multiplican y, contrariamente al deseo del sanedrín (4.17: «que no se divulgue más entre el pueblo») cada vez son más los que creen, y los que acuden buscando salud.

2. Se intenta callar a Pedro y a Juan (5.17-42)[62]

El versículo 17 dice claramente que lo que movió al sumo sacerdote y a los saduceos fue lo que ya hemos indicado anteriormente: los celos. A través de todo el pasaje los que tratan de hacer callar a los apóstoles son el sumo sacerdote (5.17, 21, 24, 27), los principales sacerdotes (5.24) y el jefe de la guardia del Templo (5.24, 26), mientras que los apóstoles enseñan al *pueblo* (5.20, 25), y es por ese *pueblo* que los alguaciles temen ser apedreados (5.26).

La intervención de un ángel para librar a los discípulos de la cárcel aparece, no sólo en este pasaje, sino también en 12.6-11 (donde es librado Pedro) y en 16.26-27 (donde los beneficiarios del milagro son Pablo y sus compañeros). Al encontrar aquí el término «ángel», no debemos pensar necesariamente en un ser resplandeciente, con alas y vestiduras blancas. En la Biblia, «ángel» quiere decir «mensajero», y frecuentemente tales mensajeros no dan señales de ser distintos de cualquier ser humano, de tal modo que es posible hasta brindarles hospitalidad sin saberlo (véase He. 13.2).

A la mañana siguiente, los alguaciles encuentran la cárcel vacía, y dan parte a sus superiores. De momento, los poderosos están perplejos (v. 24); pero tan pronto como se enteran de que Pedro y Juan están otra vez enseñando en el Templo, los hacen arrestar de nuevo; aunque sin violencia, por temor al *pueblo*.

Resulta interesante notar que en el juicio que sigue ni siquiera se menciona el haber escapado de la cárcel. Esto se debe en parte a que el encarcelamiento no se consideraba castigo, sino un modo de asegurarse de que los acusados acudieran a su juicio. Puesto que estos dos han salido de la cárcel, pero no han

61 *Studies in the Acts of the Apostles*, Scribner's, Nueva York, 1956, p. 91.
62 E. Iglesias, «El libro de los Hechos: Las primeras persecuciones», *Christus*, 5, 1938, 555-63.

intentado escapar, no hay por qué insistir sobre el asunto, sino que sencillamente se pasa al juicio.

Este juicio es secuela del anterior, pues el sumo sacerdote comienza recordándoles a los acusados lo que se les había ordenado en esa otra ocasión,[63] y ellos a su vez contestan de igual modo que lo hicieron antes: «Es necesario obedecer a Dios antes que a los hombres» (5.29; cp. 4.19). Paralelamente, el resumen del mensaje de los apóstoles que Lucas nos ofrece aquí (5.30-32) es semejante al que aparece antes en 4.10-12.

La respuesta del sanedrín es ahora más extrema, y quieren matarlos (5.33). Es aquí que interviene Gamaliel, fariseo según nos dice Lucas,[64] y ofrece su famoso consejo. Las ilustraciones históricas de Gamaliel, sobre Teudas y Judas el galileo, les causan dificultades a los eruditos.[65] El único rebelde de nombre Teudas de quien se tiene noticia se alzó alrededor del año 45, varios años después del incidente que Lucas narra. También causa problemas la fecha exacta de la rebelión de Judas el galileo (alrededor del año 4 a.C.). En todo caso, lo que Lucas pone en boca de Gamaliel es un consejo sabio, aunque basado en un argumento dudoso: que no se mate a Pedro y a Juan, pues «si este consejo o esta obra es de los hombres, se desvanecerá; mas si es de Dios, no la podréis destruir» (5.38-39).[66] El consejo es sabio, porque el pueblo está a punto de amotinarse, y si matan a los apóstoles el sanedrín perderá mucho del poco prestigio que le queda. Los demás miembros del sanedrín aceptan el consejo, probablemente porque de ese modo podrán practicar la supuesta misericordia de condenar a los acusados a azotes en lugar de a una pena más severa, olvidándose de que al fin de cuentas no se les ha hallado culpables de crimen alguno.

El sanedrín aceptó el consejo, aunque no totalmente, pues dejaron ir a los

---

63 La ley requería que, antes de azotar a una persona, se le diera clara advertencia respecto a su conducta, en presencia de dos testigos. Luego, es posible que el sumo sacerdote esté indicando que la ley se ha cumplido, pues los apóstoles recibieron clara advertencia en el juicio anterior.

64 Gamaliel nos es conocido por otras fuentes de la época. De esas fuentes puede deducirse que sí era del partido de los fariseos, aunque no lo dicen explícitamente. Hermann L. Strack y Paul Billerbeck, *Kommentar zum Neuen Testament aus Talmud und Midrash*, Beck, Munich, 1922-61, vol. 2, pp. 636-39.

65 J. Spencer Kennard, Jr., «Judas of Galilee and His Clan», *JQR*, 36, 1945-46; Lucien Campeau, «Theudas le faux prophète et Judas le Galiléen», *ScEccl*, 5, 1953, 235-45; William R. Farmer, *Maccabees, Zealots and Josephus: An Inquiry into Jewish Nationalism in the Graeco-Roman Period*, Columbia University Press, New York, 1956; P. Winter, «Miszellen zur Apostelgeschichte. I: Acta 5:36», *EvTh*, 17, 1957, 398-99. Sobre todo este tema, véase el excelente libro de R. A. Horsley y J. S. Hanson, *Bandits, Prophets, and Messiahs: Popular Movements at the Time of Jesus*, Harper & Row, San Francisco, 1985.

66 W. C. Burhop, «Was Gamaliel's Counsel to the Sanhedrin Based on Sound Reasoning?», *ConcThM*, 10, 1939, 676-83. Decimos que el argumento es «dudoso», porque sobre esa base llegaríamos a un quietismo absoluto. Ante cualquier decisión difícil, podríamos descargar nuestra responsabilidad sobre los hombros de Dios: «si es de Dios, no lo podremos detener, y si no es de Dios, desaparecerá».

apóstoles, pero antes les mandaron callar una vez más y los azotaron. El número de azotes que se administraba en tales casos era de treinta y nueve, y el castigo era suficientemente fuerte para que algunos murieran. Luego, aunque no fueron muertos, Pedro y Juan sí fueron castigados severamente.

A pesar de ello, Pedro y Juan salieron «gozosos», considerando que era un gran honor «haber sido tenidos por dignos de padecer afrenta por causa del Nombre» (5.41). Esa actitud de gozo y hasta de gratitud en medio del sufrimiento caracterizó a los mártires cristianos a través de los primeros siglos de persecución.

Por último, el pasaje termina con un breve «resumen» que sirve para cerrar el incidente.

La cuestión de los milagros

El libro de Hechos está lleno de historias de milagros, de tal modo que es imposible estudiarlo sin dedicar atención a ellos. Puesto que en la sección que ahora estudiamos se trata de las «muchas señales y prodigios» que se hacían por mano de los apóstoles, éste parece ser un lugar apropiado para detenernos a considerar la cuestión de los milagros.

La frecuencia con que aparecen historias de milagros en el libro de Hechos ha llevado a algunos eruditos a dudar de su historicidad. Algunos de ellos no pueden aceptar la idea de los milagros porque la cosmovisión «moderna», según ellos la entienden, es la de un «universo cerrado»; un sistema de causas y efectos explicables mediante principios mecanicistas. Y, si al presente no son todos completamente explicables, esto se debe a nuestra ignorancia, no al orden del universo. Tal universo está cerrado a toda intervención divina, y funciona únicamente con base en leyes inalterables que no pueden ser cambiadas ni supeditadas a otros poderes. Desde tal perspectiva, parte de la «modernidad» consiste precisamente en esa cosmovisión de un universo cerrado. Como dice Rudolf Bultmann, «es imposible usar la luz eléctrica o la radio y hacer uso de los modernos descubrimientos médicos y quirúrgicos, y al mismo tiempo creer en el mundo del Nuevo Testamento, con sus espíritus y milagros».[67]

Lo cierto es, sin embargo, que tal cosa no sólo es posible, sino hasta frecuente. En todo el mundo, incluyendo a la comunidad creyente de habla hispana, las gentes no sólo usan de la electri-

---

67 *Kerygma and Myth*, Harper & Row, New York, 1961, p. 5.

cidad y la radio, sino hasta de computadoras, para contar las grandes cosas que Dios ha hecho en sus vidas.

Lo que sucede es que entre la cosmovisión de Bultmann y quienes sostienen su posición, y la de los creyentes que acabamos de mencionar, hay una disonancia ideológica. Para los que niegan los milagros, es la «razón» la que los impele a ello. Sí, pero, ¿cuál razón? La «razón» no es un principio universal y constante, sino que ella misma está condicionada por nuestras perspectivas sobre la vida. Desde tiempos de Emmanuel Kant[68] hemos sabido que la «razón» humana no se ajusta al mundo para conocerlo y describirlo, sino que es más bien la razón la que le impone sus límites al mundo para entonces concebirlo. Más tarde, con la obra de Marx, Freud y sus sucesores,[69] hemos aprendido también que la «razón» no tiene lugar en el vacío, sino que es condicionada por factores históricos, sicológicos, económicos y sociales. Y hemos aprendido también que la «razón» funciona de tal modo que puede ocultarse esos factores a sí misma. Luego, cuando se nos dice que la «razón» exige que creamos en un «universo cerrado», lo primero que tenemos que preguntarnos es, ¿cuál razón?

La respuesta resulta obvia. La definición de la «razón» en términos mecanicistas, de tal modo que se excluya toda intervención divina, sirve a los intereses del statu quo, y parte de su propósito es desalentar a quienes no tienen otra esperanza que un cambio radical e inexplicable en el orden presente. Si todo lo que ha de ser no será sino el resultado de lo que ya es, no hay por qué esperar un nuevo orden; y sin esa esperanza, toda lucha y toda resistencia pierden ímpetu. Se trata entonces de una cosmovisión muy parecida a la de los saduceos y los «edificadores» del sanedrín, que querían saber «en qué nombre» los apóstoles se habían atrevido a quebrantar el orden existente. Empero, para los que no tienen otra esperanza que un cambio radical, una cosa nueva, una intervención de lo alto, la visión mecanicista y cerrada del universo no es sino una carga más que se añade al peso de su opresión.

Es por esto que en nuestra iglesia hispana (o al menos en la iglesia hispana que no se ha dejado llevar por las perspectivas mecanicistas del mundo que nos rodea) creemos y hemos creído siempre en un Dios activo, y en un mundo abierto a la acción de Dios. Como dice el viejo Credo, Dios es «creador del cielo y de la tierra». La «tierra», el mundo tal como existe, con sus principios físicos, es creación de Dios. Pero esa «tierra» no es todo lo que

---

68 Véase González, *Historia del pensamiento cristiano*, vol. 3, que esta Editorial publicará en breve.

69 Véase *ibid.*.

Dios ha creado y gobierna. Dios es también creador y regidor del «cielo», de lo que no vemos, de lo misterioso que interviene en esta «tierra» de órdenes establecidos y efectos predecibles. Los milagros de Hechos, lejos de hacer de ese libro un documento lejano e impenetrable, nos compenetran con él, pues somos una iglesia que vive precisamente en la fe y la confianza en un Dios que sí interviene en nuestras vidas y nuestra historia.

¡Ojo con Gamaliel!

La creencia en un «universo abierto» también tiene sus peligros. El peligro principal está en pensar que, puesto que Dios interviene en la historia, no somos responsables de nuestra actuación en ella. Es así que frecuentemente se usa en algunas de nuestras iglesias el consejo de Gamaliel. Si surge algún tema controversial, en lugar de analizarlo y actuar responsablemente, decimos como Gamaliel que «si este consejo o esta obra es de los hombres, se desvanecerá, mas si es de Dios, no la podréis destruir». Con esa excusa, nos evitamos problemas y decisiones. Con esa excusa, permitimos que continúe la injusticia en nuestra sociedad.

Sin embargo, cuando usamos el consejo de Gamaliel de ese modo nos olvidamos de que eso no fue todo lo que Gamaliel dijo. Tras esas palabras, añadió muy sabiamente: «no seáis tal vez hallados luchando contra Dios». Si bien es cierto que Dios hará cumplir su voluntad, también es cierto que los humanos podemos o bien servir esa voluntad, o bien oponernos a ella. Dios interviene, sí; pero Dios también usa de las acciones humanas para su intervención. Utilizando las imágenes que empleábamos en la sección anterior, el «cielo» sigue siempre activo, y la voluntad de Dios se cumplirá por esa actividad; pero la «tierra», el campo de la actividad humana, el ámbito en que se cumplen las leyes naturales, es también creación de Dios, y hemos de ser fieles en ella.

Cuando escuchamos solamente la primera parte del consejo de Gamaliel, lo que estamos haciendo es sucumbiendo a una concepción fatalista del mundo y de la historia. Tal concepción no es bíblica, y en muchos casos ha llevado a nuestras iglesias a desentenderse del mundo que nos rodea; después de todo, si lo que está teniendo lugar no es obra de Dios, se desvanecerá. Empero la segunda parte nos recuerda que Dios nos ha puesto en este mundo con una tarea que realizar, y que no basta con creer en los milagros y esperar en ellos. En cierto modo, nosotros mismos, la iglesia, hemos de ser el primero y más manifiesto de los milagros de Dios, llevando al mundo hacia el futuro que Dios quiere.

Los que convierten en ajenjo el juicio

De este juicio ante el sanedrín se puede decir mucho de lo que dijimos del anterior (4.7-22). Lo que está en juego es el poder de los jefes sobre el pueblo. Si los apóstoles continúan predicando, la sangre de Jesús caerá sobre esos jefes (5.28), quienes además se muestran celosos de su poder, que los apóstoles parecen subvertir (5.17; nótese que en 5.13 se nos informa que el *pueblo* «alababa grandemente» a los apóstoles). Allí discutimos cómo esa dinámica se refleja en nuestra América, pues vemos tanto en el pasaje como en nuestra situación de hoy el intento por parte de los poderosos de manipular la información y la verdad.

Lo que este segundo juicio añade es el modo en que el más escrupuloso legalismo formal se emplea para apuntalar el poder de los que ya son poderosos. Como hemos visto, el juicio tiene lugar con toda formalidad. El sanedrín ni siquiera menciona ni discute el modo en que los apóstoles habían salido de la cárcel, pues en verdad eso no tiene que ver con el motivo del juicio. Escrupulosamente, el sumo sacerdote les recuerda a los acusados de la advertencia anterior, con lo cual queda abierto el camino para condenarlos a azotes. Con base en el consejo de Gamaliel, los jueces se convencen de que no han de matar a los acusados, con lo cual se convencen también de que están siendo misericordiosos. Pero a la postre los mandan azotar, sin importarles si Pedro y Juan son culpables o no.

Todo esto es muy conocido entre nosotros, donde por largo tiempo la ley que se suponía protegiera la equidad y la libertad de hecho ha funcionado en beneficio de los poderosos. Los ejemplos son muchos. En un país centroamericano, gracias a las nuevas técnicas de transporte y refrigeración, la cría de ganado o el cultivo de frutos menores para la exportación se vuelve un negocio bastante lucrativo. Pronto los poderosos del país, con la ayuda de equipos de abogados, están reclamando la propiedad de tierras que han estado en manos de campesinos por largas generaciones. Si los campesinos tratan de defender sus tierras, se les acusa de comunistas y de subversivos. Si todavía insisten, se emplea la fuerza para desalojarlos. Y si apelan a los tribunales, se encuentran que los recursos legales, los jueces y hasta el poder de legislar están en manos de los que quieren robarles la tierra. El resultado es un robo legal muy semejante al abuso legal de que fueron objeto Pedro y Pablo. No es en vano que en nuestros países existen dichos tales como «el que hizo la ley hizo la trampa» y «el que tiene padrino se bautiza».

Hay, sin embargo, otra dimensión en el juicio de Pedro y de Juan que también es importante señalar. Los «poderosos» del concilio, los que juzgan a los apóstoles, también están bajo otro poder, el del Imperio Romano. Durante ese tiempo, eran los romanos quienes determinaban, de entre los posibles candidatos, quién iba a ser el sumo sacerdote, y por tanto quiénes iban a ocupar los principales cargos en el Templo y en toda la estructura religiosa de los judíos. Lo mismo era cierto de la estructura económica. Si los pudientes saduceos colaboraban con Roma, esto se debía en parte a que Roma tenía el poder de enriquecerles o de arruinarles. Luego, los que parecen ser poderosos dentro del contexto de Judea no lo son tanto dentro del contexto más amplio del Imperio. Por ello su política tiene que tener en cuenta, no solamente al pueblo a quien tratan de controlar, sino también a las autoridades romanas. Y no pocas veces su interés por controlar al pueblo se debe al temor de las repercusiones que las acciones del pueblo puedan tener, llevando quizá a una intervención por parte del Imperio. El modo en que esto funciona en Judea puede verse en Juan 11.48, donde los jefes judíos (incluso Caifás, quien aparece también en nuestra historia) dicen: «si le dejamos así, todos creerán en él; y vendrán los romanos, y destruirán nuestro lugar santo y nuestra nación». Y la misma preocupación puede verse, en el contexto de las autoridades paganas de Efeso, en 19.40.

El paralelismo con la situación de la América Latina y de todo el Tercer Mundo resulta obvio. Formamos parte de todo un sistema global, y los poderosos dentro de nuestros propios países solamente pueden retener su poder si se comportan de acuerdo a las reglas de juego de ese sistema global. Los industriales ricos explotan a sus obreros, en parte por ganar más dinero, pero también en parte para competir con otros ricos que explotan a otros obreros en Africa o en Asia. Y hay muchos dictadores que se sostienen porque tienen el apoyo de potencias extranjeras o de intereses económicos que se benefician con sus políticas. La realidad que se describe en Hechos sigue siendo nuestra realidad.

A los cristianos esto no debe sorprendernos. La iglesia cristiana tiene una larga y gloriosa historia de mártires que murieron precisamente porque se torcía la ley y el juicio se tornaba en ajenjo. Y, desafortunadamente, ese historia incluye también muchísimos incidentes en los que unos cristianos persiguieron a otros porque no estaban de acuerdo con su doctrina, porque subvertían sus sistemas doctrinales, o porque de cualquier otro modo despertaban en los poderosos «celos» semejantes a los que los apóstoles despertaron en los saduceos y en el sumo sacerdote.

En la América Latina, por largo tiempo se persiguió a los protestantes con subterfugios supuestamente legales. En Colombia, extensos territorios eran declarados «de misión», con lo cual se hacía ilegal que cualquiera predicara otra fe que no fuera la oficialmente reconocida por el gobierno. En tales circunstancias, eran muchos los que sufrían el peso de una ley injusta y de un juicio convertido en ajenjo. En varios de nuestros países hubo leyes que de diversos modos limitaban los derechos civiles de los protestantes: leyes sobre el registro civil, sobre el matrimonio, sobre la enseñanza, sobre los cementerios, etc.

Por todo esto, los cristianos más que cualquiera otra persona, y entre los cristianos los protestantes, deberíamos saber de sobra que es costumbre de la raza humana, pecadora como es, hacer uso de los sistemas supuestamente legales para hacer callar a los que, como los apóstoles, dicen cosas que no son del agrado de los poderosos. Nosotros, menos que cualquier otra persona, deberíamos dejarnos llevar por la falacia que confunde la voluntad de los poderosos con la voluntad de Dios.

Pedro y Juan predicaban el evangelio. No lo predicaban para provocar celos, sino para ser fieles a lo que el Señor les había encomendado. Si despertaron celos, no fue por culpa de ellos, sino por culpa de los poderosos que no estaban dispuestos a que se cuestionara su autoridad. En nuestro día hay muchos Pedros y muchos Juanes —y muchas Petras y Juanas— que de mil modos distintos dan testimonio del evangelio. Unos predican desde el púlpito; otros enseñan en la escuela; otros ayudan a los campesinos a reclamar sus tierras; otros atienden enfermos; otros enseñan a leer. Dado el mundo pecador en que vivimos —y puesto que, como decíamos anteriormente, vivimos todavía en medio del antiguo reino— estas señales del reino venidero frecuentemente despertarán los celos y la oposición de los que todavía sirven el reino presente. Lo primero que este texto nos dice es lo que nos dice toda la historia de la iglesia en sus momentos más gloriosos: no nos sorprendamos de que así sea. La lucha entre el Espíritu y Satanás a que nos referimos al tratar sobre Ananías continúa hasta el día de hoy. Lo sorprendente sería que no hubiera oposición, que todos nos dijeran que nuestro mensaje es maravilloso. Cuando así sea, ¡tengamos cuidado, pues es muy probable que nos hayamos apartado del mensaje de los apóstoles!

Pero hay más. Los apóstoles salieron «gozosos de haber sido tenidos por dignos de padecer afrenta por causa del Nombre». Lo normal, lo natural es que un castigo como el que habían sufrido destruyera todo su gozo. Pero esta extraña comunidad, esta comunidad del Espíritu, precisamente por ese Espíritu tiene el poder de gozarse en medio de la tribulación. Según el Evangelio de Mateo (16.21-25), esto fue lo que Pedro no pudo comprender cuando Jesús empezó a hablar de sus sufrimientos y su muerte. El camino de la cruz es incomprensible desde la perspectiva puramente humana. Pero fue precisamente ese camino de la cruz lo que Pedro y Juan pudieron comprender gracias al poder del Espíritu Santo. Este camino de la cruz fue lo que no pudieron comprender los miembros del sanedrín, que creían que con amenazas y azotes le pondrían término a la predicación de los apóstoles, para ellos subversiva. Esto fue lo que no pudieron entender aquellas autoridades romanas que después condenaron a los mártires a los leones. Esto es lo que jamás podrán entender los que se imaginan que la predicación del evangelio y el compromiso de vivirlo a plenitud es un movimiento como cualquiera otro, y que bastará con leyes, castigos y amenazas para detenerlo. Tenía razón Gamaliel: ¡esta obra es de Dios, y nadie la podrá detener!

D. Griegos y hebreos (6.1-7)

Llegamos ahora al episodio en que surgen conflictos con respecto a la distribución de la ayuda a las viudas, y en respuesta a ello se elige a siete hombres para supervisar esa distribución. Lo único que Lucas nos dice con respecto a la fecha de este conflicto es que tuvo lugar «en aquellos días» (6.1). El hecho de que ya había una «distribución diaria» puede ser indicación de que había transcurrido algún tiempo desde el Pentecostés, pues la ayuda a los necesitados había evolucionado hasta llegar a ser una práctica diaria.[70] Algunos eruditos sugieren que al menos han transcurrido seis años entre el Pentecostés y los que se nos cuenta ahora sobre las helenistas.[71] Tal cronología encaja mejor con el resto del libro y con lo que sabemos sobre la cronología paulina.

Dadas las circunstancias, muchas de las personas que tendrían necesidad de ayuda serían viudas. En una sociedad en que las mujeres dependían de los

---

[70] Una interpretación interesante del pasaje, pero que no ha sido generalmente aceptada, es la de N. Walter, «Apostelgeschichte 6.1 und die Anfänge der Urgemeinde in Jerusalem», *NTSt*, 29, 1983, 370-93. Según Walter sugiere, la disputa no tuvo lugar dentro de la iglesia, sino en la comunidad en general, y la respuesta de la iglesia solidarizándose con las viudas helenistas le abrió puertas hacia esa comunidad.

[71] García, *La iglesia*, pp. 21-22, 29.

varones para su sustento, la viudas se contaban entre las personas más desamparadas.[72] Por eso, el Antiguo Testamento reitera repetidamente la obligación de velar por ellas (Dt. 14.29; 24.19; 26.12; Is. 1.17; etc.). En la comunidad cristiana, según se iba ensanchando el abismo entre los cristianos y los judíos en general, las viudas cristianas se verían más y más necesitadas de acudir a la iglesia para su sustento (cp. Stg. 1.27).[73] Naturalmente, esto no era cierto en todos los casos, sino solamente en el de aquellas que no tenían hijos u otros parientes o allegados que se ocuparan de sus necesidades.

El conflicto surge porque hay en la comunidad dos grupos: los «griegos» y los «hebreos». Aquí se da el nombre de «griegos», no a los naturales de Grecia, sino a los judíos que se han criado en la Diáspora, lejos de Palestina, y que por tanto hacen uso principalmente del griego, que era la lengua franca de toda la cuenca oriental del Mediterráneo. La palabra griega que se emplea aquí, *hellênistoí*, no quiere decir «griegos», sino «helenistas»; por tanto, la RVR no es tan buena traducción en este punto como lo son BJ y RVA: «los helenistas» o VP: «los que hablaban griego».[74] En contraste, lcs «hebreos» son los judíos de Palestina, cuya lengua es el arameo. Si unos u otros saben hebreo, depende del carácter de la instrucción religiosa que han recibido. Al mismo tiempo, en Palestina los «hebreos» se consideran a sí mismo como mejores judíos, y miran con suspicacia a los «griegos», que parecen haber aceptado costumbres y tradiciones ajenas a Israel.

A pesar de los prejuicios de los «hebreos», lo cierto es que muchos de los «griegos» eran judíos de profunda convicción religiosa. Tanto más por cuanto muchos de ellos eran personas de edad avanzada que venían a Jerusalén para pasar sus últimos días y ser sepultados en tierra santa. Por la misma razón, habría en Jerusalén un crecido número de viudas «griegas», y lo mismo sería cierto en la naciente iglesia.

El conflicto no estalla en pleito ni división, sino que se limita a la «murmuración». Eso es suficiente para que «los doce»[75] tomen el problema

---

72 En Jerusalén, como un modo de aplicar las leyes del Antiguo Testamento sobre el cuidado de las viudas, se había establecido la costumbre de que una viuda tenía el derecho a continuar viviendo en la casa de su difunto esposo, y usando de sus bienes, mientras durara su viudez. Jeremias, *Jerusalén*, p. 153.

73 Poco a poco, se les irían dando funciones específicas a las viudas, que llegaron a constituir una categoría especial entre los funcionarios de la iglesia (1 Ti. 5.3-16; Ignacio, *Ad Smyr.*, 13.1; Policarpo, 4.3; etc.). Aquí se trata todavía de mujeres que han perdido a sus esposos. Sobre el modo en que parecen entretejerse aquí los temas de las órdenes de los diáconos y las viudas, véase Joseph Viteau, «L'institution des diacres et des veuves. Actes 6:1-10; 8:4-40; 21:8», *RHE*, 22, 1926, 513-37.

74 Henry J. Cadbury, «Note 7. The Hellenists», en F. J. F. Jackson y K. Lake, eds., *The Beginnings of Christianity*, vol. 5, Macmillan, Londres, 1933, pp 59-74; E. C. Blackman, «The Hellenists of Acts 6:1», *ExpTim*, 48, 1936-37, 524-25; Walter Grundmann, «Das Problem des hellenistischen Christentums innerhalb der Jerusalemer Urgemeinde», *ZntW*, 38, 1939, 45-73; C. F. D. Moule, «Once More, Who Were the Hellenists?» *ExpTim*, 70, 1958-59, 100-2.

75 Este es el único caso en que Hechos se refiere a los apóstoles como «los doce».

en serio y convoquen a una reunión de todos los cristianos. Puesto que era a los pies de estos doce que se ponían las ofrendas para su distribución (4.35), es de suponerse que las fallas en esa distribución eran responsabilidad de ellos. Y ahora son ellos quienes piden ayuda, solicitando que se nombre a otros para esa función. La frase «servir a las mesas» que se emplea para describir esa función (6.2) puede querer decir servir o distribuir alimentos, posiblemente en una comida comunitaria; pero también puede significar distribuir dinero, pues «las mesas» eran también el lugar en que se llevaban a cabo las transacciones económicas (de igual modo que en nuestro idioma «banco» puede ser el lugar donde uno se sienta o el lugar donde se maneja el dinero).

Los doce, aunque galileos y por tanto despreciados también por los judíos de Jerusalén, son «hebreos», pues se han criado en Palestina y su idioma es el arameo. Luego, no es de sorprenderse que no se mostrara hacia los «griegos» toda la comprensión debida. Al conocer la situación, los doce le piden a la congregación que elija a siete hombres. La única calidad necesaria en estas personas es que «sean llenos del Espíritu Santo y de sabiduría». Su función será servir a las mesas, mientras la función de los doce seguirá siendo «la oración» y «el ministerio de la palabra».

Es interesante notar que los siete elegidos tienen nombres griegos. De Prócoro, Nicanor, Timón y Parmenas no se sabe más que el nombre. Nicolás, nos dice el texto, era un «prosélito de Antioquía».[76] Esto quiere decir que ni siquiera era judío de nacimiento, sino por conversión. En cambio Esteban viene a ser el protagonista del resto de todo este capítulo y del próximo, y de Felipe se ocupa Lucas en el capítulo 8 de Hechos (y en 21.8-9).

El hecho de que los «siete» sean «griegos» ha llevado a algunos eruditos a sugerir que lo que se constituyó fue un cuerpo gobernante aparte para ocuparse de la creciente iglesia helenista, mientras los «doce» seguían a cargo de la comunidad en lengua aramea.[77]

Los siete reciben su oficio por imposición de manos.[78] Poco conocida la costumbre de imponer las manos en el Antiguo Testamento (véase Nm. 27.18), ésta es la primera vez que aparece en el Nuevo en este sentido.

---

[76] Sobre la posible historia posterior de este personaje, véase Adolf von Harnack, «The Sect of the Nicolaitans and Nicolaus, the Deacon in Jerusalem», *JR*, 3, 1923, 505-38; Bruce, *Acts*, pp. 129-30.

[77] Así, por ejemplo, Rius Camps, *El camino*, p. 27, sugiere que lo que se creó fue «una doble administración. Los Doce continuarán, de momento, ocupándose de la comunidad hebrea; los Siete ... deberán ocuparse de la administración de las comunidades procedentes de la diáspora». Lo mismo sugiere P. Gächter, *Petrus und seine Zeit*, Tyrolia-Verlag, Innsbruck, 1958, pp. 105-54, añadiendo que más tarde se eligieron también siete «hebreos», y que éstos son los «ancianos» de que se habla en 11.30.

[78] El griego no aclara si fueron los apóstoles o toda la congregación quienes les impusieron las manos. Una traducción gramaticalmente literal daría a entender que fue la congregación, mientras que el sentido todo del pasaje, y el flujo de la narración, dan a entender que fueron los apóstoles. Es así que traducen el texto RVR, VP, y otros.

Tradicionalmente se les ha dado a estos siete el título de «diáconos», y se ha pensado que en este pasaje tenemos la fundación del diaconado.[79] Es cierto que se habla aquí de la *diakonía* diaria (6.1), y que el verbo que RVR traduce como «servir» (6.2) es *diakonéin*. Pero también es cierto que la función que los doce apóstoles se reservan para sí se describe como la *diakonía* de la palabra (6.4). Además, en ningún lugar del Nuevo Testamento se habla de alguno de estos siete como «diácono». Luego, no hay que pensar que este texto se refiera necesariamente a la fundación del diaconado.[80]

El pasaje termina con otro breve «resumen» (6.7). Lo que este resumen añade a los anteriores es la conversión de «muchos de los sacerdotes». Hasta aquí, Lucas ha hablado de los «principales sacerdotes», los cuales han aparecido como enemigos de la nueva fe. Se ha calculado que por ese entonces había en Jerusalén más de siete mil sacerdotes,[81] la mayoría de los cuales vivía en la más extrema pobreza,[82] y por tanto muy distantes socialmente de los que juzgaron a Pedro y a Juan en el sanedrín. Es posible que Lucas añada la nota sobre los sacerdotes para darnos entender que, ahora que los apóstoles se ocupaban más del «ministerio de la palabra», lograron hacer más impacto entre otros «hebreos».

El pluralismo en la iglesia

Este texto nos enfrenta a uno de los problemas (y una de las oportunidades) más grandes de la iglesia hispanoamericana: la cuestión del pluralismo dentro de la iglesia.

En los Estados Unidos, muchos cristianos hispanos son miembros de denominaciones en las que su propia cultura es una minoría, y sobre cuyas costumbres, estructuras, prácticas de adoración, etc. la cultura hispana ha hecho poco impacto. En tales circunstancias, los hispanos son como los «griegos» de nuestro texto, pues forman parte de una iglesia que tradicionalmente ha pertenecido a otra cultura, y que todavía está dominada por los miembros de esa cultura: los «hebreos», podríamos decir.

79 Así lo afirman Ireneo (*Adv. haer.*, 1.26; 3.12; 4.15), Cipriano (*Ep.* 3.3) y Eusebio (*Hist. eccl.*, 6.43).

80 Stephanus Bihel, «De septem diaconis (Act. 6:1-7)», *Ant*, 3, 1928, 129-50; Hans Lauerer, «Die 'Diakonie' im Neuen Testament», *NkZ*, 42, 1931, 315-26; Eduardo Iglesias, «El Libro de los Hechos. La elección de los siete», *Christus*, 6, 1938, 748-51, 934-37; Karl L. Schmidt, «Amt und Aemter im Neuen Testament», *TZ*, 1, 1945, 309-11; P. Gaechter, «Die Sieben (Apg. 6:1-6)», *ZkT*, 74, 1952, 129-66.

81 Jeremias, *Jerusalén*, pp. 216-24.

82 Según Josefo, *Ant.*, 20.181, algunos hasta morían de hambre a causa de la explotación y la opresión por parte de los principales sacerdotes.

En América Latina, la situación se plantea frecuentemente de otro modo. Hay algunas iglesias, por ejemplo, donde los que gobiernan son principalmente personas de habla española, miembros de la cultura dominante, mientras los miembros de las culturas aborígenes se ven relegados a segundo plano, y su cultura encuentra poco espacio en el culto y la vida de la iglesia. En tales casos, los de habla hispana somos los «hebreos», y los «griegos» son los otros. Y en tales casos, no ha de sorprendernos el que tales iglesias frecuentemente se vean limitadas en su crecimiento, como hubiera sucedido si los «doce» se hubieran negado a darles autoridad a los helenistas.

Frecuentemente, tanto en los Estados Unidos como en América Latina, esto lleva a pleitos y divisiones. Quizá lo primero que deberíamos aprender entonces del texto es que los líderes de la iglesia les prestan atención a las «murmuraciones» de los que sufren injusticia. No pretenden que se trata de cuestiones de poca importancia, o de un pequeño grupo de «amargados», o de unos «revoltosos» que quieren adueñarse del poder. Hay una injusticia, los doce se enteran de ella, y están dispuestos a remediarla, aunque ello conlleve reconocer que su distribución de los recursos no ha sido perfecta, y a entregarles a otros parte del poder.

Como resultado de todo esto, se elige a siete hombres para que se ocupen de administrar el servicio diario, es decir, de manejar los bienes de la iglesia. Lo notable, sin embargo, es que los que se nombran todos son «griegos». En nuestras iglesias, tratamos de resolver problemas de injusticia dándole alguna posición a uno o dos miembros de los grupos marginados, con la esperanza de que de ese modo esos grupos se consideren satisfechos. En otras palabras, se trata de resolver el «problema» mediante una presencia simbólica: lo que en inglés llaman un «token». Lo que aquella iglesia hace es muy distinto. ¡Puesto que los miembros del grupo marginado son los que más directamente conocen el peligro de la injusticia, es a ellos a quienes se entrega la autoridad de administrar los recursos!

La visión que está detrás de todo esto es la que se deriva del Pentecostés. En vista de lo que se nos dijo en el capítulo 2, resulta que quien ha creado el «problema» del pluralismo en la iglesia no son los «griegos», sino que es el Espíritu Santo mismo. La iglesia es una comunidad de personas de diversas culturas, tradiciones y costumbres, no porque algunos intrusos se hayan unido a ella, sino porque esa inclusividad es obra del Espíritu mismo de Dios. Luego, la iglesia de habla inglesa en Norteamérica, si de veras cree en el Espíritu dado en Pentecostés, no puede pensar que los hispanos son un «problema». Ni tampoco puede pensar la iglesia de habla española en América Latina que los quichés, los aymaras, los quechuas, los mapuches, los tobos u otros son un «problema». El «problema», si es que lo hay, es resultado de la inclusividad «subversiva», por así decirlo, del Espíritu Santo.

Y la «solución» de tal «problema» resulta obvia: darles una voz decisiva en todos los asuntos de la iglesia a aquéllos que de otro modo no la tendrían. Esto es lo que hace la iglesia de Hechos. Esto es lo que ha de hacer la iglesia de hoy si ha de estar abierta a lo que el Espíritu Santo está haciendo en nuestro medio.

Lo mismo ha de aplicarse a la cuestión del liderato misionero en la iglesia latinoamericana. En algunos casos se le ha hecho difícil a esa iglesia librarse del dominio de misioneros extranjeros que merecen todo el respeto de fundadores, pero que no han sabido, como los «doce», darles un lugar de autoridad y responsabilidad a sus colegas latinoamericanos. Lo que es más, hasta se ha llegado a usar el control de las fuentes económicas procedentes del extranjero para continuar los sistemas de autoridad establecidos en los primeros días de la misión. En tales casos, el «problema» no son los nacionales que se quejan de que las estructuras de la iglesia no se ajustan a la realidad nacional. El verdadero problema está en esas estructuras mismas, y en su inflexibilidad. La solución entonces, como en el caso de las viudas de Jerusalén, se ha de buscar dándoles mayor autoridad precisamente a los que han quedado marginados.

Se trata de una «solución» peligrosa. En Palestina había cierto recelo contra los «griegos». En primer lugar, muchos de ellos eran recién llegados al lugar, y había el desdén que siempre existe para los recién llegados, como el que hay hoy en los Estados Unidos hacia los inmigrantes de América Latina. Además, se sospechaba que los «griegos» no eran tan buenos judíos como los «hebreos». Esto despertaba la suspicacia de los más ortodoxos. Y, puesto que en las Escrituras se veía claramente que el bienestar del país dependía de la fidelidad del pueblo, los elementos más nacionalistas temían que los «griegos» fueran la causa de las difíciles circunstancias políticas por las que pasaba el país.

Pero hay más. Si seguimos leyendo todo el libro de Hechos, veremos que esta decisión, tomada al parecer por una sencilla razón de justicia, fue de enorme importancia para la misión de la iglesia. Hasta este punto, la iglesia ha estado dominada por los «hebreos», y especialmente por aquellos que vinieron con Jesús desde Galilea. De no haber salido de ese marco, la iglesia no habría pasado de ser una más de tantas sectas mesiánicas que el judaísmo produjo. Pero al abrirse hacia los «griegos» se abrió también hacia una parte de la comunidad que pronto serviría de puente para la misión a los gentiles. Nótese que aunque los doce piensan que se van a reservar «el ministerio de la palabra», inmediatamente en la narración de Hechos es Esteban (uno de los «siete») quien proclama esa palabra, y da el testimonio supremo de ella con su martirio. A consecuencia de ese suceso, los cristianos —particularmente los «griegos»— se dispersan, y con ello se expande la misión. Acto seguido, es Felipe, otro de los «siete», quien ocupa el centro del escenario al llevar el evangelio primero a Samaria y luego al eunuco etíope. Con todo ello se va preparando la misión a los gentiles, que será el tema de buena parte del resto del libro.

Lo que esto quiere decir es que hay una relación estrecha entre la justicia y la misión. Una iglesia no puede ser verdaderamente misionera si no les hace sitio a los recién llegados que se van uniendo a ella gracias a la misión. Ser una comunidad del Espíritu, lo cual implica ser una comunidad inclusiva, es requisito indispensable para ser una comunidad misionera. Aunque los apóstoles no lo sabían, el futuro de la iglesia estaba en aquellos «griegos» hasta entonces marginados. De igual modo, es posible y hasta probable que el futuro de la iglesia esté en los que hasta ahora están marginados, y claman por sus derechos dentro de la iglesia. (Y todo lo que hemos dicho con respecto a los marginados por razón de su cultura o idioma puede decirse también respecto a los marginados por su clase social, por su educación, por su edad, por su sexo, o por sus limitaciones físicas.)

Por último, hay que notar que este texto nos señala algo de cómo hemos de leer todo este libro de Hechos. Los apóstoles retienen para sí «el ministerio de la palabra»; pero el Espíritu tiene otros planes, y pronto son Esteban y Felipe los que están ejerciendo ese ministerio. Lo que se hizo en 6.1-7 amplió la misión de la iglesia, y fue por tanto una decisión sabia; pero no todo lo que se hizo recibió después el sello del Espíritu Santo. La historia que se narra en Hechos es la de un Espíritu que constantemente está llamando a la iglesia a una nueva obediencia, de tal modo que, si bien podemos aprender de la obediencia en tiempos pasados, no podemos limitarnos a ella. ¿Qué hubiera sido de la iglesia si Esteban y Felipe hubieran dicho: «No, nuestro ministerio es el de las mesas, no el de la palabra, y por tanto no hemos de predicar»?

Un ejemplo del modo en que puede aplicarse esto es la cuestión del papel de la mujer en la iglesia. Los apóstoles pidieron que se nombrara a siete varones. Suponiendo que fue en esa ocasión que se fundó el diaconado, ¿quiere esto decir que solamente los varones pueden ser diáconos? Ciertamente no, pues en el Nuevo Testamento se habla ya de mujeres que tenían esa función (véase Ro. 16.1, y el comentario sobre ese pasaje en esta serie). O, en casos hoy en que algún grupo de mujeres están oprimidas, como lo estaban aquellas viudas de los griegos, ¿quiere esto decir que la iglesia ha de nombrar hombres, y no mujeres, para que las representen? No necesariamente, pues el mismo Espíritu que corrigió aquella parte de la decisión de los apóstoles que estaba equivocada bien puede hoy estar corrigiendo esta otra.

E. Esteban (6.8-8.3)

1. Su arresto (6.8-12)[83]

Sin decirnos cuánto tiempo ha transcurrido desde la elección de Esteban para servir a las mesas, nos cuenta Lucas que Esteban hacía «prodigios y señales», y que disputaba con algunos de entre los judíos. Aquí cabe notar que no fue Esteban quien inició la disputa. Quizá hay en ello un indicio de que Esteban no se lanzó a predicar, contra lo dictaminado por los doce, sino que fueron sus contrincantes quienes le llevaron a ello. El versículo 9, donde se nombran estos contrincantes, es ambiguo, pues no está claro si los libertos, los de Cirene, los de Alejandría, los de Cilicia y los de Asia son todos miembros de la misma sinagoga, o de varias. Los intérpretes no están de acuerdo en este punto, pues algunos piensan que se trata de una sola sinagoga, otros de dos, y otros de cinco.[84]

En todo caso, lo importante es que quienes provocan la oposición a Esteban no son «hebreos», sino personas a quienes los habitantes del lugar hubieran llamado «griegos». Ahora la oposición no viene del Templo ni de los poderosos escribas y saduceos, sino de otros judíos helenistas. La oposición se hizo a base de calumnias y sobornos que «soliviantaron al pueblo». Esta es la primera vez en la narración de Hechos que «el pueblo» es quien se opone a los cristianos (aparte de 4.27, que es una oración sobre la muerte de Jesús).

83 E. Iglesias, «El libro de los Hechos: Esteban», *Christus*, 6, 1938, pp. 1115-25; 7, 1939, pp. 175-77; Marcel Simon, *St. Stephen and the Hellenists in the Primitive Church*, Longmans, Green & Co., New York, 1958; W. Foerster, «Stephanus und die Urgemeinde», en K. Janssen, *Dienst unter dem Wort*, Bertelsmann, Gütersloh, 1953, pp. 9-30.

84 Un problema adicional es que cuatro de los nombres que se dan son de lugares, y por tanto los «libertos» no parecen encajar en el cuadro. Se ha sugerido que el original decía «libios», y algún copista puso «libertos». La única base para tal conjetura es que la antigua versión armenia, tomada del griego, dice «libios». Una posible solución es que los «libertos» son en efecto judíos procedentes de Roma, donde habían sido llevados cautivos cuando los romanos conquistaron la región, y que ahora, tras haber recibido su libertad, habían regresado de Roma. Véase Roloff, *Hechos*, p. 159.

Este pueblo amotinado es quien lleva a Esteban ante el sanedrín, que por alguna causa parece estar ya reunido.

La acusación contra Esteban es doble, pues se le acusa esencialmente de hablar mal del Templo y de la ley. En 6.11, se dice que «le habían oído hablar palabras blasfemas contra Moisés y contra Dios»; en 6.13, que «no cesa de hablar palabras blasfemas contra este lugar santo [el Templo] y contra la ley»; y en 6.14, que «le hemos oído decir que ese Jesús de Nazaret destruirá este lugar [el Templo] y cambiará las costumbres que nos dio Moisés». Es interesante notar que las palabras acerca de la destrucción del Templo, que los otros evangelistas sinópticos incluyen en la narración de la pasión de Jesús (Mt. 26.61, 27.40, Mr. 14.58, 15.29; cp. Jn. 2.19), Lucas no las incluye en su Evangelio, sino que las reserva para el momento de la acusación contra Esteban. En todo caso, ha sido demostrado que la oposición al Templo de Jerusalén en el siglo primero no es tema exclusivamente cristiano, sino que es algo mucho más generalizado en el judaísmo de la época.[85]

También es interesante notar que hay en el arresto de Esteban una combinación de elementos legales con otros que tienen más bien características de motín. Los enemigos de Esteban sobornan a unos testigos falsos, que luego son los que aparecen para acusarle ante el sanedrín. Pero además solivantan «al pueblo, a los ancianos y a los escribas» (es decir, tanto al pueblo como a sus líderes más respetados), y son éstos los que llevan a Esteban ante el sanedrín. La importancia de esto está en que, ahora que el pueblo está predispuesto contra Esteban, el sanedrín no tiene que actuar con la misma cautela con que actuó en el caso de Pedro y Juan, quienes gozaban del favor del pueblo.

2. Su juicio (6.13-7.56)

Los versículos 13 y 14 contienen la acusación formal contra Esteban. Como hemos visto, esa acusación incluye dos «cargos»: blasfemar contra el Templo, diciendo que Jesús lo destruirá, y blasfemar contra la ley, diciendo que Jesús cambiará «las costumbres que nos dio Moisés».

Los que están en el sanedrín, al mirar a Esteban, ven «su rostro como el rostro de un ángel» (6.15). Es posible que con esa aseveración Lucas esté estableciendo un paralelismo entre Esteban y Moisés, cuyo rostro resplandecía al bajar del Sinaí (Ex. 34.29-30). Lo mismo dice el historiador Flavio Josefo sobre José, cuyo rostro resplandecía en señal de la presencia del Espíritu en él.[86] Esteban habla con autoridad porque, como Moisés y como José, ha estado con Dios.

A la pregunta del sumo sacerdote, Esteban responde con un largo discurso

---

85 Oscar Cullmann, «L'opposition contre le temple de Jérusalem, motif commun de la théologie johannique et du monde ambiant», *NTSt*, 5, 1958-59, pp. 157-73.
86 Josefo, *Ant.*, 14.8-9.

sobre la historia de Israel.[87] Este es el discurso más largo en todo el libro de Hechos, pues ocupa aproximadamente el 5% de todo el libro. No es necesario que nos detengamos en todos los acontecimientos de la historia de Israel a que se refiere Esteban, pues esa historia se discutirá con muchos más detalles en otros volúmenes de este *Comentario.* Pero sí debemos señalar cómo Esteban le da su propio giro a esa historia.

Los versículos 2-8 tratan sobre la historia de Abraham. Sobre esta historia, Esteban tiene poco nuevo que decir.[88] Abraham es el prototipo que establece el carácter del pueblo escogido como pueblo peregrino, lo cual será tema central en todo el resto del discurso. Este es el sentido de las palabras «no le dio herencia en ella [la tierra], ni aun para asentar un pie» (7.5).[89]

Tras la transición del versículo 8, los versículos 9-16 tratan sobre la historia de José. El punto principal que Esteban recalca aquí aparece en el versículo 9, donde se afirma que los patriarcas, por envidia, vendieron a José, pero que Dios estaba con él. Junto al tema del pueblo peregrino, este otro tema del rechazo por parte de los humanos, pero todo lo contrario por parte de Dios, juega un papel central en todo el discurso. (Sobre la sepultura de los hermanos de José en Siquem, el Antiguo Testamento no dice nada. Según Josefo,[90] fueron enterrados en la cueva de Macpela.)

Los versículos 17-43 son el meollo del discurso, donde Esteban relata la historia de Moisés. Lo que Esteban desea recalcar es el paralelismo entre Moisés y Jesús, pues Esteban acusa a sus propios antepasados de haber hecho con Moisés lo mismo que los jefes del pueblo hicieron con Jesús.[91] La historia de Moisés muestra cómo el pueblo de Israel ha rechazado una y otra vez a los que le fueron enviados. Rechazado por vez primera por el pueblo a quien había sido enviado, Moisés tuvo que huir a Madián cuando mató al egipcio. Empero,

87 Sobre la estructura de este discurso, así como sobre las fuentes que Lucas empleó (o si lo compuso él mismo) se ha discutido mucho. Véase, como bibliografía básica: J. F. J. Foakes, «Stephen's Speech in Acts», *JBL*, 49, 1930, 283-86; C. M. Menchini, *Il discorso di S. Stefano protomartire nella letteratura e predicazione cristiana primitiva*, Servi di Maria, Roma, 1951; A. F. J. Kiln, «Stephen's Speech - Acts 7:2-53» *NTSt*, 4, 1957-58, pp. 25-31; M. H. Scharlemann, «Acts 7:2-53. Stephen's Speech: A Lucan Creation?», *Conc*, 4, 1978, pp. 52-57; J. Dupont, «La structure oratoire de discours d'Etienne (Actes 7)», *Bib*, 66, 1985, pp. 153-67. Sobre el propósito del discurso, y la relación entre ese propósito y su estructura, véase Bruce, *Acts*, p. 161; Marshall, *Acts*, pp. 131-32.

88 Sí hay una pequeña divergencia entre lo que Esteban dice y lo que aparece en Génesis. Según Esteban, Dios llamó a Abraham «estando en Mesopotamia, antes que habitase en Harán». En Gn. 12.1, el llamado tiene lugar en Harán. Empero esta variante no parece ser creación de Esteban ni de la primera tradición cristiana, pues se encuentra también en Filón de Alejandría, *De mig.*, 62.66 y en Josefo, *Ant.*, 1.154.

89 Lo cual no es estrictamente exacto, pues en Gn. 23 vemos que Abraham compró la heredad de Macpela como sepulcro para Sara.

90 *Ant.*, 2.198-99.

91 L. de Lorenzi, *Mosè e il Cristo Salvatore nel discorso di Stefano*, Pont. Univ. Lateranensis, Roma, 1959.

como declara Esteban, «a este Moisés, a quien habían rechazado... a éste lo envió Dios como gobernante y libertador». Después de esa alusión velada al caso de Jesús, Esteban continúa con su historia, señalando que el pueblo de Israel ha vivido siempre entre la fe y la apostasía. De hecho, el mismo pueblo que había sido liberado por Moisés siguió rechazándole, pues «en sus corazones volvieron a Egipto» (7.39) cuando le pidieron a Aarón que les hiciera dioses a los cuales seguir. (La cita de Amós 5.25-27 que aparece en 7.42-43 es tomada de la Septuaginta, y por ello no concuerda exactamente con lo que encontramos en nuestro Antiguo Testamento.)[92]

Es en el versículo 44 que el discurso toma un nuevo giro, que llevará al martirio de Esteban. Allí empieza un ataque al Templo y su religión.[93] En el desierto, lo que Israel tenía era el tabernáculo del testimonio, construido según Dios se lo había ordenado a Moisés. Lo que David quiso construir (7.46) no fue un «templo», sino un «tabernáculo» o «tienda».[94] Viene entonces el momento en el cual Esteban afirma que Israel perdió el camino: «Mas Salomón le edificó casa» (7.47). Según Esteban, el Dios de Israel es un Dios de peregrinos, que va delante del pueblo, y que no puede circunscribirse a un solo lugar. Sobre todo, Dios «no habita en templos hechos de mano». La religión del Templo pretende precisamente todo lo contrario: circunscribir a Dios a un templo hecho de manos.

Todo esto sirve de base para las fuertes palabras de 7.1-53, con las que termina el discurso formal. Dios le dio a Abraham la circuncisión como señal del pacto; pero estos hijos de Abraham son «incircuncisos de corazón y de oídos». Como sus antepasados, resisten al Espíritu Santo y persiguen a los profetas.[95] Aquí, en el versículo 52, aparece la única referencia cristológica explícita en todo el discurso: el «Justo, de quien vosotros ahora habéis sido entregadores y matadores». Empero, aunque ésta es la única referencia explícita, resulta claro que todo el discurso ha sido construido a fin de hacer ver el doble paralelismo: (a) José / Moisés / Profetas = Jesús y (b) Hermanos de José

---

92 Sobre el sentido de esa cita en Amós, véase el *Comentario Bíblico Hispanoamericano, Amós*, pp. 112-14. Sobre el modo en que se ha transformado en la Septuaginta, y por tanto en Hechos, véase Roloff, *Hechos*, p. 172; Haenchen, *Acts*, pp. 283-84.

93 A. Pincherle, «Stefano e il templo 'manufatto'», *RicRel*, 2, 1926, pp. 326-36; M. Simon, «Saint Stephen and the Jesuralem Temple», *JEH*, 2, 1951, pp. 127-42. Cp. M. Simon, «Retour du Christ et reconstruction du Temple dans la pensée chrétienne primitive», en *Mélanges Goguel*, pp. 247-57.

94 Este versículo presenta un difícil problema textual. La mayoría de los manuscritos (y los mejores entre ellos) dicen que David quería proveer tabernáculo para «la casa» de Jacob. Otros manuscritos, menos y no tan fidedignos como los anteriores, dicen que el tabernáculo era para «el Dios» de Jacob. RVR sigue esta última tradición. En realidad, fuera lo uno o lo otro, el hecho es que lo que David pretendía construir no era un templo, sino una tienda o tabernáculo, y que Esteban no se lo reprocha.

95 Sobre el tema de la persecución de los profetas, véase H. J. Schoeps, *Die jüdischen Prophetenmorde*, J. C. B. Mohr, Tübingen, 1950.

/ Israel en Egipto / Los que mataron a los profetas = Los que escuchan a Esteban.

Al terminar este discurso, cabe preguntarse si en realidad Esteban ha respondido a las acusaciones de que es objeto. Esta pregunta, a la que algunos exégetas responden negativamente, ha llevado a una larga discusión acerca del origen del discurso. Algunos sugieren que Lucas lo tomó de una fuente que no se relacionaba originalmente con el juicio de Esteban. Otros dicen que parte del discurso sí tiene que ver con el juicio, y que el resto Lucas lo tomó de otra fuente.[96] En realidad, no hay que ir tan lejos. A Esteban se le ha acusado de atacar al Templo y de criticar a Moisés. Su discurso acepta la primera acusación y rechaza la segunda. El Templo «hecho de mano» ha llevado a Israel a abandonar al Dios del tabernáculo en el desierto, Dios peregrino que va delante de su pueblo. Y esa apostasía no tiene nada de sorprendente, pues ya en tiempos de Moisés (así como antes, en el caso de José, y después, al perseguir a los profetas) los hijos de Israel hicieron lo mismo. Quienes rechazan a Moisés no son Esteban y los suyos, sino los que acusan a Esteban. Moisés, rechazado por su pueblo pero levantado por Dios «como gobernante y libertador», anunció y en su vida misma prefiguró a Jesús, «el Justo, de quien vosotros ahora habéis sido entregadores y matadores».

La reacción inicial de los que le escuchan se describe en el versículo 54 como una furia al parecer sorda: «se enfurecían en sus corazones, y crujían los dientes contra él». Mas Esteban parece no prestarles atención, pues tiene una visión de la gloria de Dios, con Jesús a su diestra, y continúa hablando y declarando lo que ha visto. Al decir, «veo los cielos abiertos, y al Hijo del Hombre que está a la diestra de Dios», está afirmando lo que el resto de su discurso ha implicado: que, al igual que Moisés, Jesús ha sido levantado por Dios y constituido en «gobernante y libertador».

3. Su muerte: se desata la persecución (7.57-8.3)

Esto es demasiado. Los que le escuchan gritan y se tapan los oídos. Tal actitud nos puede parecer extraña hoy, pues taparse los oídos cuando alguien habla es costumbre de niños mal educados. Empero en aquel tiempo ésa era la reacción prescrita cuando alguien blasfemaba, pues de ese modo no se manchaba uno oyendo blasfemias. Lo que esto quiere decir es que, sin más discusión, se ha decidido que es cierto que Esteban blasfema.

«Arremetieron a una contra él», dice el texto. Esto nos da a entender que no se trata de un veredicto formal. Había leyes claras y precisas acerca del modo en que debían emitirse los veredictos del sanedrín. Esto era particular-mente cierto en el caso de sentencias de muerte. Lo que es más, en este tiempo

---

96 Haenchen, *Acts*, pp. 286-89, ofrece un buen resumen y discusión de las varias hipótesis que se han propuesto.

el sanedrín no tenía autoridad para decretar la pena de muerte. Luego, lo que Lucas describe no es un juicio que resulta en un veredicto, sino un juicio que empieza con el pueblo soliviantado, contiene un discurso nada conciliador por parte de Esteban, y termina en motín. Aunque Esteban muere apedreado, y aunque se habla de «testigos» (7.58), lo que tiene lugar es un linchamiento, y no una ejecución.[97]

Sea cual fuere el caso, Esteban muere de manera ejemplar, imitando el modo en que Jesús muere en la narración del mismo Lucas, encomendando su espíritu a Dios (Lc. 23.46) y rogando por los que le dan muerte (Lc. 23.34).

En la escena del martirio, como de pasada (7.58), se nos habla por primera vez de «un joven» llamado Saulo, que será personaje importante en el resto de la narración. La palabra «joven» no quiere decir aquí que fuera casi niño, pues se empleaba para cualquier hombre que no hubiese llegado a la edad madura. Por tanto, es posible que Pablo tuviera unos treinta años. Aunque este Saulo no parece ser más que un espectador en la muerte de Esteban (7.58 y 8.1), poco después se nos dice que él es la figura predominante en la persecución que se desata.

En 8.1-3, el orden de la narración es algo confuso, pues primero se cuenta que se desató la persecución y los cristianos se esparcieron, luego (8.2) que hubo gran lamento por la muerte de Esteban, y por último que Pablò perseguía a la iglesia. Si hoy escribiéramos una narración sobre el mismo tema, la ordenaríamos de otro modo, mencionando el lamento sobre la muerte de Esteban primero, y luego todo lo que tiene que ver con la persecución. En tiempos antiguos, las historias a veces se narraban como lo hace Lucas, introduciendo un tema antes de terminar con el otro, con el propósito de mantener la atención del lector. En todo caso, hay aquí varios elementos dignos de mención. En primer lugar, el que «todos fueron esparcidos» es una hipérbole, pues el propio Lucas afirma (8.3) que Saulo iba de casa en casa apresando a los creyentes que no habían huido; y más adelante cuenta (9.26-27) que todavía había una comunidad cristiana en Jerusalén. Al parecer, la persecución se desató principalmente contra los cristianos helenistas, y no contra los «hebreos», de modo que los apóstoles, Bernabé y otros pudieron permanecer en Jerusalén. En segundo lugar, el versículo 2 confirma que la muerte de Esteban no fue una ejecución formal, sino un linchamiento, pues estaba prohibido enterrar o hacer duelo por quien hubiera muerto apedreado.[98] Por

---

97 Además del hecho mismo de que el sanedrín no podía ordenar la pena de muerte, hay muchos detalles que muestran que no se trata de la aplicación de esa pena como la entendía la ley judía de entonces. Lo que Lucas describe aquí es una escena en la que Esteban, aparentemente de pie, es apedreado por varias personas, cae primero de rodillas, y después muere. El modo en que se prescribía la pena capital era muy distinto, pues el reo era despeñado, luego se le arrojaba una pesada piedra sobre el pecho, de modo que si el reo no había muerto por la caída, moría de asfixia. Véase Haenchen, *Acts*, p. 296.

98 En la Mishnah, *Sanh.* 6.5-6.

último, hay que notar que lo que Saulo hacía no era matar a los cristianos, sino encarcelarlos. Tal encarcelamiento no se consideraba castigo, sino que era el modo de asegurar su presencia para ser juzgados. Aunque las autoridades judías no tenían el derecho de condenar a muerte, sí podían condenar a alguien a azotes, y esos azotes podían ser tantos y tan fuertes que con frecuencia producían la muerte.

El enemigo que nos llama a la obediencia

En el pasaje anterior vimos cómo la congregación eligió a siete «griegos» de entre sus miembros, con la aclaración por parte de los doce de que la función de estos siete no era predicar, sino administrar. Este pasaje muestra que, si bien la elección fue sabia, el Espíritu Santo tenía designios distintos de los de los doce, pues inmediatamente después de la elección de los siete nos encontramos con uno de ellos predicando.

Tenemos mucho que aprender de este pasaje. Lo primero es que la iglesia es una realidad histórica. Ser una realidad histórica quiere decir evolucionar con la historia, de modo que lo que fue acertado y correcto en un momento ha de servirnos, no de cadena que nos ate al pasado, sino de trampolín que nos impela hacia el futuro. Si algo ha limitado la misión de la iglesia a través de su historia, ha sido esto. Cuando las buenas tradiciones se nos vuelven excusa para no ser obedientes hoy, dejan de ser buenas. Este fue uno de los temas centrales de la Reforma Protestante, y en teoría no hay que abundar sobre ello. Empero en la práctica sí hay que insistir, pues en muchas de nuestras iglesias se ha ido formando una tradición —tradición muy reciente de lo que sucedió en los últimos cincuenta años, o lo que nos enseñaron los que nos predicaron el evangelio— que muchas veces nos impide responder a los retos de hoy. «Eso no es tarea de la iglesia», decimos cuando se nos plantea un asunto controversial, y con eso resolvemos el problema. Es como si Esteban hubiera dicho: «A mí no me eligieron para predicar, sino para administrar. Yo no tengo nada que ver con eso».

En el caso de Esteban sucede algo muy interesante. No son los cristianos, sino sus opositores que disputan con él, quienes le impelen a predicar. Según la iglesia, su función era puramente administrativa; pero el reto desde fuera lo obliga a ampliar esa función. La vocación de Esteban, su llamamiento, le viene de la iglesia sólo hasta cierto punto; su vocación final le viene de los de afuera.

Aún más, éstos «de afuera» son los que tienen algo en común con él. A Esteban se le eligió como líder para responder a la crisis interna de la iglesia entre los «griegos» y los «hebreos». Se le eligió para hacerles justicia y darles representación a los «griegos». Su elección, y la de todos los siete, es señal de que la iglesia se va abriendo más hacia los «griegos». Pero ahora los que disputan con Esteban y llegan hasta el punto de sobornar a alguien para que provea falso testimonio contra él son «griegos»; es decir, son judíos de la Diáspora, de Cirene, Alejandría, etc. Esto se entiende, pues si en Jerusalén se miraba con suspicacia a los «griegos», éstos tendrían especial interés en probar que no se estaban dejando «contaminar» por los cristianos. Mientras más se abra la iglesia cristiana hacia los «griegos», más interés tendrán los «griegos» que siguen siendo judíos en mostrar su ortodoxia judía, y más se opondrán al cristianismo. Eso es lo que está en la raíz de las disputas y las acusaciones contra Esteban.

Por otra parte, aun sin quererlo y sin saberlo, estos opositores están siendo instrumento del Espíritu Santo para llamar a Esteban a su vocación. Los doce y la iglesia misma creían que todo lo que el Espíritu quería de Esteban es que fuera buen administrador interno, sirviendo «a las mesas». El Espíritu, sin embargo, tenía otros planes, y a través de estos opositores llama a Esteban a la gloriosa tarea de ser el primer mártir cristiano, el primero en proclamar el evangelio, no solamente de palabra, sino también con su sangre.

¿Será posible que en el día de hoy el Espíritu Santo esté actuando de manera semejante a como actuó en el caso de Esteban? Todos conocemos los retos que se nos están planteando a los cristianos y a la iglesia por parte del mundo moderno. Esto es particularmente cierto de nosotros, como pueblo cristiano. Algunas veces tales retos y llamados nos vienen de personas o de grupos que nos ven con simpatía y apoyan nuestro trabajo. Otras veces nos vienen de personas y grupos que desean obstaculizar nuestra tarea. En uno y otro caso, la pregunta no es cuál sea la motivación de los que nos retan a emprender nuevas formas de misión, sino cuál sea la voluntad de Dios. ¡Quién sabe si, como en el caso de Esteban, Dios no estará usando hasta a sus pretendidos enemigos para llevarnos a nuestra vocación!

Veamos algunos ejemplos. En una gran ciudad en los Estados Unidos, tres o cuatro adictos a las drogas empiezan a visitar una pequeña iglesia hispana. El pastor y los miembros los acogen, pues eso es lo que el evangelio les enseña, pero ni siquiera se ocupan de saber quiénes son ni de dónde vienen. Los vecinos, sin embargo, se molestan. Algunos de entre ellos que siempre han sido enemigos de la iglesia empiezan a decir que se está usando la iglesia para el tráfico de drogas. Viene la policía. Hay investigaciones. Llevan al pastor a la estación de policía y lo someten a interrogatorio. Durante todo ese proceso, tanto el pastor como los miembros de la iglesia empiezan a averiguar sobre el tráfico de drogas en el barrio, y sobre la vida de esos tres o cuatro cuya presencia causó las sospechas iniciales. Poco a poco se van interesando en el problema. A la postre, como resultado de todo ese conflicto, tienen en la iglesia un centro de rehabilitación para adictos a las drogas, y compran una casa vecina donde hospedan a algunos de sus pacientes. A través de ese ministerio, la pequeña iglesia cobra nueva vida, y se vuelve un centro de renovación y de esperanza en su comunidad. Todavía muchos de los que plantearon la acusación inicial siguen hostiles a la iglesia; pero sin ellos quererlo, fueron empleados por el Espíritu Santo para hacerle descubrir su voluntad a aquella iglesia.

Otro ejemplo. En un país de la América Latina, un evangelista de muy escasa preparación, pero gran dedicación, empieza a ir todas las semanas a una pequeña aldea, abriéndose camino a caballo a través del monte. Su intención es solamente organizar una iglesia en esa comunidad. Poco a poco lo va logrando. Pero es un país en que hay mucho conflicto. Por todas partes los campesinos se organizan para reclamar sus tierras; y por todas partes los escuadrones de la muerte los matan a ellos y a sus líderes. En esta aldea, unos campesinos temen que las visitas del pastor, y la pequeña iglesia que se reúne todas las semanas, sean vistas como subversivas, y que se les culpe a ellos y a toda la aldea. Acuden a las autoridades, que a su vez visitan la iglesia para asegurarse que «no se pasen de la raya». Durante la visita, en términos fuertes y abusivos, le preguntan al pastor qué es lo que predica: «¿Predicas sobre eso que ustedes los revolucionarios llaman 'justicia social'?» «¿Qué les dices sobre Amós y los otros profetas?» «¿Qué les dices sobre la vida aquí en la tierra?» En el interrogatorio, el pastor siente que el Espíritu Santo le está llamando a ampliar su ministerio y su mensaje. Decide mudarse para la aldea, vivir con los campesinos, y organizar una cooperativa agrícola. Es muy posible que su historia termine como la de Esteban; pero el punto que queremos hacer resaltar aquí es que quienes trataron de hacerlo callar en realidad le hicieron ampliar su mensaje y programa de servicio.

Un elemento interesante de estas dos historias, así como de la de Esteban, es que los opositores son en cierto modo los que deberían estar más cerca de aquellos a quienes acusan. En el caso de Esteban, son los de las sinagogas de los «griegos». En el caso de la ciudad en los Estados Unidos, son otros hispanos del mismo barrio. En el caso de la aldea en la América Latina, son campesinos de la misma aldea. Como dice el dicho, «no hay peor cuña que la del mismo palo». Lo que sucede muchas veces, como en el caso de los judíos que perseguían a Esteban, en el de los vecinos que acusaron al pastor del barrio, y en el de los campesinos que acusaron al otro pastor, es que esas mismas personas están a su vez oprimidas por otras. Detrás de los judíos —hasta de los más poderosos de entre ellos— está el Imperio Romano. Y detrás de muchos quienes hoy oprimen a los demás están quienes a su vez los oprimen a ellos. Por tanto, no nos sorprendamos si la oposición viene de quienes debieron ser nuestros aliados. Pero sobre todo no nos sorprendamos si Dios usa esa oposición para darnos a conocer su voluntad.

Por último, no olvidemos que Esteban vio los cielos abiertos y a Jesús a la diestra de Dios, ni tampoco que Esteban oró por los que le mataban. Lo primero quiere decir que, en medio de todos estos conflictos y cualesquiera otros, sabemos que el triunfo final es nuestro. Jesús, de quien testificamos y por quien hacemos todo esto, está ya a la diestra de Dios. Es todopoderoso Señor de señores y Rey de reyes. Nadie que se nos oponga tiene más poder que él. Es por eso mismo que Esteban puede perdonar a sus enemigos. Ha visto a Jesús a la diestra de Dios, y por tanto siente compasión de los que le matan, que han de enfrentarse al juicio de ese Jesús: «Señor, no les tomes en cuenta este pecado». El perdonar a los enemigos —a esos a quienes Dios puede estar usando para llamarnos a nueva obediencia— no es solamente mandato de Jesús; es también el resultado de la convicción profunda de que el Jesús que sufrió la cruz, y que desde la cruz rogó por los que le crucificaban, está a la diestra de Dios, y que por tanto nuestros enemigos ya están derrotados.

IV. Nuevos horizontes (8.4-12.24)

La narración toma ahora un nuevo giro. Como resultado de la persecución que se ha desatado en Jerusalén a raíz de la muerte de Esteban, el testimonio de los cristianos se expande a otras partes de Judea y a Samaria. En términos generales, se va siguiendo el bosquejo de 1.8: «en Jerusalén, en toda Judea, en Samaria...» Pero ese orden no es estricto, pues Lucas nos va a hablar primero de Samaria y luego de Etiopía, para pasar después a la conversión de Saulo, y por último en esta sección al testimonio en Judea.

En cierto sentido, toda esta sección es como un puente entre lo que antecede y el resto del libro. Hasta aquí la atención del narrador se ha centrado sobre Jerusalén. En el episodio de Esteban se nos ha presentado un nuevo liderato, no ya «hebreo», sino helenista. Ahora se nos va a hablar de cómo esa iglesia helenista llevó el mensaje más allá de los límites de Jerusalén y hasta de Palestina (y cómo Pedro, en el episodio de Cornelio, mostró estar de acuerdo). En la próxima sección, el centro de interés pasará a Antioquía, donde permanecerá por todo el resto del libro.

A. La obra de Felipe (8.4-40)

Los doce le pidieron a la congregación que eligiera a siete hombres para que sirvieran a las mesas, mientras ellos se reservaban el ministerio de la predicación. Ya vimos que en el caso de Esteban el Espíritu Santo contradice el deseo de los doce de reservarse ese ministerio. Ahora, en el capítulo 8, será Felipe quien proclamará el evangelio, con lo cual se señala una vez más que los doce (cuya autoridad no se niega, sino se afirma) se equivocaron al pensar que serían ellos los únicos encargados de predicar la palabra.

1. En Samaria (8.4-25)[1]

El pasaje empieza con uno de esos resúmenes que hemos encontrado repetidamente en Hechos. En este caso es brevísimo, pues consiste únicamente en el versículo 4; pero ese resumen es importante porque, al igual que los demás, indica que lo que sigue es un ejemplo particular de algo más general. Lucas no pretende que sea Felipe el único que anda predicando. Felipe, al contrario, es un ejemplo del hecho general que se afirma en este versículo, y Samaria no es sino un caso particular de lo que estaba teniendo lugar «por todas partes». Como bien dice un comentarista:

> Nos gustaría conocer más pormenores de esta *primera misión cristiana*, que se extendió «hasta Fenicia, Chipre y Antioquía» (11,19). Nos gustaría saber cómo se llamaban los hombres que como desterrados introdujeron aquella fase trascendental de la historia de la Iglesia. Podemos pensar primeramente en el grupo del que formaba parte Esteban, y cuyos nombres se indican en 6,5. Pronto nos familiarizaremos con uno de ellos: Felipe. Sin embargo, juntamente con ellos habrá habido muchos otros que se convirtieron en pregoneros del Evangelio. ¿Qué características tenía el mensaje que anunciaban? Aún no había ningún Evangelio escrito. Las palabras y acciones del Señor eran retransmitidas por tradición oral, y eran expuestas y aplicadas de la manera que ya vimos en los discursos precedentes de los Hechos de los apóstoles. Lo que estos «servidores de la palabra» (Lc 1,2) contaron de Jesús, y lo ponderaron y describieron con un sentido teológico de la salvación, encontró más tarde, en la ulterior penetración del mensaje, el camino que condujo hasta los evangelistas, quienes de estas exposiciones sacaron el material para escribir el Evangelio.[2]

Lucas no pretende contar toda la historia de la expansión del mensaje cristiano, sino solamente conectarla con «Teófilo» y con el resto de sus lectores. Por ello, lo que va contando son como etapas sucesivas mediante las cuales el mensaje ha llegado a su auditorio. Es algo semejante a lo que se ha hecho tradicionalmente al estudiar la historia supuestamente «universal»: Se dice muy poco del lejano Oriente, y centramos nuestra atención sobre Mesopotamia y la cuenca del Mediterráneo. Luego nos interesamos en la civilización occidental, y estudiamos poco de la bizantina o la islámica. Más tarde les prestamos especial atención a España, Francia, Italia, Alemania y la Gran Bretaña, y nos desentendemos de Polonia, Escandinavia, etc. Sabemos que todos esos países tienen también su historia; pero, como esa historia no

---

1 F. García Bazán, «En torno a Hechos 8, 4-24: Milagro y magia entre los gnósticos», *RevisBib*, 40, 1978, pp. 27-38; R. J. Coggins, «The Samaritans and Acts», *NTSt*, 28, 1982, pp. 423-34.

2 Joseph Kürzinger, *Los Hechos de los Apóstoles*, Herder, Barcelona, 2 tomos, 1979, 1:209.

conduce directamente a la nuestra, nos ocupamos poco de ella. De igual modo, Lucas nos ofrece atisbos de toda esa otra historia en Galilea, en Fenicia, y en otros lugares, pero solamente se ocupa con detenimiento de algunos episodios que por alguna razón son de especial interés para su narración.

La «ciudad de Samaria» donde Felipe va (8.5) bien puede ser la misma Samaria (que entonces se llamaba Sebaste) o Siquem,[3] que también estaba en Samaria.[4]

Sebaste era una ciudad mayormente gentil, mientras que Siquem era principalmente samaritana. Por esa razón muchos comentaristas se inclinan hacia Siquem. Lo que Felipe hace allí es predicar y hacer «señales» o milagros. Las gentes «oyen» y «ven» (8.6). Según RVR traduce el versículo 6, el oír parece referirse a las voces que daban los espíritus inmundos; y el ver, a los paralíticos y cojos que eran sanados (8.7). El énfasis en el texto, sin embargo, no recae sobre las «señales», sino sobre la predicación. La función de Felipe no es primordialmente hacer milagros, sino predicar.[5] Y el «gran gozo» del versículo 8 se refiere tanto a que muchos eran sanados como al mensaje, las buenas nuevas, que Felipe predicaba. En cuanto al mensaje de Felipe, el texto nos dice que «predicaba a Cristo» (8.5); es decir, al Mesías, al Ungido. Esto puede ser significativo, pues la esperanza mesiánica era fuerte entre los samaritanos, quienes también llamaban al Ungido *Taeb* o «el que restaura». Y es posible que todo esto se relacione también con los milagros de Felipe, que son señales de restauración. También sabemos que los samaritanos se oponían al culto del Templo en Jerusalén (cp. Jn. 4.20-21). Esto resulta interesante, pues al estudiar el discurso de Esteban vimos su crítica al Templo «hecho de manos». Ahora Felipe, otro de los siete y por tanto probablemente miembro del mismo círculo que Esteban va a trabajar entre los samaritanos, quienes también rechazan el culto en el Templo.[6]

---

3 A veces se ha identificado a Siquem, que aparece repetidamente en el Antiguo Testamento, con la aldea de Sicar en Juan 4.5. Véase *DIB*, «Sicar» y «Siquem».

4 Algunos manuscritos no dicen «la ciudad de Samaria», sino «una ciudad de Samaria». En tiempos del Antiguo Testamento, la capital del reino de Israel se llamaba Samaria. Pero cuando Herodes la reconstruyó le puso el nombre de «Sebaste», equivalente griego del latín «Augusta», en honor de Augusto César. Samaria era una ciudad muy helenizada, con gran número de paganos. El nombre mismo de «Sebaste» era visto como blasfemo por muchos judíos y samaritanos. Por ello, no ha de sorprendernos el que Lucas no lo use.

5 Tiene razón Roloff, *Hechos*, p. 184, al subrayar la importancia de la predicación de Felipe por encima de sus milagros: «Lucas quiere evitar el equívoco que fácilmente podría producirse si se pensara que Felipe, igual que el mago, debía su popularidad a su actuación taumatúrgica; por eso insiste en la predicación, como la característica decisiva que sitúa a Felipe en un plano distinto del mago». El propio Roloff traduce el versículo 6, con toda legitimidad, como sigue: «El gentío hacía caso unánime de lo que decía Felipe, porque *escuchaban su palabra y veían las señales* que realizaba». (Las itálicas son mías.)

6 O. Cullmann, *Des sources de l'Evangile à la formation de la théologie chrétienne*, Delachaux et Niestlé, Neuchatel, 1969, p. 18.

En el versículo 9 se nos presenta a Simón,[7] conocido por la historia como Simón Mago,[8] y se nos describe su prestigio y autoridad. De él decían los samaritanos: «Este es el gran poder de Dios» (8.10).[9] Entre los muchos conversos de Felipe se encuentra este Simón, quien también es bautizado y sigue a Felipe por todas partes. Aunque tradicionalmente se ha dicho que Simón era un hipócrita, el texto no da indicación alguna al respecto; por tanto, pareciera que Roloff se toma libertades con el texto al decir que «Simón ha consentido en incorporarse a la comunidad con la esperanza de poder así descubrir el secreto de la potencia taumatúrgica de Felipe; por eso no se aparta de él ni un momento, para poder observarlo de cerca durante el ejercicio de su actividad».[10]

Intervienen entonces los apóstoles (8.14), quienes envían a Pedro y a Juan. Al llegar éstos, ven que los creyentes no han recibido el Espíritu Santo, sino que «solamente habían sido bautizados en el nombre de Jesús» (8.15-16). Los apóstoles les imponen las manos, y reciben el Espíritu Santo (8.17). Este pasaje ha sido utilizado a través de la historia de la iglesia de muy diversos modos, pues hay en él varios puntos que no resultan claros. Por una parte, lo usan quienes dicen que el bautismo fue originalmente sólo en el nombre de Jesús, y que así debe ser hoy. En sentido contrario lo usan los que insisten en el bautismo trinitario, diciendo que lo que este texto muestra es que el bautismo en el solo nombre de Jesús es deficiente. También utilizan este texto quienes insisten en dos bautismos: uno con agua y otro que tiene lugar más tarde, del

---

7   La literatura erudita sobre Simón es extensísima. Hay dos resúmenes de esa literatura: W. A. Meeks, «Simon Magus in Recent Research», *RelStudRev*, 4, 1977, pp. 137-142 y K. Rudolph, "Simon-Magus oder Gnosticus? Zur Stand der Debatte», *ThRund*, 42, 1977, pp. 279-359. Dos estudios posteriores merecen añadirse: R. Bergmeier, «Die Gestalt des Simon Magus in Act 8 in der simonischen Gnosis-Aporien einer Gesamtdeutung», *ZntW*, 77, 1986, pp. 267-75 y G. Lüdemann, «The Acts of the Apostles and the Beginnings of Simonian Gnosis», *NTSt*, 33, 1987, pp. 420-26. Este último argumenta que la gnosis que más tarde tomó el nombre de Simón sí se basa en este personaje, y que Lucas se refiere irónicamente a ella al hablar de la *epínoia* (RVR: «pensamiento») de Simón en 8.22.

8   En la literatura patrística, se le achaca a Simón el origen del gnosticismo. Aunque esto es ciertamente una exageración, hay razones para pensar que sí hay una relación entre Simón y el gnosticismo temprano.

9   Justino Mártir, en el siglo II, quien era oriundo de la región, da testimonio de esto al afirmar de Simón que «casi todos los samaritanos, si bien pocos en las otras naciones, le adoran considerándole como al Dios primero; y a una cierta Helena, que le acompañó por aquel tiempo en sus peregrinaciones, y que antes había estado en el prostíbulo, la llaman el primer pensamiento [*énnoian*; de aquí la referencia de Lüdemann a la *epínoia* que hemos señalado en una nota anterior] de él nacido». (*Apol. I*, 26.3; trad. Daniel Ruiz Bueno, *Padres Apologistas griegos*, Biblioteca de Autores Cristianos, Madrid, 1954, p. 209) Y en otro escrito dice el mismo Justino: «de los samaritanos, he comunicado al Emperador que están engañados siguiendo al mago Simón, de su propio pueblo, que afirman ellos ser Dios por encima de todo principio, potestad [*dúnamis* la misma palabra que aparece en Hch. 8.10: "el gran poder de Dios"] y potencia». (*Dial*. 120.6; Ruiz Bueno, *Apologistas*, pp. 512-13).

10 *Hechos*, p. 186.

Espíritu Santo. Por último, éste es el texto en que se basan quienes dicen que, aunque el bautismo puede administrarlo cualquier cristiano, la confirmación es función exclusiva de los obispos. Por tanto, este texto amerita discusión detallada.

En primer lugar, ¿qué quiere decir el que «solamente habían sido bautizados en el nombre de Jesús»? Claramente, algo les faltaba; pero el texto no aclara la naturaleza exacta de esa deficiencia. Según una interpretación, la deficiencia consistía en haber sido bautizados únicamente «en el nombre de Jesús», y no «del Padre, el Hijo y el Espíritu Santo». El problema está en que hay otros pasajes en Hechos en que el bautismo «en el nombre de Jesús» se propugna o se practica, sin que parezca haber deficiencia o problema alguno en ello. En 2.38, Pedro les dice a sus oyentes en el día de Pentecostés: «Arrepentíos, y bautícese cada uno de vosotros en el nombre de Jesucristo; y recibiréis el don del Espíritu Santo». En 10.48, el mismo Pedro manda que Cornelio y los suyos sean bautizados «en el nombre del Señor Jesús». Por último, en 19.1-6, Pablo encuentra en Efeso a unos creyentes que solamente han sido bautizados «en el bautismo de Juan». Pablo entonces les bautiza «en el nombre del Señor Jesús», les impone las manos, y reciben el Espíritu Santo. Luego, el solo hecho de que el bautismo de los samaritanos haya sido «en el nombre de Jesús» no parece haber sido el problema.[11]

De todo lo anterior se deduce que lo que les faltaba era la dádiva del Espíritu Santo. Cabe entonces preguntarse, ¿por qué no había descendido sobre ellos el Espíritu Santo? Y la única respuesta es que es imposible saberlo. En el texto citado arriba, 2.38, Pedro parece dar a entender que el don del Espíritu Santo vendrá sobre los que le escuchan tan pronto como se bauticen. En el pasaje de Cornelio, el Espíritu Santo viene sobre Cornelio y los suyos antes del bautismo, y es con base en ese don del Espíritu que Pedro ordena que sean bautizados. En el episodio en Efeso, la cosa es aún más complicada, pues estos creyentes no habían recibido sino el bautismo de Juan. Es tras bautizarles en el nombre de Jesús que Pablo les impone las manos y reciben el Espíritu. En consecuencia, el Espíritu es completamente libre de manifestarse y derramarse allí donde lo desea, ya sea antes del bautismo, ya después, ya en el bautismo mismo, ya tras la imposición de las manos. Luego, hemos de cuidarnos de no emplear éste, o cualquiera de los textos citados más arriba, como norma rígida

---

11 ¿Cómo compaginar esto con la otra fórmula bautismal que aparece también en el Nuevo Testamento: «en el nombre del Padre, del Hijo y del Espíritu Santo» (Mt. 28.19), que después llegó a ser la fórmula clásica para el bautismo? Sobre ello se podría discutir mucho; sin embargo, es importante hacer notar que en la fórmula de Mateo no se manda bautizar «en los nombres», sino en un solo nombre. Recordemos que en el uso bíblico el «nombre» no es el sonido de la palabra, sino el poder tras ella. Luego, el «nombre de Jesús» y el «nombre del Padre, del Hijo y del Espíritu Santo» son el mismo nombre.

a la cual el Espíritu ha de ajustarse, o como principio absoluto y esencial de la práctica eclesiástica de hoy.[12]

Otro punto interesante es que el texto no nos dice si el don del Espíritu Santo iba acompañado de manifestaciones extraordinarias como la de hablar en lenguas, o de qué otro modo se sabía que habían recibido el Espíritu Santo. Más adelante, en los episodios de Cornelio y de Efeso, sí se hablará de glosolalia; empero este texto nada dice al respecto.

Tampoco dice el texto si Simón Mago se contaba entre los que recibieron el Espíritu Santo por la imposición de manos de los apóstoles. Muchos intérpretes piensan que no, pues se les hace difícil compaginar el don del Espíritu con la ofuscación espiritual del Mago. Empero el texto no dice ni una cosa ni la otra. Es aventurado afirmar, por tanto, que Simón no recibió el Espíritu porque era «un candidato inaceptable para el bautismo del Espíritu Santo».[13] Además de que el texto no dice si Simón recibió el Espíritu o no, ese don no se recibe con base en nuestros méritos.

En todo caso, Simón Mago se ofrece a comprar este don de los apóstoles (no el don de hacer milagros, que había visto antes en Felipe, sino el don de hacer que las personas recibieran el Espíritu Santo mediante la imposición de las manos).[14] La respuesta de Pedro es una maldición y una invitación al arrepentimiento (8.20-21). El término que RVR, BJ y BA traducen aquí por «asunto» (VP: «esto») es *lógos*, que también quiere decir «palabra», «mensaje» o «doctrina». Por tanto, es válida la traducción de la NBE: «no es cosa tuya ni se ha hecho para ti el mensaje éste». Puesto que la respuesta de Simón está en plural («rogad vosotros») parece ser que, aunque Lucas cita solamente a Pedro, está dando a entender que Juan también le había increpado.

La respuesta de Simón parece indicar arrepentimiento, aunque no se dice explícitamente que se arrepintiera, sino sólo que pidió que se orara por él.[15]

El texto termina con el regreso de Pedro y Juan a Jerusalén, quienes por

---

12 Esto es lo que hacen muchos exégetas católicorromanos, para quienes este pasaje, y el de Hechos 19, son la base del sacramento de la confirmación. Así, por ejemplo, Turrado, *Biblia comentada*, p. 93: «Con mucha razón la tradición exegética cristiana ha visto en esta 'imposición de manos', que parece pertenecía al catálogo de verdades elementales de la catequesis cristiana (cp. Hebreos 6,2), los primeros vestigios de la existencia de un sacramento que, por entonces, no tendría nombre propio con que ser designado, pero que, desde el siglo V, será llamado universalmente sacramento de la 'confirmación'. En realidad, esta imposición de manos venía a ser como nuevo Pentecostés para cada cristiano, convirtiéndolo en adulto en la fe...» Es con base en este texto, y del episodio de Efeso, que la Iglesia de Roma enseña que la imposición de manos en la confirmación, que fue hecha en estos textos por los apóstoles, ha de ser hecha hoy por los obispos, sus sucesores.

13 Ralph Earle, *Hechos* (en el *Comentario Bíblico Beacon*), Casa Nazarena de Publicaciones, Kansas City, 1985, p. 364.

14 Sobre lo que Simón deseaba obtener, véase J. D. M. Derrett, «Simon Magus», *ZntW*, 73, 1982, pp. 52-68.

15 Algunos manuscritos del texto occidental, así como de la versión siríaca, añaden que Simón «lloró mucho por largo tiempo».

el camino aprovechan para predicar en las aldeas samaritanas por las que pasan.

Pocos personajes bíblicos han tenido tan mala prensa como Simón Mago. En la iglesia antigua se decía, y en muchos libros de historia se dice hasta el día de hoy, que fue él quien fundó cuanta herejía de origen incierto circulaba en la época. Por el siglo tercero o cuarto, un escritor anónimo con espíritu de novelista escribió la llamada literatura *Pseudo-Clementina*, en la que Simón Mago es el villano que va por todas partes tratando de deshacer la obra de Simón Pedro. En la Edad Media, los cristianos de espíritu reformista se dolían ante la práctica de comprar y vender cargos eclesiásticos; a esa práctica le pusieron el nombre de «simonía», en honor de Simón Mago, quien quiso comprar el don del Espíritu. Y, para no quedarse atrás, en el siglo XX Hollywood produjo una película en la que Simón Mago es un embustero que trata de hacer trucos de magia que superen los milagros de los apóstoles. Por lo general, se habla de Simón Mago como un hipócrita que quiso aprovecharse del evangelio para su propia ganancia.

Pero el texto no dice tal cosa, sino que dice que Simón creyó, y que estaba «atónito». Y dice además que era un hombre poderoso. Tan poderoso era, que las gentes decían de él: «Este es el gran poder de Dios». Como hemos visto más arriba, ese prestigio inaudito de Simón es confirmado por el testimonio de Justino Mártir, quien era oriundo de Samaria. Simón, este hombre poderoso y prestigioso, se convierte. Pero al ver que los apóstoles tienen el poder de conferir el Espíritu Santo quiere él también recibir ese don; y quiere recibirlo a cambio de dinero. Siempre ha sido poderoso, y ahora quiere cambiar el dinero, símbolo de su poder en Samaria, por el don de los apóstoles, para ser tan poderoso en la iglesia como lo es en Samaria. Es a esas pretensiones que Simón Pedro responde con fuertes palabras, diciéndole que está «en hiel de amargura y en prisión de maldad», y que por tanto su dinero ha de perecer con él. A lo que Simón Mago responde con palabras que parecen ser de arrepentimiento.

Visto así, el texto trata no sobre la sinceridad y la hipocresía, sino sobre cómo el poder afecta la vida cristiana. Puesto que éste es un tema de importancia para nuestra iglesia, es bueno que lo exploremos con más detenimiento.

Simón Mago está acostumbrado a ser poderoso, y por tanto se le hace difícil ver la diferencia entre el poder que cuenta en la sociedad de Samaria, el dinero, y el poder que cuenta en la iglesia, el Espíritu. Simón Pedro es un humilde pescador de Galilea convertido por la gracia de Jesús y por obra del Espíritu en pescador de hombres. Simón Mago, acostumbrado a que le llamen «el gran poder de Dios», no puede ver el poder de Dios tal como lo vio Simón Pedro en Pentecostés, como el gran nivelador que se derrama sobre «toda carne», y que hace que los hijos y las hijas profeticen.

En medio de ellos, está Felipe. No se nos dice exactamente qué fue lo que enseñó, ni se nos explica por qué tras su bautismo fue necesaria la imposición de manos por parte de Pedro y de Juan. Pero el texto sí implica que, por la razón que haya sido, Felipe no supo o no pudo hacerle ver a Simón Mago la diferencia entre el poder del dinero y el poder de Dios, entre el poder que hace que las gentes digan de Simón Mago, «este es el gran poder de Dios» y el poder que hace de Simón Pedro un apóstol de Jesucristo.

Entre Simón Mago y Simón Pedro

Esta tipología tripartita —Simón Mago, Simón Pedro y Felipe— bien describe la realidad de muchas de nuestras iglesias. Estas, como Simón Pedro, han surgido de situaciones sociales relativamente oscuras. Aun cuando la historia del protestantismo en América Latina generalmente ha centrado su atención en la labor de misioneros con apoyo externo, lo cierto es que la mayor parte del crecimiento evangélico se ha debido a la obra de una muchedumbre anónima de testigos, la mayoría de ellos pobres y sin gran preparación académica. En recónditos parajes de la selva andina, el evangelio ha hecho apóstoles de quienes antes no parecían ser sino tristes estadísticas de pobreza y analfabetismo. Y lo mismo ha acontecido en las no menos feroces selvas de nuestros arrabales. Los primeros cultos de la mayoría de nuestras congregaciones no tuvieron lugar en templos bien construidos y respetados, sino en la humilde casa, con paredes de cartón y techo de paja, de algún hermano. «Canuto», «cultero» y «aleluya» eran términos con los que la «buena» sociedad nos estigmatizaba. Se nos atacaba y perseguía de mil maneras. Hubo persecución abierta y feroz en Colombia y otros países. En todo el continente, fueron muchas las iglesias apedreadas o incendiadas por turbas fanáticas. En las escuelas del gobierno, se les hacía ver a muchos de nuestros hijos que no eran verdaderos cristianos, sino «herejes». En las burocracias civiles, no había protestantes sino en los niveles más bajos, pues los puestos de mayor prestigio le estaban vedados a cualquiera que hablara demasiado de su fe evangélica. Difícilmente teníamos acceso a la prensa, la radio, u otros medios de difusión. Eramos como aquellos cristianos de Corinto a quienes Pablo describe: «no sois muchos sabios según la carne, ni muchos poderosos, ni muchos nobles» (1 Co. 1.26).

Lo mismo es cierto de las iglesias evangélicas de habla hispana en los Estados Unidos. Unas pocas fueron fundadas por inmigrantes de clase media que trajeron su fe de la América Latina. Otras han sido establecidas en comunidades de clase media por las iglesias mayoritarias. Pero la gran mayoría están en los barrios pobres de grandes ciudades como Nueva York y Los Angeles (donde en 1986 había 687 iglesias evangélicas hispanas), o en los pequeños poblados campesinos de Texas y Nuevo México. No se trata de iglesias de gran prestigio, precisamente porque han trabajado entre gente pobre y carente de oportunidades de educación.

Y es aquí que viene a colación el texto que estamos estudiando. A veces estamos tan acostumbrados a ser pocos, a que se nos menosprecie, a que se piense que somos unos sectarios ignorantes, que cuando alguna persona prestigiosa se nos une nos hacemos la idea de que ello de algún modo aumenta nuestro poder, o nos hace mejores. En lugar de retar a esa persona para que comprenda el contraste entre el poder que tiene en la sociedad y el poder del Espíritu, le hacemos ver que su poder en la sociedad se convierte directa y automáticamente en poder y autoridad dentro de la iglesia. En algunas iglesias, si entra un licenciado, le decimos «pase, señor licenciado; siéntese aquí, señor licenciado». En otras hacemos lo mismo con atletas famosos, con personajes ricos, y hasta con el dictador de turno. Este problema no es nuevo ni único, pues lo tuvo también la iglesia en los primeros tiempos, como puede verse en Santiago 2.1-3. Pero lo cierto es que todo esto refleja un poder semejante al de Simón Mago, quien no tiene «parte ni suerte en este asunto».

Frente a ese poder está el de Simón Pedro: un pobre pescador que tuvo dificultad para entender el mensaje de Jesús, y que no siempre fue fiel a pesar de sus buenas intenciones, pero que descubrió en la presencia del Espíritu un poder que le dio valor para enfrentarse a personajes tales como Simón Mago y a la postre (según varios indicios históricos) a la muerte misma. Ese poder también existe hoy en nuestras iglesias. Y, como en el caso de Simón Pedro, muchas veces quienes más claramente lo perciben son los que no han tenido ningún poder en la sociedad, y por ello pueden ver el contraste entre ambos poderes. Como bien ha dicho Alberto Rembao:

«De tal modo, un analfabeta, o un hombre de pocas letras, será más culto que un doctor en ciencias o humanidades, si ese analfabeta sabe recibir el don gratuito de la cultura divina, que no es acervo de intelecto y escuela, sino que de emoción y conducta. El primer jefe de la comunidad cristiana de Jerusalén, sin preparación alguna, adquiere la ciencia que lo levanta a categoría cultural trastornadora del rumbo de la historia.»[16]

16 Alberto Rembao, *Discurso a la nación evangélica*, La Aurora, Buenos Aires, 1949, pp. 17-18.

Desde nuestros inicios, el poder de la iglesia evangélica de habla hispana ha estado precisamente en eso: en ser una iglesia que, como Simón Pedro, ha recibido su propio sentido de valor y dirección, no de la escala de los valores sociales circundantes, sino del Espíritu Santo mismo.

Entre Simón Pedro y Simón Mago está Felipe. El texto no nos dice precisamente qué fue lo que le enseñó a Simón Mago. Pero la narración misma parece indicar que, si bien le predicó el evangelio, no se ocupó de hacerle ver el contraste entre los valores de ese evangelio y los valores de la sociedad samaritana, entre el poder del evangelio y el poder del dinero. Le predicó y lo bautizó, al parecer sin más; y, aunque Simón iba con él a todas partes, no lo confrontó con la contradicción entre esos dos poderes.

A nosotros los evangélicos hispanos nos tienta también la misma actitud. Los tiempos han cambiado. Hoy se nos acercan gentes de prestigio, dinero y posición social. Muchos de ellos, no necesariamente por mala voluntad, sino porque están acostumbrados a ello, dan por sentado que en la iglesia se les va a mostrar la misma deferencia que en el resto de la sociedad. Como el Mago, no ven dificultad alguna en utilizar su dinero, símbolo de su poder en la sociedad, para lograr respeto especial en la iglesia. Naturalmente que el evangelio es también para ellos. Pero, ¿estaremos dispuestos a llamarles al arrepentimiento, como lo hacemos con todos los demás? ¿A hacerles ver las demandas radicales de ese evangelio, o se lo suavizamos para que no se molesten y se vayan? Un distinguido líder evangélico ha expresado esta preocupación en términos bien concretos:

«Se han puesto de moda los «desayunos presidenciales» y las reuniones con autoridades. ¿Han alzado alguna vez los evangélicos una voz profética en ellos? ¿No estamos más bien procurando granjearnos las riquezas y privilegios de corazones no arrepentidos entre los poderosos, garantizándoles que el evangelio producirá obreros que no hagan huelga, estudiantes que canten coritos en vez de pintar paredes con lemas de lucha social, guardianes de la paz al precio de la injusticia?»[17]

Esta situación ha sido analizada por el historiador del protestantismo latinoamericano Jean Pierre Bastian, quien ha visto la relación estrecha entre la capacidad del protestantismo de seguir

17 Samuel Escobar, «Responsabilidad social de la iglesia» en *Acción en Cristo para un continente en crisis*, Caribe, Miami, 1970, p. 35.

apelando a las masas empobrecidas y su efectividad evangelizadora:

«De manera general, los protestantismos latinoamericanos han producido bienes simbólicos de salvación disidentes que han sido buscados por sectores inconformes con el statu quo, pretendiendo compensar su situación de clase y/o protestar contra aquella. Cuando han logrado ingresar en nuevas capas sociales por su práctica religiosa, buscan entonces legitimar su nuevo status social, pero pierden su fuerza de convocatoria. Así la difusión y la propagación del mensaje y de la organización protestante en América Latina dependen fundamentalmente de su capacidad de movilizar intereses disidentes de los valores dominantes.»[18]

Lo que esta cita resume es un proceso muy semejante al que vemos en el incidente de Hechos que estudiamos: una iglesia de disidentes, de gentes que no encajan en la fibra social, tentada por el cambio que puede traer en ella el ingreso de personas como Simón Mago. Y la alternativa es la misma: capitular ante Simón Mago, vender el don del Espíritu, perder el poder misionero y evangelizador, o decirle a cuanto Simón Mago sin arrepentir se nos acerque para tentarnos: «Tu dinero perezca contigo, porque has pensado que el don de Dios se obtiene con dinero».

«De la boca de los niños y de los que maman, fundaste la fortaleza», dice el Salmista (Sal. 8.2); y Jesús lo confirma: «Escondiste estas cosas de los sabios y los entendidos, y las has revelado a los niños» (Lc. 10.21). Lo que estos textos declaran, el episodio de Simón Mago lo ilustra.

2. El etíope (8.26-40)

Felipe, quien fue el protagonista inicial del episodio anterior, pero luego quedó relegado en medio del encuentro entre los dos simones, vuelve a ser el protagonista de este episodio. Un ángel (lo cual no quiere decir necesariamente un ser alado, como ahora nos los representamos, sino un mensajero de Dios) le dice que vaya al camino hacia Gaza. Se han sugerido tres posibilidades acerca del lugar donde estaba Felipe al recibir la visita angélica. La frase «el cual es desierto» puede referirse a la misma Gaza, que fue desolada repetidamente; pero parece referirse más bien a uno de dos caminos que iban de Jerusalén a Gaza, de modo que con esta frase se está indicando cuál de los dos ha de tomar Felipe.[19] Si esta última interpretación es correcta, parece indicar

18 Jean Pierre Bastian, *Breve historia del protestantismo en América Latina*, CUPSA, México, 1986, p. 16.
19 E. Jaquier, *Les Actes des Apôtres*, V. Lecoffre, Paris, 1926, p. 269.

que Felipe se encontraba en Jerusalén. También es posible leer este pasaje de corrido con el anterior, y por tanto llegar a la conclusión de que Felipe estaba todavía en Samaria. Otra posibilidad es que estuviera en Cesarea, donde Lucas nos dice que residía, al menos unos años más tarde (21.8). No se nos dice dónde estaba Felipe, pero sí ha de ir hacia el sur (el texto dice literalmente, «por el mediodía», pero el sentido parece indicar que se trata, no de la hora, sino de la dirección, de igual modo que hoy hablamos del sur como el «mediodía»).

El término «eunuco» (*eunoujos*) se usa en algunos textos antiguos, no en su sentido literal de un hombre que ha sido emasculado, sino para referirse a algún alto funcionario del gobierno. El hecho de que Lucas diga «eunuco, funcionario» (*eunoujos dynástês*)) nos da a entender que el hombre era verdaderamente eunuco, pues en caso contrario la segunda palabra sobraría.

«Candace» no es el nombre de una reina particular, sino el título que se les daba a las reinas que gobernaban en Nubia, al sur del Egipto.[20] Era a una de tales reinas que el eunuco servía como tesorero. La región que entonces se llamaba «Etiopía» no corresponde al país que hoy recibe el mismo nombre. Se refería más bien a Nubia, cuyos territorios bordeaban el Nilo al sur de Egipto, y correspondían más bien a lo que hoy es el Sudán. En el Antiguo Testamento, su nombre es Kush. Su capital, a donde se supone viajaba el eunuco, era Meroe.[21]

El hecho que el eunuco había venido a Jerusalén a adorar nos indica que era uno de esos «temerosos de Dios» que, aunque creían en el Dios de Israel, no se sometían totalmente a la ley ni a la circuncisión.[22] El que un personaje de ese lejano país hubiera venido a Jerusalén a adorar no ha de sorprendernos, pues ya en el siglo VI a.C. había una fuerte colonia judía en la isla de Elefantina, en la primera catarata del Nilo; es decir, en la frontera misma entre Egipto y Etiopía.

Este funcionario de Candace iba «leyendo al profeta Isaías» (8.28). Puesto que Felipe le oye, lo iba leyendo en voz alta, lo cual era costumbre en la antigüedad, o se lo iba leyendo algún subalterno, lo cual también era costumbre entre personas pudientes.

La cita que aparece en 8.32-33 es de Isaías 53.7-8.[23] Esto no quiere decir

20 Así lo indica Plinio, *Hist. natur.*, 6.35.

21 Había quien pensaba que Etiopía era «el fin del mundo», y sobre esa base se ha sugerido que todo el capítulo 8 de Hechos sigue el bosquejo de 1.8: «Toda Judea» (8.1-4); «Samaria» (8.5-25); «y hasta lo último de la tierra» (8.26-39). T. C. G. Thornton, «To the end of the earth: Acts 1.8», *ExpTim*, 89, 1978, pp. 374-75.

22 Sobre los «temerosos de Dios», véase el comentario a 10.2.

23 Sobre el modo en que se interpretaba este texto en la antigüedad cristiana, véase P. B. Decock, «The Understanding of Isaiah 57:7-8 in Acts 8:32-33», *Neot*, 14, 1981, pp. 111-33. Según Decock, lo que se subrayaba no era el sacrificio del siervo sufriente en pro de los demás, sino el contraste entre su humillación y su exaltación. Como tal, este tema era continuación de la tradición apocalíptica judía, y fue de importancia para los cristianos en los primeros años de persecuciones.

que el eunuco fuera leyendo únicamente esos dos versos. Puesto que en esa época no había otro modo de hacer referencias bibliográficas, lo que Lucas hace es citar una porción conocida del texto, para indicarnos que el eunuco iba leyendo lo que ahora conocemos como Isaías 53. Felipe le pregunta si comprende lo que lee,[24] y el eunuco le invita a subir al carro y explicarle a quién se refiere el profeta.[25] Es «comenzando con esa escritura» —es decir, la de Isaías 53— que Felipe le anuncia «el evangelio de Jesús». Nótese que el texto no dice que únicamente le explicara ese texto, sino que a partir de él le fue hablando de todo el evangelio.

Es entonces (quizás después de varias horas) que, viendo agua, el eunuco le pregunta a Felipe si puede bautizarse. La frase que se usa aquí aparece también (traducida de distintos modos en RVR) en 10.47 y 11.17. Al parecer era la fórmula que se empleaba antes de aceptar a una persona para el bautismo. El versículo 37 no aparece en los mejores manuscritos, y por ello muchos eruditos piensan que fue añadido posteriormente para redondear la acción citando la respuesta de Felipe.[26] En todo caso, la narración indica que Felipe le respondió que no había impedimento.

Ambos «descendieron» al agua, y después del bautismo «subieron» de ella. Las formas gramaticales que se emplean en griego dan a entender que entraron al agua, y que el bautismo fue hecho dentro del agua, no por aspersión. Esa era la forma normal del bautismo, como se implica en Ro. 6.4, Col. 2.12, y otros lugares del Nuevo Testamento.[27]

Después de esto, el Espíritu se llevó a Felipe, a quien al parecer depositó en Azoto desde donde se fue predicando en cada ciudad, hasta llegar a Cesarea (donde según 21.8 tenía su casa, al menos más tarde). El eunuco siguió su camino lleno de gozo.[28]

24 La pregunta, «¿comprendes lo que lees?» es un juego de palabras en griego: *ginôskeis há anaginôskeis.*

25 La gramática griega que el eunuco utiliza aquí es sumamente refinada, y difiere del estilo más común del resto de la obra de Lucas. El lenguaje que el eunuco utiliza corresponde verdaderamente al de un alto funcionario de una corte real.

26 La añadidura, si es tal, fue hecha en fecha relativamente temprana, pues Ireneo, hacia finales del siglo II, ya cita un texto que incluye el versículo 37. Todos los manuscritos que lo incluyen reflejan el texto occidental. J. Heimerdinger, «La foi de l'eunuche éthiopien: Le problème textuel d'Actes 8:37», *EtThRel*, 63, 1988, pp. 521-28, defiende la autenticidad —o al menos la gran antigüedad— de ambos el texto oriental y el occidental con esta añadidura.

27 La más antigua referencia al bautismo vertiendo agua en la cabeza se encuentra en la *Didajé*, documento cristiano de entre los años 70 y 120: «Si no tienes agua viva [es decir, corriente], bautiza en otra agua; y si no puedes hacerlo con agua fría, hazlo con caliente. Si no tuvieres una ni otra, derrama agua en la cabeza tres veces en el nombre del Padre y del Hijo y del Espíritu Santo». *Did.*, 7.2-3 (trad. Ruiz Bueno, *Padres apostólicos*, Biblioteca de Autores Cristianos, Madrid, 1950, p. 84).

28 El texto occidental añade unas palabras en 8.39, entre «Espíritu» y «del Señor», de modo que dice: «el Espíritu Santo cayó sobre el eunuco, y el ángel del Señor arrebató a Felipe». Aunque por lo general el texto occidental es poco digno de confianza, en este caso hay varios eruditos

El pasaje que hemos estudiado se interpreta frecuentemente como el comienzo de la misión a un nuevo país. La Iglesia de Etiopía, una de las más antiguas del mundo, que cuenta con millones de miembros, afirma que sus orígenes se remontan al encuentro de Felipe con el eunuco etíope.[29] Lo que es más, este pasaje representa también el comienzo de la misión a los gentiles aun antes de que la iglesia en general lo autorizara.[30] No será sino hasta después del episodio de Pedro y Cornelio que los líderes de la iglesia en Jerusalén llegarán a la conclusión de que «también a los gentiles ha dado Dios arrepentimiento para vida» (11.18).

Antes de tratar sobre eso, es bueno que consideremos la entrevista misma entre Felipe y el eunuco, y lo que puede significar para nosotros hoy. Para entender esto, hay que darse cuenta de que el eunuco, aunque es «temeroso de Dios», no puede convertirse al judaísmo, pues lo prohíbe la ley de Israel (Dt. 23.1). Aunque esa ley no nos sea conocida hoy, sí debe haberla conocido el eunuco, quien tenía suficiente interés en el judaísmo como para acudir a Jerusalén a adorar, pero sabía que la entrada al pueblo de Dios le estaba vedada para siempre por su condición de eunuco. Y también, por esa misma condición, debe haber conocido la promesa que aparece en el libro de Isaías, solamente tres capítulos más adelante de lo que iba leyendo (Is. 56.3-5), que llegará el día en que habrá lugar en la casa de Israel tanto para el extranjero como para el eunuco.

Comenzando con Isaías 53, Felipe le anuncia «el evangelio de Jesús». ¿Qué son esas buenas nuevas para el eunuco extranjero, sino, en parte al menos, las nuevas de que con Jesús y con la dádiva del Espíritu Santo se han inaugurado los «postreros días», y que la promesa de Isaías empieza a cumplirse? Es tras oír las buenas nuevas que el eunuco, al ver agua, le pregunta a Felipe, «¿Qué impide que yo sea bautizado?» Con base en la ley que ha regido en Israel por siglos, la respuesta está clara: «Tu condición de eunuco». Pero con base en el evangelio que Felipe le acaba de proclamar, del reino que se ha inaugurado, la respuesta es otra: ¡Nada!

Al bautizar al eunuco, Felipe está haciendo mucho más de lo que a menudo pensamos. No está únicamente bautizando a un nuevo converso. Tampoco está únicamente abriéndole el camino al evangelio en toda una nación o todo un continente. Está haciendo todo eso, sí. Pero está haciendo mucho más. Está

---

que se inclinan a favor de él.

29 Aparte este pasaje, los primeros datos históricos que tenemos acerca de una misión cristiana a Etiopía son del siglo IV, cuando los hermanos náufragos, Frumencio y Edesio, llevaron el mensaje a esa región. Frumencio regresó a Alejandría, donde fue consagrado obispo de Etiopía por Atanasio. Véase, J. L. González, *Historia de las misiones*, Methopress, Buenos Aires, 1970, pp. 81-82; también, del mismo autor, *Historia ilustrada del cristianismo*, 3:145-46.

30 Al menos que, como algunos sugieren, Lucas no haya seguido aquí un orden estrictamente cronológico, sino que haya preferido terminar con los «hechos de Felipe» antes de pasar a otro tema. En ese caso, aunque la conversión del etíope se encuentra en el capítulo 8, y la de Cornelio en el 10, ésta última precedió a aquélla.

declarando que ha llegado el día del cumplimiento de las promesas del reino. Está reafirmando y aplicando lo que dijo Pedro en Pentecostés: «Esto es lo dicho por el profeta Joel: Y en los postreros días...» Porque la iglesia vive en los «postreros días», se cumple la promesa de Isaías, y al eunuco y al extranjero se les da también lugar en la casa del Señor (Is. 56.3-5).

Al dar este paso, Felipe se está adelantando al resto de la iglesia, que no descubrirá estas implicaciones del evangelio sino tres capítulos más adelante en Hechos. Si Felipe se puede adelantar a los doce, esto es en parte porque, mientras ellos son «hebreos», él es «griego» (véase lo que hemos dicho sobre 6.1-7). Como persona que ha sido marginada dentro del pueblo de Israel, Felipe puede ver que los márgenes se han ampliado, y así comienza la misión a los gentiles antes que los viejos jefes de la iglesia la hayan sancionado.

Cuando se cumple la promesa

¿Qué tiene que ver todo esto con nosotros? Mucho, pues nosotros también, si somos comunidad del Espíritu, vivimos al principio del fin. Nosotros también, en virtud del Espíritu, vivimos en «los postreros tiempos». A nosotros también se nos llama a dar testimonio audaz, como lo dio Felipe, del cumplimiento de las promesas de Dios.

Felipe era uno de los «griegos». Como tal, pudo haber pensado que su misión consistía en repetir y hacer lo mismo que repetían y decían los apóstoles, los «hebreos», los que conocían el evangelio desde antes. Pero lo que hace Felipe es todo lo contrario. Quizá precisamente por ser «griego», Felipe puede comenzar a abrirles las puertas a los que están todavía más marginados que él.

Al estudiar la historia de la iglesia y de su avance misionero, vemos repetidamente que los grandes movimientos, los grandes descubrimientos de dimensiones insospechadas del evangelio y de la obediencia al mismo, surgen, no de los viejos centros, sino de los márgenes, de la periferia. Como «griego», Felipe es uno de los marginados en una comunidad que hasta entonces ha sido dominada por «hebreos». Cuando en esa comunidad se le da poder —al elegirle como uno de los siete— bien puede contentarse con eso, y con seguir haciendo lo que siempre han hecho los doce y los demás «hebreos». Pero no; por obra del Espíritu Santo, que hace uso de su condición de «griego» que conoce los márgenes, Felipe amplía esos márgenes, y se atreve a decirle al eunuco que nada impide que sea bautizado.

En la iglesia, nosotros tenemos mucho de «griegos». Somos miembros de la iglesia, y se nos acepta como tales. Las antiguas iglesias de donde vinieron y siguen viniendo los misioneros se enorgullecen de su «obra»; es decir, de nosotros. Se espera que continuemos esa obra, y nos lanzamos a ella con entusiasmo. Lo que sí se espera es que la continuemos exactamente como nos lo enseñaron los «hebreos», aquellos que nos precedieron en la fe. Empero, precisamente porque estamos en la periferia, donde el cristianismo se enfrenta constantemente a nuevas situaciones, es muy posible que el Espíritu, como a Felipe, nos esté llamando a nuevas formas de obediencia y a nuevas percepciones del evangelio.

Esto ha sucedido repetidamente en la historia del protestantismo en América Latina. Por ejemplo, en algunos de nuestros países hubo iglesias fundadas por blancos del Sur de los Estados Unidos quienes llevaron consigo no solamente el mensaje de Jesucristo, sino también muchos de los prejuicios raciales que han caracterizado a esa zona. Como resultado de ello, hubo en la América Latina iglesias en las que por largo tiempo los negros no eran bien recibidos. Fueron líderes latinoamericanos, conscientes del conflicto entre la inclusividad del evangelio y lo que los misioneros les habían enseñado, quienes dieron pasos definitivos para que tales actitudes cambiaran.

En otros casos quienes primero predicaron el evangelio rechazaron elementos de las culturas autóctonas, pensando que eran anticristianos, sin detenerse a estudiar su verdadero significado y valor. Así, por ejemplo, hubo muchísimos casos en los que se nos enseñó que solamente la música «religiosa» podía cantarse en las iglesias con acompañamiento de armonio, o, a lo mucho, de piano. Esto, sin percatarse de que la música que llamaban «religiosa» era en muchos sentidos típica y popular en sus países de origen, y que su uso inicial había sido tan «mundano» como el de cualquiera de nuestras canciones. Al hacer esto, no solamente se nos enajenó de nuestras raíces culturales, sino que también se perdió el contacto con buena parte de nuestra población, que no veía por qué la guitarra, el «cuatro» y las maracas no tenían lugar en el culto divino. Hoy ha surgido toda una nueva generación de líderes hispanos que componen música muy nuestra y con un profundo sentido del evangelio.

En todos nuestros países, hay iglesias que parecen haber sacralizado la forma de gobierno que les enseñaron los misioneros, frecuentemente defendiendo a brazo partido la tesis de que esa forma de gobierno es la única que aparece en la Biblia. La verdad es que todas esas formas de gobierno son el resultado de un proceso histórico que tuvo lugar en tierras y culturas muy distintas de las nuestras, y que por tanto tenemos que examinarlos a la luz de nuestra misión en nuestras propias circunstancias, y corregirlos según sea necesario.

Todas estas cosas a que nos hemos referido son formas de exclusión que hemos aprendido de personas a quienes hemos de estar muy agradecidos, y cuya memoria hemos de respetar. Pero esas mismas personas nos trajeron el mensaje de un Reino de Dios al que todos son invitados, los blancos y los negros, los hispanos y los asiáticos, cada cual con su propio aporte cultural, con su piano pero también con su guitarra. Negar tales aportes es una forma de exclusión y es por tanto una negación del Reino que proclamamos.

El eunuco le pregunta a Felipe: «¿Qué impide?» Felipe pudo haberle dado una lección teológica sobre la ley. Pudo haberle dicho que los «hebreos» no habían autorizado el bautismo de gentiles, y mucho menos de eunucos. Pero su respuesta fue: Nada. Y lo bautizó. A nosotros hoy las nuevas generaciones y las nuevas circunstancias nos están preguntando repetidamente: «¿Qué impide?»

¿Qué les responderemos?

B. La conversión de Saulo (9.1-31)

1. La conversión (9.1-19)

Llegamos ahora a uno de los pasajes más dramáticos de las Escrituras. Se trata de la conversión de Saulo, que Lucas cuenta, no sólo aquí, sino también en 22.4-16 y en 26.12-18. Puesto que se trata del mismo episodio, nos será necesario estudiar aquí las tres versiones que aparecen en Hechos.[31] Hasta este punto, Lucas solamente nos ha dicho de Saulo que estuvo presente en la muerte de Esteban, y que después empezó a perseguir a los cristianos. Más adelante nos dirá que era fariseo (23.6), educado bajo el famoso Gamaliel (22.3), y que era ciudadano romano de nacimiento (22. 28). Además, en las cartas del propio Pablo hay varios pasajes que se refieren a su conversión y a los hechos subsiguientes.

Esta es la primera ocasión en que Hechos se refiere a la fe cristiana como el «Camino» (9.2). No volverá a hacerlo sino en 19.9, y luego en 19.23, 22.4, 24.14 y 24.22. Varias de estas referencias tienen que ver con la conversión de Pablo, y todas con algún aspecto de su ministerio. Esto es interesante, puesto que en sus cartas Pablo nunca se refiere a la fe cristiana como «el Camino».[32]

---

31 Hay muchísimos estudios comparando estas tres narraciones. Uno de los más recientes y relativamente breves es el de C. W. Hedrick, «Paul's Conversion/Call: A Comparative Analysis of the Three Reports in Acts» *JBL*, 100, 1981, pp. 415-32.

32 El propio Jesús se había referido al «camino» que lleva a la vida, en contraste con el que lleva

Los tres relatos de la conversión afirman que Saulo había pedido cartas de las autoridades religiosas en Jerusalén para perseguir y arrestar a los cristianos en otras ciudades, y que era con ese propósito que iba a Damasco (9.2, 22.5, 26.12). Esto les ha causado dificultad a los eruditos, pues no se sabe con qué autoridad el sumo sacerdote u otros jefes judíos podían expedir órdenes de arresto contra personas en otras ciudades.[33] Lo más probable sea que Saulo no llevara órdenes de arresto, sino cartas de presentación a los jefes de las sinagogas en Damasco, y que con base en tales recomendaciones esperara que esos jefes hicieran lo necesario para que se arrestara a los cristianos, que se entiende eran todos judíos, y que por tanto estarían sujetos a las leyes de su comunidad, como era a veces el caso en el Imperio Romano. Además, se ha sugerido que, puesto que Damasco era el lugar por donde pasaban muchos de los peregrinos judíos camino a Jerusalén, las autoridades judías de Jerusalén tenían especial interés en advertir a sus correligionarios de Damasco sobre los peligros de la nueva herejía, o que quizá habían llegado a Jerusalén noticias de que la nueva fe se había infiltrado entre algunos de los dirigentes judíos de Damasco, cuya responsabilidad era verificar las credenciales de los peregrinos a Jerusalén.[34]

La experiencia dramática de Saulo tiene lugar «cerca de Damasco» (9.3, con la confirmación de 22.6) y «a mediodía» (22.6 y 26.13; el relato del capítulo 9 no indica la hora). De repente le rodeó una gran luz,[35] cayó a tierra,[36] y oyó la voz del Señor. Todo esto se cuenta con palabras muy semejantes en las tres narraciones. Lo primero que Jesús le dice en ellas es prácticamente lo mismo: «Saulo, Saulo, ¿por qué me persigues?» En los capítulos 9 y 26 las palabras de Jesús son bastante más extensas que en el 22, pues Jesús añade:

---

a la perdición (Mt. 7.13-14; dicho de Jesús que Lucas no cita en su Evangelio). En el Evangelio de Lucas, son los enemigos de Jesús los que le dicen hipócritamente que «enseñas el camino de Dios con verdad» (Lc. 20.21). Y en Juan, Jesús se da a sí mismo el título de El Camino (Jn. 14.6). Además, en dos antiquísimos documentos cristianos, la *Didajé* y la *Epístola de Bernabé*, se habla de dos caminos, uno que conduce a la vida y otro que lleva a la muerte. Luego, el tema del «camino» parece haber sido importante en la predicación de la iglesia primitiva.

33 Hay una tesis interesante en Santos Sabugal, *La conversión de Pablo*, Herder, Barcelona, 1976, pp. 163-224. Según Sabugal sugiere, el nombre de «Damasco» en este texto, y en el propio Pablo, no se refiere a la ciudad de ese nombre en Siria, sino que es un nombre simbólico que se le daba a la región nordoccidental del mar Muerto. De ser esto cierto, se solucionarían varias de las dificultades de orden cronológico y político que se han planteado con respecto a la conversión de Pablo. La dificultad estriba en que las bases sobre las que Sabugal propone su tesis son relativamente débiles.

34 Tal es la tesis de C. S. Mann, «Saul and Damascus», *ExpTim*, 99, 1988, pp. 331-34.

35 La «gran luz» le da importancia especial a la hora del «mediodía», pues indica que, aunque era la hora más brillante del día, esta luz era mucho mayor que la del sol.

36 Frecuentemente se dice que Saulo «cayó de su caballo», y así se le ha pintado en el arte clásico. El texto no dice nada de que fueran a caballo, aunque debido a la distancia de Jerusalén a Damasco (unos 250 kilómetros) es dable pensar que iban a caballo.

«Dura cosa te es dar coces contra el aguijón». Esta frase es un proverbio que aparece en la literatura griega clásica, donde se le aplica a todo esfuerzo fútil.[37]

En la respuesta de Pablo, el término «Señor» probablemente no ha de interpretarse en el mismo sentido en que se emplea después en las epístolas paulinas. Allí es un título que indica la suprema dignidad de Jesús. Aquí es la forma corriente de dirigirse con respeto a un desconocido (como cuando nos acercamos a alguien en la calle y comenzamos a hablarle: «Perdone, señor...»).

En las tres narraciones, con ligeras variantes, la respuesta es la misma: «Yo soy Jesús [de Nazaret, 22.8] a quien tú persigues». Es importante señalar la relación que las palabras de Jesús establecen entre el Maestro y la iglesia. Saulo no perseguía a Jesús, sino a la iglesia. Sin embargo, el Señor le dice: «Yo soy Jesús, a quien tú persigues». La relación entre Jesús y la iglesia es tal que perseguirla a ella es perseguirle a él (lo cual nos recuerda lo que dijimos al comentar sobre Ananías y Safira, que mentirle a la iglesia es mentirle al Espíritu Santo).

Saulo pide entonces instrucciones.[38] En las dos primeras versiones (capítulos 9 y 22) Jesús le dice sencillamente que vaya a la ciudad, donde se le dirá lo que tiene que hacer. Pablo va a Damasco, donde tiene lugar la entrevista con Ananías. En la tercera narración (capítulo 26) se omite toda referencia a Ananías, y Saulo recibe sus instrucciones al parecer en el mismo camino a Damasco. También en esta tercera narración Pablo recibe instrucciones más detalladas sobre su ministerio futuro (26.16-18). La razón parece ser que en este tercer caso Pablo le está contando su conversión al rey Agripa, y lo importante es el resultado de la conversión, más que el proceso mediante el cual llegó a ella. Las instrucciones que Pablo parece recibir en 26.16-18 son en realidad un reflejo del ministerio y vocación que él mismo fue descubriendo y recibiendo poco a poco, según nos narra buena parte del libro de Hechos.

En cuanto a la experiencia de los que iban con Pablo, hay cierta diferencia (no contradicción, pues las dos cosas son compatibles) entre la narración del capítulo 9 y la del 22: en un caso oyen la voz, pero no ven a nadie, y en el otro ven la luz, pero no entienden la voz. Otra diferencia es que en 9.7 «los hombres que iban con Saulo se pararon atónitos», mientras que en 26.14 Pablo dice que todos cayeron en tierra. Si iban a caballo, las dos narraciones parecen complementarse, pues la imagen es la de unos caballos espantados, y los jinetes levantándose del suelo atónitos. En todo caso, estos compañeros de Saulo camino a Damasco no son personajes de importancia en la narración. Aunque normalmente nos los imaginamos como soldados que iban con él y bajo sus órdenes, lo más probable es que se tratara sencillamente de otras gentes que iban en la misma caravana a la que Saulo se había unido.

Saulo queda ciego (no como castigo, sino a causa de la luz misma: 22.11),

---

37 Eurípides, *Bacantes*, 795; Esquilo, *Agamenón*, 1624; Terencio, *Formión*, 7. 8.

38 Esto, según el texto empleado por RVR, que en este punto sigue el texto occidental. El texto más breve dice simplemente: «Yo soy Jesús, a quien tú persigues; mas levántate...».

y sus compañeros tienen que llevarle de la mano hasta Damasco. Esto marca un agudo contraste con el Saulo que iba «respirando amenazas y muerte», y que ahora se ve en la necesidad de que otros lo lleven de la mano. A esto sigue un período de tres días de ayuno absoluto.

En el versículo 10, Lucas nos lleva a otra escena, para presentarnos a Ananías, a quien Dios va a mandar a Saulo. Este Ananías no ha de confundirse con el del capítulo 5, quien ya había muerto. Ananías es cristiano. Luego la sospecha de Saulo, en el sentido de que había cristianos en Damasco, estaba bien fundada, aunque Lucas no nos dice cómo llegó el evangelio a esa ciudad. Ananías teme ir a Saulo, quien ya es famoso por la persecución que ha desatado; pero el Señor insiste, y Ananías va a donde Saulo. La calle Derecha existe todavía en Damasco, aunque no hay razón alguna para identificar la casa que se les muestra a los turistas como la de Judas, donde Saulo moró tras su experiencia. Ananías va a donde Saulo, ora con él, y la ceguera desaparece. La misma historia, aunque sin tratar sobre la conversación entre el Señor y Ananías, y con más énfasis en lo que Ananías le dijo a Saulo, aparece también en 22.12-16. En la narración del capítulo 9, la futura misión de Pablo se anuncia en la visión de Ananías: «El Señor le dijo: Vé, porque instrumento escogido me es éste, para llevar mi nombre en presencia de los gentiles, y de reyes, y de los hijos de Israel; porque yo le mostraré cuánto es necesario padecer en mi nombre». En la versión del capítulo 22, es Ananías quien le habla a Pablo acerca de su llamamiento: «El Dios de nuestros padres te ha escogido para que conozcas su voluntad, y veas al Justo, y oigas la voz de su boca. Porque serás testigo suyo a todos los hombres, de lo que has visto y oído». No hay tensión alguna entre ambas versiones, pues es de suponerse que lo que Ananías recibió en visión se lo contó también a Pablo.

Es entonces (al parecer después de recibir el Espíritu Santo, 9.17) que Saulo recibe el bautismo, después de lo cual rompe el ayuno completo que había guardado durante los tres días desde su experiencia con el Señor.

2. Pablo como discípulo (9.20-31)

«En seguida», dice Lucas, Saulo empezó a predicar en las sinagogas. Después, fue a Jerusalén. Esto plantea el problema de cómo compaginarlo con lo que el mismo Pablo dice en Gálatas 1.15-21. Allí dice que inmediatamente después de su conversión, sin ir a Jerusalén, fue a Arabia, y que tres años después fue a Damasco y luego a Jerusalén. Algunos eruditos han concluido que Lucas no sabía lo del viaje a Arabia, y que por tanto pensó que las visitas a Damasco y Jerusalén fueron inmediatamente después de la conversión.[39]

Veamos primero lo que Hechos cuenta, para luego ver cómo se compagina

---

39 Tal es la opinión de Haenchen, *Acts*, pp. 334-35, y de muchos otros eruditos, en su mayoría alemanes, a quienes Haenchen cita.

con el testimonio del mismo Pablo. Según Lucas, Pablo empezó a predicar en las sinagogas, lo que despertó la enemistad de los judíos en Damasco, quienes decidieron matarle. Empezaron por vigilar las puertas de la ciudad. Para que pudiera escapar, los otros cristianos lo descolgaron por encima de la muralla, en una canasta. Para entender esto hay que recordar que en las ciudades antiguas frecuentemente había casas adosadas a las murallas, con ventanas que daban hacia fuera de la ciudad.

Saulo fue entonces a Jerusalén, donde tuvo dificultades para establecer contacto con los cristianos, pues desconfiaban de él. Parece extraño que después que Pablo estuvo «muchos días» predicando a Cristo en Damasco (9.23), los cristianos de Jerusalén no se hubieran enterado. Pero es posible que, en vista de la saña anterior de Pablo contra ellos, temieran que se trataba de un ardid. A la postre es Bernabé quien apadrina a Pablo y le introduce al resto de la iglesia. Entonces Saulo se da a conocer como cristiano, dejándose ver con ellos (9.28), y disputando con los «griegos» (según la traducción de RVR; el texto griego dice «helenistas», como en el caso de las viudas en 6.1), es decir, con los judíos de la Diáspora que estaban en Jerusalén. Este testimonio provoca entonces la ira de esos judíos «helenistas», quienes, como hemos dicho, ya eran vistos con suspicacia por los judíos naturales del lugar. Es entonces que los cristianos hacen arreglos para que Saulo vaya a Cesarea, y de allí a Tarso, de donde era.

Por último, el pasaje termina con el versículo 31, que es otro de esos frecuentes «resúmenes» que ya hemos visto anteriormente. En éste se nos afirma que las iglesias tenían paz «por toda Judea, Galilea y Samaria».[40] El hecho es que Lucas no nos ha dicho palabra de las iglesias en Galilea, y muy poco de «toda Judea», o de Samaria, aparte de lo de Felipe y Simón Mago. Luego, este resumen nos da a entender que Lucas nos está contando solamente algunos episodios que ilustran los acontecimientos de aquellos primeros años. Por otra parte, sí es interesante que este resumen, combinado con la conversión de Saulo, casi da a entender que con esa conversión terminó la persecución. Que esto no es así, se ve por el hecho mismo de que Saulo tuvo que huir tanto de Damasco como de Jerusalén. Empero, por alguna causa que Lucas no explica, sí hubo un período de paz para las iglesias después de la conversión de Saulo.

Volvamos entonces al problema de cómo coordinar lo que narra Lucas con el testimonio del propio Pablo. De la lectura de Gálatas 1.17-23 se desprenden los siguientes hechos:

---

[40] Se ha sugerido que, en parte al menos, la razón por la que las iglesias gozaron de paz era que los judíos estaban envueltos en un agudo conflicto con Calígula, quien a la sazón trataba de colocar una estatua suya en el Templo de Jerusalén (Josefo, *Ant.*, 18.2.2-9). Preocupados por tamaña amenaza a su religión, los jefes del judaísmo no tenían tiempo para ocuparse demasiado de los cristianos. Turrado, *Biblia comentada*, p. 109.

a) Tras su conversión, Pablo no fue a Jerusalén, sino a Arabia.

b) Luego volvió a Damasco.

c) Entonces, «pasados tres años», sí fue a Jerusalén.

ch) Allí pasó quince días, y no vio de los apóstoles sino a Pedro y a Jacobo «el hermano del Señor».

d) Por último fue a «las regiones de Siria y de Cilicia».

e) Durante todo este tiempo, «no era conocido de vista a las iglesias de Judea», que sin embargo sí habían recibido noticias de su conversión y predicación.

Según Hechos, por otra parte:

a) Tras su conversión, Saulo estuvo «algunos días» en Damasco, predicando en las sinagogas y «demostrando que Jesús era el Cristo».

b) «Pasados muchos días» (9.23), los judíos trataron de matarle, y los cristianos lo salvaron bajándolo por el muro en una cesta.

c) Entonces Saulo fue a Jerusalén, donde Bernabé le creyó y lo llevó a donde «los apóstoles».

ch) Allí predicó y disputó con los (judíos) helenistas, quienes resolvieron matarle.

d) Para salvarle, los cristianos lo llevaron a Cesarea, y le enviaron a Tarso.

El problema de adónde fue Pablo los primeros años tras su conversión se aclara a la vez que se complica si tomamos en cuenta que en 2 Co. 11.32-33, Pablo menciona el episodio de su huida de Damasco siendo descolgado del muro en un canasto, aunque con un giro distinto, pues allí es «el gobernador de la provincia del rey Aretas» quien tiene la ciudad vigilada, mientras que en Hechos son los judíos.[41] Aretas IV, a quien se refiere Pablo, fue rey de los nabateos desde el año 9 a.C. hasta el 40 d.C. Sobre los nabateos no se sabía mucho hasta fecha relativamente reciente, pues sus inscripciones no se habían descifrado, y todo lo que se conocía de ellos se encontraba en autores tales como Josefo, el libro de los Macabeos, y algunos autores clásicos. Durante el presente siglo se ha descifrado su escritura, y los trabajos históricos y arqueológicos nos permiten conocer mucho de su historia y civilización.[42] Pues bien, gracias a esas investigaciones se sabe que alrededor del año 37 el emperador Calígula le cedió el gobierno de Damasco a Aretas IV, quien lo retuvo hasta tiempos de Nerón. Además, el término «Arabia» no quería decir en la antigüedad lo que quiere decir hoy, sino que se refería a un extenso territorio que incluía tanto la península que hoy lleva ese nombre como la península del Sinaí y buena parte de la Transjordania. Y el principal pueblo que habitaba esa región

---

41 Esta divergencia es uno de los argumentos que han usado quienes afirman que Hechos fue escrito para convencer a las autoridades de que el cristianismo no era subversivo. En este pasaje, según afirman, Lucas no quiere decir que Pablo era un fugitivo de las autoridades, y por eso les echa la culpa a los judíos.

42 Véase «Nabateos» en *DIB*. Más extenso es el artículo «Nabateans» en *IDB*.

era precisamente el de los nabateos, de tal modo que cuando se hace referencia al rey de los nabateos se le menciona como «rey de los árabes».[43]

Luego, cuando Pablo fue a Damasco tras su experiencia con el Señor, estaba en territorio que pertenecía al rey Aretas, pero que no era en realidad parte de Arabia.

Sobre esta base, cobra sentido lo que cuenta Lucas en Hechos así como lo que nos dice Pablo en Gálatas y en 2 Corintios. Nótese que según Hechos 9.19 Saulo estuvo «algunos días» en Damasco, y que según 9.23, «pasados muchos días» tuvo que huir. Luego, es concebible y hasta probable que tras su conversión Saulo pasara unos pocos días en Damasco, luego saliera de la ciudad, adentrándose en otras porciones del reino del mismo Aretas por espacio de «tres años»,[44] para por fin volver a Damasco. Allí tuvo conflictos, al parecer tanto con los judíos (Hechos) como con las autoridades que representaban a Aretas (2 Co.), y tuvo que ser descolgado, como ya hemos visto, por una ventana y metido en un canasto.

De ser esto así, el viaje a Jerusalén a que se refiere Hechos 9 sería el mismo de que habla Pablo en Gálatas 1. La principal diferencia estaría en que en Hechos no se nos dice cuánto tiempo estuvo en Jerusalén, mientras Pablo indica que fueron solamente «quince días». Y la otra diferencia sería que, mientras Lucas dice que Bernabé le presentó a Pablo a «los apóstoles», Pablo no menciona a Bernabé (que de todos modos no vendría al caso en su epístola a los Gálatas) y aclara que solamente vio a Pedro y a Jacobo.

Es tras esa visita que viene el período que Pablo pasó en Tarso y sus alrededores (9.30) o, lo que es aproximadamente lo mismo, en «las regiones de Siria y Cilicia» (Gá. 1.21).

Los caminos de Damasco

Este episodio es tan conocido, que con frecuencia le añadimos elementos que no aparecen en el texto bíblico. Así, por ejemplo, nos imaginamos a Saulo como le hemos visto en cuadros famosos, vestido de soldado romano y tirado por tierra junto a su caballo. Pero lo cierto es que el texto no dice una palabra sobre si Saulo y sus acompañantes iban a caballo o a pie, y en cuanto al traje de soldado, pareciera simplemente producto de la imaginación de algún artista motivado a darle el máximo de color a su pintura.

---

43 Cp. Josefo, *Ant.*, 14.15-17.

44 «Tres años», según el modo en que Pablo contaría el tiempo, no quiere decir necesariamente 36 meses, sino un año y al menos parte de otros dos. Según ese modo de contar el tiempo, por ejemplo, los 15 meses entre el primero de noviembre de 1990 y el primero de febrero de 1992 serían «tres años». Es por la misma razón que del viernes de la crucifixión por la tarde al domingo por la mañana hay «tres días» (parte del viernes, todo el sábado, y parte del domingo).

Pero hay otra consecuencia importante de nuestra familiaridad con el texto: nos perdemos buena parte del impacto dramático de esta conversión. Se trata, sí, de una conversión sorprendente. Pero hay más, pues hasta ahora en su narración Lucas nos ha presentado a Saulo como el gran enemigo del cristianismo. Si se tratara de una novela moderna y no la hubiéramos leído antes, al llegar a 9.2 estaríamos convencidos de que el resto del libro va a tratar sobre el conflicto entre Saulo y los cristianos. Pero de repente, todo cambia. El que parecía ser poderoso e implacable enemigo se levanta del suelo débil y ciego. Quien no conozca la historia probablemente pensará que se trata del castigo de Dios. El mismo Dios a quien ya hemos visto en esta narración sanando enfermos, y fulminando a Ananías y a Safira, ahora ha fulminado a este Saulo que iba «respirando amenazas y muerte» contra los discípulos. Seguimos leyendo, lo vemos pasar tres días ciego, y nos decimos «¡bien merecido se lo tiene!».

Pero la historia no termina ahí. Dios tiene otros planes para Saulo, y le envía al renuente Ananías. Este, en lugar de recriminarle, comienza sus palabras llamándole «hermano Saulo» (9.17). Todavía no se nos da más que un atisbo de los otros planes que Dios tiene para este Saulo. Empero al menos se nos dice bien claramente que el Jesús quien rogó por los que le crucificaban está también dispuesto a perdonar y a recibir a los enemigos de su iglesia, a los que, como Saulo, persiguiéndola a ella le persiguen a él.

Esta es una visión muy distinta de la que encontramos en el cine o en los programas de televisión. Allí los «buenos» luchan contra los «malos», y la victoria de los «buenos» consiste en aplastar y destruir a los «malos». Y es también una visión muy distinta de la que muchas veces tenemos en nuestras iglesias, donde nos vemos a nosotros mismos como los «buenos», y a los demás como los «malos». Es una visión del poder transformador del Señor, que ha transformado y sigue transformando a los que ya son discípulos, pero que bien puede transformar también hasta a sus más encarnizados enemigos.

Más arriba veíamos el contraste que Lucas hace repetidamente entre el «pueblo» y sus jefes. Son estos últimos los que persiguen y oprimen a los cristianos, no solamente por motivos religiosos, sino también y sobre todo por motivos de poder y de control. Al empezar el capítulo 9, Saulo es el representante de esos jefes. Lo que nunca nos habríamos imaginado es que llegue a ser uno de los que antes él mismo perseguía. Y sin embargo, eso es lo que sucede. Lo que esto quiere decir es que a partir de entonces los cristianos han de ver hasta a sus más encarnizados enemigos como posibles hermanos en Cristo. En vista de ello, cuando los mártires de los primeros siglos se enfrentaban a sus jueces, se empeñaban en hacerlo, no condenando a esos jueces, sino llamándoles a la fe. No olvidemos que el mismo Pablo, tras el discurso al rey Agripa en Hechos 26 que hemos venido discutiendo, termina expresando su deseo de que los mismos que le juzgan se conviertan: «¡Quisiera Dios que por poco o por mucho, no solamente tú, sino también todos los que hoy me oyen, fueseis tales cual yo soy, excepto estas cadenas!» (26.29). Y lo mismo fue oración constante y repetida de los mártires en tiempos de persecución.[45]

La situación que Lucas describe en los primeros capítulos de Hechos es también la situación de muchos de nosotros hoy. Hay países en que los poderosos persiguen a los cristianos que cuestionan su poder. En otros lugares, si no se les persigue hasta el punto de matarles, sí se buscan los modos de que su voz no se oiga. Los cristianos que organizan a los inquilinos de una de nuestras barriadas pronto tienen que vérselas con los dueños de los edificios, con los bancos, con los políticos, y a veces hasta con la policía. Los que predican contra el vicio, y sobre todo los que montan programas efectivos para luchar contra el vicio, pronto chocan con los que se enriquecen fomentando el vicio. En tales situaciones, se entiende por qué estamos tentados a pensar en tales personas como el enemigo implacable a quien no nos queda más remedio que destruir antes que ellos nos destruyan. Para tales personas, abusadoras, explotadoras, incrédulas, blasfemas, asesinas, no hay otra palabra que la condenación.

Es entonces que se nos interpone este capítulo 9 de Hechos. Cuando menos podría pensarse este Saulo, el que iba respirando amenazas y muerte contra los discípulos, se torna hermano de Ananías y de los mismos discípulos a quienes antes perseguía. De igual modo, ese incrédulo que ahora se burla de nosotros, ese ricacho que se da la buena vida mientras nuestro pueblo sufre, ese

---

45 Por ejemplo, en el *Martirio de San Apolonio*, 43-44 (trad. Daniel Ruiz Bueno, *Actas de los mártires*, Biblioteca de Autores Cristianos, Madrid, 1968, p. 372), aparece el siguiente diálogo, que tiene lugar inmediatamente antes de la muerte del mártir:

«El procónsul Perenne dijo:

—Había creído, Apolonio, que ibas en adelante a cambiar de modo de pensar y dar culto, con nosotros, los dioses.

Apolonio contestó:

—Y yo esperaba, oh procónsul, que ibas tú a tener pensamientos religiosos y que por mi apología habían de iluminarse los ojos de tu alma y dar de este modo fruto tu corazón, dar culto al Dios hacedor de todas las cosas y elevar a Él solo, diariamente, tus oraciones por medio de las limosnas y humano porte, sacrificio incruento y limpio a Dios».

periodista que miente sobre nosotros porque se le paga para ello, y hasta ese sargento que tortura a alguno de nuestros hermanos, cualquiera de ellos, bien puede un día caer por tierra «camino de Damasco». En tal caso, por más que nuestra inclinación natural, como la de Ananías, sea todo lo contrario, no nos quedará otra alternativa que llamarles «hermanos» y tratarles como a tales.

Esta palabra es dura, pues en situaciones polarizadas y de sufrimiento como las de nuestro pueblo, lo natural es odiar a los malos, y convencernos de que para los tales no hay esperanza de salvación. Empero si nos negamos a aceptarla, estaremos también negando el poder transformador del evangelio, que nos ha alcanzado a nosotros y bien puede alcanzarles a ellos.

Ahora bien, el carácter y las consecuencias inmediatas de la conversión de Saulo merecen considerarse en este contexto. Como vimos en el caso de Simón Mago, hay poderosos que quieren hacerse cristianos sin renunciar a su poder, y que hasta creen que su poder debe darles alguna ventaja en su nueva vida. También hay dictadores y presidentes de grandes naciones que dicen haber nacido de nuevo, pero solo como una estrategia política que les produzca algunos dividendos inmediatos, aunque con ello se condenen a las consecuencias a que se exponen los mentirosos. En América Latina algunos de estos dictadorzuelos siguen usando su poder para oprimir a los demás, y cuando el ejército mata o hace «desaparecer» a alguien, se hacen de la vista gorda. Hay políticos que, como Simón Mago, quieren emplear su nueva «fe» para acrecentar su poder. Empero la verdadera conversión lo trastroca todo. Saulo se levanta ciego y desvalido. Al caer él por tierra, también cae su propio sentido de importancia y de autoridad y poder. Saulo tiene que aprender de este «Ananías», personaje por demás sin importancia.

De igual modo, al mismo tiempo que mantenemos la puerta abierta para la conversión de los que hoy usan de su poder para oprimir al pueblo o para oponerse a los cristianos, cuando tal conversión se produzca hemos de invitarles e insistir en que sea un verdadero nuevo nacimiento, una transformación radical como la de Saulo, quien acaba pidiendo fuerzas y dirección del mismo a quien tres días antes deseaba matar. Lo demás, una «conversión» sin cambio, es una mala imitación y hasta una burla.

Llamados siempre nuevos

La segunda parte del versículo 6 invita a otra reflexión. Cuando Pablo, temblando y temeroso, le pregunta al Señor lo que ha de hacer, la respuesta es sencillamente: «Levántate y entra en la ciudad, y se te dirá lo que debes hacer». Una vez en Damasco, tiene que esperar tres días antes de su entrevista con Ananías. En Hechos 9, Ananías no le dice a Saulo más que unas pocas palabras sobre los propósitos de Dios de hacerle predicador del evangelio. En 22.14-15, le dice algo más, pero bien poco; y lo mismo puede decirse de 26.16-18. Es sólo al leer el resto del libro de Hechos, según la acción se va desdoblando, que vemos una serie de nuevos llamados de Dios a Saulo, quien cada vez va descubriendo una nueva dimensión de su ministerio, o un nuevo lugar adonde se le envía. En Antioquía, el Espíritu ordenará que Bernabé y Saulo sean apartados para una obra especial, pero dirá bien poco acerca de lo que esa obra ha de ser. Más tarde vendrá la visión del varón macedonio, invitando a Pablo y los suyos a nuevos campos de testimonio. Y así sucesivamente.

Lo que esto quiere decir es que cuando Dios nos llama, raras veces nos dice más de lo que necesitamos saber en ese momento. Si nos da una visión de lo que hemos de hacer, esa visión se va aclarando según lo hacemos. La conversión, o el llamado a un ministerio específico, no son generalmente el último llamado de Dios, sino que paso a paso, día a día, vamos descubriendo lo que Dios quiere de nosotros.

Es importante recordar esto, porque son muchas las veces que no nos lanzamos a una acción a la que sabemos que Dios nos está llamando hasta que todos los detalles no estén claros. Si esos detalles no están claros, no hacemos nada. Ciertamente, con frecuencia empleamos esa falta de claridad como excusa para no responder a situaciones que nos parecen difíciles o controversiales. Empero todos los grandes personajes de la historia de la iglesia recibieron llamados y respuestas parciales, cuyo significado se fue aclarando poco a poco en el curso mismo de su obediencia: Saulo en el camino a Damasco, Agustín en el huerto de Milán, Lutero al estudiar la Epístola a los Romanos, Las Casas al libertar a los indios que tenía encomendados, Wesley en Aldersgate, etc. El llamado que Dios nos hace hoy, que bien puede parecernos insignificante (como «levántate y entra en la ciudad»), puede ser el comienzo de una inesperada aventura de fe.

C. La obra de Pedro (9.32-11.18)

Regresamos ahora a Pedro, a quien habíamos dejado de vuelta en Jerusalén, después del episodio de Simón Mago (8.25). Lo que sigue es una serie de episodios en los que veremos cómo el evangelio se va expandiendo geográficamente al mismo tiempo que se va abriendo cada vez más hacia los gentiles. Estos episodios empiezan con dos milagros de Pedro.

1. Dos milagros (9.32-43)

a. La sanidad de Eneas (9.32-35)

Pedro anda «visitando a todos». Esta es otra de esas frases con las que Lucas nos indica que lo que nos va a contar es un caso particular en medio de una serie más extensa de acontecimientos. Pedro andaba predicando y enseñando. En una de esas ocasiones ocurrió lo que Lucas nos va a contar. «Lida» (en hebreo «Lod») era una pequeña villa a unos cuarenta kilómetros de Jerusalén, camino a Jope (hoy es una ciudad mediana, donde está ubicado el aeropuerto internacional de Israel).[46] Aunque el nombre de «Eneas» es griego, lo más probable es que se tratara de un judío de trasfondo helenizado. Aunque el texto no dice explícitamente que fuera creyente, sí es de suponerse, pues el «allí» donde Pedro le encontró (9.33) no parece referirse a la ciudad de Lida, sino al lugar en que Pedro visitaba a «los santos».[47] Los «ocho años» pueden traducirse, como lo hacen casi todas las versiones castellanas, por «desde hacía ocho años»; pero también puede traducirse: «desde que tenía ocho años». De igual modo, la frase que RVR traduce por «haz tu cama» también quiere decir «pon tu mesa». Dado el contexto, lo más acertado parece ser lo que dice RVR. Por último, «Sarón» es una llanura que sigue toda la costa desde Lida y Jope hasta el Monte Carmelo.[48] Naturalmente, el «todos» de 9.35 es un giro literario, pues Lucas no nos quiere dar a entender que fueron literalmente todos los habitantes de esa vasta región los que se convirtieron al Señor.

b. Dorcas es resucitada (9.36-43)

«Jope» es la actual ciudad de Jaifa, junto al mar, a unos quince kilómetros de Lida. El nombre de «Dorcas» es la traducción griega de «Tabita», y quiere decir «gacela». El texto no dice si los discípulos mandaron a buscar a Pedro para que les acompañara en su duelo, o para que resucitara a Tabita. Las «viudas» de 9.39 son mujeres empobrecidas para quienes Dorcas había cosido

---

46 Cp. *DIB*, «Lida».
47 Así lo interpretan Haenchen, *Acts*, p. 338 y Roloff, p. 218.
48 Cp. *DIB*, «Sarón».

vestidos.[49] Ahora los llevan puestos, y se los muestran a Pedro en señal de todo el bien que la difunta ha hecho.

Pedro les ordena a todos que abandonen la habitación. El milagro que ha de tener lugar no es un espectáculo. La frase que Pedro pronuncia en 9.40, «Tabita, levántate» se acerca mucho a la que Jesús emplea en arameo en Marcos 5.41: «Talita cumi».[50] Por esto, algunos eruditos sugieren que se trata de la misma historia atribuida unas veces a Jesús y otras a Pedro.[51] Empero lo más acertado parece ser que Lucas está narrando esta historia, junto a la de Eneas, subrayando el paralelismo entre estos episodios y los dos de los evangelios, para así mostrar que el poder de Jesús continúa con los discípulos.

Por último, Lucas nos dice que Pedro permaneció «muchos días» en Jope, alojándose «en casa de un cierto Simón, curtidor». Esta será la dirección que el ángel le dará a Cornelio en el capítulo siguiente, para que mande a buscar a Pedro (10.6). También es interesante que la ocupación de curtidor era considerada impura por muchos judíos,[52] y que fue precisamente en casa de este Simón, como veremos en el próximo capítulo, que Pedro tuvo que enfrentarse a la visión de los animales inmundos.

2. Pedro y Cornelio (10.1-48)

Los capítulos 10 y 11 de Hechos son uno de los puntos cruciales en la narración de Lucas, pues es en ellos que los cristianos de Jerusalén llegan a la conclusión de que el evangelio es también para los gentiles, tema fundamental en todo el libro de Hechos.[53]

a. La visión de Cornelio (10.1-9a)

Mientras Pedro está todavía en Jope, en casa de Simón, cambia la escena. Nos encontramos ahora en Cesarea, la gran ciudad de corte romano construida por Herodes el Grande en honor de Augusto César (de ahí el nombre de «Cesarea»).[54] Aunque había judíos en ella, era mal vista por los judíos más ortodoxos y nacionalistas, pues era allí que tenía su asiento el gobierno romano, y en ella eran muchos los que practicaban costumbres paganas. El

---

49 Más tarde, aparecería el oficio de «viudas» en la iglesia, que eran mujeres consagradas al servicio del Señor. Cp. 1 Timoteo 5.9-10 y el comentario a ese pasaje en esta serie. En este caso parece tratarse sencillamente de mujeres cuyos esposos habían muerto y que habían quedado desamparadas (como es también el caso en 6.1).

50 En Lucas 8.54 la frase aparece en griego. En Mr. 5.41 Jesús se dirige a la muchacha en arameo.

51 Roloff, *Hechos*, p. 217.

52 Porque el curtidor tenía que trabajar con cadáveres de animales. Véase Levítico 11.39.

53 Algunos críticos han pretendido que lo que tenemos aquí son dos tradiciones separadas que Lucas ha entretejido formando una sola: la visión de Pedro y la conversión de Cornelio. Esa teoría ha sido hábilmente refutada por K. Haacker, «Dibelius und Cornelius: Ein Beispiel formgeschichtlicher Überlieferungskritik», *BibZeit*, 24, 1980, pp. 234-51.

54 Véase *DIB*, «Cesarea».

nombre de «Cornelio» era muy común, pues en el año 82 A.C. Sila les había dado la libertad a diez mil esclavos, los cuales tomaron el nombre de familia de Sila, Cornelio. El hecho de que este Cornelio fuera centurión quiere decir que era ciudadano romano, pues quien no lo fuera no podía tener tal cargo en el ejército. La «compañía llamada la Italiana» parece ser un cuerpo auxiliar de arqueros.[55] El problema a que tienen que enfrentarse los eruditos es que hasta donde sabemos no hubo tropas romanas estacionadas en Cesarea sino hasta después de la muerte de Herodes Agripa en el año 44, y lo que aquí se narra parece haber tenido lugar antes de esa fecha. ¿Será necesario colocar el episodio de Cornelio más tarde de lo que pensamos? ¿Estaría Cornelio en la ciudad bajo comisión especial, sin su cohorte? Es uno de los muchos problemas que no pueden responderse sino con conjeturas.

En todo caso, este Cornelio era «piadoso y temeroso de Dios». Lo que esto quiere decir es que, como el eunuco etíope del capítulo 8, era un gentil que creía en el Dios de Israel, pero no estaba dispuesto a circuncidarse y seguir toda la ley.[56] Ya desde el capítulo 6, hemos visto que había en la iglesia de Jerusalén «prosélitos»; es decir, gentiles que se habían convertido al judaísmo y luego al cristianismo, como era el caso de Nicolás (6.5). También en 8.2-13 se nos habla de la conversión de samaritanos, aunque hasta ahora, aparte del eunuco etíope, no hay noticias de gentiles que se hayan convertido.

Este Cornelio tiene una visión. La frase de 10.3, «vio claramente» es interpretada por algunos en el sentido de que no fue un sueño, sino una visión estando despierto. En apoyo de tal opinión señalan que esto tuvo lugar a la hora novena (es decir, a media tarde). Esa era una de las horas indicadas para la oración de los judíos, y por tanto es posible que Cornelio, «piadoso y temeroso de Dios» como era, estuviera en sus oraciones al recibir la visión. En todo caso, lo que el ángel le dice a Cornelio está claro y no tenemos por qué detenernos en ello.

En respuesta a la visión, Cornelio manda buscar a Pedro en Jope por medio de dos criados y un soldado «devoto», lo cual indica que, como él, pertenecía al grupo de los gentiles que se habían acercado al judaísmo. Su confianza en estos mensajeros se pone de manifiesto por cuanto les cuenta todo lo que ha visto (10.8).

---

55 Hay noticias de que la «Segunda cohorte italiana de voluntarios romanos» estuvo estacionada en esa zona en el siglo primero. No eran legionarios, sino «auxiliares». La diferencia estaba en que los legionarios tenían que ser ciudadanos romanos, y luchaban al modo tradicional de las legiones, mientras las tropas auxiliares se armaban de otros modos (arqueros, caballería ligera, etc.) y solamente recibían la ciudadanía tras cumplir su servicio militar.

56 J. A. Overman, «The God-Fearers: Some Neglected Features», *JStNT*, 32, 1988, pp. 17-26, sostiene este modo tradicional de entender a los «piadosos y temerosos de Dios». Hay otra interpretación en M. Wilcox, «The 'God-Fearers' in Acts: A Reconsideration», *JStNT*, 13, 1981, pp 102-22. Según este último, los «temerosos de Dios» subrayaban más la importancia de la Ley.

b. La visión de Pedro en Jope (10.9b-23a)

Es al día siguiente que Pedro tiene una visión paralela, que le servirá para responder adecuadamente al pedido de Cornelio. En contraste con la visión de éste, la de Pedro tiene lugar en éxtasis. Lucas parece establecer una relación entre la «gran hambre» que tiene Pedro antes de la visión, y el hecho de que lo que se le presenta es comida. Algunos comentaristas han querido ver una relación entre las velas de los barcos que Pedro vería desde la azotea antes de su éxtasis y el «gran lienzo» en que descienden los animales de su visión.[57] Sea cual fuere el caso, lo importante es que Pedro ve toda clase de animales, tanto buenos de comer como inmundos, y que lo que la voz parece decirle —al menos así lo entiende Pedro— es que coma de todo ello.[58] Pedro se niega, y la voz insiste tres veces antes de que el lienzo con sus animales regrese al cielo.

Aquí termina la visión. Pero su interpretación está en el resto de la historia. Mientras Pedro está todavía perplejo, los mensajeros de Cornelio llegan a la casa de Simón, y el Espíritu le dice a Pedro que debe recibirlos e ir con ellos.[59]

El hecho de que la visión tiene lugar en Jope es significativo. Fue en Jope que Jonás, cuando Dios le ordenó ir a Nínive, tomó una embarcación en dirección contraria, rumbo a Tarsis (Jon. 1.3). El verdadero nombre de Pedro es «Simón, hijo de Jonás» (Mt. 16.17). Empero ahora este hijo de Jonás, en contraste con el Jonás de antaño, en la misma ciudad de Jope, se apresta a obedecer el mandato que le envía allende los límites del pueblo de Israel.[60]

Un detalle interesante es que en el versículo 23 Pedro actúa como si la casa fuese suya. Esto puede tomarse como indicación de su autoridad, o como señal del modo en que los cristianos ponían sus posesiones al servicio de los demás.

---

57 William Neil, *The Acts of the Apostles*, Wm. B. Eerdmans, Grand Rapids, MI, 1973, p. 138.

58 Pedro se niega a comer porque nunca ha comido nada «común» (*koinós*) o «inmundo» (*akáthartos*). Técnicamente, hay una diferencia entre lo uno y lo otro. Lo «común» es lo que no ha sido consagrado. Lo «inmundo» es lo que puede contaminar al creyente. En tiempos del Nuevo Testamento, la distinción casi había desaparecido. Empero es interesante notar que en el v. 15 la voz le dice a Pedro: «lo que Dios *limpió*, no lo llames tú *común*». Lo que esto va a implicar, al terminar todo el episodio, es que Dios ha limpiado a Cornelio y los suyos, y que por tanto ahora son «santos» como objetos consagrados a Dios. Cp. C. House, «Defilement by Association: Some Insights from the Usage of *koinós/koinóo* in Acts 10 and 11», *AndUnivSemSt*, 21, 1983, pp. 143-53.

59 En 10.19, varios manuscritos antiguos de mucha autoridad dicen «dos hombres» en lugar de «tres». Es posible que Lucas haya escrito originalmente «dos», refiriéndose a los criados quienes eran los verdaderos mensajeros (el soldado venía como escolta) y que más tarde algún copista, viendo el contraste entre el versículo 7 y el 19, haya puesto «tres» donde el original decía «dos». Es por esto que algunas versiones dicen «tres hombres», otras «dos» y otras «algunos». Es cosa sin mayor importancia, y la señalamos aquí para el caso de que el lector encuentre divergencias entre las traducciones que emplea.

60 Cp. R. W. Tall, «Peter, 'Son' of Jonah: The Conversion of Cornelius in the Context of Canon», *JStNT*, 29, 1987, pp. 79-90.

c. Los acontecimientos de Cesarea (10.23b-48)

Pedro va a Cesarea con los dos mensajeros, el soldado y «algunos de los hermanos de Jope». Más adelante (11.12) Lucas nos dirá que eran seis. Algunos comentaristas entienden que Pedro los llevó consigo para que le sirvieran de testigos.[61] Más tarde esa será su función. Pero del modo en que Lucas nos narra la historia, sobre todo si la leemos como quien no conoce lo que viene después, resulta claro que Pedro mismo no sabe por qué ha ido a Cesarea, ni lo que le espera allí. Por tanto, no tiene por qué pensar que necesitará testigos, sino que al parecer lleva a estos seis hermanos sencillamente como acompañantes.

Cornelio sí está seguro de que Pedro vendrá, y lo está esperando junto a «sus parientes y amigos más íntimos». El primer encuentro no es del todo grato. Cornelio «adora» a Pedro, quien le reprende por ello (10.25-26).[62]

Pedro entra a la casa y no muestra gran tacto. Su interés no está en congraciarse con los presentes. Al contrario, lo primero que dice es que desde el punto de vista en que él se ha criado lo que está haciendo al entrar a esa casa es «abominable», y que sólo lo ha hecho por razón de la visión que ha tenido, en la cual Dios le ha mostrado «que a ningún hombre llame común o inmundo». Acto seguido, sin más preámbulos, pregunta por qué le han llamado.

La respuesta de Cornelio parece sorprenderlo.[63] Luego, las palabras de Pedro son semejantes a lo que hemos visto anteriormente, con dos grandes diferencias. La primera es el comienzo: «En verdad comprendo que Dios no hace acepción de personas, sino que en toda nación se agrada...» Hasta ese momento, su interpretación de la visión de Jope era, primero, que debía ir con los mensajeros, después, que debía sentirse libre de entrar a una casa de gentiles. Pero ahora, al saber de la visión de Cornelio, llega a la conclusión de que Dios también le ha hablado al gentil. La segunda diferencia es más sorprendente todavía. Pedro se lanza a su discurso (casi diríamos, su sermón rutinario) sobre lo que Dios ha hecho en Jesús. Lo sorprendente ahora, sin embargo, es el resultado: el Espíritu Santo cae sobre los que le escuchan, y empiezan a hablar en lenguas. Esto causa gran estupefacción a los cristianos

---

61 Turrado, *Biblia comentada*, p. 113. El propósito de llevar tales testigos bien puede haber sido el hecho mismo de que iba a casa de un gentil, y posiblemente necesitaría testigos de su comportamiento como buen judío.

62 Lo que Cornelio hace, sin embargo, no es «adorarle» en el sentido estricto. El verbo *proskynéin*, que Lucas emplea aquí, quiere decir postrarse ante alguien en señal de respeto. Se hacía ante los dioses, pero también ante los superiores, y especialmente los reyes. Luego, no hay que entender las palabras de Pedro como si Cornelio fuera idólatra, sino más bien en el sentido de que Pedro no es superior a él, y no espera ni desea tal clase de pleitesía.

63 Los «cuatro días» se refieren, como en el caso de los «tres años» de Pablo en Arabia, a dos días completos y porciones de otros dos. Los mensajeros salieron de Cesarea el primer día, llegaron a Jope el segundo, salieron de regreso el tercero, y llegaron con Pedro el cuarto.

judíos de Jope, pues no pensaban que fuera posible que el Espíritu viniera sobre los gentiles. «Los fieles de la circuncisión que habían venido con Pedro se quedaron atónitos de que también sobre los gentiles se derramase el don del Espíritu».

Es entonces que viene el momento más sorprendente. Pedro, que dos días antes nunca hubiera soñado tal cosa, se pregunta si hay razón alguna para no bautizar a estos creyentes. La pregunta es muy parecida a la que ya vimos en 8.36, en el caso del etíope. Y la respuesta es la misma: «mandó bautizarles en el nombre del Señor Jesús» (10.48).

Y, para no terminar con las sorpresas, viene lo que a nosotros no nos sorprende, pero sí sorprendería a cualquier judío ortodoxo de aquella época, para quien el contacto con los gentiles debía ser evitado asiduamente: Pedro se queda con Cornelio «algunos días» (v. 48).

3. Informe a la iglesia de Jerusalén (11.1-18)

Es precisamente esto último lo que más molesta a algunos creyentes en Jerusalén.[64] La frase «los que eran de la circuncisión» (11.2) puede entenderse de dos modos: (1) los cristianos judíos, que hasta ese momento eran todos; (2) los cristianos que insistían en la circuncisión. En este segundo caso, lo que Lucas estaría haciendo sería empezando a hablar sobre un partido que surgió en respuesta a la creciente apertura de la iglesia hacia los gentiles. Este grupo, los llamados «judaizantes», insistía en la necesidad de circuncidarse y de cumplir toda la ley de Israel para ser cristiano. Puesto que tal grupo no surge sino después, y puesto que en 10.45 Lucas se ha referido a los fieles de Jope como «fieles de la circuncisión», lo más probable es que se esté refiriendo a los cristianos judíos.

En todo caso, estas gentes llaman a Pedro a cuentas, aunque al parecer no tanto por haberles predicado a los gentiles, o por haberles bautizado, como por haber entrado a su casa y comido con ellos.

La respuesta de Pedro es un recuento de lo que ya hemos visto en el capítulo 10, excepto que en los versículos 16 y 17 dice algo de lo que pensó cuando vio que el Espíritu Santo se derramaba sobre los gentiles. Se acordó de la promesa de Jesús sobre el bautismo del Espíritu Santo, y se preguntó: «¿quién era yo que pudiese estorbar a Dios?»

La reacción de los presentes es de sorpresa y es positiva. De sorpresa: «¡De manera que también a los gentiles ha dado Dios arrepentimiento para vida!» Positiva: «callaron [es decir, no siguieron disputando], y glorificaron a Dios».

---

64 El versículo 11.2 es bastante más largo en algunos manuscritos del texto occidental. Hay quien piensa que ese texto más largo bien puede ser del mismo Lucas: E. Delebecque, «La montée de Pierre de Césarée à Jérusalem selon le Codex Bezae au chapître 11 des Actes des Apôtres», *EphThLov*, 58, 1958, pp. 106-10.

Si no conociéramos el resto de la historia pensaríamos que con ello quedó resuelta la cuestión de la admisión de los gentiles a la iglesia.

Lo que Dios limpió, no lo llames tú común

La enormidad de lo que Pedro está haciendo se nos escapa, porque pensamos como gentiles y se nos hace difícil verlo desde la perspectiva de Pedro. Lo normal para nosotros es mirar a aquel episodio a través del lente de casi veinte siglos de misión entre los gentiles. Pero para entender lo que está sucediendo tenemos que verlo a través del lente de otros muchos siglos de insistencia en la obediencia absoluta a la Ley, pues tal era la perspectiva de Pedro. Para él, el contacto con los gentiles debía evitarse. Juntarse o andar con gentiles era, como él mismo dice, «abominable» (10.28). Lo menos que pensó Pedro aquel día que dejó sus redes junto al mar de Galilea era que un día iría a visitar a algún gentil, y que hasta se quedaría en casa de ellos. Y sin embargo ahora, como resultado de un proceso que le llevó de Galilea a Jerusalén, y de allí a Lida y a Jope, Pedro acepta a estos gentiles como sus hermanos, y se muestra dispuesto a bautizarles.

La enormidad se hace aún mayor si recordamos que este gentil era centurión romano. De las opiniones políticas de Pedro no sabemos nada. Pero sí sabemos que entre los judíos más piadosos era costumbre apartarse todo lo más posible de los romanos, quienes decían haber conquistado casi todo el mundo conocido con el favor de sus dioses, y quienes invitaban a sus súbditos a mezclar sus religiones. Era precisamente por ese desagrado de los judíos hacia los romanos —y especialmente hacia las tropas romanas— que los representantes del Imperio tenían su sede en Cesarea, y no en Jerusalén.

Sin saber por qué, y quizá hasta de mala gana, Pedro va a casa de Cornelio. No tiene el menor interés en congraciarse con él y con su familia. De hecho, lo primero que les dice es casi un insulto (10.28). Si por él fuera, los llamaría inmundos; pero Dios le ha ordenado que no lo haga, y ha venido no porque le gusten los romanos, sino porque Dios se lo ha ordenado.

Y entonces, en medio de esa situación que para él debió de haber sido por lo menos incómoda, ocurre el hecho sorprendente: derramando de su Espíritu Dios les muestra a Pedro y a los demás cristianos judíos que «también a los gentiles ha dado Dios arrepentimiento para vida» (11.18).

El tiempo ha pasado, y gracias a Dios y a aquella experiencia de Pedro nosotros los que antes estábamos lejos hemos sido hechos cercanos (Ef. 2.13).[65] Empero ahora somos nosotros los que tenemos leyes, reglas y principios que, por muy buenos que sean, a veces nos hacen correr el riesgo de faltar a nuestra misión. Ya no se trata de no entrar a casa de gentiles. Ahora se trata de mantenernos puros no asistiendo a cierta clase de fiestas, o no participando de ciertas actividades sociales, o no juntándonos con los bebedores, o lo que sea. A fin de salvaguardar esa pureza, muchas veces limitamos nuestro círculo de contactos, de modo que siempre andamos entre creyentes, y evitamos codearnos con quienes no sean de nuestra fe. Hay cierto valor en esto, pues la comunidad de fe tiene un papel muy importante en la vida cristiana, fortaleciéndonos cuando flaqueamos y ayudándonos a descubrir la voluntad de Dios. Empero también corremos el peligro de encerrarnos de tal modo en esa comunidad, que nos olvidemos de que Cristo murió, no solamente por nosotros, sino también por todos ésos cuya compañía evadimos: los irresponsables, los borrachos, los jugadores, los inmorales, los amorales, los incrédulos, etc.

En tales circunstancias, es bueno que recordemos que, como dice Pedro, «Dios no hace acepción de personas» (10.34), y que Cristo murió por los pecadores. Si servimos a un Cristo que vino a buscarnos en medio de la perdición en la que nosotros mismos estábamos, ¿no tenemos la obligación de ir a buscar a esos otros en medio de cualquier perdición en que estén?

Y Pedro fue a casa de un *centurión,* no lo olvidemos. Fue a casa de un oficial del ejército que ocupaba su patria, y del Imperio que exprimía de ella impuestos onerosos. Fue, no porque quisiera congraciarse con el poderoso, sino que fue porque Dios se lo ordenó. ¿Estaremos nosotros dispuestos a emprender misiones igualmente arriesgadas e inauditas?

En cierto modo, este episodio es semejante al de la conversión de Pablo, aunque ahora visto desde la perspectiva inversa. Allí vimos cómo el que antes perseguía a los creyentes se convierte, y Dios le emplea para grandes cosas. Ahora vemos cómo la iglesia obediente, en la persona de Pedro, vive ese evangelio que es buenas nuevas hasta para gentes como Saulo, el que perseguía a los cristianos, o este oficial de un ejército de ocupación.

---

65 Hay un estudio del episodio de Pedro y Cornelio desde el punto de vista misionero: D. Lotz, «Peter's Wider Understanding of God's Will: Acts 10:34-48», *IntRevMiss,* 77, 1988, pp. 201-7. En cuanto a su aplicación en nuestro contexto, con ejemplos y atinadas reflexiones, véase el capítulo «Mirad los campos», en G. Cook, *Profundidad en la evangelización,* Publicaciones INDEF, San José, 1975, pp. 68-84.

Vivimos en un mundo lleno de corrupción, vicios, injusticia y opresión. Como cristianos, tenemos que condenar todas esas prácticas con voz clara y profética. Pero al mismo tiempo debemos cuidarnos de no caer en el peligro de creernos que la iglesia es únicamente para gentes «como nosotros». Cuando en alguna de nuestras iglesias se empieza a rechazar a las personas porque «no son decentes», o porque «son viciosas», o porque no participan de nuestra ideología política, es hora de que nos detengamos a pensar en este episodio de Pedro y Cornelio, y nos preguntemos qué quiere decir para nosotros hoy eso de que «Dios no hace acepción de personas». Ciertamente, en nuestras iglesias se habla mucho de evangelización, y de la necesidad de llevar las «buenas nuevas» al resto del mundo. No olvidemos que las buenas nuevas incluyen precisamente la noticia de que los que estaban lejos han sido hechos cercanos. Las «buenas nuevas», como la medicina, no son para los que están sanos, sino para los enfermos.

Ch. La iglesia de Antioquía (11.19-30)

Aunque lo que se narra en esta sección parece ser un paréntesis dentro de la historia de una serie de acciones por parte de Pedro, lo que le interesa a Lucas no son los hechos de Pedro o de cualquiera de los otros apóstoles, sino el modo en que el Espíritu va llamando a la iglesia a nuevas formas de obediencia. Por ello, ahora que nos ha dicho que Pedro bautizó a Cornelio y los suyos, es decir, que hubo una iglesia de cristianos de origen gentil en Cesarea, pasa a decirnos algo sobre otra iglesia semejante, ésta en Antioquía. El orden cronológico de los acontecimientos no está claro, pues en 11.19 se repite lo que se nos dijo en 8.4, y por tanto parece darse a entender que estos acontecimientos tuvieron lugar al mismo tiempo que los otros que se nos cuentan en el capítulo 8.[66] Algunos comentaristas señalan que la lógica de la narración parece indicar que estos acontecimientos tuvieron lugar después de la conversión de Cornelio y los suyos, pues es solamente entonces que la iglesia de Jerusalén está dispuesta a aceptar la existencia de una iglesia de gentiles como la de Antioquía.[67] Lo más sencillo es suponer que 11.19 se refiere a acontecimientos que tuvieron lugar a raíz de la muerte de Esteban, y que lo que se cuenta en 11.20 tuvo lugar después —o casi al mismo tiempo— de la conversión de Cornelio. De ese modo se entiende por qué los cristianos de Jerusalén no se escandalizaron al enterarse de que había gentiles en la iglesia de Antioquía. Por otra parte, quizá lo mejor sea no exagerar demasiado el

---

66 La construcción gramatical griega, muy semejante a la de 8.4, da a entender que Lucas tiene la intención de que el lector relacione ambos episodios.

67 Turrado, *Biblia comentada*, p. 120; Kürzinger, *Hechos*, 1:305.

elemento lineal de una cronología como ésta, pues posiblemente lo que Lucas está tratando de hacerles ver a sus lectores es que la misión a los paganos fue obra del Espíritu Santo, que estaba actuando en esa dirección a través de varios acontecimientos paralelos: la conversión del eunuco etíope por mediación de Felipe, la de Cornelio y los suyos por mediación de Pedro, y ahora la fundación de una comunidad de origen gentil en Antioquía.

Antioquía misma era una gran ciudad, la tercera de todo el Imperio Romano.[68] Fundada a orillas del río Orontes por Seleuco I Nicator alrededor del año 300 A.C., quien le dio el nombre de «Antioquía» en honor de su padre Antíoco, en el siglo primero la ciudad contaba con unos quinientos mil habitantes. En ella se daba gran intercambio de ideas, culturas, costumbres y religiones. La comunidad judía era numerosa, y tenía en Antioquía una bella sinagoga a la que muchos paganos se sentían atraídos.[69] Como bien ha dicho el comentarista Jürgen Roloff, «difícilmente se puede imaginar una contraposición tan tajante como la que se tuvo que producir entre este ambiente intelectual tan abierto y polifacético, y la mentalidad de Jerusalén con su tendencia al aislacionismo y con su creciente estrechez de miras nacionalistas.»[70] Por tanto no es de extrañarnos el que hubiera en Antioquía buen número de paganos interesados en escuchar el evangelio, ni tampoco que la iglesia de esa ciudad se mostrara dispuesta a predicarles.

La historia que Lucas narra en 11.19-20 es muy escueta. Indica que de los que huyeron a raíz de la muerte de Esteban algunos fueron directamente a Antioquía, y otros a Fenicia y Chipre. Esta lista de lugares no pretende ser completa, pues en el próximo versículo el propio Lucas va a hablar de otros, procedentes de Cirene. En todo caso, Fenicia es una estrecha faja costera que se extiende desde Samaria hasta el río Orontes, y es por tanto normal pensar que algunos de los esparcidos pasaron de Jerusalén a Fenicia, y de allí a Antioquía.[71] Empero Lucas no dice que entre los que predicaron inicialmente en Antioquía hubiera personas procedentes de Fenicia. Chipre era una isla cercana, de donde había comunicación marítima tanto con el puerto de Cesarea, que servía a Jerusalén, como con Antioquía. Bernabé, quien aparecerá en escena después de los primeros misioneros, era natural de Chipre (4.36), y fue a esa isla que primero se dirigieron Bernabé y Saulo en su viaje misionero, como veremos más adelante. Luego, al terminar el versículo 19 todo lo que se nos ha dicho es que, al menos en Fenicia, Chipre y Antioquía, se había ido predicando el evangelio, aunque exclusivamente a los judíos.

Es en el versículo 20 que entra en escena lo radicalmente nuevo. «Unos varones de Chipre y de Cirene» llegaron a Antioquía y empezaron a predicarles

---

68 Véase *DIB*, «Antioquía».
69 Josefo, *Guerra*, 7.3.3.
70 *Hechos*, p. 240.
71 Véase *DIB*, «Fenicia». La región corresponde aproximadamente a lo que hoy se conoce como el Líbano.

también a los griegos.[72] Cirene era una ciudad de Libia, al norte de Africa, donde había una fuerte comunidad judía. Los cirenaicos judíos se mencionan en el episodio de Pentecostés (2.10), y entre los helenistas que se opusieron a la predicación de Esteban (6.9). El propio Lucas en su Evangelio menciona a Simón Cireneo, quien llevó la cruz de Jesús (Lc. 23.26; cp. Mt. 27.32, Mr. 15.21). Más adelante, en 13.1, al mencionar los líderes de la iglesia en Antioquía, Lucas va a referirse a «Simón el que se llamaba Niger» (es decir, a «Simón el Moreno») y a Lucio de Cirene. Es posible que estos dos se cuenten entre los que primero predicaron entre los gentiles de Antioquía.

En todo caso, la gran novedad es que estas personas de Chipre y de Cirene empiezan a predicarles también a los gentiles. Lucas nos dice que «la mano del Señor estaba con ellos» para asegurarnos de que esta nueva empresa era obra bendecida por el Señor, y no alguna herejía que alguien inventó. Para Lucas era importante señalar esto, pues una de las cuestiones que todavía se discutía en su tiempo era la conversión de los gentiles. Lucas rechaza la opinión de los «judaizantes», que los gentiles que se convierten al evangelio tienen que cumplir toda la ley (e incluso circuncidarse, en el caso de los varones). Los gentiles de Antioquía se hicieron cristianos sin hacerse judíos, y Lucas subraya que «la mano del Señor estaba con ellos».

Bernabé, a quien la iglesia de Jerusalén envió a Antioquía, es uno de los personajes más atractivos en todo el libro de Hechos. Ya se nos dijo que los apóstoles le llamaban «hijo de consolación», y que era generoso con sus bienes (4.36-37). También se nos dijo que tras la conversión de Saulo fue él quien lo recibió en Jerusalén y lo presentó a los demás cristianos (9.27). Por último, Bernabé será un personaje importante desde 12.25 hasta 15.39. Es únicamente en Gálatas 2.13 que Pablo dice algo negativo sobre Bernabé, y esto en tono de sorpresa, como indicando que Bernabé era de quien menos se esperaría tal cosa. En el texto que estamos estudiando, Lucas nos dice que la iglesia de Jerusalén envió a Bernabé a Antioquía. Es interesante notar que Bernabé recibe su comisión de la iglesia de Jerusalén, y no de los apóstoles. ¿No estarían éstos en la Ciudad Santa? Es imposible saberlo a ciencia cierta. El texto tampoco nos dice si Bernabé fue enviado para investigar lo que estaba sucediendo y luego rendirle informe a la iglesia de Jerusalén, o si fue enviado más bien para apoyar a los de Antioquía. Cualquiera que haya sido la razón de su envío, el hecho es que permaneció en Antioquía, sin regresar a Jerusalén por algún tiempo.

---

72 Donde la RVR dice «griegos», algunos manuscritos dicen «griegos» (helenos) y otros «helenistas». Lo normal es que, cuando se trata de una distinción entre judíos, unos de habla aramea y otros de la diáspora, se hable de «judíos» y «helenistas», y que cuando lo que se desea es contrastar entre los judíos y los gentiles se hable de «judíos« y «griegos». Por ello, lo más probable es que el texto original haya dicho «griegos». Empero, no importa cuál haya sido la palabra que el mismo Lucas empleó, el contexto indica sin lugar a dudas que se refiere a personas que, sin ser judías, se convirtieron al cristianismo.

Al llegar a Antioquía, Bernabé se regocijó con lo que vio,[73] y comenzó a exhortar a los fieles. (El verbo que RVR traduce por «exhortó» más bien debería traducirse por «exhortaba», y da a entender que Bernabé continuó esta práctica por algún tiempo.) El versículo 25 nos dice que «después Bernabé fue a Tarso para buscar a Saulo». Esto parece indicar que Bernabé llevaba ya algún tiempo en Antioquía, y que había llegado a ser uno de los dirigentes de esa iglesia. En tal caso, el propósito de Bernabé al buscar a Saulo sería tener un ayudante en esa obra. Por ese entonces, parece que Pablo andaba predicando por «las regiones de Siria y de Cilicia» (Gá. 1.21). Tarso era la capital de esta última región. El texto griego da a entender que Bernabé tuvo que buscar activamente a Saulo, hasta que le halló.

De regreso, pasaron «todo un año» trabajando en Antioquía. Lucas nos dice bien poco acerca de ese año, que debió haber sido crucial en la historia del cristianismo, pues es de suponerse que fue allí y en ese tiempo que se fueron forjando las características básicas de la iglesia de los gentiles, a la que todos pertenecemos hoy. También hay que imaginarse las conversaciones entre Pablo, Bernabé y otros sobre la relación entre la fe de Israel que habían recibido de sus antepasados, y su nueva convicción cristiana. Un comentarista ha descrito así lo que probablemente tuvo lugar durante ese año:

> Para Saulo y también para Bernabé fue un año de maduración de sus conocimientos y de sus ideas, que utilizarían pronto, cuando emprendieran una misión evangelizadora en gran escala entre los paganos. En aquel año en Antioquía se vio, con claridad y seguridad crecientes, cómo la Iglesia se liberaría del aislamiento en que la colocaba la mentalidad legalista judía. De este modo se preparaba algo que determinaría el camino de Saulo y le convertiría en el incomparable heraldo de la salvación cristiana, de la gracia y de la libertad en Cristo.[74]

En todo caso, índice del fermento que estaba teniendo lugar es que fue entonces, y en Antioquía, que por primera vez se les dio a los discípulos el nombre de «cristianos». Sobre el sentido original de este término se han sugerido varias teorías. La más común es que era un mote que los gentiles les pusieron a los discípulos en son de burla, quizá en imitación del nombre que se daban los seguidores fanáticos de Nerón.[75] Otros sugieren que el nombre

---

73 Aquí hay un bello juego de palabras en el griego, al decir que al ver la gracia (*járis*) de Dios Bernabé se regocijó (*ejáre*).

74 Kürzinger, *Hechos*, 1:310-11.

75 Tal es la teoría de H. B. Mattingly, «The Origin of the name 'Christiani'», *JTS*, 9, 1958, pp. 26-37. El problema es que, si el nombre es tan antiguo como Lucas lo indica, es anterior al uso de los otros motes que Mattingly sugiere como modelos para el de «cristianos».

quería decir «esclavos de Cristo», y que los discípulos lo tomaron como distintivo propio.[76] Esta teoría, hacia la cual nos inclinamos, sostiene que los discípulos tomaron este nombre dando a entender que eran agentes del Rey Ungido, del «Cristo», lo cual les daba un importante sentido de dignidad tanto en el presente difícil como en el reino por venir. También es digno de mención el hecho de que quien primero empleó el término «cristianismo» para referirse a la nueva fe fue un obispo de Antioquía, Ignacio, a principios del siglo segundo.[77]

Fue mientras Bernabé y Saulo trabajaban juntos en Antioquía que llegaron unos «profetas» de Jerusalén. Esto no tiene nada de extraño, pues está claro que en la iglesia antigua había predicadores que viajaban de un lugar a otro exhortando y edificando a los creyentes, y de ese modo manteniendo unida a una iglesia que no tenía muchos otros medios de comunicación.[78] Uno de esos profetas, Agabo, anunció una gran hambre que asolaría «toda la tierra habitada» (toda la *oikouménê*; es decir, toda la tierra habitada o todo el territorio del Imperio).[79] De Agabo se habla también en 21.10-11, donde anuncia el arresto de Pablo. Según Lucas, el hambre que Agabo anunció tuvo lugar «en tiempo de Claudio». De hecho, la historia registra cinco períodos distintos de hambre durante el reinado de Claudio (41-54 D.C.), cuando hubo malas cosechas en diversas partes del Imperio. Tomado en conjunto, el reinado de Claudio fue sin lugar a dudas un período de malas cosechas y de hambre. Empero es difícil puntualizar más allá de estos puntos generales. El historiador judío Josefo habla de una gran carestía en Palestina en los años 47 y 48, cuando Cuspio Fado y Tiberio Alejandro eran procuradores romanos.[80] Si hemos de tomar

---

76 Así lo sostienen B. J. Bickerman, «The Name of Christians», *HTR*, 42, 1949, pp 109-24, y J. Moreau, «Le nom des Chrétiens», *Nouvelle Clio*, 1950, pp. 190-92. La forma verbal que se emplea en el griego puede traducirse tanto en voz pasiva («los cristianos fueron llamados») como en forma reflexiva («los cristianos se llamaron a sí mismos»).

77 Véase González, *Historia del pensamiento*, vol. 1, p. 67.

78 Véase M. de Burgos Núñez, «La comunidad de Antioquía: Aspectos históricos y papel profético en los orígenes del cristianismo», *Comm*, 15, 1982, pp. 3-26. Pronto la existencia de estos profetas ambulantes creó dificultades, pues era necesario saber quiénes eran profetas genuinos y quiénes no. Esto puede verse en la *Didajé*, que trata de ofrecer pautas al respecto: «Si pide dinero, es un falso profeta... No todo el que habla en espíritu es profeta, sino el que tiene las costumbres del Señor. Así, pues, por sus costumbres se discernirá al verdadero y al falso profeta. Además, todo profeta que manda en espíritu poner una mesa, no come de ella; en caso contrario, es un falso profeta». *Did.*, 11.6,8-9 (trad. Ruiz Bueno, *Padres apostólicos*, p. 89).

79 En ese punto (1.28), el texto occidental dice: «Mientras estábamos reunidos, levantándose uno de ellos, llamado Agabo». Este es el primer lugar en que aparece la primera persona plural (nosotros) en el libro de Hechos. De ser parte del texto original, indicaría que el tan discutido «nosotros» incluye, o bien a alguno de los creyentes de Antioquía, o bien a alguno de los profetas de Jerusalén. Empero lo más probable es que se trate de una añadidura por parte de algún copista convencido de que el «Lucio» de 13.1 es Lucas, el autor de Hechos.

80 *Ant.*, 20.101.

literalmente la aseveración de Hechos 12.1: «*en aquel mismo tiempo* el rey Herodes», nos veremos obligados a colocar el pasaje que estamos estudiando al mismo tiempo de la persecución de Herodes Agripa, entre el año 41 y el 44.[81]

Los cristianos de Antioquía recogieron una ofrenda y la enviaron a Jerusalén por medio de Bernabé y de Saulo, aunque el texto no aclara si el hecho mismo de recoger la ofrenda fue en respuesta a la profecía de Agabo o al hambre misma. Es interesante que, aunque en Hechos no se habla de la colecta para Jerusalén que ocupa un lugar tan importante en las cartas de Pablo, sí se nos muestra que desde fecha muy temprana Pablo estuvo envuelto en los esfuerzos por ayudar a los discípulos de Jerusalén.

Quiénes eran los «ancianos» o «presbíteros»[82] a quienes los cristianos de Antioquía enviaron sus ofrendas (11.30), no está claro. Ciertamente, para el tiempo en que Lucas escribió, había en cada iglesia «ancianos» que servían de pastores y directores de la congregación. El problema es que Lucas no ha dicho una palabra sobre «ancianos» en Jerusalén. Ciertamente, no son los apóstoles. Una posibilidad que pocos intérpretes mencionan es que sean los «siete» elegidos en Hechos 6, o sus sucesores. La razón de pensar en eso es que la función de los «siete» era administrar lo recogido, y la misma parece ser la función de estos «ancianos».[83]

Este pasaje, como tantos otros de Hechos que se refieren a la vida de Pablo, nos vuelve a presentar el problema de cómo compaginar sus datos con lo que nos dice el mismo apóstol en sus cartas.[84] En pocas palabras, el problema consiste en que en Gálatas 1 y 2, al resumir su carrera, Pablo no habla sino de dos viajes a Jerusalén, de los cuales el segundo es para asistir al llamado «concilio apostólico» que se describe en Hechos 15. ¿Qué hacer entonces con este «viaje de las ofrendas»? Algunos eruditos cambian el orden en que Lucas presenta las cosas, y pretenden que este viaje tuvo lugar después del concilio apostólico. Otros sugieren que tal vez Lucas se equivocó, y Pablo no fue a Jerusalén con la delegación que llevó las ofrendas de Antioquía. Desde nuestra perspectiva, la solución más aceptable parece ser que en Gálatas, porque no viene al caso en su argumento, Pablo no menciona este breve «viaje de las ofrendas», en el que ni siquiera parece haberse entrevistado con los apóstoles, y en todo caso fue como subalterno o acompañante de Bernabé (cuyo nombre aparece primero con razón en 11.30).

[81] Véase A. M. Tormes, «La fecha del hambre de Jerusalén aludida por Act 11,28-30», *EstEcl*, 33, 1959, pp. 303-16.

[82] La palabra griega *presbyteros* originalmente quería decir «anciano», en el sentido de una persona mayor de edad; pero con el correr del tiempo vino a ser un cargo dentro de la iglesia.

[83] Véase Turrado, *Biblia comentada*, p. 123.

[84] El problema, así como las posibles soluciones, están muy bien resumidos en Alfred Wickenhauser, *Los Hechos de los Apóstoles*, Herder, Barcelona, 1973, pp. 200-203.

La grandeza de lo pequeño

Si no conociéramos el resto de la historia de Hechos, nos preguntaríamos por qué Lucas nos habla aquí de una iglesia que se ha fundado a casi quinientos kilómetros de Jerusalén. No se nos dan los nombres de los fundadores de esta iglesia, ni de los que dieron el paso gigantesco de empezar a predicarles a los gentiles. El hecho es que al leer estos versículos, si no nos cuidamos, nos dejamos llevar por el tedio: el hecho de que haya una iglesia más no parece sorprendernos, cuando Lucas ha venido hablando de tantas comunidades nuevas, y de creyentes esparcidos por Galilea, Samaria, Chipre, Fenicia, etc. Quisiéramos que nos siguiera contando de Jerusalén, donde estaba el centro de la acción, y de lo que hicieron los apóstoles.

Sin embargo, Lucas ha puesto estos versículos aquí porque más adelante en el transcurso de su narración el centro de la acción va a pasar de Jerusalén a Antioquía. En los párrafos que siguen nos va a llevar de nuevo a Jerusalén. Pero a partir de entonces, casi no se ocupará más de Jerusalén. El viejo centro ya no lo será más, sino que lo que hasta poco antes fue un lugar periférico, a gran distancia del centro, vendrá a ser el foco de la acción.

Esto se entiende. La iglesia de Jerusalén tuvo su momento y su misión. Empero ahora se va acercando una nueva era. Será necesario responder al reto de la misión a los gentiles. Y, ¿quién mejor que esta iglesia de Antioquía, situada ella misma en la periferia de la vieja iglesia judía? A partir del capítulo 13, Lucas se ocupará casi exclusivamente de esa iglesia y de su obra misionera, no porque fuera ella la más antigua, la más rica o la más poderosa, sino porque fue la que supo enfrentarse a los nuevos retos del momento.

Lo mismo ha sucedido a través de toda la historia de la iglesia. Los que hasta un momento dado han estado en la periferia, en parte por el hecho mismo de estar en esa periferia, frecuentemente son quienes más prontos están a responder a los retos de una nueva era. Como dice Pablo en 1 Corintios 1.27-28, «lo necio del mundo escogió Dios, para avergonzar a los sabios; y lo débil del mundo escogió Dios, para avergonzar a lo fuerte; y lo vil del mundo, y lo menospreciado escogió Dios, y lo que no es, para deshacer lo que es».

La iglesia de habla hispana ha estado en la periferia por mucho tiempo. Eso puede desalentarnos o crear en nosotros una especie de «complejo de inferioridad», pensando que lo mejor es lo que viene del Norte, y que nuestra tarea no es sino recibir lo que esas culturas nos dan. Tal ha sido con mucha frecuencia la actitud de muchos entre nosotros.

Pero hay otra posibilidad. Por el hecho mismo de estar en la periferia del mundo occidental —periferia cultural, religiosa y económica— es posible que nuestra iglesia esté singularmente capacitada para enfrentarse a los nuevos retos del día de hoy.

Veamos un ejemplo. En todas partes del mundo se habla de la necesidad de una mejor y mayor evangelización. En las iglesias tradicionalmente ricas de Europa y Norteamérica se desarrollan ambiciosos programas, con toda clase de recursos técnicos y económicos. Pero en la mayoría de los casos tales programas no resuelven nada, y las iglesias que siguen creciendo son nuestras iglesias hispanas, que trabajan sin mayores recursos, pero con gran entusiasmo y convicción. Luego, si la obra evangelizadora va a continuar, lo más probable es que esto se haga, no desde los centros (las «Jerusalenes») de las iglesias ricas en el Atlántico del Norte, sino desde las «Antioquías», como las hispanas, que se han fundado en zonas rurales y urbanas en todo este hemisferio. Hoy mismo hay iglesias nacientes en Chile, en Perú y en muchos de los barrios pobres de Nueva York y de Los Angeles, cuyos orígenes posiblemente sean tan poco brillantes y hasta confusos, como los de la iglesia de Antioquía, pero cuya importancia futura es imposible predecir.

Empero esto no se ha de lograr sencillamente repitiendo lo que hemos recibido de «Jerusalén», léase misioneros y fundadores de nuestras iglesias. Ese año tan importante de que Lucas no nos da sino un atisbo ha de repetirse en nuestras iglesias. Lo que sucedió durante ese año fue que aquella iglesia de Antioquía cobró conciencia de sí misma, y asimiló el evangelio de tal modo que se hizo capaz de compartirlo en términos nuevos, que se adaptaban a la misión que Dios le había encomendado. De igual modo, es necesario que nuestras iglesias, mediante su propio aporte financiero, reflexión y oración, vayan descubriendo el carácter y el modo en que el evangelio nos habla hoy. Quizá las épocas difíciles por las que pasan muchas de nuestras iglesias, épocas de debates y polarizaciones, sean el proceso por el que estamos pasando según Dios nos prepara para una misión como la de Antioquía, sin precedentes. Antioquía no repitió sin más lo que oyó de Jerusalén.

La misión en ambos sentidos

La primera vez que recibimos noticias de la iglesia en Antioquía se nos dice también que los creyentes de esa iglesia recogieron una ofrenda para los hermanos de Judea. Hasta aquí, ha parecido que el centro de la misión es Jerusalén, y que de allí, como una enorme fuerza centrífuga, salen el mensaje, los misioneros y los recursos. En Samaria hay unos creyentes, bautizados por Felipe, y la iglesia de Jerusalén manda a Pedro y a Juan para que vean lo que allí está teniendo lugar. En Cesarea aparece una iglesia, gracias a la visión de Jope, y Pedro tiene que ir a Jerusalén a dar cuentas de lo que ha hecho. Ahora en Antioquía aparece también otra iglesia, y los de Jerusalén mandan a Bernabé.

En este caso, sin embargo, las cosas cambian. Llegan otros profetas desde Jerusalén, y uno de ellos anuncia que la iglesia madre se ha de ver en dificultades. El resultado es que la iglesia de Antioquía reúne sus recursos para acudir en ayuda de la iglesia madre. Antioquía no se contenta con recibir de Jerusalén, sino que llegado el momento es ella quien les da a los hermanos de Judea.

Una vez que nos percatamos de esto, no nos sorprende que la iglesia de Antioquía se volviera un centro misionero, que envió a Bernabé y a Saulo, y posiblemente a otros, en una serie de viajes que llevaron el evangelio a tierras lejanas. Los cristianos de Antioquía no son creyentes pasivos, a la espera de lo que venga de Jerusalén, sino que son creyentes activos, conscientes de su propia responsabilidad misionera, no sólo para con los gentiles, sino hasta para con sus hermanos de Jerusalén.

¿Cómo podría aplicarse esto a nuestra iglesia hispana? Muchas de nuestras iglesias son el resultado de esfuerzos misioneros provenientes de otras latitudes o de otras culturas. Algunas se contentan con ser receptoras, y constantemente están pidiendo más ayuda, más recursos económicos, más personal. Otras se han responsabilizado por su propia obra, y hasta se han vuelto centros misioneros. La diferencia no está en que las unas tengan más recursos que las otras. De hecho, algunas de las iglesias que más seriamente han tomado su propia responsabilidad misionera cuentan entre sus miembros a las gentes más pobres. La diferencia está en la visión que se tiene de la iglesia y de su misión. La diferencia está en que, como la iglesia de Antioquía, estas iglesias de hoy toman en serio su propia responsabilidad misionera.[85]

D. La persecución de Herodes (12.1-24)

1. Introducción: muerte de Jacobo (12.1-2)

Tras el breve «paréntesis» sobre Antioquía, Lucas vuelve a Jerusalén, donde nos cuenta de la muerte de Jacobo y del encarcelamiento de Pedro. Dice que esto tuvo lugar «en aquel mismo tiempo» (12.1); sin embargo, es difícil de pensar que si Bernabé y Saulo estaban en Jerusalén durante este período de persecución, Lucas no los haya mencionado. Quizá lo que el texto quiere decir con aquello de «en aquel mismo tiempo» es que, mientras estaban teniendo lugar en Antioquía los hechos que se acaban de narrar, y antes que Bernabé y Saulo llegasen a Jerusalén, tuvo lugar la persecución. Por otra parte, cuando en 12.25 se retoma la narración sobre los dos enviados de Antioquía, no se cuenta de su entrevista con los hermanos de Jerusalén, posiblemente porque fue una breve visita que tuvo lugar apenas terminada la persecución, y Lucas está interesado en pasar a otros acontecimientos de mayor importancia.

El Herodes de quien se habla aquí es Herodes Agripa I, nieto de Herodes el Grande y sobrino de Herodes Antipas, a quien se refiere Lucas 3.1 en el contexto del nacimiento de Jesús.[86] En el año 37 recibió el título de «rey». A partir de entonces, con base en su habilidad política y en sus mañas con los romanos y con los jefes judíos, fue añadiendo territorios bajo su dominio, que llegó a alcanzar un área semejante a la que había gobernado su abuelo. Sin embargo, mientras Herodes el Grande tuvo conflictos casi constantes con los judíos, Herodes Agripa supo congraciarse con los jefes judíos y con los principales sacerdotes, y de ese modo contar con su colaboración.[87]

No se sabe quiénes fueron los «algunos» a quienes se refiere Lucas (12.1) diciendo que fueron arrestados por Herodes para maltratarles, ni qué fue lo que les hizo. Como en tantos otros casos, Lucas menciona la situación general para luego dar uno o dos ejemplos. El Jacobo que fue muerto por Herodes era hermano de Juan, y no ha de confundirse con el otro Jacobo, hermano de Jesús, que también jugaba un papel importante en la iglesia de Jerusalén (cp.

---

85 En este contexto, a manera de ejemplo, vale la pena mencionar que en el siglo XIX, cuando las iglesias occidentales invertían millones en la labor misionera en China, un misionero, John L. Nevius, insistió en que era necesario buscar métodos que no crearan una iglesia dependiente, sino una iglesia que se sostuviera a sí misma y que fuera ella misma un centro misionero. Los que dirigían la obra en China no le hicieron caso. Pero sus métodos sí fueron aplicados en Corea, y ésta es una de las razones por qué la iglesia coreana es hoy una de las más pujantes en el mundo, con sostén propio y con misioneros en todos los continentes. Cp. González, *Historia de las misiones*, pp. 271-72.

86 Véase *DIB*, «Herodes. 6».

87 Cp. Josefo, *Ant.*, 18.6-7; 19.5.

12.17).[88] Su muerte «a espada» da a entender que se trató de una ejecución oficial, tras un juicio formal.[89] Al mismo tiempo, el hecho de que Herodes haya escogido a este apóstol como su primera víctima nos da a entender que continuaba activo, quizá predicando o «perturbando el orden» de algún otro modo. Esto nos recuerda que lo que Lucas nos está ofreciendo no es una crónica de todo lo que sucedió, ni de todas las acciones de todos los apóstoles, sino una serie de ejemplos, hilados según los propósitos del propio Lucas, y que al mismo tiempo que Pedro y Juan llevaban a cabo la obra que Lucas describe, se supone que al menos algunos de los otros apóstoles, así como incontables discípulos, contribuían también a la expansión del evangelio.

2. Pedro encarcelado y librado (12.3-19a)

Lo que RVR traduce por «sacarle» (*anagagein*), con respecto a los planes de Herodes para Pedro (12.4,6), también conlleva la idea de un juicio formal, aunque «al pueblo» indica que ese juicio será en busca de popularidad más bien que de justicia. Luego, lo que tenemos aquí es el primer caso de persecución de los cristianos por parte, no ya de los judíos, sino de los oficiales puestos por Roma, en este caso, el rey Herodes Agripa. Herodes actúa para congraciarse con «los judíos» (con lo cual probablemente se quiere decir los jefes de los judíos) pero su autoridad le viene de Roma, y es como oficial sancionado por Roma que ejecuta a Jacobo y hace prender a Pedro.[90] Las referencias a «los días de los panes sin levadura» y a la «pascua» en 12.3-4 nos dan la razón por la que Pedro no fue juzgado y condenado inmediatamente. Herodes estaba esperando a que pasaran las festividades religiosas.[91] Posiblemente quiere asegurarse de que, pasadas las fiestas, el juicio y suplicio de Pedro sean el centro de la atención, y que los peregrinos que han venido a Jerusalén para las celebraciones religiosas regresen a sus países contando cómo Herodes defiende la ortodoxia judía. Hasta este punto en la narración hay varias frases y circunstancias paralelas a lo que Lucas

---

88 Es de este Jacobo o Santiago que se dice que predicó en España, y que su cuerpo fue trasladado a Compostela, donde reposa todavía. Cp. González, *Historia ilustrada*, 1:55-56. Aunque se trata de una mera leyenda, ha tenido mucha importancia en la historia hispana, pues la peregrinación a Santiago de Compostela fue uno de los ejes en torno al cual se forjó la nacionalidad española y la resistencia contra los moros. Después, más de cincuenta ciudades y poblaciones en América fueron nombradas en honor de ese mismo Santiago.

89 Eusebio de Cesarea recoge una tradición sobre la muerte de Jacobo que circulaba ya en el siglo II, pues Eusebio la encontró en los escritos de Clemente de Alejandría. Según esa tradición, el que tenía que presentar a Jacobo ante el tribunal, movido por el testimonio de éste, se convirtió, y ambos fueron decapitados juntos. *H.E.* 2.9.2-3.

90 Josefo, *Ant.*, 19.6-7, ilustra el modo en que Herodes buscaba congraciarse con los judíos.

91 Aunque técnicamente la pascua era el comienzo de los días de panes sin levadura, y por tanto el día mismo de la pascua ya habría pasado, Lucas emplea aquí el término para referirse a toda la fiesta, de igual modo que nosotros llamamos «Navidad» tanto al día mismo como a los días que lo rodean.

cuenta sobre la pasión de Jesús, y ese paralelismo parece ser intencional. Lo que el lector espera es que Pedro muera tras un juicio alrededor de los días de Pascua, como murió Jesús.

Herodes toma toda clase de precauciones para evitar que Pedro escape. Los grupos de cuatro soldados cada uno (*tetrádion*, 12.4) eran costumbre en el ejército romano, donde un grupo de cuatro soldados se turnaba en cada puesto, haciendo guardia por tres horas cada uno.[92] Herodes asigna cuatro de esas cuadrillas (*téssarsin tetradíois*, un total de dieciséis hombres) a la tarea de custodiar a Pedro. Además, para mayor seguridad, lo atan con dos cadenas, entre dos soldados (12.6). La costumbre para neutralizar a un preso peligroso era atarlo a un soldado con una cadena (como las «esposas» que usan los policías de hoy).[93] En el caso de Pedro, esa precaución se redobla, atándole cada mano a un soldado (12.6). Además, otros guardias (probablemente dos, uno de cada una de las otras dos cuadrillas) custodiaban la puerta.

Frente a todas estas precauciones hay otro poder: la iglesia ora sin cesar (12.5). La última noche antes del juicio («aquella misma noche», 12.6) un ángel se aparece en la cárcel. La «luz» que resplandece es señal de la presencia divina. Pedro sigue dormido, y es necesario que el ángel le despierte. Lo que RVR y VP traducen por «tocó» es mucho más fuerte, y da a entender que Pedro dormía tan profundamente que el ángel tuvo que golpearle o sacudirle (NBE: «dándole unas palmadas»; mucho mejor: RVA: «dándole un golpe»). Desde este punto hasta el final del versículo 10, Pedro parece estar todavía medio dormido. Cree que está soñando (12.9). El ángel tiene que darle instrucciones detalladas para que se vista (12.8). Juntos pasan por donde están los otros dos guardias. Aunque el texto no lo dice, se da a entender que también ellos duermen. Por fin llegan a la última puerta, la cual se abre por sí sola. Es entonces, en la calle, que el ángel deja a Pedro, al parecer sin despedirse, y que Pedro «vuelve en sí» y se da cuenta de que de veras está libre.

El relato que sigue, al mismo tiempo que es muy serio, tiene un viso de comedia. Pedro se dirige a una casa donde sabía que habría muchos cristianos orando. Lucas nos dice que era la casa de «María la madre de Juan, el que tenía por sobrenombre Marcos». Es raro que a una mujer se le designe en relación a su hijo. Esto da a entender que Juan Marcos era o llegó a ser un personaje importante en la iglesia antigua. Tradicionalmente se le ha atribuido el Segundo Evangelio.[94] Lo volveremos a encontrar más adelante en este mismo libro de Hechos (12.25, 13.5,13, 15.37-39), así como en otros lugares del Nuevo

---

92 Vegetio, en su obra *De re militari* («Sobre temas militares»), 3.8, dice que «puesto que le es imposible a uno solo permanecer vigilante toda la noche, por ello se divide la noche en cuatro vigilias, de modo que no sea necesario permanecer despierto por más de tres horas».

93 Véase, por ejemplo, Josefo, *Ant.*, 18.6.6.

94 Véase, en el *Comentario Bíblico Hispanoamericano*, la Introducción General a *Marcos*, por G. Cook y R. Foulkes, pp. 20-22.

Testamento (Col. 4.10, donde se dice que era pariente de Bernabé, 2 Ti. 4.11, Flm. 24, 1 P. 5.13).[95]

Según una tradición posterior, fue en casa de María y de su hijo Juan Marcos que tuvieron lugar la Santa Cena y el Pentecostés. Parece haber sido una casa grande, no sólo por el número de los reunidos, sino también porque tenía un patio cercado, con una puerta por la que había que pasar antes de llegar a la casa. Pedro toca y viene la criada, Rode.[96] Esta reconoce la voz de Pedro y, en lugar de abrirle, corre alborozada a avisarles a los demás. Estos, aunque han estado orando por la liberación de Pedro, no creen el milagro, y le dicen que está loca. Cuando ella insiste, le dicen que ha visto un fantasma.[97] Mientras tanto Pedro sigue tocando. Si recordamos que es un fugitivo, entenderemos la tensión del momento. Por fin le abren, y lo primero que Pedro hace es mandarles callar mediante un gesto. No conviene que los vecinos se percaten de lo que ocurre. Les cuenta lo que ha sucedido, manda avisar a «Jacobo y a los hermanos»,[98] y se va «a otro lugar».

Lucas no nos dice dónde se escondió Pedro. Algunos piensan que fue a Antioquía, y otros que fue a Roma. Lucas simplemente nos dice que se escondió, sin decirnos dónde. A partir de este momento, Pedro desaparecerá del relato de Lucas, para reaparecer sólo por un instante, sin otra explicación, en 15.7.

Al final del pasaje, Herodes culpa a los soldados por la fuga de Pedro. Aunque una traducción literal del griego diría sencillamente que Herodes «los hizo llevar fuera», el sentido es que los condenó a muerte, y así lo traducen RVR, VP, BJ y NBE. (BA es más exacta al poner las palabras «para ejecutarlos» en itálicas, indicando así que tales palabras son una añadidura.)[99]

Toda esta historia del encarcelamiento y liberación de Pedro está escrita en un estilo más gráfico, y con más detalles, que el que Lucas emplea

---

95 A pesar de la importancia de Juan Marcos, nos parece exagerada y aventurada la tesis de Josep Rius Camps, «Qüestions sobre la doble obra lucana. II: Qui és Joan, l'anomenat 'Marc'?», *RCatalT*, 5, 1980, 297-329. Según Rius Camps, Marcos el evangelista es la garantía de la verdadera predicación del evangelio, de modo que cuando, a partir de este punto, Marcos está con Pablo, la obra paulina se ajusta a la voluntad de Dios; pero cuando Marcos no está presente, esto conlleva un juicio negativo sobre esa obra.

96 El nombre Rode es una adaptación del diminutivo de Rosa, y por tanto podría decirse que la criada se llamaba Rosita.

97 La frase «es su ángel» se refiere a la creencia judía de aquella época, según la cual cada persona tiene un ángel que en cierto modo es su doble, una combinación de lo que hoy se entiende por su ángel guardián y por su espíritu. Se creía que a veces los «ángeles» de los muertos se les aparecían a los vivos. Es posible que Mateo 18.10 se refiera a esto.

98 Este Jacobo es el hermano del Señor, que no era originalmente uno de los doce, pero quien va ocupando un lugar cada vez más importante en la iglesia de Jerusalén. Al parecer a partir de este momento, en vista de la ausencia de Pedro, él será el personaje principal de la iglesia en Jerusalén.

99 El verbo que se emplea aquí, *apágô*, quiere decir «llevar», pero se usa frecuentemente en situaciones como la que aquí se describe, en el sentido de llevar al cadalso o al suplicio.

corrientemente, y es posible imaginarse que el autor de Hechos la haya oído de labios del mismo Marcos, quien la recordaría con el humor y los detalles que aquí se cuentan.

3. La muerte de Herodes (12.19b-24)

Aunque técnicamente Cesarea estaba en Judea, para Lucas era tierra extraña, como lo era también para muchos de los judíos del siglo primero. Por eso dice que Herodes «descendió de Judea a Cesarea».

No se sabe exactamente en qué consistía la disputa entre Herodes por una parte, y Tiro y Sidón, por otra. Ciertamente no era una guerra armada (aunque el texto dice que «pedían paz»: 12.20), pues todos eran súbditos del Imperio Romano, que no hubiera permitido tal cosa. Parece que se trataba más bien de una guerra económica. Sea cual fuere la naturaleza del conflicto, al fin las ciudades fenicias piden paz, «porque su territorio era abastecido por el rey» (12.20). Esto parece referirse al hecho de que Tiro y Sidón necesitaban abastecerse del trigo de Galilea. La referencia a estos acontecimientos, y específicamente a «Blasto, que era camarero mayor del rey» apunta al interés de Lucas, tanto en su Evangelio como en Hechos, en relacionar su narración con la historia general del Imperio y de Palestina. Desafortunadamente, no se sabe nada más sobre este Blasto, que parece haber jugado un papel importante en la corte de Herodes, y ciertamente en las negociaciones entre el rey y los de Tiro y Sidón.

Es en la celebración de esa paz que Herodes muere. Parece que era impresionante, ya que hizo que la multitud que le escuchaba prorrumpiera en exclamaciones vibrantes atribuyendo a Dios lo que no era sino producto de su propio ingenio. El relato es directo y crudo al señalar que su muerte se debió a la intervención divina. Y es evidente que al morir quedó en evidencia que no era sino un mortal más, susceptible de dejar de existir en la forma más baja y horrible: comido de gusanos.

El historiador judío Josefo en su relato sobre este mismo hecho confirma y aclara en algo la narración de Lucas.[100] Dice que Herodes estaba vestido en ropas de pura plata, y que la reacción de sus aduladores en parte se debió a ello. Estas son las «ropas reales» a que se refiere Lucas. Era el año 44, y por tanto se piensa que la liberación de Pedro tuvo lugar en la pascua del 43.

Por último, Lucas termina toda esta sección con otro de sus resúmenes: «la palabra del Señor crecía y se multiplicaba».

---

[100] Josefo, *Ant.* 19.8.2.

La fe y la persecución

Lucas menciona, como de pasada, a Jacobo y los demás a quienes Herodes mató o maltrató. Es bueno que, antes de centrar nuestra atención sobre Pedro y su liberación, recordemos que aquí hay dos historias paralelas de dos apóstoles: Jacobo y Pedro. Uno muere; el otro es liberado. No se nos dice que uno tuviera más fe que el otro. Y es de suponerse que, en el tiempo que tuvieron entre el arresto y la muerte de Jacobo, los cristianos oraron por él tan ardua y asiduamente como lo hicieron por Pedro.

Es importante que recordemos esto, pues entre nosotros se ha propagado mucho la idea de que si uno tiene fe todos los problemas se le resolverán y todo saldrá como uno lo desea. Si alguien está enfermo y se ora por él, pero no sana, es porque no tiene fe. Si alguien se lanza a un testimonio atrevido en medio de circunstancias difíciles, y muere por ello, habrá quienes digan que fue porque no tuvo fe o porque se metió a hacer algo a lo que el Señor no lo había llamado. Hasta hay predicadores que dicen que si uno tiene fe los negocios le van a ir bien y prosperará.

Esto no es lo que la Biblia dice. La Biblia dice, sí, que el Señor puede librar, y que a veces libera, a sus fieles y a su pueblo. La Biblia dice también que la falta de fe lleva al castigo, tanto en el presente como en el futuro. Pero la Biblia también dice claramente que no siempre la fe produce el resultado más agradable, y que a veces lo que la fe hace no es aliviar nuestros sufrimientos y dificultades, sino agravarlos. Esto puede verse en Hebreos 11.33-38. Allí se nos habla primero de quienes por fe realizaron milagros portentosos y alcanzaron triunfos inauditos: «conquistaron reinos hicieron justicia, alcanzaron promesas, taparon bocas de leones, apagaron fuegos impetuosos, evitaron filo de espada...» Pero se nos habla también de «otros» que, por la misma fe, tuvieron los opuestos resultados: «fueron atormentados... experimentaron vituperios y azotes... fueron apedreados, aserrados, puestos a prueba, muertos a filo de espada...»

Todo el pasaje de Hechos 12 es ejemplo claro de esto. Jacobo murió por su fe. Pedro fue liberado. Esto no quiere decir que Jacobo tuviera menos fe que Pedro, o que la iglesia orara mejor por Pedro que por Jacobo, o que la predicación de Jacobo ofendiera más a Herodes que la de Pedro. De hecho, todos los indicios históricos dan a entender que a la postre Pedro también murió por su fe. Si en aquel año 43 Dios libró a Pedro, y con ello mostró su poder y cumplió sus designios, allá por el año 67 ó 68 Dios no lo libró, y con ello también mostró su poder y sus designios. Y los cristianos no debemos olvidar ni por un momento que en el centro de nuestra fe se halla la cruz de Jesús, quien sufre, no porque le falte fe ni porque sea pecador, sino todo lo contrario.

Esto tiene enorme importancia pastoral para nuestro pueblo. La tiene, primero, porque lo otro, la idea de que si Dios no nos da lo que pedimos es por falta de fe, puede crear enormes problemas. Imagínese, por ejemplo, una niña lisiada de siete años a quien se le dice que, si tiene fe, se va a curar. Todos oran y hasta gritan en derredor de ella; pero no se sana. Al terminar el servicio, aquella niña que entró físicamente dolida sale también espiritual y mentalmente herida, pues ahora piensa que si no puede caminar es por su propia culpa, porque le falta fe. Ahora tiene que cargar, no solamente con un cuerpo que no le obedece, sino con un alma que al parecer tampoco le obedece, pues ella verdaderamente quiere tener fe. ¡Quizá a quien predica tal «evangelio» se le apliquen aquellas palabras de Jesús (Lc. 17.2): «Mejor le fuera que se le atase al cuello una piedra de molino y se le arrojase al mar, que hacer tropezar a uno de estos pequeñitos»!

Aún aparte de tales casos extremos, todo esto tiene importancia pastoral porque muchas veces nos impide llegar a una fe madura. Tal fe consiste, no en poder manipular a Dios, sino en ponerse en las manos de Dios, de tal modo que podamos ponernos a su disposición en toda clase de circunstancias. Como dijo Amado Nervo, «Pastor, te bendigo por lo que me das; si nada me das, también te bendigo».[101] O, como dijo Pablo, «he aprendido a contentarme, cualquiera que sea mi situación» (Fil. 4.11).

Por otra parte, al afirmar esto hay que tener cuidado. Esto no quiere decir que como cristianos se nos llama a llevar una vida pasiva, dejando que los acontecimientos se sucedan unos a otros sin tratar de intervenir en ellos. Más arriba señalamos el peligro de usar mal del consejo de Gamaliel (5.34-39). Todo el libro de Hechos nos habla acerca de cómo la obediencia lleva a la acción. En el próximo capítulo veremos a Saulo y a Bernabé emprender un viaje misionero porque tal es la voluntad de Dios. En Damasco, Saulo no dijo sencillamente, «que se haga la voluntad de Dios», sino que colaboró con los que lo bajaron en un cesto por encima del muro (9.25). La niña de siete años a que acabamos de referirnos debe tratar de curarse por todos los medios. Los cristianos tenemos que oponernos activa y eficazmente a todo lo que se oponga a la

---

101 *Obras poéticas completas,* El Ateneo, Buenos Aires, 1955, p. 644.

voluntad de Dios. Eso también es fe. De hecho, la fe verdaderamente madura es la que se lanza a la obediencia activa, no importa cuál sea el costo, confiando en la fidelidad de Dios.

En el texto se cuenta también la muerte de Herodes. Según Lucas, esa muerte es obra de Dios, tanto como lo es la liberación de Pedro. Y el modo en que ambas historias se colocan una junto a la otra nos da a entender que para Lucas las dos son dos aspectos de la misma realidad: Dios interviene en la historia. Lo que este texto afirma es lo que por tanto tiempo afirmaron los profetas y maestros del Antiguo Testamento: Dios no se desentiende de los poderes políticos, ni sencillamente los deja hacer. Dios se opone a la injusticia y la tiranía. Cierto, en el caso de los tiranos sucede algo parecido a lo que sucede en el caso contrario de los justos. De igual modo que unos por la fe evitaron filo de espada, y otros por la misma fe murieron a filo de espada, así también es cierto que unas veces Dios castiga y derroca a los tiranos y otras al parecer no, al menos, en el reino presente. Pero a pesar de ello sigue siendo cierto que el Señor «conoce el camino de los justos, mas la senda de los malos perecerá». (Sal. 1.6). De igual modo que el Señor nos llama a la obediencia, ya sea librándonos de filo de espada, o ya entregándonos a filo de espada, así también el Señor nos llama a la obediencia en medio de las luchas políticas de nuestros días, y el que las tiranías sean derrocadas o no lo sean no es medida absoluta de nuestra obediencia.

Por último, el texto nos recuerda algo que es experiencia común de los cristianos: aquellos creyentes en casa de María oran pidiendo la liberación de Pedro, y cuando su oración es contestada no lo creen. Primero piensan que la criada que les trae la noticia está loca. Después dicen que lo que ha visto es un fantasma. No es sino cuando tienen pruebas indubitables que creen que Pedro ha sido liberado. Esto muestra cuán necesaria es la fe, no solamente para pedir, sino también para recibir. En este caso, lo que Dios hizo fue lo que los cristianos pedían, pero con todo y eso les fue difícil creer. ¡Cuánto más difícil es creer cuando lo que Dios hace no es exactamente lo que se le pide, o cuando lo hace de modo distinto al que esperamos!

Todos estos temas pueden unirse en lo que es experiencia común de nuestro pueblo creyente. Constantemente le estamos pidiendo a Dios por los pobres y los necesitados. Algunos de entre nosotros no solamente piden, sino que también actúan. Unos actúan participando en programas que ayudan directamente a los necesitados. Otros actúan tomando opciones políticas que esperan han de ayudar a esos mismos necesitados. En muchos de nuestros ambientes, tanto los unos como los otros se arriesgan a ser perseguidos. Cuando unos u otros lo son, hay cristianos que ven en esto señal de que Dios no se agrada de lo que están haciendo, como si Dios hubiera permitido que Jacobo muriera porque no se agradó de él. O sucede otra cosa: alguna otra persona o agencia acude en ayuda de los necesitados por quienes estábamos orando. Son pocas las veces en que estamos dispuestos a ver en ello la respuesta a nuestras oraciones. Y esto no ha de sorprendernos, ya que aquellos primeros cristianos que habían visto tantas señales de la acción de Dios, y a quienes Dios les contestó dándoles exactamente lo que pedían, tampoco estuvieron prontos a creer.

V. La misión se define
(12.25-15.35)

Comenzamos ahora una sección muy distinta de lo que antecede. Señal de ello es que a partir de aquí Pedro y los doce casi desaparecen de la narración, para dejarle el lugar a Pablo. Además, el centro de actividad misionera deja de estar en Jerusalén, para pasar a Antioquía. Sin embargo, al comenzar esta nueva sección es necesario recalcar lo que se ha dicho anteriormente, que el propósito de Lucas no es hacer una historia completa de la vida y expansión de la iglesia en las primeras décadas. De igual modo que antes nos ofrecía un «resumen», y luego nos contaba uno o dos incidentes que ilustraban ese resumen, ahora también hemos de ver lo que Lucas dice sobre Pablo y su obra como la historia de uno de tantos misioneros que debe de haber habido. Lucas no nos dice nada, por ejemplo, de cómo se expandió el cristianismo hacia el sur, y sin embargo sabemos que de algún modo la nueva fe llegó a Alejandría, la capital de Egipto. Tampoco nos dice Lucas palabra alguna de la obra misionera hacia el este, y sin embargo sabemos que esa obra fue extensa, y que pronto hubo iglesias dentro del Imperio Persa.[1] Además, cuando Pablo llegó a Roma ya había cristianos en esa ciudad y hasta en el cercano puerto de Puteoli (28.13-15), y Lucas ni se ocupa de decirnos cómo llegó la nueva fe a la capital del Imperio Romano. Naturalmente, Pablo fue el más importante de todos aquellos primeros misioneros; pero no porque fuera el único, ni el más decidido, sino porque sus cartas vinieron a formar parte de nuestro Nuevo Testamento, y a través de ellas su interpretación del evangelio y de la misión de la iglesia ha hecho enorme impacto en toda la historia del cristianismo. Además, Pablo fue importante como ejemplo del modo en que el Espíritu Santo fue mostrándole dimensiones inesperadas de su misión a la naciente iglesia; y es precisamente

---

1 Sobre toda esta expansión misionera, véase González, *Historia de las misiones*, pp. 42-45, 73-82.

sobre esto último que trata la sección del libro de Hechos que ahora empezamos a estudiar.

Conviene advertir además que, aunque lo que ahora estudiamos se llama tradicionalmente «el primer viaje misionero de Pablo», ese nombre no es del todo exacto, pues la misión a «las regiones de Siria y de Cilicia», cerca de su propia ciudad de Tarso, a que Pablo se refiere en Gálatas 1.21 debe haber tenido lugar antes de este viaje. De hecho, cabe suponer que cuando Bernabé fue a Tarso para buscar a Saulo, y tuvo que buscarle (véase nuestro comentario sobre 11.25) Saulo andaba en una de sus giras misioneras.

En todo caso, la tendencia a leer todo el resto de Hechos como una serie de «viajes misioneros» de Pablo se debe, no tanto a una lectura cuidadosa del texto, como al interés de las sociedades y movimientos misioneros de los siglos XIX y XX de encontrar en Hechos pautas para su trabajo, y en Pablo y sus viajes al paradigma que los misioneros modernos deberían seguir. Resulta interesante notar, en ese sentido, que la idea de que toda esta parte del libro de Hechos se puede bosquejar en términos de los «tres viajes misioneros» de Pablo no aparece en ningún comentarista antiguo ni medieval, sino que es creación precisamente del movimiento misionero moderno.[2]

A. El envío (12.25-13.3)

El centro de la acción vuelve otra vez a Antioquía (donde había estado en 11.19-30), con el regreso de Bernabé y Saulo, quienes traen consigo a Juan Marcos (12.25).[3] No se nos dice cuánto tiempo pasó entre ese regreso y el envío que se nos narra en el capítulo 13. Es de suponerse que fue suficiente tiempo para que Bernabé y Saulo informaran sobre su misión, y para que se dieran a conocer de nuevo como líderes en la comunidad de Antioquía.

En 13.1 se habla de «profetas y maestros», y se da una lista de cinco nombres sin indicar quiénes eran «profetas» y quiénes eran «maestros», y sin distinguir entre ambas funciones. Los intérpretes que tratan de distinguir entre ambas funciones piensan que los primeros tres nombres corresponden a «profetas», y los dos últimos a «maestros».[4] Bernabé es el primero de la lista, y Saulo el último. De los otros tres, no se sabe más que lo que aquí se dice. Se ha sugerido que Simón Niger era de Cirene al igual que Lucio, y sobre esa base

---

2 Véase J. T. Townsend, «Missionary Journeys in Acts and European Missionary Societies», *AngThRev*, 68, 1986, pp. 99-104.

3 Sobre Juan Marcos, véase el comentario a 12.12.

4 Rius Camps, *El camino*, p. 33, sostiene tal distinción, a base de las preposiciones que aparecen entre los nombres. Empero Roloff, *Hechos*, p. 259, afirma que «una distinción entre los profetas y los maestros es prácticamente imposible». El texto occidental incluye una ligera variante que da a entender que estos cinco no eran todos los profetas y maestros de Antioquía, sino algunos de entre ellos. Sobre los «profetas» en la iglesia antigua, véase el comentario a 11.27-28.

algunos suponen que era el «Simón de Cirene» que fue forzado a llevar la cruz de Jesús (Lc. 23.26).[5] Por lo que Lucas dice sobre Manaén, que se crió[6] con Herodes «el tetrarca» (Herodes Antipas, el que hizo ejecutar a Juan el bautista), se ha pensado que fue Manaén quien le sirvió a Lucas como fuente para sus conocimientos sobre Herodes y sus acciones. Por último, debido a la semejanza entre «Lucio» y «Lucas», a veces se ha pensado que este «Lucio» es el autor del Evangelio de Lucas y de Hechos. Esto último no pasa de ser una teoría interesante, pero carente de fundamento.[7]

La palabra que se traduce por «ministrar» en RVR (13.2) es la misma que se empleaba para los servicios públicos requeridos de los súbditos del Imperio, y de la cual se deriva el término moderno «liturgia».[8] Parece dar a entender que fue en el culto que vino la palabra del Espíritu. La urgencia de este mandato del Espíritu no aparece en las traducciones castellanas, pues aquí Lucas emplea una partícula griega (*dê*) que es difícil de traducir. El sentido de esta partícula es el de una interjección como ¡eh!, ¡ea! u ¡hola! Nótese además que el Espíritu no da detalles sobre la «obra» a que ha llamado a Bernabé y a Saulo. Esto se irá descubriendo poco a poco en el resto del libro.

La imposición de manos en 13.3 no es indicación de que los otros tres tuvieran mayor autoridad que los dos enviados, sino que es más bien un modo de conferirles la autoridad y bendición de toda la comunidad, en cuyo nombre son enviados.

Llamamiento y comunidad

Al llegar a este punto culminante en la vida de Pablo, debemos detenernos a considerar el modo en que le viene su llamamiento misionero. Allá en el capítulo 9, el anuncio de ese llamamiento le llega, no directamente en la visión misma que lleva a su conversión, sino a través de Ananías, que es quien recibe palabra del Señor en cuanto al modo en que Pablo ha de servirle. Ahora, cuando llega el

---

5 Horton, *Hechos*, p. 137.

6 El título que Lucas le da es *syntrofos*, que literalmente quiere decir compañero de crianza. Era así como se llamaba a los mozuelos que eran colocados junto a los príncipes para criarse con ellos y ofrecerles compañía. Por tanto, este Manaén debe haber pertenecido a la aristocracia de la región. Haenchen, *Acts*, p. 395; Bruce, *Acts*, p. 253. Su nombre, que quiere decir «consolador» es de origen hebreo. Otro Manaén, posiblemente pariente de éste, le profetizó en su juventud a otro Herodes (el Grande) que llegaría a ser rey. Josefo, *Ant.*, 15.373-9. Es posible que el Manaén a quien Hechos se refiere haya sido colocado como compañero de crianza de Herodes Antipas en honor a la profecía de su pariente.

7 Aparentemente el primero en sugerirla fue Efraén Sirio (siglo IV) en su comentario sobre este pasaje.

8 E. Peterson, «La *leitourgía* des prophètes et des didaschales à Antioche», *RScR*, 36, 1949, pp. 577-79.

llamamiento a emprender este viaje misionero, el Espíritu Santo no les habla privadamente a Bernabé y a Saulo, sino que les dice a todos los «profetas y maestros» (o a toda la iglesia, pues el texto es ambiguo) «apartadme a Bernabé y a Saulo».

Debido a una serie de circunstancias históricas, y al modo en que nos ha sido predicado el evangelio, en muchas iglesias hispanas se piensa que el llamamiento siempre le viene a uno directamente. Es verdad que la visión del «varón macedonio» le vino a Pablo privadamente (16.9). Pero también es verdad que en el caso que estamos estudiando el llamamiento misionero le vino a través de la iglesia. Y, para completar el cuadro, en 13.45-48 veremos que el llamado más específico a la misión entre los gentiles les viene a Pablo y a Bernabé a través de una serie de acontecimientos que tienen lugar en Antioquía de Pisidia.

Lo que todo esto quiere decir es que la voluntad de Dios se nos revela al menos por tres medios complementarios: nuestra propia relación personal con Dios y nuestra disposición a recibir su guía (el caso del varón macedonio), el discernimiento de la comunidad de fe (el caso que ahora estamos comentando) y los acontecimientos externos que nos llevan en una u otra dirección (lo que les sucede a Bernabé y Saulo en Antioquía de Pisidia).

En nuestra situación de hoy, estos tres también han de jugar un papel. La dedicación personal y la búsqueda de la voluntad de Dios en nuestras vidas individuales son de primera importancia. Mas a esto ha de añadirse el discernimiento de la comunidad de fe, que muchas veces puede ver en nosotros dones (o deficiencias) que nosotros mismos no vemos, y cuyos juicios por tanto hemos de escuchar. A estos dos ha de añadirse también una clara percepción y análisis de lo que está sucediendo a nuestro derredor. Los retos de nuestro tiempo y de nuestra América pueden ser llamamiento de Dios tanto como lo fueron para Bernabé y Saulo los retos de Antioquía de Pisidia. Pero no nos adelantemos a nuestra historia (véase 13.13-50).

B. Chipre (13.4-12)

Aunque la iglesia de Antioquía «despidió» a los misioneros (13.3), Lucas subraya que fueron «enviados» por el Espíritu Santo (13.4). Seleucia, donde embarcaron, era el puerto que servía a Antioquía, de la que distaba 25 kilómetros.[9] La ciudad de Seleucia había sido fundada en el 301 a.C. por Seleuco Nicátor, y en tiempos de Pablo era una «ciudad libre» dentro del

---

9 *DIB*, «Seleucia».

Imperio Romano. De la actividad de los misioneros en Salamina, donde desembarcaron en Chipre, sólo se nos dice que predicaron en «las sinagogas». En la ciudad había bastantes judíos, y por tanto no ha de extrañarnos que hubiera varias sinagogas. Los contactos entre Chipre y Judea eran frecuentes. Algunos años antes el emperador Augusto le había dado a Herodes el Grande la mitad de la utilidad de las famosas minas de cobre en la isla, y es de suponerse que ello aumentó los contactos entre Chipre y Judea.

De Salamina, Bernabé y Saulo, acompañados por Juan Marcos, pasaron a Pafos. La palabra que RVR y VP traducen por «ayudante» (hypêrétês, «asistente» en NBE) puede indicar que Juan Marcos iba como secretario o como criado personal, o también que era colaborador en la obra misionera, quizá dándoles instrucción a los que se convertían.[10]

Del viaje hasta Pafos, la capital romana de Chipre, nada se nos dice. El verbo «atravesar» parece dar a entender que fueron por tierra; pero algunos exégetas se inclinan hacia un viaje por mar.[11] En todo caso, como veremos a través de todos los viajes de Pablo, sus centros de operación siempre eran las ciudades, y normalmente no se nos dice que predicara al ir de una ciudad a otra. Esto puede ser el resultado del estilo de Lucas, que centra su atención sobre los puntos sobresalientes y nos dice poco sobre lo que sucede entre ellos. Pero también en algunos casos puede deberse a que en el interior se hablaban todavía las antiguas lenguas de los pueblos conquistados por el Imperio Romano, y Pablo y sus acompañantes no conocían tales lenguas.

El nombre del falso profeta, «Barjesús» quiere decir «hijo de Jesús». Puede ser en contraste con ese nombre que Pablo le llama «hijo del diablo» (13.10). Sobre su otro nombre, «Elimas», se ha discutido mucho, pues tal nombre no se conoce en griego. Un manuscrito antiguo dice «Etoimo», y esto ha llevado a conjeturas sobre si no sería otro mago, también judío de Chipre, de nombre «Atomo».[12] Ciertamente, las palabras de 13.8: «Elimas, el mago (pues así se traducía su nombre)» no han de interpretarse en el sentido de que «Elimas» sea una traducción de «Barjesús». Una posible interpretación es que «mago» sea una traducción de «Elimas».[13]

Del «procónsul Sergio Paulo» (13.7) no se sabe más que lo que Lucas nos

---

10 Como hemos dicho más arriba (12.12), la tesis de Rius Camps, que Juan Marcos es el «garante» del evangelio, y que cuando Pablo se aparta de él se aparta también de la dirección del Espíritu, no nos parece convincente.

11 Tales intentos tienen su origen en el texto occidental, que da la idea de que los misioneros «dieron la vuelta» desde Salamina hasta Pafos. La idea de un viaje por barco parece tener la intención de explicar por qué no se nos dice palabra alguna sobre la obra de los misioneros en el camino. Pero basta con recordar que, como hemos visto repetidamente, Lucas no tiene intención alguna de contarnos una historia detallada y completa, sino sólo de narrar aquellos incidentes que son de valor especial para ilustrar y explicar el desarrollo de la misión.

12 A quien Josefo menciona: *Ant.* 20.7.2.

13 Así lo interpreta L. Yaure, «Elymas-Nehelamite-Pethor», *JBL*, 79, 1960, pp. 297-314.

dice, aunque se han encontrado inscripciones que bien pueden referirse a él.[14] Como en tantos otros casos, Lucas nos da señal de su exactitud histórica al decir que Chipre estaba gobernada por un «procónsul» (*an-thúpatos*), pues en esa época Chipre era una provincia senatorial, y tal era el título de quienes gobernaban en tales provincias.

Es en 13.9 que por primera vez aparece el nombre de Pablo: «Saulo, que también es Pablo». Puesto que tal era también el nombre del procónsul, esto ha llevado a especulaciones sobre si Saulo tomó el nombre de Pablo en honor del procónsul.[15] No hay base para tales especulaciones. Lo cierto es que era costumbre que cada romano tuviera tres nombres: el suyo, el de su clan y el de su familia.[16] Además, los padres les daban a los hijos otro nombre, llamado «signum» o «supernomen», que su familia y sus allegados usaban. En el caso que nos ocupa, «Pablo» era su nombre romano de familia (casi diríamos su apellido), y «Saulo» parece haber sido el «signum» que se le dio en honor del antiguo rey de la tribu de Benjamín (que era también la tribu de Pablo). De sus otros nombres nada se sabe. En todo caso, «Saulo» era el nombre que usaba entre judíos y entre sus allegados, y «Pablo» el que usaba entre gentiles. Es al emprender su misión a los gentiles, y luego al escribir sus cartas, que Saulo opta por el nombre de «Pablo».

Puesto que Barjesús/Elimas trata de impedir que el procónsul acepte la predicación de Bernabé y de Pablo, este último le increpa, y se produce el milagro de que queda ciego «por algún tiempo». Viendo esto, el procónsul «creyó». No está claro si esto quiere decir que se convirtió, o que creyó en el poder de Pablo. Es de notarse que no se dice que fue bautizado, cuando hasta aquí tal ha sido el resultado inmediato de la conversión. Esto puede deberse a que se trata del primer gentil que se convierte sin siquiera haber sido antes «temeroso de Dios»; es decir, estudioso de las Escrituras. Tales personas, que nada sabían del judaísmo antes de creer en Cristo, requerirían un tiempo mayor de preparación para el bautismo, mientras aprendían todo lo que separaba su nueva fe de sus antiguas creencias y costumbres. Mientras un judío o un «temeroso de Dios» que se convertía era ya monoteísta y había sido instruido en los principios morales del judaísmo —que eran también los del cristianismo— tal no era el caso de los paganos que se convertían, y por tanto no se les bautizaba de inmediato. Es por esto que, con el correr del tiempo, y según fue aumentando la proporción de gentiles entre quienes se convertían al cristianismo, se fue prolongando el tiempo que se dedicaba a la instrucción de los nuevos conversos antes de bautizarles.

14 Williams, *Acts*, pp. 215-16.

15 Así, por ejemplo, Rius Camps, *Camino*, p. 46: «el sobrenombre del pagano, Pablo, adoptado a renglón seguido por Saulo como apodo misionero».

16 Véase el estudio de esa costumbre, así como de lo que implica para el nombre de Pablo, de G. A. Harrer, «Saul Who Is also Called Paul», *HTR*, 33, 1940, 19-34.

Saulo, que también es Pablo

Se dice frecuentemente que «Pablo» fue el nombre que Saulo tomó después de su conversión, como señal del cambio radical operado en él. Esto es falso, como hemos visto más arriba. De hecho, Lucas sigue llamándole «Saulo» hasta que comienza a describir la misión a los gentiles. Lo que sucede más bien es que Saulo/Pablo es un personaje puente, y que esa función se ve en sus dos nombres. Es judío, como él mismo dice, «circuncidado al octavo día, del linaje de Israel, de la tribu de Benjamín, hebreo de hebreos» (Fil. 3.5). Pero es también ciudadano romano, y hábil orador y escritor en lengua griega. Como judío, aunque al principio persiguió a la iglesia, pudo entender el mensaje de Jesús y del reino, que era culminación de las esperanzas de Israel (como él mismo dice en 28.20, es «por la esperanza de Israel» que hace lo que hace). Empero como judío de la diáspora, como ciudadano romano educado también en la cultura helenista, puede interpretarles ese mensaje a los gentiles de un modo en que no pudieron hacerlo Pedro ni los otros apóstoles. Y es precisamente porque es personaje puente que Pablo puede estar a la vanguardia de la misión de la iglesia, y abrir brecha al futuro.

«Saulo, que también es Pablo» nos recuerda la situación de los millones de hispanos que viven en los Estados Unidos, país cuya población de habla hispana es actualmente la cuarta en todo el hemisferio. El hecho mismo del cambio de nombre se da a diario. A un niño a quien sus padres llamaron «Jesús», la maestra le dice que no puede tener ese nombre, y lo «rebautiza» como «Jesse». El hispano que llega como inmigrante de la América Latina tiene que deshacerse de uno de sus dos apellidos. Empero todo esto es síntoma de algo de mayor importancia: el pueblo hispano en los Estados Unidos vive en dos realidades. O, como diría Virgilio Elizondo, su realidad es el «mestizaje».[17] En tal situación, se les discrimina, como también se discriminaba a los judíos de la diáspora, tanto entre los gentiles como entre los judíos de Palestina. Pero esa misma situación les permite servir de puente entre las dos culturas principales que comparten el hemisferio occidental. Saulo pudo abrirle brecha al futuro porque era también Pablo. Quizá la iglesia hispana en los Estados Unidos pueda abrirle brecha al futuro

---

17 Sus dos obras principales sobre este tema son: *Galilean Journey*, a la que ya hemos hecho referencia, y *The Future is Mestizo*, Meyer & Stone, Bloomington, IN, 1988.

precisamente porque se encuentra en ese difícil espacio entre dos culturas; o, en otras palabras, porque es iglesia mestiza.

Y lo mismo ha de decirse de la América Latina, continente mestizo por excelencia. Decía hace años un viejo amigo —uno de los primeros «desaparecidos» en Argentina— que «ninguna cultura tiene vocación de provincia». La cultura (o las culturas) latinoamericana es el resultado del mestizaje de varias culturas, unas autóctonas, y otras venidas de Africa o de Europa. Las culturas viven en cuanto entran en diálogo, chocan, se renuevan. Y lo que es cierto de las culturas lo es mucho más de la iglesia. La iglesia, en su encarnación en la realidad humana, ha de encarnarse también en esos encuentros culturales. La iglesia no está para defender culturas «puras», como tampoco está para promover razas «puras». Aún más, es precisamente en cuanto participa de ese diálogo —y hasta choque— entre las culturas que la iglesia puede ser misionera.

En las iglesias hispanas en los Estados Unidos, frecuentemente hay quienes quieren hacer de la iglesia una copia exacta de las iglesias de la cultura dominante; y hay otros que piensan que la iglesia ha de ser un instrumento para la preservación de la cultura hispana. Pero lo cierto no es ni lo uno ni lo otro. La iglesia hispana en tales circunstancias, precisamente porque tiene, por así decir, un pie en cada cultura, tiene una responsabilidad y una oportunidad particulares, como las tuvo «Saulo, que también es Pablo».

Y en la América Latina sucede algo parecido. Hay quienes creen que la función de la iglesia está en «promover la cultura», pero lo que entienden por ello es promover la cultura de origen europeo, como si las otras corrientes que se unen para formar nuestra identidad no tuvieran cultura. Así, la «buena música» para el culto son la de Bach y la de Bethoven, pero no el danzón, ni la cueca, ni el tango, ni el corrido. Dadas tales presuposiciones, no ha de sorprendernos el que tales iglesias tengan serios tropiezos en sus esfuerzos por alcanzar a nuestro pueblo.

«Saulo, que también es Pablo», vivía a la vez en varias realidades. Nuestra iglesia vive también en varias realidades. La Iglesia Evangélica Metodista de Bolivia, por ejemplo, es «de Bolivia», pero es también latinoamericana; es hispana y es aymará; es latinoamericana y metodista, pero es también parte de la iglesia universal; es custodio de la fe dada a los apóstoles, pero al mismo tiempo tiene que vivir esa fe en la Bolivia del siglo presente, con problemas y retos muy distintos de los que confrontaron los primeros cristianos. En nuestro deseo de que todo sea claro y sencillo, a veces pensamos que esta multiplicidad de realidades es una carga; pero el hecho es que, como en el caso de «Saulo, que también es Pablo», es una oportunidad para la misión y la obediencia al evangelio.

C. Antioquía de Pisidia (13.13-51a)

La mayor parte de lo que Lucas nos dice sobre este primer viaje misionero tiene lugar en Antioquía de Pisidia. Para llegar allí, «Pablo y sus compañeros» (a partir de este punto, Pablo es el personaje principal) fueron a Perge de Panfilia, y de allí a Antioquía. En Panfilia (según se nos aclara en 15.38) y sin que Lucas nos explique por qué, Juan Marcos los abandonó y regresó a Jerusalén. Más adelante (15.37-40) esto fue causa de un desacuerdo que llevó a la separación entre Bernabé y Pablo.

La región de Panfilia estaba en la costa sur de Asia Menor, y Perge estaba a unos once kilómetros del mar, remontando el río Cestro. El puerto de desembarque probablemente fue Atalia, que Lucas menciona en 14.26, cuando Pablo y Bernabé van de regreso.[18] El texto no dice cuánto tiempo los misioneros permanecieron en Perge, lo cual ha dado lugar a especulaciones en el sentido de que, por estar Perge en una región pantanosa, Pablo enfermó, y que fue por esa razón que subieron a la región más salubre de Antioquía.[19] Es una teoría interesante, pero no pasa de eso. En realidad, dado el modo en que Lucas cuenta su historia, es muy posible que los misioneros hayan permanecido en Perge por algún tiempo. Lo que sí es cierto es que no hay indicios arqueológicos de que haya habido sinagoga en Perge. Puesto que Pablo y Bernabé parecen haber tenido la costumbre de empezar su obra en la sinagoga, ésa puede haber sido la razón que les impulsó a seguir hasta Antioquía.

Antioquía «de Pisidia» no estaba en realidad en Pisidia, sino en Frigia. Empero así se le llamaba comúnmente para distinguirla de Antioquía de Siria (la ciudad de donde venían los misioneros), y ése es el nombre que Lucas le da. Era lugar importante, pues estaba en el corazón del Asia Menor, y por ella pasaba el camino que iba desde el Oriente hacia Efeso. Administrativamente, era parte de la provincia de Galacia, al igual que Iconio, Derbe y Listra, y es posible que sea a los cristianos de esta región que Pablo haya dirigido su Epístola a los Gálatas.

La historia detallada de la misión en Antioquía de Pisidia empieza «un día de reposo» (13.14). El hecho de que los «principales de la sinagoga»[20] invitaran a Pablo y a Bernabé a hablar puede ser indicio de que de hecho ya

---

18 Véase *DIB*, «Atalia», «Panfilia» y «Perge».

19 W. M. Ramsay, *St. Paul the Traveller and the Roman Citizen*, Hodder & Stoughton, Londres, 1897, pp. 94-97.

20 En Palestina, había solamente un «archisinagogo» (*arjisynágôgos*) en cada sinagoga. El empleo del plural en este contexto parece indicar que en la diáspora, o en este caso, se les daba ese título a todos los miembros del consejo de la sinagoga. También es posible que el título incluya a los que antes tuvieron tales funciones, como hoy llamamos «senador» a todo el que lo fue.

llevaban algún tiempo en Antioquía, y que Lucas —como tantas otras veces— ha resumido su historia sin tenernos al tanto del tiempo transcurrido. También es posible que ésta fuera la primera ocasión en que los misioneros visitaban la sinagoga, y que los invitaron a hablar porque Pablo era rabino, y quizá porque ambos habían dado indicación de que tenían algo que comunicarle a la congregación.[21] En todo caso, tal invitación era parte del culto, en el que tras recitar el *Shema* (Dt. 6.4-9; 11.13-21; Nm. 15.37-41) se leían porciones de la ley y de los profetas, para luego basar un sermón o exhortación sobre esta última lectura.[22]

Pablo empieza su discurso a la manera de un orador clásico, de pie y con un gesto pidiendo silencio.[23] Aunque el discurso es bastante largo (13.16-41), lo que ha llegado a nosotros es solo un resumen. A partir de este punto, cada vez que Pablo se encuentre en una situación parecida, hablando en la sinagoga, Lucas no nos dirá mucho sobre el contenido de su sermón. Nos presentará un resumen de lo dicho por el apóstol. En el caso particular que nos ocupa, Pablo está consciente de que hay en la audiencia tanto judíos (ya sea de nacimiento o ya por conversión formal) como «temerosos de Dios»; es decir, personas que creían en el Dios de Israel y hasta asistían a la sinagoga, pero que no estaban dispuestas a someterse a la circuncisión y a todo el resto de la ley (13.16).[24]

La primera parte del discurso (vv. 16-25) es un resumen de la historia de Israel, tomado mayormente de los libros que ahora llamamos el «Antiguo Testamento». Esta sección se parece mucho a los discursos que hemos visto antes en labios de Pedro y de Esteban. Sin embargo, a diferencia de éste, Pablo no se refiere a la ingratitud y desobediencia de Israel.[25] La referencia particular al rey Saúl (13.21) puede reflejar el interés del propio Pablo, quien llevaba el nombre de ese rey y era también de la tribu de Benjamín. (Los «cuarenta años» del reinado de Saúl no aparecen en el Antiguo Testamento, pero sí había ya una tradición que decía que Saúl había reinado por cuarenta años).[26]

Es en el versículo 23 que Pablo introduce algo que sus oyentes no habían escuchado antes. Hasta este punto ha estado relatando la historia conocida por

---

21 Resulta interesante notar que lo que los «archisinagogos» les piden es una «palabra de consolación» (*lógos paraklêseôs*), y que quien responde no es Bernabé, el «hijo de consolación», sino Pablo. Cp. Rius Camps, *Camino*, p. 52.

22 Se ha sugerido, de acuerdo con el discurso de Pablo, que las lecturas del día eran Deuteronomio 1 e Isaías 1. Ramsay, *Paul*, p. 100.

23 Se acostumbraba en la sinagoga hablar sentado (véase Lc. 4.20-21). Quizá en este caso la costumbre era distinta; o quizá Lucas trata de subrayar lo solemne y formal del discurso de Pablo.

24 Sobre los «temerosos de Dios», véase el comentario a 10.2.

25 El único lugar donde parece sugerir ese tema es en el v. 18, «los soportó en el desierto». En este versículo, hay desacuerdo entre los manuscritos, pues mientras unos dicen *etropofórêsen* (los soportó o aguantó) otros dicen *etrofofórêsen* (los sustentó o alimentó). Cp. Turrado, *Biblia comentada*, p. 140.

26 Josefo, *Ant.*, 6.14.9.

todos. Ahora viene lo nuevo: «Dios levantó a Jesús por Salvador a Israel». Este Jesús fue anunciado tanto por las promesas antiguas como por Juan el Bautista. En la segunda parte de su sermón (vv. 26-37), Pablo reitera que su mensaje es tanto para los «hijos del linaje de Abraham» como para «los que entre vosotros teméis a Dios» (13.26); es decir, tanto para los judíos como para los gentiles. Lo que sigue se parece mucho a los discursos que hemos visto antes, y que Lucas pone en labios de Pedro y de Esteban. Hasta se repiten algunas de las referencias bíblicas (compárese, por ejemplo, 13.35-37 con 2.27-31). Empero en estas circunstancias distintas también el mensaje es diferente. El tema del rechazo de Jesús no se usa ahora para culpar a los que escuchan, como en el caso de los discursos ante el sanedrín, sino que se usa para declarar que, puesto que los judíos de Jerusalén han rechazado la promesa, la buena nueva es ahora para estos judíos de la diáspora, y gentiles «temerosos de Dios», que escuchan a Pablo. Nótese la lógica de este argumento en los vv. 26-27: «a vosotros es enviada la palabra de esta salvación. Porque los habitantes de Jerusalén y sus gobernantes, no conociendo a Jesús, ni las palabras de los profetas que se leen todos los días de reposo, las cumplieron al condenarle». Tras esta declaración, los vv. 28-37 se emplean para ampliar y corroborar lo que se acaba de decir: se cuenta la muerte de Jesús, y sobre todo su resurrección, que había sido anunciada en las Escrituras hebreas.

La tercera parte del discurso (vv. 38-41) invita a los que escuchan a aceptar lo que se les acaba de decir. Pablo les anuncia el perdón de pecados y les invita a creer. En 13.39, se introduce el tema típicamente paulino de la imposibilidad de justificarse mediante la ley, y la justificación por la fe en Jesús. Este versículo es significativo, porque indica que, si bien Lucas posiblemente esté resumiendo discursos y sermones como éste, y probablemente su propósito sea darnos una idea general de la predicación de Pablo en las sinagogas, sí se ocupa de que las palabras que pone en boca de sus personajes en diversas circunstancias sean fieles al mensaje de tales personajes.

Los versículos 42 y 43 han suscitado divergencias en cuanto a su interpretación. Tomados al pie de la letra, y en orden cronológico, parecen decir que Pablo y Bernabé salieron de la sinagoga antes de terminar el servicio, y que los «gentiles» que estaban fuera les pidieron que les hablaran el próximo día de reposo (13.42). La dificultad está en que los «gentiles», si no estaban en la sinagoga, no tienen por qué pedirles a los misioneros que les digan más.[27] Después, «despedida la congregación» (13.43), los judíos y los «prosélitos piadosos»[28] iban con los misioneros, escuchando lo que les decían. Otro

---

27 Sin embargo, los mejores manuscritos no incluyen «los gentiles» en el v. 42, de modo que no se dice quiénes fueron los que les pidieron que hablaran. En ese sentido, es mejor la traducción de RVA: «Cuando ellos salían, les rogaron que...»

28 Las palabras «prosélitos piadosos» también les causan dificultades a los intérpretes. Normalmente, los «prosélitos» son los gentiles que se han hecho completamente judíos, mientras los «piadosos» o «temerosos de Dios» son los que, aunque aceptan o se inclinan hacia la verdad

detalle que complica la interpretación del texto es que la frase que RVR traduce por «el siguiente día de reposo» en el v. 42 también puede entenderse en el sentido de que querían que les hablaran «entre días de reposo»; es decir, entre semana. En castellano, podría preservarse la ambigüedad del texto en ese sentido diciendo que les rogaron que les hablaran «para el siguiente día de reposo». Lo más probable es que los detalles en estos dos versículos no se deban tomar estrictamente en el orden en que aparecen, sino que lo que Lucas nos está narrando es que, al salir de la sinagoga, muchos de los judíos y de los gentiles «temerosos de Dios» continuaron escuchando a los misioneros, y que a ellos se añadieron otros gentiles según fueron oyendo que el mensaje no era solamente para los judíos, sino también para ellos.

El resultado de todo esto es que al siguiente día de reposo «se juntó casi toda la ciudad para oír la palabra de Dios» (13.44). Al ver tanta gente, los judíos «se llenaron de celos». El texto no aclara por qué; pero lo que se entiende es que se llenaron de celos porque lo que hasta entonces había sido propiedad exclusiva de ellos (y de unos pocos conversos que se ajustaban a lo que ellos decían) se abría ahora a toda la multitud de la ciudad. Si tal cosa continuaba, los judíos perderían el control de la sinagoga. Por eso empiezan a argumentar con Pablo, «contradiciendo y blasfemando». (Esta última palabra también puede traducirse por «insultando», aunque no se nos dice si insultaban a Jesús, a Pablo, o a quién.)

Es en respuesta a esto que ambos, Pablo y Bernabé, responden (13.46) con palabras que a partir de entonces marcarían mucho del carácter de su misión. El mensaje era ante todo para los judíos; pero puesto que ellos lo rechazan, dicen los misioneros, «nos volvemos a los gentiles». Esta es la expresión narrativa de lo que en otro lugar Pablo pone en términos más generales: «No me avergüenzo del evangelio, porque es poder de Dios para salvación a todo aquel que cree; al judío primeramente, y también al griego» (Ro. 1.16). Sin embargo, esto no quiere decir que a partir de ese momento Pablo y Bernabé se dirigirán únicamente a los gentiles. Al contrario, en el resto del libro veremos que la práctica normal seguirá siendo comenzar la obra en cada lugar en la sinagoga, y luego acercarse a los gentiles.[29]

---

del judaísmo, no han abrazado toda su ley, y por tanto no se han convertido formalmente. Luego, si se emplean ambas palabras en su sentido estricto, es imposible ser un «prosélito piadoso». Hay quien piensa que el texto original decía únicamente «piadosos», y que «prosélitos» fue una glosa posterior de algún copista. Empero los manuscritos existentes no dan pie a tal conjetura. Lo más probable es que Lucas no use aquí la palabra «prosélitos» en su sentido técnico. En todo caso, el sentido general del texto resulta claro: tanto personas de origen judío como otras de origen gentil seguían a Pablo y a Bernabé.

[29] La tesis de Rius Camps en *El camino* es precisamente que Pablo no vio con claridad que la prioridad de los judíos había sido abrogada, y que por tanto su táctica de dirigirse primero a los judíos de cada ciudad estaba equivocada. Esta tesis, harto dudosa, la expresa Rius Camps sucintamente: «La táctica adoptada por Pablo de dirigirse a los judíos como pueblo privilegiado y sólo secundariamente a los paganos seguirá pesando como una losa en el decurso de la misión

Como es su costumbre, Lucas no nos da detalles cronológicos que nos permitan saber cuánto tiempo permanecieron en Antioquía de Pisidia. Es de suponerse, sin embargo, que los versículos 48 y 49 resumen al menos varios meses de trabajo, si no años. En este sentido, ha de notarse que, antes de que los misioneros se vieran obligados a abandonar la ciudad, el evangelio se difundió «por toda aquella provincia», lo cual debe haber tomado algún tiempo.

En respuesta a la obra realizada y al éxito alcanzado, «los judíos» —entiéndase, los que no creyeron— instigaron una acción contra los misioneros. Lo que el versículo 50 parece indicar es que las «mujeres piadosas y distinguidas» eran mujeres gentiles, pero «temerosas de Dios», es decir, que participaban del culto de la sinagoga. La mayoría de los intérpretes piensa que estas mujeres influyeron sobre sus esposos, quienes eran magistrados de la ciudad, para que expulsaran a los misioneros. Nótese que en este caso, a diferencia de lo que hemos visto anteriormente, los misioneros no huyen, sino que son oficialmente expulsados. Y nótese por último que, a pesar de ser expulsados de la ciudad, y de sacudirse el polvo de los pies (cp. Lc. 10.11), dejan tras sí discípulos «llenos de gozo y del Espíritu Santo» (13.52).

El poder del evangelio

Una frase que empleamos con mucha frecuencia, pero sobre la cual reflexionamos poco, es ésta del «poder del evangelio». En este pasaje vemos ese poder actuando de dos modos. El primero, y el que más notamos, es que ese poder convence y atrae a las gentes. Lo que cuenta Lucas es sorprendente: que dos misioneros llegan a una ciudad y su anuncio de las buenas nuevas tiene una acogida tal. Esto se debe solo de manera secundaria a la oratoria de Pablo y Bernabé, o a sus argumentos bíblicos. Se debe en realidad al poder del evangelio, que no es otro que el poder que viene del Espíritu Santo, según Jesús lo prometió en 1.8. Esto lo hemos visto tantas veces en el libro de Hechos, que no hay por qué insistir en ello.

Empero hay otra dimensión del poder del evangelio (y del Espíritu) que no recordamos con la misma frecuencia, pero que es igualmente importante: que ese poder rompe todos los moldes. No es poder que podamos manejar a nuestro antojo, y con el cual podamos contar cuando y como nos convenga. Esto es lo que les sucede a aquellos judíos de Antioquía de Pisidia. No olvidemos que,

y llevará ahora a consecuencias desastrosas. El único responsable de la desviación de la misión hacia los judíos es Pablo». *El camino*, p. 55.

si eran judíos y habían recibido la revelación dada a los antiguos a través de Moisés y los profetas, esto fue por obra del Espíritu Santo. El Espíritu que impele a Pablo y a Bernabé es el mismo Espíritu que habló por los profetas. Empero estos judíos de Antioquía se consideran dueños exclusivos de esa revelación. Está bien que vengan a la sinagoga unos pocos «temerosos de Dios». Está bien que algunos de ellos se conviertan, se sometan a la circucisión y se hagan prosélitos. Lo que no está bien es que las puertas se abran con tanta amplitud que los gentiles entren en torrentes, y que los judíos pierdan su vieja posición de privilegio. El texto parece indicar que tuvieron celos, no de Pablo y Bernabé, no de los pocos «temerosos de Dios», sino de la enorme cantidad de gentiles a quienes los misioneros cristianos les estaban abriendo las puertas. Es entonces que, impulsados por el mismo Espíritu Santo que le dio origen al judaísmo, Pablo y Bernabé dicen: «nos volvemos a los gentiles».

Esto es trascendental para nosotros. El texto puede aplicársenos directamente en lo que se refiere a la evangelización y el crecimiento de la iglesia. En algunas de nuestras iglesias se escuchan quejas de que nuestros números no aumentan, y se dice que lo que necesitamos es más celo evangelizador. Eso es cierto; pero lo que también tenemos que reconocer es que con mucha frecuencia solamente queremos que se nos unan gentes «como nosotros». Esto lo vemos en muchas denominaciones en los Estados Unidos, donde se escucha la queja constante por la falta de celo evangelizador, pero donde al mismo tiempo se teme el influjo «excesivo» de los hispanos, los hispanos ilegales o los drogadictos. Y se ve también en todo nuestro hemisferio, donde hay tantas iglesias que hablan constantemente de evangelizar, pero al mismo tiempo no quieren que se ponga en peligro el status social o económico de sus miembros. Que vengan más personas, sí; pero siempre y cuando sean como nosotros. Para los desarrapados, para los incultos, para los que huelen mal, para los borrachos, que haya otras iglesias, y no la nuestra. La iglesia ha de ser una comunidad especial, decimos, y en ella no hay lugar para los que no dan «buen testimonio». El problema es que entonces identificamos el «buen testimonio» con lo que la sociedad a nuestro derredor considera bueno y decente. En tal caso, este texto de Hechos viene a nosotros como palabra de juicio, de igual modo que las palabras de Pablo y Bernabé fueron juicio para aquellos judíos de Antioquía.

Y lo peor del caso es que el texto continúa. Aquellos judíos que por celos no querían escuchar ni aceptar la predicación de Pablo y de Bernabé acuden ahora a los magistrados de la ciudad, a los funcionarios del mismo Imperio Romano que tenía subyugada a Jerusalén, para deshacerse de estos otros dos judíos cuyas palabras les molestan. Desafortunadamente, lo mismo ha sucedido repetidamente a través de la historia de la iglesia, y sigue sucediendo en nuestra América hoy. En la historia de la iglesia, sobran ejemplos de casos en los que, cuando algún profeta o predicador molestaba a las autoridades eclesiásticas, en lugar de tratar de convencerle mediante el poder de la palabra, o de ver si tenía algo de razón, lo que esas autoridades hicieron fue apelar al estado —al «brazo secular», como se decía entonces— para hacer callar al profeta inoportuno. Y en nuestra propia América todos conocemos casos en los que se ha hecho y se sigue haciendo lo mismo. El ejemplo más conocido es el de quienes empiezan a decir que la fe bíblica requiere que los cristianos se ocupen de los problemas sociales y económicos de su comunidad, y de pronto se ven acusados por otros cristianos de ser comunistas subversivos. No importa cuánto tal persona cite la Biblia, ni con qué honestidad fundamente lo que dice en las palabras del mismo Jesús. Si lo que dice no me gusta, es subversivo. Y, si el poder de turno resulta ser una de nuestras frecuentes dictaduras de derecha, hay hasta quien lleva la queja a las autoridades, y el presunto subversivo tiene que irse al exilio o aparece un día muerto junto a la carretera.

Mientras aquellos judíos celosos tramaban cómo arreglárselas para que los «principales de la ciudad» echaran de ella a Bernabé y a Pablo, «la palabra del Señor se difundía por toda aquella provincia». Probablemente al ver salir a los misioneros de la ciudad, los jefes de la sinagoga pensaron que se habían deshecho del problema. Empero por el poder del Espíritu la obra continuaba, y al leer hoy aquella historia resulta claro que los que quedan fuera no son los expulsados, sino los que promovieron la expulsión. ¿Cómo se leerá en el futuro la historia de nuestras tramas, nuestros juicios y nuestras expulsiones? Cuidemos, cuidemos con temor y temblor, no sea que aquéllos a quienes hoy hacemos callar sean los mensajeros que el Espíritu nos está enviando para llamarnos a una obediencia siempre renovada, pues de ser así al rechazarlos a ellos provocaremos nuestro propio rechazo, como aquellos judíos de Antioquía de Pisidia.

Ch. Iconio (13.51b -14.6a)

Los últimos dos versículos del capítulo 13 sirven de conexión entre Antioquía de Pisidia e Iconio. Lo que se resume al final del v. 51 con las palabras «llegaron a Iconio» es un viaje de más de ciento cincuenta kilómetros. El versículo 52, aunque aparece después que los misioneros han salido de Antioquía y llegado a Iconio, parece referirse a los discípulos de Antioquía, pues Lucas no da indicio alguno de que se hubiera predicado el evangelio antes en Iconio. Iconio, en la provincia de Galacia, era una ciudad grande y rica.[30] Hoy se llama Konya. Lo que sucedió allí en cuanto al éxito en la sinagoga y la oposición de los que no se convirtieron fue muy parecido a lo que ya hemos visto en Antioquía de Pisidia, aunque en este caso Lucas lo resume en dos versículos (14.1-2).[31] Como en Antioquía, estos opositores promueven la mala voluntad de los gentiles contra «los hermanos» (14.3). Empero, puesto que no les habían expulsado como en Antioquía, los misioneros permanecieron en Iconio «mucho tiempo», y el conflicto llegó hasta el punto que la población estaba dividida entre los que estaban «con los judíos» y los que estaban «con los apóstoles» (14.4).

Esta es la primera vez que Lucas llama «apóstoles» a Pablo y Bernabé (cp. 14.14). Al hacerlo está históricamente acertado, pues hay en el Nuevo Testamento muchos indicios de que al principio el título de «apóstol» no se limitó a los doce, sino que muchos otros lo tuvieron también. (Por otra parte, también es posible que Lucas esté empleando el término, no como un título, sino en el sentido de «enviados» o «misioneros». Ver la nota 37.) Por fin todo concluyó en un proyecto de apedrear a los misioneros, quienes huyeron.

Evangelio y polarización

Puesto que este pasaje resume acontecimientos muy parecidos al que acabamos de estudiar, al aplicarlo a nuestra situación conviene que comencemos por leer lo que se ha dicho sobre el pasaje anterior (bajo el encabezado de «El poder del Evangelio»). Prácticamente todo lo que se dijo allí sobre los acontecimientos de Antioquía de Pisidia se aplica también a los de Iconio.

Empero la historia de Iconio añade otra dimensión que es de especial importancia para nuestra situación de hoy. En Iconio, no se trata solamente de que los judíos, celosos por la apertura del evangelio a los gentiles, conspiren contra los misioneros. La dimensión que se añade es la polarización de la ciudad, cuya gente «estaba dividida: unos estaban con los judíos, y otros con los apóstoles».

Este fenómeno es bien conocido entre nosotros. Cuando el

---

30 Véase *DIB*, «Iconio».

31 En vista de que estos dos versículos parecen repetir y resumir la historia más detallada de Antioquía, cabe suponer que los «griegos» en 14.1 son tanto los «temerosos de Dios» como los gentiles que se convirtieron.

evangelio se predica de tal modo que amenaza los privilegios que hasta ahora han existido, quienes han gozado de tales privilegios se molestan (como diría Lucas, se llenan de «celos») y hacen cuanto está a su alcance para detener tal predicación.

Esto sucedió en el pasado en algunos países en que los dirigentes católicos romanos, molestos ante la predicación evangélica, hicieron alianza con los partidos conservadores, de modo que el conflicto entre liberales y conservadores tomó para muchos un carácter religioso. Como en el caso de Iconio, «la gente estaba dividida», pues unos perseguían a los protestantes y los otros, si no los defendían, al menos los toleraban.

Lo mismo sigue sucediendo en nuestros días, tanto dentro de nuestras iglesias como fuera de ellas. Una de las notas características de la vida hispanoamericana en las últimas décadas ha sido la polarización. La vieja diferencia entre partidos políticos liberales y conservadores ha quedado eclipsada por la confrontación entre los extremismos de derecha y las izquierdas radicales. Las iglesias evangélicas, que hasta hace unos años trabajaban con relativa armonía, hoy se atacan unas a otras, y se dividen dentro de sí mismas, por razones paralelas a las que dividen a la sociedad. Hasta el ser «ecuménico» se ha vuelto cuestión de partido, y han surgido nuevos movimientos de unidad y de colaboración supuestamente «no ecuménica».

¿Qué decir de tal polarización? Claro que es deplorable. El mensaje evangélico es mensaje de reconciliación, y una iglesia dividida y polarizada difícilmente puede dar testimonio fiel de tal mensaje. Empero la solución no está, como algunos pretenden, en predicar un mensaje que no sea «polarizador», que no amenace a nadie. Tal no es la solución de Pablo y Bernabé. Su predicación es «palabra de gracia» (v. 3). Lo que buscan no es producir celos ni polarizaciones. Empero la palabra misma de gracia es tal que produce celos entre los judíos, cuyos privilegios se ven amenazados. En respuesta, los judíos polarizan la ciudad. Luego, si hemos de tratar con el problema de la polarización en nuestro ambiente, las directrices que este pasaje nos ofrece son las siguientes: (1) Nuestro mensaje no ha de tener el propósito de polarizar ni de amenazar, sino de anunciar la gracia de Dios. (2) Empero, puesto que la gracia de Dios es destructora de toda pretensión y todo privilegio humanos, no hemos de sorprendernos si de hecho algunos oyen en ella una amenaza. (3) En tal caso, la consiguiente polarización tampoco ha de sorprendernos. (4) Aun en medio de la más aguda polarización, nuestra responsabilidad está en asegurarnos de que nuestro mensaje siga siendo «palabra de gracia», y no de odio o de venganza.

D. Listra y Derbe (14.6b-21a)

Los misioneros huyeron «a Listra y Derbe, ciudades de Licaonia, y a toda la región circunvecina» (14.6).[32] Lo que esto da a entender es que por algún tiempo los misioneros anduvieron predicando por la región, yendo de un lugar a otro y predicando. Es en medio de ese período que ocurre el incidente de Listra.

En Listra tiene lugar un milagro que deja atónita a la muchedumbre. Para subrayar lo sorprendente del milagro, Lucas nos describe la condición del paralítico con tres frases que parecen decir lo mismo: «imposibilitado de los pies, cojo de nacimiento, que jamás había andado» (14.8). El cojo había oído a Pablo predicar, y el apóstol, «fijando en él los ojos» (el mismo verbo que vimos en la curación del otro cojo en el Templo: 3.4), vio que tenía fe y le ordenó que se levantara «a gran voz».[33] El milagro acontece, y el cojo «saltó y anduvo» (el orden de estos dos verbos es interesante).

Empero la gente que ve el milagro lo interpreta de otro modo. Hablando en su propia lengua, que Pablo y Bernabé no comprenden, comentan que los misioneros son dioses. Bernabé ha de ser Zeus (aunque el texto griego dice «Zeus», RVR lo traduce por «Júpiter», pues desde tiempos antiguos se identificó al Zeus griego con el Júpiter romano), y Pablo, el que habla, debe ser Hermes, el dios mensajero (por la misma razón, RVR dice «Mercurio»).[34] Hasta el sacerdote de Zeus se convence de que se trata de una visita de los dioses, y se prepara para ofrecerles sacrificios.[35] Los comentaristas señalan que existía en esta región una leyenda según la cual una anciana pareja de pastores, Filemón y Baucis, había recibido la visita de estos dos dioses.[36] Luego, no ha de extrañarnos el que ahora se identificara a Bernabé y a Pablo con ellos. Lucas no nos dice dónde se encontraban Pablo y Bernabé mientras el sacerdote hacía tales preparativos. Lo más probable es que no se trate de

---

32 Véase *DIB*, «Derbe», «Listra», «Licaonia». Tiene razón Marshall, *Acts*, p. 235, al señalar que Haenchen no es consecuente cuando se queja primero de que la narración de Iconio es demasiado escueta, y luego de que la de Listra es demasiado detallada, para poner en duda la historicidad de ambas.

33 El texto occidental añade: «en el nombre del Señor Jesucristo te digo...», frase que parece ser un intento de recalcar el paralelismo entre este pasaje y el de la curación del cojo en el Templo (cp. 3.6).

34 Es del nombre del dios Hermes, quien habla por los dioses, que se deriva el término castellano «hermenéutica».

35 En algunos manuscritos del texto occidental, son «los sacerdotes», en plural, los que pretenden ofrecer el sacrificio.

36 Ovidio, *Metamorfosis*, 8.611-724.

algo que sucedió instantáneamente, sino que pasó algún tiempo entre el milagro de la curación del cojo y la acción por parte del sacerdote.

Los «apóstoles»[37] se enteran por fin de lo que está sucediendo, se rasgan las ropas en señal de duelo y vergüenza, y salen entre las gentes tratando de disuadirles a gritos. Lucas nos ofrece un resumen de sus argumentos.[38] Nótese que en ellos no se apela a las Escrituras, pues los oyentes no eran judíos, sino que se apela más bien al orden de la naturaleza, y se dice que el «Dios vivo» es el creador de todo cuanto existe (14.15), y que aunque en tiempos pasados ha permitido a las gentes «andar en sus propios caminos», no por eso quedó sin testigos, pues todas las cosas buenas —las lluvias y los tiempos fructíferos, el sustento y la alegría— vienen de su mano. Pero lo más importante que los «apóstoles» dicen, sobre lo cual se basa todo el resto de su argumento, es que ellos no son sino hombres «semejantes a vosotros» (el griego dice *homoiopatheis*, de semejantes sentimientos). Con esos argumentos, y no poca dificultad, logran disuadir a la multitud.

En el versículo 19 Lucas nos dice que «entonces vinieron unos judíos». Este «entonces» no implica necesariamente que la llegada de los judíos tuvo lugar inmediatamente después del episodio que Lucas acaba de narrar. Puede haber transcurrido algún tiempo, como lo indica el hecho de que, cuando Pablo es apedreado, ya había «discípulos» en la ciudad. En todo caso, estos judíos vienen de otros lugares donde Pablo y Bernabé ya han predicado, y persuaden a la misma multitud que antes quiso adorar a los misioneros, para que apedree a Pablo y lo deje por muerto en las afueras de la ciudad. Es allí que los discípulos van a buscarle, y él se levanta y regresa a la ciudad. Lucas no parece querer dar a entender que el hecho de que Pablo se levantara tuvo algo de milagroso; pero al menos hay que reconocer el valor de Pablo de regresar a una ciudad donde acaban de apedrearle. También debe señalarse la ironía de que los que ahora hacen apedrear a Pablo no son sino personas que participan de las mismas convicciones de que Pablo participaba antes de su conversión. Así como Pablo, en su celo, salió de Jerusalén para perseguir a los discípulos en Damasco, ahora estos judíos salen de Antioquía de Pisidia y de Iconio para perseguir a Pablo.

---

[37] Normalmente, Lucas usa el título de «apóstoles» solamente para los doce. Empero en la Iglesia antigua el título se empleó frecuentemente con un sentido mucho más amplio, de modo que incluía a cualquier misionero o enviado debidamente comisionado por el Espíritu Santo y por la iglesia. Aquí Lucas lo utiliza en ese sentido más amplio.

[38] Puesto que son tanto Pablo como Bernabé los que hablan, resulta claro que en este caso Lucas ni siquiera pretende resumir un discurso, sino únicamente anotar sus temas principales.

El mensajero y el mensaje

Lo que tiene lugar en Listra ilustra la tendencia humana a la idolatría, y el peligro de que se confunda al mensajero con el mensaje. En dos ocasiones anteriores, como de pasada, hemos visto a Pedro enfrentándose a ese peligro. La primera es en el pórtico de Salomón, después de la curación del cojo, cuando Pedro reprocha a los presentes que tengan los ojos fijos en ellos, como si hubiera sido por su propio poder o piedad que tuvo lugar el milagro (3.12). La segunda tiene lugar cuando Cornelio sale a recibir a Pedro «y postrándose a sus pies, adoró», a lo que Pedro respondió: «Levántate, pues yo mismo también soy hombre» (11.25-26). En el primero de esos casos, los que parecen inclinarse hacia la idolatría son judíos. En el segundo, es un «temeroso de Dios». En el que ahora estudiamos, son paganos adoradores de Zeus y de Hermes. En todos ellos, lo que sucede es que las gentes tratan de transferir la admiración y adoración que solamente Dios merece a aquellas personas a quienes Dios toma por mensajeros o instrumentos.

El mismo fenómeno aparece frecuentemente en nuestras iglesias. Hay quien asiste a una iglesia particular porque le gusta el pastor, y si viene otro pastor, posiblemente se vaya a otra iglesia, o no asista a ninguna. Hay pastores que estimulan tales sentimientos, y se construyen pequeños «imperios» en los que ellos mandan. Hay predicadores por la radio y la televisión que atraen seguidores, no tanto de Jesucristo, sino de ellos mismos. Hablan de la gran empresa que manejan como «mi ministerio», y tienen miles de seguidores que les escuchan regularmente y les envían sus ofrendas. Frecuentemente la competencia entre tales «ministerios» es tan atroz como la que existe entre cualesquiera dos compañías que tratan de vender el mismo producto.

No es difícil ver el daño que todo esto causa. Un daño, que se ve con frecuencia, es que cuando tales ídolos fallan las gentes se decepcionan y flaquea la fe. Otro daño, a veces menos dramático pero todavía más pernicioso, es que en la competencia entre tales empresas se pierde mucho del amor que ha de encontrarse en el centro mismo de la fe cristiana. Empero el peor de los daños es que se coloca un ídolo en lugar del Dios supremo. La razón por la que Pedro primero, y luego Pablo y Bernabé se niegan a que se les adore es que tal adoración es una negación del mensaje que predican. Lo importante no es que la gente crea. Lo importante es que crea en Dios y en Jesucristo. Si creen en Pedro o en Pablo, ello no ha de verse como un triunfo, sino como un fracaso. La tarea del mensajero es ser fiel al mensaje y reflejarlo, sí; pero reflejarlo de tal modo que se vea claramente que entre el mensajero y el mensaje, entre el predicador y el Señor, hay un abismo infranqueable. Con respecto a ese abismo, el más grande y más santo predicador está del mismo lado que el más humilde creyente. Quien trate de ocultar esa realidad, por muy elocuente que sea en su predicación, no es fiel al mensaje de los apóstoles.

E. El regreso (14.21b-28)

Los siguientes versículos resumen muy rápidamente el viaje de regreso. Empiezan diciéndonos que predicaron en Derbe, donde hicieron muchos discípulos. Más tarde Pablo volvería a Derbe (16.1-4). Empero ahora Lucas nos lleva en un vertiginoso viaje de regreso: Derbe, Listra, Iconio, Antioquía de Pisidia,[39] Panfilia, Perge, Atalia (que no se mencionó durante el viaje en la otra dirección) y por fin Antioquía de Siria. Aunque la narración es rápida, esto no quiere decir que el viaje de regreso fuera igualmente rápido. Al contrario, en los versículos 22 y 23 Lucas nos dice que «en cada iglesia» los misioneros confirmaban los ánimos de los discípulos y los exhortaban a la perseverancia. Su mensaje en tales ocasiones, según Lucas lo resume, era la necesidad de sufrir para entrar al reino (lo cual se relaciona con mucho de lo que ya hemos visto en los capítulos anteriores de Hechos). Además, se ocuparon de la organización de las iglesias, constituyendo «ancianos». Tales «ancianos» serían los dirigentes de esas iglesias, o sus pastores. De hecho, nuestra palabra «presbítero» se deriva de la palabra griega que se emplea aquí y en otros lugares del Nuevo Testamento para referirse a estos «ancianos». En cuanto al modo de su selección, no está claro. El verbo que el griego emplea puede dar a entender que eran elegidos por la congregación.

Una vez de regreso en Antioquía, los misioneros le rindieron informe a la iglesia que los había enviado. El verbo que RVR traduce como «refirieron» está en pretérito imperfecto, y por tanto sería más exacto traducirlo como «referían». El informe tomaría varias reuniones, pues es probable que los misioneros hayan estado ausentes más de cuatro años. Terminado su viaje, Pablo y Bernabé permanecieron «mucho tiempo» en Antioquía.

---

39 Aunque las autoridades habían expulsado a Pablo y a Bernabé de Antioquía, era costumbre en tales ciudades que los magistrados cambiaran cada año. Puesto que con toda probabilidad varios años habían pasado desde la visita anterior, los misioneros podrían volver a Antioquía de Pisidia, y permanecer en la ciudad a menos que los nuevos magistrados concordaran con los antiguos en cuanto a su deseo de expulsarles.

La misión a Antioquía

Fue la iglesia de Antioquía de Siria la que envió a Bernabé y a Saulo como misioneros a Chipre y al Asia Menor. A su regreso, se nos dice que los misioneros le trajeron su informe a la iglesia que les había enviado. Eso era de esperarse. Empero lo notable es que, como resultado de esa misión —y probablemente de muchas otras que Lucas no nos cuenta— la iglesia de Antioquía también recibió mucho. Cuando Pablo y Bernabé regresaron, sus experiencias y descubrimientos en la tarea misionera fueron compartidos por la iglesia que les envió. Es por esto que, como veremos en el capítulo 15, la iglesia de Antioquía jugó un papel importante en toda la discusión acerca de la inclusión de los gentiles, y lo que debía requerirse de ellos. Después de ese capítulo 15, será poco lo que Lucas nos dirá sobre Antioquía. Pero por la historia sabemos que esa iglesia jugó un papel importantísimo en la vida de la iglesia universal por varios siglos. ¿Por qué? En parte porque fue fortalecida a través de su propia obra misionera. Si los gentiles de Antioquía de Pisidia pudieron escuchar el evangelio gracias a los esfuerzos de los cristianos de Antioquía de Siria, estos últimos pudieron escuchar de Pablo y de Bernabé «cuán grandes cosas Dios había hecho con ellos, y cómo había abierto la puerta de la fe a los gentiles» (14.27). En la obra misionera, como en toda otra obra, la palabra del Señor jamás vuelve vacía.

Cuando en el día de hoy decimos que nuestra iglesia hispanoamericana ha de ser misionera, ello es importante no solo porque de ese modo se fundarán nuevas iglesias, sino también porque de ese modo la iglesia que ya existe —como antaño la de Antioquía— será fortalecida en la fe y descubrirá nuevas dimensiones del evangelio. La misión corre siempre en dos sentidos, de modo que los que envían son también los que reciben.

Por otra parte, cuidemos de no limitar nuestro concepto de «misión» a la dimensión puramente geográfica. La misión tiene lugar doquiera, impulsados por la fe, los cristianos cruzan la frontera entre los que creen y los que no creen, y del otro lado de esa frontera dan testimonio de su fe. La misión tiene lugar cuando un estudiante, reunido con sus compañeros que no conocen el evangelio y que viven según otros principios, les da testimonio de su fe. La misión tiene lugar cuando los cristianos, movidos por el dolor de los que sufren, van a los lugares más necesitados de nuestro hemisferio, a los barrios empobrecidos y a los campos donde escasean los recursos, y allí viven su fe. La misión tiene lugar cuando los cristianos intervienen en la vida cultural, política y económica, y allí muestran su compasión y el poder de su fe. La misión tiene lugar en todos estos contextos, y en muchos otros.

Los cristianos que se encuentran luchando y dando testimonio en todos estos ámbitos, si están allí por razón de su fe, son misioneros. Lo que nos incumbe entonces al resto de la iglesia, como antaño a la iglesia de Antioquía, son dos cosas: Primera, darles nuestra bendición a todas estas personas que siguen el arriesgado camino misionero; como diría Lucas, «imponerles las manos». Segunda, escucharles cuando vienen a informarnos de su misión, y aprender de ella y de ellos.

Desafortunadamente, en muchas de nuestras iglesias aquí en Hispanoamerica no es eso lo que se hace. Al contrario, cuando alguno de nuestros miembros se introduce en ámbitos donde no todos son creyentes, por ejemplo, los sindicatos obreros, los movimientos estudiantiles, las tertulias culturales, los grupos musicales, etc., lo que muchos hacen es criticarles. «Se van a perder», decimos. «Se han ido al mundo». A veces hasta nos apartamos de ellos. En lugar de fortalecerles para su misión, y exhortarles a que den testimonio donde están, lo que hacemos es darles a entender que no es legítimo dar testimonio en tales ambientes. Y de lo segundo, ni se diga. Si regresan a la iglesia hablándonos de lo que Dios está haciendo en esos lugares «mundanos», rápidamente se les hace saber que la iglesia no es lugar apropiado para hablar de tales cosas. Con tales actitudes, no son solamente ellos los que pierden, sino también la iglesia misma, cuya visión misionera se opaca.

F. El concilio de Jerusalén (15.1-35)

1. Se plantea el problema (15.1-3)

Lucas no aclara la relación cronológica entre el capítulo 15 y lo que antecede. Aunque RVR comienza diciendo «entonces», y VP dice «en ese tiempo», el texto griego no da indicación alguna de tiempo, sino que dice sencillamente: «y descendieron de Judea...» Puesto que el capítulo anterior termina diciendo que Pablo y Bernabé permanecieron largo tiempo en Antioquía con los discípulos, Lucas no parece indicar que el problema haya surgido a raíz del primer viaje misionero, sino bastante tiempo después.

Tampoco dice Lucas quiénes «descendieron de Judea».[40] En Gálatas 2.12,

---

40 El griego dice literalmente que «descendieron de Judea». RVR dice que «venían de Judea». VP añade, para aclarar el sentido, que «habían ido de Judea a Antioquía». La traducción de BJ es

Pablo dice que unos judaizantes que llegaron a Antioquía venían «de parte de Jacobo». Si se trata del mismo episodio, parece que Lucas está suavizando el conflicto entre los apóstoles y Pablo, lo cual ha llevado a algunos eruditos a la conclusión de que lo que Lucas narra aquí no es históricamente cierto.[41]

En todo caso, de lo que no cabe duda es de las enseñanzas de estas personas: «Si no os circuncidáis conforme al rito de Moisés, no podéis ser salvos». Naturalmente, la circuncisión no era todo lo que se discutía, pues la Ley de Moisés incluía además un buen número de reglas sobre alimentos, fiestas, etc.[42] La opinión tradicional, y probablemente correcta, es que estos «judaizantes» era judíos, probablemente fariseos, convertidos al cristianismo, y que ahora pretendían que todos los cristianos se sometieran a la Ley de Moisés.[43]

La enseñanza de estos judaizantes causa gran contienda en Antioquía, en la que los principales protagonistas de la parte contraria parecen ser Pablo y Bernabé. Como resultado, la iglesia de Antioquía decide enviar a los dos antiguos misioneros, y a «algunos otros de ellos», a Jerusalén, «para tratar esta cuestión». El hecho mismo de que se decida ir a Jerusalén para aclarar la cuestión parece indicar que los judaizantes decían contar con el apoyo de la iglesia madre; y ésa puede ser la razón por la que, como hemos visto, Pablo dice que habían venido «de parte de Jacobo». En Gálatas 2.1-2, Pablo cuenta de este viaje: «subí[44] otra vez a Jerusalén con Bernabé, llevando también conmigo a Tito. Pero subí según una revelación»: Esto nos da a entender que Tito fue uno de los que acompañaron a los misioneros en el viaje a Jerusalén.[45]

---

más literal: «bajaron algunos de Judea». El «bajar» tiene que ver con el hecho de que Jerusalén estaba sobre una altura. Además, cuando Hechos habla de «Judea», por lo general se refiere a Jerusalén, y no a todo el territorio. Así, por ejemplo, en 12.19 se nos dice que Herodes «descendió de Judea a Cesarea», cuando de hecho Cesarea era parte de Judea, y lo que se quiere decir es que fue de Jerusalén a Cesarea. Algunos manuscritos sí dicen que los que venían de Judea eran del partido de los fariseos.

41 Por ejemplo, Dibelius, *Studies*, p. 100 y Haenchen, *Acts*, p. 464. En sentido contrario, véase el buen argumento de Bruce, *Acts*, pp. 299-300.

42 Algunos manuscritos del texto occidental, al describir lo que los judaizantes enseñaban, añaden «y camináis en el camino de Moisés». Esto parece ser un intento de indicar que la cuestión era más amplia, y no tenía que ver únicamente con la circuncisión.

43 Decimos «la opinión tradicional» porque algunos eruditos han sugerido que los judaizantes no eran en verdad judíos, sino gentiles convertidos al cristianismo quienes deseaban ahora no ser menos que los judíos, y por eso insistían en que se guardara la Ley. Tal es la opinión de J. Munck, *Paul and the Salvation of Mankind*, Londres, SCM Press, 1959. Esta teoría no ha tenido buena acogida entre los estudiosos del Nuevo Testamento.

44 Recuérdese lo que se dijo antes (nota 40) sobre «descender» de Jerusalén y «subir» a ella.

45 La discrepancia entre Hechos, donde la iglesia envía unos representantes a Jerusalén, y Gálatas, donde Pablo dice que esto fue «por revelación», es más aparente que real, pues es de suponerse que la iglesia de Antioquía pidió la dirección de Dios al responder al reto de los judaizantes, y que por tanto la representación fue escogida «por revelación». Sobre la relación entre el relato de Hechos y el de Pablo en Gálatas 2 se ha discutido mucho. Hay una excelente lista de los puntos de convergencia y de divergencia en Roloff, *Hechos*, pp. 301-4.

De camino, al pasar por Fenicia y Samaria, iban «contando de la conversión de los gentiles; y causaban gran gozo a todos los hermanos». Lucas parece haber incluido este detalle para indicarnos que la posición de Pablo y de Bernabé con respecto a la admisión de los gentiles contaba con amplio apoyo, no solamente en Antioquía, sino también en Fenicia y Samaria, regiones donde ellos no habían laborado.[46]

2. Los hechos de Jerusalén (15.4-29)

a. Primera acogida y dificultades (15.4-5)

Cuando la delegación antioqueña llega a Jerusalén, es bien acogida «por la iglesia y los apóstoles y los ancianos», y les cuenta todo lo que ha estado aconteciendo, especialmente, es de suponerse, el viaje misionero de Bernabé y Pablo, y sus resultados. Es entonces que surge la dificultad en Jerusalén, pues «algunos de la secta de los fariseos que habían creído» empiezan a exigir que todos esos conversos deben circuncidarse y guardar la Ley. Para entender esto hay que recordar que para estos cristianos judíos el cristianismo no era una nueva religión. Era más bien el cumplimiento de las promesas hechas a Israel, de todo lo que ellos habían esperado. Por tanto, un fariseo que aceptaba a Jesús como Mesías no dejaba por ello de ser judío ni de ser fariseo. No se trata entonces de ex-fariseos que todavía conservan remilgos de sus antiguas creencias, sino de fariseos sinceros y practicantes que, al tiempo que continúan su cuidadosa observancia de la Ley, también son cristianos.

Aquí resulta interesante e irónico notar que Pablo, quien es uno de los dos campeones de una nueva apertura a los gentiles, era también fariseo. Su propia labor misionera, según hemos visto, le fue obligando a abrirse cada vez más hacia los gentiles, de un modo en que no tenían que hacerlo los cristianos fariseos de Jerusalén.

Hay intérpretes que se sorprenden de que la iglesia de Jerusalén tenga que volver a discutir la cuestión de la admisión de los gentiles, en vista de que antes había tenido lugar la conversión de Cornelio, y se había fundado en Antioquía una iglesia compuesta mayormente de gentiles.[47] Tal sorpresa se debe a un modo demasiado esquematizado de ver la realidad humana, y el modo en que los grupos humanos se van acostumbrando a nuevas ideas. Lo que Lucas da a entender hasta este punto es mucho más realista que la reconstrucción de mucho estudiosos. Según Lucas, el problema de la admisión de los gentiles se ventiló repetidamente. Si bien la conversión de Cornelio debió haberlo resuelto

---

46 Al menos así lo entiende Haenchen, *Acts*, p. 444.

47 Así, por ejemplo, Wickenhauser, *Hechos*, p. 247, quien sugiere «que el judaísmo extremista acababa apenas de hacer su ingreso en la comunidad cristiana, precisamente a causa de la reciente conversión de algunos fariseos». Empero es un error llamar a los fariseos «judíos extremistas», y en todo caso no hay base para declarar que era sólo en fecha reciente que algunos fariseos se habían unido a la iglesia.

de una vez por todas, no fue así. Lo mismo puede decirse de la fundación de la iglesia de Antioquía. Y, aunque tras este capítulo 15 Hechos se dedica principalmente a la misión entre los gentiles, y no vuelve a tratar a fondo el tema de si deben ajustarse o no a la Ley de Moisés, lo cierto es que por las cartas de Pablo sabemos que el problema distaba mucho de haber sido resuelto. Lo que Lucas nos cuenta aquí, como lo que nos contó antes, no es sino uno de tantos episodios que poco a poco fueron abriéndoles las puertas a los gentiles.

b. La asamblea (15.6-29)

En respuesta al debate suscitado por la conversión de los gentiles y la resistencia de los judaizantes, tiene lugar una reunión. Hay indicios en el texto de que de hecho hubo más de una reunión, pues en 15.6 los que se reúnen son «los apóstoles y los ancianos», y al llegar a 15.12 se nos dice que «toda la multitud calló». Por último, en 15.22 se afirma que «pareció bien a los apóstoles y a los ancianos, con toda la iglesia», lo cual da a entender que el resto de la congregación participó del debate. Por todas estas razones, quizá debamos pensar, no en términos de una sola reunión, sino de todo un proceso en el cual los puntos sobresalientes fueron los que Lucas narra. Esto, además, se compagina mejor con lo que Pablo cuenta en Gálatas 2.2, en el sentido de que expuso sus enseñanzas «en privado» a los jefes de la iglesia en Jerusalén. De ser así, Lucas está utilizando su licencia narrativa para dramatizar en una sola reunión lo que en realidad fue todo un proceso que probablemente tomaría varios días y un número de reuniones y de conversaciones.

i. La intervención de Pedro (15.6 -12)

Lo que Pedro cuenta en estos versículos es lo que ya hemos visto sobre la conversión de Cornelio (10.1-11.18). Las palabras del versículo 7 que RVR traduce por «hace algún tiempo» también pueden entenderse como «desde los primeros días», y dan a entender que ha pasado bastante tiempo desde la conversión de Cornelio. Esto serviría para explicar por qué hay que volver a discutir la cuestión de la admisión de los gentiles. Desde el punto de vista de los cristianos en Jerusalén, la admisión de Cornelio y los suyos sería un episodio notable, pero no algo que se había repetido con suficiente frecuencia para marcar pauta en la vida de la iglesia. Es ahora, con la obra misionera de Bernabé y de Pablo (y tal vez de otros), que se plantea con más urgencia la cuestión de la conversión de los gentiles, y lo que ha de exigírseles.

Empero en este discurso Pedro va más allá de lo que había dicho en el caso de Cornelio. Ahora ofrece una razón teológica por la cual no se les ha de imponer a los gentiles el «yugo» de la ley: se trata de un yugo «que ni nuestros padres ni nosotros hemos podido llevar», cuando en fin de cuentas lo importante es que todos, tanto los gentiles como los judíos, no son salvos sino por gracia (15.10-11).[48] Esto ha llevado a algunos eruditos a declarar que las palabras que aparecen aquí en labios de Pedro no exponen sino la teología de Lucas.[49]

ii. La intervención de Jacobo (15.13-21)

Al oír a Pedro, «toda la multitud calló». Hasta ahora no se nos ha dicho que estuvieran haciendo ruido, ni que hubiera alboroto. Lo que Lucas desea indicar es que hubo un espíritu de reflexión. Es esa apertura la que aprovechan Bernabé y Pablo[50] para contar otra vez (ya lo habían hecho antes, según 15.4) lo que había sucedido en su misión entre los gentiles. Es de suponerse que lo que decían se veía como confirmación de la experiencia de Pedro en el caso de Cornelio.

Viene entonces la intervención de Jacobo. En todo el libro de Hechos, hasta este punto, ese Jacobo, que no era uno de los doce, va cobrando cada vez más importancia. En 12.17, que fue la última vez que supimos de Pedro antes de este pasaje, se nos dice que cuando Pedro se preparaba a huir de Jerusalén les mandó avisar «a Jacobo y a los hermanos». Ahora que regresamos a Jerusalén, nos encontramos a Pedro, que ha vuelto sin que se nos diga cómo ni cuando, y a Jacobo como uno de los jefes de la iglesia.

Jacobo empieza su discurso refiriéndose a lo que «Simón ha contado». En realidad, el texto griego no dice «Simón», sino «Simeón», que era el equivalente arameo de ese nombre. Luego, Lucas nos está indicando que Jacobo habló en arameo.[51] El resumen del discurso de Pedro por parte de Jacobo incluye una aseveración notable: Dios ha visitado a los gentiles «para tomar de ellos pueblo para su nombre» (15.14). Lucas emplea el término «pueblo» —laós— para referirse al «pueblo de Dios». Luego, lo que Jacobo afirma es que Dios se está levantando un nuevo pueblo, o una extensión de Israel.[52] Y para sostener esa postura ofrece un argumento bíblico que parece confirmar lo que Pedro dijo antes. Según un texto de Amós, Dios llevará a cabo una obra de restauración, «para que el resto de los hombres busque al Señor, y todos los

48 El orden mismo del v. 11 es interesante: Pedro no dice que los gentiles serán salvos, como los judíos, por gracia, sino al revés: que los judíos serán salvos por gracia, igual que los gentiles.
49 Por ejemplo, Haenchen, *Acts*, p. 446, n. 4:«Esta aseveración no corresponde con la teología judía ni con la paulina ... Lo que tenemos aquí es la Ley vista a través de los ojos de los cristianos gentiles y helenistas, como una muchedumbre de mandamientos y prohibiciones que nadie puede cumplir».
50 Es de notarse que en el contexto de Jerusalén el nombre de Bernabé sigue apareciendo antes del de Pablo. No olvidemos que Bernabé había sido uno de los primeros y más respetados miembros de la iglesia de Jerusalén, y que gozaba del respeto de los doce, quienes le habían dado el nombre que llevaba.
51 Otra explicación, que no ha encontrado acogida general pero merece mención, es que este «Simeón» no es el mismo que Simón Pedro. Tal es la opinión de D. W. Riddle, «The Cephas Problem and a Possible Solution», *JBL*, 59 (1940), 169-80.
52 J. Dupont, «Un peuple d'entre les nations (Actes 15.14)», *NTSt*, 31 (1985), 321-35.

gentiles, sobre los cuales es invocado mi nombre». Sobre esa base, Jacobo ofrece su solución, que es la que a la postre se adopta.[53]

Empero antes de pasar a discutir esa solución tenemos que tratar sobre un problema que esta cita de Amós presenta. En este caso, el texto que Lucas pone en labios de Jacobo está citado según la Septuaginta; es decir, la traducción griega del Antiguo Testamento que la mayor parte de los cristianos de habla griega utilizaba. En este pasaje, el texto hebreo difiere del de la Septuaginta, y no se hubiera podido utilizar para probar lo que Jacobo quiere probar.[54] ¿Cómo se explica que Jacobo, hablando en Jerusalén y en arameo, citara un texto bíblico, no según el hebreo, sino según la Septuaginta, y esto en un caso en el que hubiera sido bien fácil refutarle diciendo que el texto hebreo decía otra cosa? Los eruditos que insisten en la exactitud histórica de los discursos que aparecen en Hechos han tenido que recurrir a extrañas teorías para resolver esta dificultad. Unos han sugerido que en realidad el texto tal como aparece en la Septuaginta es el original, que en tiempos de Jacobo circulaba en Palestina una traducción al arameo que es la que Jacobo cita, y que esa versión aramea decía lo mismo que la Septuaginta.[55] Empero lo cierto es que no hay indicios de que haya existido tal texto arameo. Otros sugieren que Jacobo, en vista de que se trataba de la misión a los gentiles, y porque Pablo y Bernabé estaban presentes, citó el texto según la Septuaginta.[56] Empero sería difícil imaginar que, en tal caso, no hubiera alguno del partido contrario dispuesto a refutar el argumento de Jacobo sobre la base del texto hebreo de Amós. Por todo esto, probablemente lo más acertado sea decir que, si bien Jacobo apoyó la posición de Pedro, y ofreció quizá argumentos bíblicos para sostenerla, Lucas está poniendo en labios de Jacobo un argumento que fue utilizado más tarde entre los gentiles, cuando la Septuaginta vino a ser la Biblia de uso común.

Lo importante, en todo caso, es la conclusión a que llega Jacobo, pues lo que él sugiere es lo que por fin se decide. Y lo que sugiere es «que no se inquiete» (RVR; otras versiones dicen «molestar») a los gentiles que se conviertan, sino que se les escriba sobre cuatro puntos que sí han de guardar. Sin embargo, sobre esto también hay amplia discusión, y esa discusión gira tanto en torno al texto mismo como a lo que quiere decir.

53 Sobre la palabra «juzgo» en 15.19, se puede discutir. El verbo griego que se emplea aquí tiene la misma ambigüedad que el castellano «juzgar», pues quiere decir tanto emitir una opinión —me parece— como dictar veredicto. Debido a la ambigüedad del verbo, se puede argumentar que Jacobo es el jefe de la iglesia, y que le compete dictar sentencia, o también todo lo contrario, que lo único que Jacobo hace es ofrecer su opinión, y que es la asamblea quien a la postre ha de decidir. El resto del pasaje nos lleva a inclinarnos hacia esta última alternativa.
54 Véase la traducción de Am. 9.12 en RVR: «Para que aquellos sobre los cuales es invocado mi nombre posean el resto de Edom, y a todas las naciones, dice Jehová que hace esto».
55 Tal es la posición de Th. Zahn, *Die Apostelgeschichte des Lucas*, A. Deichert, Erlangen, 1919-21, vol. 1, p. 521.
56 Bruce, *Acts*, p. 310.

La discusión en torno al texto se debe a que en este punto los manuscritos griegos difieren. El más antiguo que se conserva[57] incluye solamente tres cosas de que los conversos deben abstenerse: la idolatría, lo ahogado, y la sangre. Sin embargo, puesto que es solamente ese manuscrito el que incluye esa lista, prácticamente todos los eruditos concuerdan en que en este punto hay sencillamente una omisión. El texto egipcio, que es el que la mayoría de los eruditos acepta, dice lo que se traduce en RVR, y por tanto se refiere a cuatro puntos: la idolatría, la fornicación, lo ahogado y la sangre. El texto occidental omite lo ahogado, y tiene por tanto una lista de tres cosas, idolatría, fornicación y sangre, a la que se añade entonces la «regla de oro» en su forma negativa: «no hacer a los demás lo que no quieren que les hagan a ellos».

La discusión en torno al texto es importante, porque de lo que el texto diga depende su significado teológico. El texto occidental da a entender que las cosas que se prohíben son de orden moral, mientras el texto egipcio, que es probablemente el original, da a entender que las prohibiciones son de orden ritual.[58] Esto se ve particularmente en el caso de la «sangre». ¿Qué quiere decir abstenerse de sangre? Si, como en el caso del texto occidental, no se dice nada sobre lo «ahogado», el abstenerse de sangre se puede interpretar como no matar o cometer violencia.[59] Si, por otra parte, como en el texto egipcio, la «sangre» aparece junto a lo «ahogado», se entiende que la prohibición se refiere a la antigua ley ritual judía de no comer sangre, ya fuera en animales que habían muerto sin desangrar, o ya fuera como ingrediente de alguna comida, como por ejemplo, morcillas.

El problema que se plantea es entonces que, si el texto egipcio es el original, Jacobo parece contradecirse, pues está diciendo que concuerda con Pedro en que los gentiles no han de sujetarse a la ley, pero luego les dice que sí hay cuatro puntos de la ley a que sí deben sujetarse, y que esos puntos incluyen no comer sangre ni animal alguno que no haya sido degollado y desangrado. Este es el principal argumento a favor del texto occidental, que de no ser por esta dificultad sería generalmente rechazado.

A pesar de esa dificultad, nuestra opinión es que el texto original es el egipcio, y que en efecto las prohibiciones se refieren a cuestiones rituales más bien que morales. La razón para esto es que estas cuatro prohibiciones son precisamente las que, según la Ley de Moisés, debían imponerse a los gentiles que moraran en Israel (Lv. 17.8-18.26).[60] Así mirado, lo que Jacobo está

57 El papiro de Chester Beatty.
58 Tal es el modo en que casi todos los comentaristas contrastan estos dos textos. Empero C. K. Barret, «The Apostolic Decree of Acts 15.29», *AusBibRev*, 35 (1987), 50-59, sostiene que el contraste teológico no es tan importante como a menudo se ha pensado.
59 Fue así que pronto se interpretó en la iglesia occidental, y por tanto este texto sirvió de base a la teoría según la cual hay tres pecados mayores (algunos dirían, imperdonables): la idolatría, la fornicación y el homicidio. Véase González, *Historia del Pensamiento Cristiano*, Vol. 1, p. 218.
60 Hasta donde sabemos, quien primero señaló esta relación, y sobre todo el hecho de que el orden

haciendo no es imponiéndoles reglas a los gentiles a fin de ser cristianos. Lo que está haciendo es más bien diciéndoles que, a fin de poder tener comunión con los judíos, y a fin de ser como los gentiles que antiguamente moraban en medio de Israel, debían cumplir únicamente con las mismas leyes que antiguamente se prescribían para esos gentiles.

Para entender todo esto, es preciso que nos coloquemos en aquel momento, y veamos las cosas desde la perspectiva de aquella antigua iglesia judía. Para ellos, lo que estaba sucediendo no era, como muchas veces pensamos hoy, que algunos de entre los judíos estaban dejando el judaísmo para hacerse cristianos. Lo que estaba sucediendo era más bien que algunos de entre los gentiles se estaban añadiendo a Israel. Luego, la pregunta no era, como para nosotros hoy, ¿cuánto de la Ley hay que obedecer para ser cristiano? Era más bien, ¿cuánto de la Ley hay que obedecer para vivir en medio de Israel? La respuesta a esa pregunta estaba bien clara, pues la Ley misma lo establecía en Levítico 17 y 18. Y son esos principios los que Jacobo sugiere ahora como base para que los cristianos judíos puedan tener comunión con los cristianos gentiles.[61]

Tomando todo esto en cuenta, vemos que el propósito de la decisión no es decirles a los cristianos gentiles que ya la Ley no cuenta, sino solamente en estos cuatro puntos. El propósito es más bien encontrar un modo mediante el cual los cristianos gentiles puedan allegarse a los judíos sin violar la conciencia de estos últimos. Es por esto que, según la iglesia se fue haciendo más gentil y menos judía, estas prohibiciones fueron perdiendo importancia. Ya no era necesario pensar constantemente en los hermanos judíos con los cuales había que guardar comunión. Es por esta razón y con el mismo espíritu que, en 1 Corintios 8, Pablo les dice a los corintios que, aunque en fin de cuentas el comer carne sacrificada a los ídolos no les va a hacer ni bien ni mal, si hay algún hermano que se escandalizará por ello, sí deben abstenerse de comerla.

Por último, antes de pasar a la decisión misma, debemos decir unas palabras sobre el v. 21, donde lo que Jacobo dice no parece relacionarse con el tema que se discute. ¿Por qué se incluyen estas palabras, y qué quieren decir en este contexto? De las muchas interpretaciones,[62] la más probable es que lo que Jacobo quiere decir es doble: (1) Que los cristianos gentiles, aunque no estén en Palestina, viven en medio de Israel, pues hay sinagogas y judíos por todas partes, y que por ello la ley de Levítico 17 y 18 se les aplica. (2) Que, puesto que hay sinagogas por todas partes donde se lee la ley de Moisés, los

en que aparecen las prohibiciones en Levítico es el mismo en que aparecen en el texto «oficial» del «decreto» de Jerusalén (15.29), fue H. Waitz en su artículo «Das Problem des sogennanten Apposteldecrets», *ZKgesch*, 55 (1936), 227.

61 C. Perrot, «Les décisions de l'Assemblée de Jerusalem», *RechScR*, 69 (1981), 195-208, sostiene empero que lo que se discutía era más que esto. Según Perrot, lo que estaba en juego era también el status legal de la nueva comunidad.

62 Resumidas en Haenchen, *Acts*, p. 450, n. 1.

cristianos gentiles no están obligados a dar testimonio de esa ley obedeciéndola.

iii. La decisión (15.22-29)

Los apóstoles (aunque no se nos ha dicho cuáles de ellos estaban presentes),[63] los «ancianos» (cuyo origen y función no se nos han dicho) y «la iglesia» deciden escribir una carta y mandarla por medio de Silas y de Judas Barsabás. De Judas Barsabás no se sabe más que el nombre. (¿Sería hermano de José Barsabás, el otro candidato al apostolado cuando Matías fue electo?) De Silas sí sabemos más, tanto por el libro de Hechos como por el resto del Nuevo Testamento. En Hechos, lo volveremos a encontrar acompañando a Pablo en su viaje misionero por Filipos, Tesalónica y Berea, hasta que desaparece de la escena en Corinto (18.5), sin que se nos diga más sobre él.[64] Bajo la forma latina de su nombre, «Silvano», lo encontramos en 2 Corintios 1.19, 1 Timoteo 1.1, 2 Timoteo 1.1 y 1 Pedro 5.12.

La carta, aunque breve, tiene la estructura característica de las cartas de ese período, que es la misma que vemos repetidamente, aunque con mayor extensión, en las cartas de Pablo. Al inicio se dice quién escribe: «los apóstoles y los ancianos y los hermanos» y acto seguido se nombran los destinatarios: «a los hermanos de entre los gentiles que están en Antioquía, en Siria y en Cilicia». Sigue un breve saludo («salud»), luego el mensaje de la carta, y por último una despedida que toma la forma de un buen deseo o una bendición («Pasadlo bien»). Sobre los destinatarios, es importante notar que la carta no va dirigida solamente a los gentiles de Antioquía, sino también a los que se han convertido gracias a la obra misionera de la iglesia antioqueña, tanto en Siria como en Cilicia. En cuanto al mensaje de esta breve epístola, es en esencia lo que Jacobo dijo antes: que a los gentiles no ha de imponérseles más carga que abstenerse de los cuatro puntos ya conocidos (tres de los cuales tienen que ver con lo que se ha de comer): lo sacrificado a ídolos, sangre, lo ahogado, y fornicación.[65]

3. El regreso a Antioquía (15.30-35)

Este pasaje no requiere mayor explicación. Según se había acordado, Judas Barsabás y Silas van a Antioquía. La frase «los que fueron enviados» en 15.30 puede referirse no solamente a ellos, sino también a los que antes habían sido enviados de Antioquía a Jerusalén: Bernabé, Pablo y otros (15.2).

---

63 Aquí se menciona solamente a Pedro y a Jacobo. Pablo (Gá. 2.9) menciona también a Juan.

64 B. N. Kaye, «Acts' Portrait of Silas», *NT*, 21 (1979), 13-26, sugiere que la razón por la que Silas parece apartarse de Pablo en Corinto es que a partir de entonces Pablo ya no continúa su práctica anterior de basar su misión en la sinagoga de cada ciudad.

65 También en esta segunda lista el texto occidental ofrece las mismas variantes que hemos indicado antes con respecto a 15.20.

El recibimiento fue alegre, pero formal. El verbo que RVR traduce por «entregaron» es el que se empleaba en ese tiempo para la presentación formal de una carta u otro documento. La carta fue leída en la congregación, y esto produjo «consolación», evidentemente porque los cristianos gentiles de Antioquía estaban preocupados porque era posible que los de Jerusalén les dijeran que era necesario circuncidarse y cumplir toda la ley, y por la posible ruptura que ello acarrearía.

Como profetas que eran, Judas y Silas predicaron en la congregación, y esa predicación fue de estímulo y aliento («consolaron y confirmaron»). El «algún tiempo» que permanecieron allí puede ser desde unas semanas hasta más de un año. El texto no lo aclara. Pasado ese tiempo, al disponerse a regresar a Jerusalén, la iglesia de Antioquía los despidió formalmente; esto es lo que quiere decir el v. 33.

El v. 34 aparece únicamente en el texto occidental. Por eso se omite en RVA, BJ y otras versiones. Los estudiosos de la Biblia sugieren que posiblemente fue introducido allí para eliminar la aparente contradicción entre el v. 33 y el 40, pues en uno se dice que Silas regresó a Jerusalén y en el otro que estaba en Antioquía cuando Pablo se dispuso a salir en un nuevo viaje. En el texto común o egipcio se da a entender que la iglesia de Antioquía despidió a los dos delegados (v. 33), y no se explica cómo ni cuándo Silas regresó de Jerusalén a Antioquía, aunque el hecho es que en el v. 40 ya está allí.

Misión y visión

Mucho podría decirse sobre este texto. Empero comencemos analizando el contraste entre los fariseos que se molestan porque se han añadido gentiles a la iglesia sin exigirles que se circunciden, y ese otro fariseo, Pablo, quien es uno de los principales defensores de la posición diametralmente opuesta. ¿Por qué es que Pablo puede ver lo que Dios está haciendo entre los gentiles, y mostrarse abierto hacia ello, y los demás fariseos no? Ciertamente, no es porque estos fariseos de la iglesia en Jerusalén sean menos sinceros que Pablo. Ellos, al igual que él, han aceptado a Jesús como el Mesías, y se han unido a la iglesia. ¿Dónde radica, entonces, la diferencia?

La respuesta, aunque sencilla, es profunda: estos fariseos han recibido el evangelio y lo han aceptado; pero Pablo, además de recibirlo, se ha unido a la misión de Dios en el mundo. Es de suponerse que los fariseos cristianos de Jerusalén, como toda la iglesia en esa ciudad, «perseveraban en la doctrina de los apóstoles, en la comunión unos con otros, en el partimiento del pan y en las oraciones». Pablo y los cristianos de Antioquía harían lo mismo.

Empero la iglesia de Antioquía, y Pablo dentro de ella, hicieron más: se lanzaron a la labor misionera. Aquellos fariseos no habían tenido la experiencia de Pablo en Antioquía de Pisidia, en Iconio o en Listra. El Espíritu estaba activo en Jerusalén, sí; pero donde el Espíritu estaba haciendo cosas nuevas, abriendo brecha, ampliando horizontes, era en esos otros lugares. Pablo y Bernabé habían aceptado el impulso del Espíritu, y en aquellas lejanas ciudades se habían unido a la obra que Dios estaba haciendo. Luego, cuando se plantea el problema en Jerusalén, quienes tienen la visión de lo que Dios está haciendo en su día son precisamente gentes como Pablo y Bernabé —o Pedro en su encuentro con Cornelio—, que han participado de la obra del Espíritu.

A través de toda su historia, la iglesia ha tenido que enfrentarse a condiciones semejantes. Los viejos centros, como aquellos fariseos cristianos de Jerusalén, a veces se muestran inflexibles, y por tanto incapaces de responder a los retos del momento. Es en las periferias, donde los cristianos tienen que enfrentarse de continuo con tales retos, y donde ven la acción de Dios en medio de ellos, que se producen los grandes despertares, las aventuras de fe, los descubrimientos de dimensiones del evangelio hasta entonces insospechadas. Ciertamente, esto es lo que sucede en toda la vida de Pablo, y no solamente en este episodio. Las cartas de Pablo, que forman una parte tan importante del Nuevo Testamento, no son obras de teología especulativa, sino que son respuesta a los retos misioneros del momento.

La iglesia hispanoamericana es el resultado de aventuras misioneras del pasado. Por ello, nos hemos acostumbrado a recibir. Recibimos misioneros. Recibimos dinero. Recibimos ideas. En medio de tanto recibir, frecuentemente nos aqueja una especie de «complejo de inferioridad»: la iglesia importante está en otro lugar, de donde vinieron los primeros misioneros; o los libros que vale la pena leer son únicamente los que vienen de allá; o los modelos que hemos de imitar son los que tienen éxito allá. Nosotros, pobrecitos, estamos condenados a ser siempre receptores.

¡Pero no! El caso de Pablo, «fariseo, hijo de fariseo» (23.6) y su contraste con estos cristianos, también fariseos, de Jerusalén, nos presenta la cosa de otro modo. Es aquí, en esta aparente periferia, donde Dios está haciendo cosas nuevas, que nos ha tocado vivir, y por tanto nosotros los cristianos de Hispanoamérica, que vemos a diario las cosas nuevas que Dios está haciendo, tenemos una responsabilidad para con Dios y para con toda la iglesia, llevándoles a los viejos centros misioneros, muchos de ellos caducos en su visión, la visión renovada de lo que Dios está haciendo hoy.

Y lo que es cierto al nivel global también lo es en el círculo más restringido de nuestros propios países y situaciones. Aquí también se nos presentan problemas parecidos al que vemos en este capítulo 15 de Hechos. Dios está actuando hoy en nuestra América. Sería muy fácil —es muy fácil— quedarnos sentados en los escaños de nuestras iglesias, y desde allí, como aquellos fariseos desde Jerusalén, decir, «eso no debería ser así». Hay cristianos —cristianos sinceros como aquellos judaizantes de Jerusalén— que quisieran que las cosas no cambiaran, que se cantaran los mismos himnos, se predicaran los mismos sermones, se tuvieran las mismas actividades, y nada más. Lo cierto es que, en mayor o menor grado, todos sufrimos esa tentación. Pero no es a eso que Dios nos llama. Como a Pablo, Dios nos llama, no solamente desde la iglesia —sea en Jerusalén, en Antioquía, en Los Angeles o en Buenos Aires— sino que nos llama también, como antaño a Bernabé y a Saulo, desde todos esos lugares en que no reina la fe, pero donde sí alcanza la misericordia divina. Porque fueron instrumentos de la obra de Dios en esos lugares, Saulo y Bernabé pudieron ser también instrumentos para que Dios le hablara a la iglesia de Jerusalén. Si la iglesia de hoy ha de oír palabra semejante, la oirá de boca de aquéllos que, como Bernabé y Saulo, han escuchado el llamado a aventurarse más allá de los límites de la iglesia misma.

VI. La misión a Europa (15.36-18.22)

Es en este punto, tras el «concilio» de Jerusalén, que en verdad comienza la gran misión paulina. Estamos aproximadamente por los años 48 al 55, precisamente el período en la vida de Pablo sobre el que sus cartas arrojan más luz.

A. El llamamiento (15.36-16.10)

1. Pablo y Bernabé se separan (15.36-41)

La misión a Europa no surge de una gran visión. Al contrario, todo comienza con una idea que no tiene mucho de original. «Después de algunos días, Pablo dijo a Bernabé: Volvamos a visitar a los hermanos en todas las ciudades en que hemos anunciado la palabra del Señor, para ver cómo están». Los «algunos días» a que se refiere Lucas pueden no haber sido más de unas semanas, aunque lo más probable es que se trate a lo menos de unos meses, y posiblemente de años, como parece indicarlo el v. 35. En todo caso, el propósito de Pablo no es emprender una nueva misión evangelizadora, sino visitar las iglesias fundadas anteriormente, y «ver cómo están».

La nueva misión comienza de modo poco halagador, con una seria disputa entre Pablo y Bernabé. Lucas nos dice que el motivo de la disputa fue que Bernabé quería llevar consigo a Juan Marcos, y que Pablo se resistía a ello, pues Marcos les había abandonado en el viaje anterior (13.13). El choque fue fuerte. La palabra que RVR traduce por «desacuerdo» (NBE: «conflicto»; BJ: «tirantez») es *paroxysmós*, de donde se deriva la palabra castellana «paroxismo». Por las cartas de Pablo sabemos que la cuestión era más complicada de lo que nos dice Lucas. Para empezar, Marcos era primo de Bernabé (Col. 4.10). En Gálatas 2.13, Pablo indica que su desacuerdo con Bernabé era mucho más profundo que la mera cuestión de si debían llevar a Marcos o no. Al parecer, Pablo entendía la decisión de Jerusalén con mayor amplitud que Bernabé. Para Pablo, lo que se había decidido en Jerusalén quería decir que los cristianos judíos y gentiles podrían comer juntos; es decir, participar juntos de la Cena del Señor. Empero cuando surgió una disputa sobre esto en Antioquía, tanto Pedro como Bernabé tomaron el partido de los judíos que insistían en comer aparte, para mantener su pureza ritual. La disputa fue amarga, y Pablo llega a acusar a Pedro y a Bernabé de hipocresía.[1]

El resultado de todo esto fue que Pablo y Bernabé se separaron. Bernabé y Juan Marcos partieron para Chipre —de donde Bernabé era oriundo— mientras Pablo y Silas tomaron el camino por tierra a través de Siria y Cilicia. Nótese que el propósito de ambos equipos misioneros sigue siendo visitar las iglesias fundadas anteriormente, y que Pablo y Silas iban por Siria y Cilicia «confirmando a las iglesias».

La disputa que tuvo lugar en Antioquía fue sanada a la postre. Aunque «los hermanos de Antioquía» encomendaron a Pablo «a la gracia del Señor», a partir de este momento Pablo actuó más como misionero independiente que como representante de la iglesia de Antioquía. Bernabé no vuelve a aparecer en la narración de Hechos. Empero en 1 Corintios 9.6 Pablo da a entender que Bernabé continúa su obra misionera y que, al igual que Pablo, se sostiene a sí mismo con su trabajo. Tanto esa referencia como Colosenses 4.10 dan a entender que Bernabé era ampliamente conocido y respetado, no solamente en las iglesias visitadas anteriormente por él junto a Pablo, sino también en otras.[2] Marcos aparece más tarde en Roma como acompañante de Pablo (Col. 4.10; Flm. 24; 2 Ti. 4.11) y de Pedro (1 P. 5.13).[3]

2. Timoteo se une a la misión (16.1-5)

Las ciudades que se mencionan aquí, Derbe, Listra e Iconio, habían sido objeto de la obra misionera de Pablo y Bernabé en su viaje anterior (14.1-21). El verbo «llegó» en el v. 1 está en singular porque lo que se dice es continuación del final del capítulo 15, que Pablo, escogiendo a Silas, «salió... y pasó». Pablo y Silas están juntos en Derbe y Listra.

---

[1] Hay un buen estudio de esta cuestión, desde el punto de vista del itinerario espiritual de Bernabé: W. Radl, «Das 'Apostelkonzil' und seine Nachgeschichte dargestellt am Weg des Barnabas», *ThQ*, 162, 1982, 45-61.

[2] Según una leyenda antigua, Bernabé murió como mártir en Salamina en el año 61. Otra leyenda le hace fundador de la iglesia en Milán. Tertuliano, alrededor del año 200, declara que Bernabé fue el autor de la Epístola a los Hebreos (*Sobre la modestia*, 20).

[3] Según Papías, obispo de Hierápolis en el siglo II, Marcos fue el «intérprete» (*hermêneutês*) de Pedro: «Marcos, que fué el intérprete de Pedro, puso puntualmente por escrito, aunque no con orden, cuantas cosas recordó referente a los dichos y hechos del Señor» (trad. D. Ruiz Bueno, *BAC*, p. 877). Eusebio de Cesarea afirma que fue quien llevó el evangelio a Alejandría: «Este Marcos dicen que fue el primero en ser enviado a Egipto y que allí predicó el Evangelio y fundó iglesias, comenzando por la misma Alejandría» (*H.E.*, 2.16.1; trad. A. Velasco Delgado, *BAC*, p. 89). Ver también el comentario a *Marcos* en esta misma serie, p. 21.

Es en esta última ciudad que se encuentra Timoteo, quien es bien conocido y respetado entre los cristianos, tanto de Listra como de Iconio. Timoteo debe haber sido muy joven, pues mucho más tarde, en las cartas pastorales, se da a entender que cuando Pablo era ya anciano él todavía era relativamente joven (1 Ti. 4.12; 2 Ti. 2.22).

Timoteo era hijo de madre judía y padre pagano («griego»). Según la ley judía, los vástagos de madre judía eran considerados hijos de Israel. Pablo quería llevar a Timoteo consigo, pero temía que su condición de judío incircunciso les crearía problemas con los judíos. La frase «todos sabían que su padre era griego» da a entender que el hecho de que no había sido circuncidado era generalmente conocido. En consecuencia, Pablo decide circuncidar a Timoteo. (Compárese con Gá. 2.3, donde Tito, que era de origen puramente pagano, no es circuncidado.)[4]

Aunque la decisión de Jerusalén sobre los conversos del paganismo iba dirigida estrictamente a «los hermanos de entre los gentiles que están en Antioquía, en Siria y en Cilicia», Pablo entiende que en realidad se ha de aplicar a todas las comunidades cristianas, y por ello va entregando a todas las iglesias las «ordenanzas» (*dógmata*) de Jerusalén.[5]

Por último, el v. 5 es otro de los «resúmenes» de Lucas, en el que posiblemente se incluye buen número de iglesias y un buen espacio de tiempo.

3. La visión del macedonio (16.6-10)

La dirección general del itinerario que aquí se describe es hacia el noroeste.[6] En unas pocas palabras se resume un larguísimo viaje que en el mejor de los casos tomaría varios meses. La «provincia» de Galacia (RVR) debería traducirse mejor como la «región» de Galacia (RVA, VP, BA, NBE, BJ). La misma frase vuelve a aparecer en 18.23. La importancia de esto está en que la provincia romana de Galacia, creada por Augusto el 25 a.C., incluía, además de la región de Galacia propiamente dicha, habitada por los gálatas, territorios habitados por frigios, licaonios y otros. Puesto que más tarde Pablo les escribió una epístola a los Gálatas, la cuestión de qué región fue la que el apóstol visitó tiene mucho que ver con la cuestión de los destinatarios de esa carta. En todo caso, aunque Hechos no lo dice, Pablo sí indica que lo que le obligó a ir a Galacia fue una enfermedad (Gá. 4.13-14).

---

4 Véase además, sobre Tito, todo el comentario a *Tito* en esta misma serie.

5 El texto occidental se extiende con más detalles sobre los vs. 3-4. Los detalles, históricamente acertados y verosímiles, han dado base para el argumento de que, al menos aquí y en otros pasajes del capítulo 16 (16.3-4, 9-10, 35-40), el texto occidental refleja una revisión hecha por el propio Lucas. É. Delebecque, «De Lystres à Philippes (Ac 16) avec le *codex Bezae*», *Bib*, 63, 1982, 395-405.

6 Véase el mapa al final de este volumen. Véanse además los artículos sobre «Frigia», «Galacia», «Asia», «Misia», «Bitinia» y «Troas» en *DIB*.

Esa enfermedad puede ser el impedimento del Espíritu a que se refiere repetidamente nuestro pasaje, de tal modo que Pablo no pudo predicar en Asia ni en Bitinia. Empero también es posible que el impedimento le haya llegado a Pablo en visión, como poco después le llegaría el llamado a Macedonia.

La traducción de RVR en el v. 8, «pasando junto a Misia», es más exacta que la de la NBE, «cruzaron Misia», y da a entender que bordearon la región. Por esa razón, lo más lógico es pensar en un viaje por mar hasta Troas.

Es en Troas que Pablo tiene una visión «de noche», lo cual puede indicar que fue un sueño. En la visión, un macedonio le ruega que «pase» a Macedonia, es decir, que cruce el mar, y que les ayude.[7]

Es en el v. 10, en respuesta a esa visión, que por primera vez aparece el «nosotros» (aparte del texto dudoso de 11.28): «en seguida *procuramos* partir para Macedonia, dando por cierto que Dios *nos* llamaba para que le *anunciásemos* el evangelio». Estas secciones que aparecen en primera persona plural (16.10-17; 20.5-15; 21.1—18; 27.1-28.16) han sido motivo de mucha discusión. ¿Por qué en algunos pasajes, y solamente en algunos, Lucas dice «nosotros»? Algunos eruditos piensan que al redactar el libro de Hechos Lucas utilizó aquí algún material escrito por uno de los participantes del viaje, una especie de «diario de viaje».[8] El problema con tal tesis es que no se explica por qué Lucas no se tomó el trabajo —harto sencillo, por cierto— de transponer la narración a la tercera persona, como en el resto de su obra. Ciertamente, Lucas debe haber estado consciente de que en estos pasajes la narración se presentaba desde otra perspectiva, la de un testigo ocular. Otros piensan que empleó la primera persona plural como un recurso estilístico, para subrayar algunos puntos. Así, por ejemplo, Haenchen afirma que «el 'nosotros' tiene el mismo efecto en este caso que el del coro de admiración que confirma los milagros en otros pasajes».[9] Este argumento tampoco convence, pues no todos los pasajes en los que Lucas usa el «nosotros» parecen dignos de tal énfasis especial. Otros sugieren que el «nosotros» es una especie de clave teológica.[10]

---

7 W.P. Bowers, «Paul's Route through Mysia: A Note on Acts XVI.8», *JTS*, 60, 1979, 507-11, señala que toda la ruta anterior de Pablo le va llevando hacia Macedonia, y pretende por tanto que Pablo ya se había hecho el propósito de ir a Macedonia, y que la visión no hizo sino confirmar ese propósito. Tal intento de penetrar la mente de Pablo, a base de indicios tan escasos, nos parece aventurado.

8 Por ejemplo, S. Dockx, «Luc a-t-it été le compagnon d'apostolat de Paul?», *NRT*, 103, 1983, 385-400 y U. Borse, «Die Wir-Stellen der Apostelgeschichte und Thimoteus», *StNTUmw*, 10, 1985, 63-92, sugieren que se trata del diario de viaje de Timoteo.

9 *Acts*, p. 491.

10 Por ejemplo, Rius-Camps, *El camino...*, p. 96, sostiene que es «un procedimiento teológico-literario destinado a señalar al lector, después de la ruptura de Bernabé con Pablo, cuál es el itinerario perseguido por el Espíritu y de qué acciones emprendidas por el grupo paulino se responsabiliza o se desentiende el Espíritu Santo». Resulta difícil creer que Lucas escribiría un libro en clave, de tal modo que quien no tuviera la clave del «nosotros» no entendería el sentido del libro. Y resulta mucho más difícil creer que fue necesario esperar hasta el siglo XX para que alguien entendiera la clave.

Lo más sencillo es pensar que el autor de Hechos participó al menos de los episodios que narra en primera persona, y que si no nos cuenta cómo ni dónde se unió o se separó del grupo ello se debe a que tal es su proceder constante, en el que los personajes desaparecen y vuelven a aparecer sin que se nos diga dónde fueron ni cuándo se apartaron o se volvieron a unir a la narración.[11] Empero aún así no queda resuelto el problema, que es harto complejo.[12]

Lecciones misioneras

El pasaje que acabamos de estudiar nos enseña varias lecciones misioneras que son de valor para nuestra situación.

La primera de ellas es la necesidad de nutrir, supervisar y alentar a la iglesia. Al leer el libro de Hechos, muchos reciben la impresión de que Pablo pasa el tiempo corriendo de un lugar a otro, siempre predicando el evangelio en nuevos lugares. Esto se debe a que, como hemos visto repetidamente, Lucas frecuentemente resume en unas líneas lo que bien pudo haber tomado meses y hasta años. En este pasaje, el propósito inicial de Pablo es «visitar a los hermanos en todas las ciudades en que hemos anunciado la palabra del Señor». Aunque el Espíritu ha de ampliar esa visión, y llevar a los misioneros a nuevas tierras, esto acontece sólo después que han visitado esas iglesias. En unos pocos versículos, Lucas nos hace recorrer de nuevo casi todo el itinerario de Pablo y Bernabé en su viaje anterior.

Es importante subrayar esto, porque en nuestras iglesias hispanas frecuentemente una mala lectura de Hechos nos ha llevado a una estrategia misionera fallida. Pensamos que lo que el Espíritu le pedía a Pablo, y nos pide a nosotros, era sencillamente que fuera de lugar en lugar predicando y fundando iglesias. El resultado ha sido un sinnúmero de iglesias en las que hermanos recién convertidos, con escasos conocimientos de las Escrituras o de lo que la fe implica para la vida en estos tiempos tan complejos, carecen de la ayuda necesaria para madurar en su fe. En algunos círculos se piensa que la vocación de evangelista es superior a la de pastor. Se habla de cuántas iglesias se fundaron, o de cuántos hermanos se convirtieron; pero se le presta poca atención a la labor, mucho más difícil, de alimentar, confortar y retar a todas esas nuevas iglesias y todos esos conversos. Nos olvidamos de que Pablo,

---

11 Por ejemplo, C. J. Hemer, «First Person Narrative in Acts 27-28», *TynBull*, 36, 1985, 79-109, sostiene que, al menos en lo que se narra en los capítulos 27 y 28, Lucas fue partícipe.

12 Los diversos elementos del problema están muy bien resumidos en S. M. Praeder, «The Problem of First Person Narrative in Acts», *NT*, 29, 1987, 193-218.

además de pasar a veces más de un año en una ciudad, volvía con relativa frecuencia, y que sus cartas, que tanto bien hoy nos hacen, son el resultado de su interés pastoral, ese mismo interés que le llevó a sugerirle a Bernabé un nuevo viaje para visitar a los hermanos «y ver cómo están».

En nuestra América hispana, el resultado de esta lectura deficiente del texto a veces ha sido trágico. Hay hermanos recién convertidos que se dejan llevar de «todo viento de doctrina», porque no se les ha ayudado a alcanzar la madurez necesaria para juzgar los espíritus. Cualquiera que llega con una interpretación de la Biblia que parece novedosa tiene en ellos presa fácil. Hay otros que se han aprendido de memoria lo que se les enseñó, y aunque no se dejan llevar por todo viento de doctrina no han alcanzado la madurez necesaria para enfrentarse a los retos inesperados de cada nuevo día.

Nos hacen falta, además de evangelistas y misioneros, pastores y maestros, personas que estudien y enseñen las Escrituras en las congregaciones, y que junto a ellas se pregunten cómo hemos de responder, como cristianos fieles, a los retos de hoy.

La segunda lección la tenemos en la incorporación de Timoteo al equipo misionero. Se hablaba bien de él, sí; pero era joven y sin experiencia. Si bien es cierto que en otro lugar se nos dice que su madre y su abuela eran cristianas (2 Ti. 1.5; 3.15), también es cierto que ni siquiera se había criado como buen judío, y que su juventud e inexperiencia pudieron haber despertado dudas en Pablo, particularmente después del episodio de Juan Marcos. Empero parte de la misión de Pablo consiste en reclutar quien continúe y extienda su misión. En nuestras iglesias hispanas padecemos de la costumbre de querer controlarlo todo. Los que han tenido posiciones de autoridad por algún tiempo, creen estar destinados a retener esa autoridad por siempre. Así, en lugar de preparar nuevas generaciones para tomar las posiciones de responsabilidad, y de permitirles ocupar esas posiciones tan pronto como están listos, se producen conflictos en los que los mayores pugnan por retener el control, mientras los más jóvenes, o bien luchan contra los mayores para que se les conceda alguna responsabilidad, o bien abandonan la iglesia y se van a otros ámbitos donde se les da mejor acogida.

La tercera lección la encontramos en el mismo episodio de Timoteo. Pablo había sido campeón del movimiento para asegurarse de que a los conversos de entre los gentiles no se les exigiera la circuncisión ni el cumplimiento de toda la ley ritual. Empero ahora, en el caso de Timoteo, decide que éste ha de circuncidarse, «por causa de los judíos que había en aquellos lugares». La intransigencia es plaga de nuestras iglesias, y frecuentemente impide nuestra misión. No estamos dispuestos a trabajar ni a cooperar con quien no esté de acuerdo con nosotros hasta en la última tilde de lo que creemos. Hay iglesias donde se excomulga a quien osa orar sin arrodillarse. En otras se desprecia y hasta se ofende a la mujer que lleva un anillo de matrimonio. Y en otras se piensa que quien no es revolucionario como lo son los demás, es reaccionario, ignorante y apóstata. Todos estamos tan seguros y firmes en nuestras propias opiniones y convicciones, que no podemos encontrar campos comunes de acción, ni allanarnos en lo más mínimo. El resultado es que, en medio de tales discusiones, la misión queda abandonada.

En este sentido, hay una vieja fábula según la cual unas liebres están huyendo de unos perros. Una de ellas le grita a la otra: «¡Huye, que vienen los galgos!» La otra le contesta: «¡No son galgos; son podencos!» Y entre si son galgos o podencos llegan los perros y matan a las liebres.

Pablo comprende claramente —mucho mejor que cualquiera de nosotros— los peligros que el legalismo conlleva, y por ello ha insistido en que no es necesario circuncidarse. Pero cuando llega el momento en que tiene que escoger entre la misión y hacer una concesión a causa de los que no ven las cosas como él, está dispuesto a hacer esa concesión.

Por último, el texto nos enseña algo con respecto a las dificultades con que nos tropezamos en medio de la misión. Aparte las dificultades con Bernabé, que ya eran bastantes, Pablo y los suyos encuentran que no pueden predicar en Asia. Por la Epístola a los Gálatas sabemos que una de las dificultades con las que Pablo tropezó fue una enfermedad que por alguna razón le obligó a cambiar de camino, pero tuvo por resultado su misión entre los gálatas. Después, puesto que no pudo predicar en Asia, Pablo proyecta ir a la provincia de Bitinia, donde hay ciudades importantes. Empero una vez más el Espíritu se lo impide. Hay quien piensa que el Espíritu siempre va delante de nosotros, abriéndonos puertas. Empero lo contrario también es cierto. El Espíritu a veces cierra puertas, para dirigirnos por caminos por los que no pensábamos andar. Las dificultades en el camino de la iglesia no siempre son obra del Maligno. A veces son obra de Dios, que como un pastor nos va llevando a donde debemos ir. De hecho, al leer todo este pasaje nos viene a la mente precisamente esa imagen, pues tal parece que el Espíritu va pastoreando a Pablo y los suyos hasta Troas, para allí ofrecerles una nueva visión.

Cuando hay dificultades, y las alternativas parecen irse cerrando, nuestra tendencia común es darnos por vencidos. En tales momentos, podemos recordar cómo el Espíritu obra para dirigir a Pablo hacia Europa. O podemos recordar también el caso de Guillermo Carey, el famoso misionero a la India, quien en una de sus cartas comenta: «Mi posición resulta ya insostenible... hay dificultades por todas partes, y muchas más por delante; por lo tanto, no tenemos otra alternativa que seguir adelante».[13]

A la iglesia hispanoamericana se le presentan muchas dificultades por delante. Muchas de nuestras iglesias han estado recibiendo fondos que ya no llegan con igual abundancia. Otras comienzan a percatarse de que los métodos de predicación y testimonio que funcionaron hace unas décadas se van volviendo obsoletos. Otras se encuentran perplejas en medio de las agudas crisis políticas, económicas y sociales de nuestros países. Otras están en conflicto con los gobiernos de sus respectivos países. Algunas se preguntan cómo conservar sus jóvenes, frecuentemente tentados por opciones que los mayores no tuvieron. Por todas partes hay dudas, dificultades, peligros. Por tanto, no nos queda otro remedio, ¡hay que seguir adelante!

B. Filipos (16.11-40)

La narración continúa en primera persona plural, hasta el v. 17, en que el «nosotros» empieza a apartarse de Pablo («Pablo y nosotros»), y en el v. 18 vuelve a tercera persona.

1. Inicio de la misión en Europa (16.11-15)

El viaje desde Troas hasta Neápolis les toma dos días. En ese tiempo los marinos evitaban navegar de noche, y por ello hacen escala en la isla de Samotracia, aproximadamente a media travesía. La distancia es de unos 250 kilómetros, lo cual indica que el viento fue excepcionalmente favorable. En otra ocasión, en sentido contrario, el mismo viaje tomaría cinco días (20.6). Neápolis (cuyo nombre quiere decir «ciudad nueva») era un puerto a unos 15 kilómetros de Filipos. La frase «que es la primera ciudad de la provincia de Macedonia» se presta a diversas interpretaciones. Podría querer decir sencillamente que Filipos era la primera ciudad en el camino de los misioneros. El Códice Bezae, un manuscrito que representa el texto occidental, dice que Filipos era «ciudad capital de Macedonia». Esto no es cierto. Otros intérpretes, aduciendo la posibilidad de que algún copista haya cambiado el texto por

---

[13] Citado en A. H. Oussoren, *William Carey: Especially His Missionary Principles*, A.W. Sijthoff, Leiden, 1945, p. 66.

error,[14] y el hecho de que Macedonia estaba dividida en cuatro distritos, entienden que la frase quiere decir que Filipos estaba en el primer distrito. En todo caso, tiene razón Lucas al decir que era «colonia», pues Filipos contaba con esa categoría.[15]

Los «algunos días» del v. 12 se refieren al tiempo transcurrido antes del sábado de que se habla en el v. 13, pues evidentemente los misioneros permanecieron en Filipos más tiempo. En todo caso, ese sábado fueron a las afueras de la ciudad, junto al río, donde pensaban[16] que habría un «lugar de oración». Al parecer, no habían hecho contacto con los judíos de la ciudad, o no habían encontrado judíos con quienes hacer contacto. La palabra *proseujê*, traducida como «lugar de oración», también se empleaba a veces como sinónimo de «sinagoga». Luego, los misioneros andan en busca del lugar en que se reúnen los judíos para orar, o de la sinagoga.

Lo que encuentran es un grupo de mujeres. No era un culto formal en la sinagoga, pues para esto se necesitaban diez varones. Empero parece que encontraron el sitio justo, pues las mujeres que estaban allí se habían reunido para orar. Fue allí que encontraron a Lidia de Tiatira, «que adoraba a Dios», es decir, que se contaba entre los «temerosos de Dios», vendedora de púrpura. Puesto que Tiatira está en la región de Lidia, es posible que «Lidia» no haya sido verdaderamente su nombre, sino el apodo que se le daba por su lugar de origen. Se ha especulado, sin mayor base, que Lidia puede haber sido una de las dos mujeres a quienes Pablo más tarde se refirió en su carta a los filipenses (Fil. 4.2). La púrpura era un tinte que se obtenía de unos moluscos pequeñísimos, y era de gran valor. Luego, es de suponerse que quien se dedicaba a vender púrpura tenía recursos económicos.

No hay que entender por el texto que Lidia se convirtió la primera vez que Pablo y sus compañeros le hablaron. Al contrario, los tiempos verbales parecen indicar que el proceso continuó por algún tiempo, y culminó con el bautismo de Lidia y su familia (el griego dice «su casa»). Según el uso de la época, la «familia» o «casa», especialmente en el caso de una persona pudiente, incluía

---

14 En lugar de *prôte tês*, estos eruditos sugieren *prôtês*.

15 El título de «colonia» les era conferido por los emperadores a algunas ciudades. Originalmente se trataba de lugares donde se habían establecido grupos de ciudadanos romanos pobres en busca de tierras, frecuentemente soldados veteranos. En Filipos, Augusto había asentado a muchos veteranos de la guerra con Marco Antonio, que terminó en el año 31 a.C. La ciudad tenía los privilegios del *jus italicum*; es decir, que se aplicaban en ella los mismos principios legales que en suelo italiano. F. F. Bruce, «St. Paul in Macedonia», *JnRyl*, 61, 1979, 337-54, ofrece toda una serie de detalles por los que resulta evidente que Lucas es exacto en su descripción de las condiciones geográficas y políticas de cada lugar de que trata. El nombre oficial de Filipos era «Colonia Julia Augusta Philippensis». Sobre Filipos, así como sobre cada uno de los otros lugares que se mencionan en este pasaje, hay artículos en el *DIB*.

16 RVR y VP no traducen bien al decir que era un lugar donde solía hacerse oración. Lo que el texto griego indica se acerca más a lo que dicen RVA y BA: «pensábamos» o BJ: «suponíamos».

a todos sus familiares, siervos y allegados. Luego, la sola «casa» de Lidia bien puede haber incluido un buen número de personas.[17]

Tras su conversión, Lidia invita a los misioneros a residir en su casa. Sabemos que Pablo evitaba recibir dinero o bienes materiales de sus discípulos o conversos (véase 20.33-35), y es por ello que Hechos dice que «nos obligó a quedarnos». Pablo no olvidaría este gesto, ni la generosidad continua de los filipenses, a la cual se refiere en Filipenses 4.15: «sabéis también vosotros, oh filipenses, que al principio de la predicación del evangelio, cuando partí de Macedonia, ninguna iglesia participó conmigo en razón de dar y recibir, sino vosotros solos; pues aun a Tesalónica me enviasteis una y otra vez para mis necesidades» (Cp. 2 Co. 11.9).

Misión, reto y oportunidad

El pasaje nos dice mucho acerca de la flexibilidad necesaria si hemos de ser fieles a la misión. Ya hemos visto que Pablo pudo tener una visión más amplia del evangelio que los fariseos de Jerusalén, precisamente por su experiencia misionera. Aquí vemos otras dimensiones de la flexibilidad que la misión requiere.

Lo primero que sucede es que los misioneros van en busca de una sinagoga o lugar de oración, presuntamente esperando encontrar unos hombres con quienes compartir su mensaje, y se encuentran un grupo de mujeres. La costumbre y estrategia de Pablo era en cada ciudad nueva donde llegaba comenzar su obra a través de la sinagoga. Ahora encuentra que no hay tal sinagoga, sino cuando más un grupo de mujeres que se reúnen para orar. El contraste entre esto y lo que los misioneros esperaban se agudiza si recordamos que la visión de Troas había sido de un «varón macedonio», y lo que encuentran ahora es un grupo de mujeres. Pablo empero no se arredra, sino que comparte su mensaje con ellas, y el resultado es la conversión de Lidia, cuya «casa» sería el núcleo de la iglesia en Filipos, y les proveería a los misioneros con un centro de operaciones.[18]

17 ¿Se incluyen niños en el bautismo de Lidia y de su casa, o en el del carcelero y su casa? El texto no da base para afirmarlo ni para negarlo.
18 Contrariamente a lo que se suele decir, Pablo se sobrepuso en mucho a los prejuicios de la sociedad de su tiempo contra las mujeres. Esto puede verse en Hechos, donde mujeres tales como Lidia y Priscila ocupan un lugar importante, y también en las epístolas del mismo Pablo. Sobre los pasajes en 1 Corintios, Efesios y las Pastorales que se han interpretado en sentido contrario, véanse los volúmenes correspondientes de este *Comentario Bíblico Hispanoamericano*. Un libro valiosísimo en este respecto es el de Dennis R. MacDonald, *The Legend and the Apostle: The Battle for Paul in Story and Canon*, Westminster Press, Philadelphia, 1983.

Lidia no solamente se convierte, sino que trae a toda su «casa» al Señor, y entonces insiste en que Pablo y sus compañeros se hospeden con ella. Esto era contrario a la política misionera de Pablo, quien trataba de sostenerse a sí mismo haciendo tiendas (sobre lo que trataremos más adelante), e insistía en no recibir ayuda material de sus conversos. Pese a ello, acepta esta generosa ayuda, y a partir de entonces cuenta con el apoyo de los filipenses, no solamente en Filipos mismo, sino aún después en la continuación de su misión (2 Co. 11.9; Fil. 4.10-16).

La adaptabilidad en la misión nos es absolutamente necesaria hoy. Algunas de nuestras iglesias no crecen porque están atadas a viejas políticas y estructuras misioneras que sirvieron hace cincuenta años, pero ya no. En algunas ciudades, Pablo empezó su obra en la sinagoga; pero en otras ciudades empezó de otro modo. Lo que dio resultado una vez no siempre da igual resultado. Las grandes campañas evangelísticas han sido método exitoso de evangelización entre nuestro pueblo. Pero no olvidemos otros métodos que pueden ser necesarios en circunstancias diversas. ¿Cómo hemos de evangelizar a los estudiantes? ¿A los obreros industriales? ¿A las masas desarraigadas de sus tierras, muchas de ellas concentradas en las ciudades de Latinoamérica y los Estados Unidos? Los mismos métodos no sirven para todos.

Otro punto importante es que Lidia, tan pronto como se convirtió, puso sus recursos al servicio de la misión. A algunos de nosotros se nos acostumbró a recibirlo todo, y así se crearon iglesias dependientes cuya principal preocupación es cómo continuar recibiendo desde fuera los recursos necesarios para sobrevivir. Tenemos que plantearnos con seriedad la cuestión de la mayordomía, no solamente en el sentido de cuánto ha de dar cada uno de nosotros, sino también en el sentido de qué hemos de hacer para que nuestras iglesias participen a cabalidad en la misión total de la iglesia de Cristo. Esto fue lo que hicieron Lidia y los filipenses, pues aunque ellos mismos no marcharon con Pablo, sí participaron de la obra del apóstol mediante sus recursos económicos.

2. La muchacha con espíritu de adivinación (16.16-24)

Este episodio posiblemente tiene lugar bastante tiempo después del que Lucas acaba de narrar, pues con él se acerca el fin del ministerio de Pablo en Filipos. En la historia de Lidia, Lucas nos cuenta el principio de ese ministerio. En el episodio de la adivina y su secuela, el del carcelero de Filipos, nos cuenta el fin de ese ministerio. Entre ambos debe haber transcurrido algún tiempo.

El lugar hacia donde los misioneros se dirigen cuando la muchacha les sale al paso es el mismo lugar de oración o sinagoga (*proseujé*) donde antes habían encontrado a Lidia. Ahora aparece esta muchacha, con «espíritu de adivinación».[19] Lucas entiende esto en sentido peyorativo. El espíritu de adivinación es un demonio.

Este demonio, como ocurre tantas veces en los Evangelios, ve lo que los humanos no pueden ver, y por tanto declara: «Estos hombres son siervos del Dios Altísimo, quienes os anuncian el camino de salvación». Y no lo hace solamente una vez, sino que la muchacha va siguiendo a los misioneros y dando voces. Pablo lo soporta por algún tiempo; pero a la postre, tras «muchos días», reprende al espíritu en nombre de Jesucristo, y el espíritu sale de la muchacha.

Podríamos imaginar que, en vista de que la muchacha había sido sanada de lo que era claramente un caso de posesión, todos se alegrarían. Pero no es así. Los amos de la muchacha, que derivaban «gran ganancia» de su condición (v. 16), se enojan, y en venganza por lo que han perdido les echan mano a Pablo y a Silas (el texto no nos dice qué fue de Timoteo o del protagonista del «nosotros»), y los acusan ante las autoridades. Puesto que no pueden acusarles de haber echado un espíritu de adivinación, les acusan de perturbar la paz (v. 20) y de corromper las buenas costumbres de los romanos (v. 21).[20]

El juicio no es tal cosa, sino que es más bien un motín. Los magistrados ni siquiera les piden a Pablo y Silas que se defiendan, sino que les rasgan las ropas y los mandan azotar y encarcelar. El encarcelamiento «en el calabozo de más adentro», y con los pies en el cepo, va a hacer más sorprendente aún la liberación que va a tener lugar en el pasaje que sigue.

Cuando el mal produce bien, y el bien, mal

El pasaje es interesante, pues tenemos aquí un demonio que da testimonio del evangelio. Y luego, cuando Pablo sana a la muchacha, el bien que Pablo hace, en lugar de ganarle admiración y gratitud, le gana azotes y cárceles. Veamos estos dos elementos por orden.

1) El demonio (o «espíritu pitónico») da testimonio del evan-

---

19 Lo que casi todas las versiones castellanas traducen con esa frase u otra parecida es la frase griega «espíritu pitónico». Según la mitología, en Delfos había existido una serpiente de nombre «Pitón» que pronunciaba oráculos. Apolo la mató y tomó su lugar, y por eso se le llamaba «Apolo Pitón», y a la adivina que profetizaba en Delfos se le llamaba «pitonisa». También a los ventrílocuos, que frecuentemente usaban esa habilidad para dárselas de adivinos, se les llamaba «pitones».

20 Con toda exactitud histórica, Lucas llama a los magistrados *stratêgoí* (en latín, *duumviri*), que era el título que les correspondía en una colonia romana como Filipos.

gelio. Pablo no acepta ese testimonio, sino que lo reprende y hasta echa fuera al demonio.

Esto es muy distinto de lo que sucedió en Europa cuando Hitler ascendía al poder. El papa y la curia recibieron noticias de las atrocidades que se cometían contra los judíos y contra los enemigos del régimen alemán. Pero, para evitarle problemas a la iglesia, y porque después de todo Hitler no la atacaba, resolvieron permanecer callados.

Empero no nos contentemos con ver los errores del papado. Miremos también los nuestros. Entre nosotros hay muchos «demonios» que dan testimonio verbal del evangelio. Nunca se me olvidará cuando visité el palacio del difunto dictador Leónidas Trujillo, y vi allí, en la pared del comedor, un letrero que decía: «Jesús es el huésped invisible a nuestra mesa, oyente silencioso de nuestra conversación». Tampoco se me olvidará que, antes de la muerte del dictador, oí a hermanos evangélicos hablar de cómo habían visitado a Trujillo, y habían quedado impresionados por aquel «testimonio». «Testimonio», sí; pero, ¿de qué? Aceptar tal testimonio sencillamente porque nos conviene, o justificarlo diciendo que después de todo lo que nos interesa es que las gentes crean, sería un falso testimonio, no solamente de parte del dictador, sino también de parte nuestra. En tal caso, sería mucho mejor, a la usanza de Pablo, reprender al espíritu maligno más bien que aceptar un testimonio que, aunque verbalmente correcto, está viciado por su propia maldad.

Y hay otros «demonios» que dan testimonio semejante. En algunas de nuestras zonas agrícolas hay grandes empresas que se han posesionado de enormes extensiones de terreno, de tal modo que los campesinos, que antes producían sus propios alimentos y hasta algo para la venta, ahora no tienen otra alternativa que trabajar para la compañía al salario que la compañía ponga, y bajo las condiciones que la compañía establezca. Hay casos en los que esas empresas han donado un terreno para la construcción de una iglesia evangélica, o han dado fondos para su construcción. Y ya con eso nos imaginamos que todo lo demás queda olvidado, y que la compañía está dando «testimonio» de Jesucristo. Posiblemente Pablo hubiera dicho lo mismo que le dijo al espíritu de adivinación: «Te mando en el nombre de Jesucristo, que salgas».

En resumen, que no todo el que dice «Señor, Señor» entrará al reino de los cielos, y que tampoco hemos de aceptar el testimonio de todo el que, como aquel espíritu, nos llama «siervos del Dios Altísimo, quienes anuncian el camino de salvación».

2) Pablo sana a la muchacha; empero ese bien que hace, en lugar de traerle gloria y gratitud, le trae azotes y cárcel.

Hay un dicho popular, «no hay mal que por bien no venga». Quizá deberíamos decir también lo contrario, «no hay bien que no traiga un mal». Esto es algo exagerado, pero muchas veces es cierto. Vivimos en un mundo caído, y dominado por tanto por estructuras de pecado. Luego, cuando nos oponemos al pecado, nos oponemos a los intereses de alguien. Pablo sana a la muchacha, pero al hacerlo daña los intereses económicos de sus dueños, quienes a su vez lo acusan y hacen que lo azoten y encarcelen.

En nuestras iglesias, el no comprender esto muchas veces inhibe nuestra obediencia, pues nos hacemos la idea de que la iglesia puede ser fiel sin ser «controversial». Como ya hemos dicho, esa palabra, «controversial», detiene muchos de nuestros mejores intentos. Sin ser «controversiales» no se puede ser fieles. Esto no quiere decir que debamos buscar conflictos por el gusto de buscarlos; pero sí quiere decir que debemos estar preparados para entender que nuestra obediencia y fidelidad producirán conflictos, y para no desmayar ni comenzar a dudar cuando esos conflictos se manifiesten.

Veamos dos ejemplos. El primero es tomado de una iglesia hispana en los Estados Unidos. Los líderes de esa iglesia se percataron de que muchas personas del barrio no podían trabajar porque el transporte público era inadecuado, y comenzaron a hacer gestiones para que una línea de ómnibus llegara hasta el barrio. Creían estar haciendo un gran bien. Pero de pronto descubrieron que varios personajes del barrio —inclusive dos miembros de la iglesia— se ganaban la vida ofreciendo transporte a precios exorbitantes a quienes lo necesitaban urgentemente. Pronto estalló la controversia: «la iglesia no debe meterse en esos asuntos».

El segundo ejemplo viene de un arrabal en una ciudad latinoamericana. La iglesia, en vista de que muchos de sus miembros y vecinos no ganaban suficiente para comer, y que los precios en los mercados cercanos eran altos, organizó una cooperativa de consumo. Dos veces por semana, traen alimentos comprados a precio de mayorista, y los venden con muy poca ganancia. Empero ya empieza a aflorar la oposición, pues entre los mercaderes del barrio hay varios que le han dado algún dinero a la iglesia en otras ocasiones, y ahora reclaman que la iglesia les está minando el negocio. ¿Debe la iglesia cesar en su cooperativa de consumo, que de repente se ha vuelto «controversial»? ¿O la fidelidad al evangelio le exige que continúe en el camino que se ha trazado?

3. La conversión del carcelero de Filipos (16.25-34)

El pasaje es uno de los más conocidos en todo el libro de Hechos. A pesar de haber sido azotados, y de estar adoloridos y atados en el cepo, Pablo y Silas cantan a medianoche. Los presos les oyen, lo cual se incluye en la narración para hacer de los presos testigos del milagro que ha de seguir. De repente viene un terremoto. Que se trata de un milagro, y no sencillamente de un fenómeno de la naturaleza, puede verse por cuanto no solamente se abren las puertas, sino que también se sueltan las cadenas. Empero nadie escapa, sin que Lucas nos diga por qué. El carcelero, pensando que los presos han escapado y que ha quedado deshonrado, se prepara a darse muerte cuando Pablo le avisa que nadie ha huido.

Viene entonces la famosa pregunta del carcelero, temblando y postrado a los pies de Pablo y de Silas: «Señores, ¿qué debo hacer para ser salvo?» Posiblemente la pregunta en sí misma no tiene toda la dimensión teológica que la predicación posterior le ha dado. El carcelero está asustado ante el temblor, que es prueba indudable de la ira divina ante el modo en que se ha tratado a los misioneros. Lo que desea es escapar del castigo, cualquiera que sea, que un Dios tan poderoso le tiene deparado. ¿Cómo salvarse de tal castigo? Los versículos 31 y 32 contienen la famosa respuesta de los misioneros: «Cree en el Señor Jesucristo, y serás salvo, tú y tu casa». El hecho de que Lucas nos dice que esto fue lo que los dos le dijeron nos indica que no se trata de una sencilla fórmula que ambos repitieron al unísono. Se trata más bien de que, en respuesta a su pregunta, los misioneros le expusieron el mensaje del evangelio. En respuesta a tal mensaje, el carcelero les lava las heridas, y entonces se bautiza, «con todos los suyos».[21]

Conversión radical

El pasaje del carcelero de Filipos es bien conocido. La frase que siempre recalcamos al predicar sobre él es «cree en el Señor Jesucristo, y serás salvo, tú y tu casa». Y hacemos bien en recalcar esa frase, que es ciertamente el centro y punto culminante de la narración. Empero al estudiar todo el pasaje vemos algunas dimensiones de esta conversión que de otro modo pasan desapercibidas.

Lo más notable es el cambio que tiene lugar en el carcelero cuando se convierte. Se trata de un hombre para quien su carrera y prestigio profesional son tan importantes que, cuando piensa que los presos se han escapado, está listo a darse muerte. Para él la

---

21 Como en el caso de Lidia y «su casa», aquí también se ha discutido sobre si «los suyos» incluirían niños o no. El texto no dice una palabra al respecto, y todo lo que cualquier intérprete pueda decir en un sentido o en el otro no es sino reflejo de su propia posición preconcebida.

vida no vale nada sin ese prestigio y respeto. Y ahora, tras su conversión, toma a aquellos presos que le habían sido encomendados con tanta insistencia y es él quien los saca del calabozo, les lava las heridas y los lleva a su casa a comer. Al parecer, ya su carrera y prestigio profesionales no tienen la importancia de antes, hasta el punto que está dispuesto a arriesgarlos por cuidar de Pablo y de Silas y por ofrecerles hospitalidad.

Tal es la naturaleza de la verdadera conversión. En nuestra América se ha predicado mucho una «conversión» sin dientes. «Para ser salvo basta con creer en Jesucristo», decimos a base de este texto. Lo que no decimos, y muchas veces ni siquiera vemos, es que esa fe en Jesucristo conlleva mucho más que un mero asentimiento. Es también un cambio radical, no solamente en el modo en que vivimos, sino hasta en los valores mediante los cuales medimos el éxito en la vida. Para el rico que antes pensaba que el dinero lo era todo, la conversión tiene que incluir una nueva vida en la que sus recursos económicos están a disposición de Dios. Para el profesional que antes pensaba que el éxito en la vida estaba en su prestigio, y en el respeto que todos le tributaban, la conversión tiene que llevarle a buscar modos en que su profesión pueda ser de verdadero servicio a los demás. Y, si no encuentra tales modos, la conversión ha de llevarle a buscar otra ocupación o medios de servicio. (En este contexto pienso en la joven a quien conocí en Argentina, violinista de promesa, que un buen día le dijo al maestro con quien estudiaba en el extranjero que, como cristiana, se le hacía difícil dedicar su vida a «tocar música bonita para los ricos». Regresó a su país, donde se dedicó a buscar medios de empleo para los jóvenes pobres del barrio.)

El evangelio incluye la buena nueva de que nuestra vida puede ser útil al reino de Dios. E incluye también la buena nueva de que el valor de nuestra vida no depende del valor que la sociedad le dé. Para el carcelero de Filipos, ya no es necesario medir la vida a base de si cumple o no con su tarea de retener a los presos. Para nosotros, si verdaderamente hemos recibido el evangelio, la buena nueva incluye la libertad para ser obedientes, para ser auténticos, a pesar de todo lo que la sociedad nos diga en sentido contrario.

4. Los misioneros son absueltos y expulsados (16.35-40)

Al día siguiente, los magistrados enviaron «alguaciles»[22] con orden de

---

22 Aquí de nuevo Lucas emplea el término correcto para quienes ejercían tales funciones, *hrabdoûjoi.*

soltar a Pablo y a Silas. El texto no dice por qué dieron esa orden. El Códice Bezae, exponente del texto occidental, se lo atribuye al terremoto, dando a entender que los magistrados sabían que el sismo había sido causado por el Dios de los misioneros. Otros sugieren que Lidia o algún otro cristiano influyente había intervenido en pro de los presos. El hecho es que los magistrados habían ordenado azotar y encarcelar a los acusados en medio de un motín, cediendo a las presiones del momento, y que probablemente no tendrían interés en seguirles un proceso judicial.

Es entonces que Pablo sorprende a las autoridades con el hecho de que tanto él como Silas son ciudadanos romanos. La Ley Julia, vetustísimo principio legal de Roma, prohibía azotar a un ciudadano romano.[23] Los magistrados quieren que él y Silas salgan de la ciudad a escondidas, lo cual parecería redundar en desmedro del evangelio que predican. Por tanto, ahora Pablo exige que vengan los magistrados y que sean ellos los que les saquen. Esto causó gran temor entre los magistrados, quienes fueron a la cárcel, les ofrecieron disculpas, y les rogaron que salieran de la ciudad sin crearles más problemas.[24]

Al parecer los misioneros accedieron, aunque no abandonaron la ciudad antes de regresar a casa de Lidia y despedirse de la iglesia. Años más tarde, Pablo recordaría aquel episodio en 1 Tesalonicenses 2.2.

Humildad y dignidad

Al leer este pasaje, casi puede parecernos que Pablo se comporta como un muchacho malcriado. Se queja de que después de azotarles públicamente los magistrados quieren deshacerse de ellos encubiertamente, y apela a su ciudadanía romana para infundirles temor y obligarles a venir ellos mismos a rogarle que se marche de la ciudad sin crearles más problemas. Empero lo que está en juego es mucho más que el orgullo herido de Pablo. Lo que está en juego es la dignidad del evangelio. Si Pablo y Silas sencillamente aceptan la orden de irse, sin siquiera reunirse de nuevo con la iglesia, dejarán la impresión de que son unos escurridizos, y que su mensaje no es muy digno de crédito. Y, ¿quién sabe lo que pensarán los hermanos? ¿Flaquearán en su fe? Por ello apelan a

23 Según Cicerón, «quien ata a un ciudadano romano comete iniquidad, y quien lo azota comete un crimen» (*In Verrem*, 2.5.66). ¿Por qué Pablo y Silas no invocaron sus derechos antes de ser azotados? Otra vez, el texto no lo dice. Si se trataba de un tumulto popular, posiblemente no tuvieron oportunidad de hacerlo.

24 Poco antes, en el año 44, el emperador Claudio había tomado fuertes medidas contra la ciudad de Rodas por haber faltado a los privilegios tradicionales de los ciudadanos romanos, crucificando a unos de ellos. Turrado, *Biblia comentada*, p. 172.

su ciudadanía romana, para así obligar a los magistrados a tomarles en serio, y tener además la oportunidad de reunirse con la iglesia antes de dejar la ciudad.

Más adelante (22.25-29) veremos más sobre el uso que Pablo hace de su ciudadanía romana. Por lo pronto, sin embargo, lo que nos importa es notar que Pablo no la utiliza entre los hermanos de la iglesia para darse importancia, mientras sí está dispuesto a usarla fuera de la iglesia, para que se les trate con dignidad a él y a Silas y, por implicación, al resto de los creyentes.

Esta distinción es importantísima, y sería bueno que meditásemos sobre ella. En la iglesia hispanoamericana hay cada vez mayor número de personas que por diversas razones gozan de cierto prestigio social. ¿Cómo ha de usarse ese prestigio? Desafortunadamente, el modo en que más frecuentemente se usa es para asegurarnos de que en la iglesia se nos trate con especial respeto y consideración. En lugar de edificar el cuerpo, esto crea distinciones que pronto llevan al resentimiento y a la división. Los hermanos que no son licenciados, que no tienen propiedades, o que no son profesionales, se consideran inferiores a los que sí gozan de tales privilegios. ¿Por qué no usar esas distinciones de otro modo, como Pablo utilizó su ciudadanía romana, para hacer que se nos respete, no como individuos, sino como iglesia, y que por ello se respete también a los más humildes entre nosotros?

C. Tesalónica (17.1-9)

La narración sigue en tercera persona. Por tanto, si el «nosotros» incluye a Lucas, es de suponerse que éste permaneció en Filipos. De Timoteo el texto no nos dice nada, pues su nombre no vuelve a aparecer hasta Berea (17.14). Empero Lucas tiene la costumbre de ocuparse solamente de los personajes centrales, y no mencionar los secundarios sino cuando es necesario. Además, en la salutación de las dos cartas de Pablo a los tesalonicenses se menciona, junto a Pablo, a Silas («Silvano») y Timoteo, y en el resto de las dos cartas parece darse a entender que Timoteo se contaba entre los fundadores de la iglesia en Tesalónica. Por tanto, lo más probable es que Timoteo haya salido de Filipos con Pablo y con Silas, o que se haya reunido con ellos poco después en Tesalónica.

El camino que se describe en 17.1 corresponde a la ruta de la gran «vía Egnatia», uno de los principales caminos del Imperio Romano. Entre cada una de las ciudades mencionadas (Filipos a Anfípolis, Anfípolis a Apolonia, Apolonia a Tesalónica) hay unos 50 kilómetros, de modo que el recorrido total es de unos 150 kilómetros. Si se menciona a Anfípolis y Apolonia porque fue allí que los viajeros hicieron noche, tendrían que ir a caballo, pues de otro modo la distancia es demasiado grande para vencerla en un día.[25] No parece que los misioneros se hayan detenido a predicar en esas ciudades, que no vuelven a ser mencionadas en el Nuevo Testamento.[26] Tesalónica era la principal ciudad de la región, y en ella moraba el gobernador romano (aunque Lucas no lo menciona). Sobre sus ruinas se alza la moderna ciudad de Salónica.

El texto presenta pocas dificultades. En Tesalónica, Pablo sigue su costumbre de comenzar su predicación en la sinagoga, donde expone su mensaje tres sábados. Ese mensaje se resume en tres puntos (17.3): a) el sufrimiento del Mesías;[27] b) su resurrección; c) que Jesús es ese Mesías.

Los que aceptaron el mensaje se describen en el v. 4. «Algunos de ellos» se refiere a los judíos que creyeron. La frase «griegos piadosos» crea ciertas dificultades. Tal como aparece en RVR, y en los manuscritos que esa versión utiliza, parece referirse a los que en otros contextos se llaman «temerosos de Dios», es decir, gentiles que se habían acercado al judaísmo. Empero hay manuscritos del texto occidental, y una versión antigua (la Vulgata), que dicen «griegos y piadosos». En tal caso, se trata de dos grupos: algunos «temerosos de Dios» y otros sencillamente paganos. Las «mujeres nobles» constituyen un fenómeno que se haría más y más común en los primeros siglos del cristianismo: había mujeres de «buena familia» que se unían a la iglesia, muchas de ellas sin el consentimiento o participación de sus padres o esposos.

Lucas no nos dice cuál era el motivo de los «celos» de los judíos. En 13.45 los celos de los judíos parecen deberse a la «muchedumbre» de los conversos, que parecía hacer peligrar su carácter de «pueblo escogido». Aquí se habla de «gran número» de «griegos piadosos» y de «mujeres nobles» convertidas. Empero, puesto que no se nos dice que los misioneros hayan predicado fuera de la sinagoga, es dable suponer que el motivo de los celos era que muchos de estos «griegos piadosos» y «mujeres nobles» se contaban entre los que apoyaban a la sinagoga económicamente. En todo caso, estos judíos buscan el apoyo de algunas de esas gentes que hay en toda ciudad, que no tienen más ocupación que juntarse al último alboroto del momento. (Lo que RVR traduce por «ociosos» son literalmente «hombres de la plaza». Se trata de una escena harto conocida en nuestras ciudades.)

Lucas no nos ha dicho una palabra sobre Jasón, quien aparece repentinamente en el v. 5.[28] Obviamente, era allí que se alojaban Pablo y los suyos. A falta de encontrar a los misioneros, la turba toma a Jasón y a algunos cristianos,

---

25 Tal es la opinión de K. Lake y H. J. Cadbury, *The Beginnings of Christianity*, McMillan and Co., Londres, 1933, vol. 4, p. 202.

26 Sobre estas ciudades, véanse los artículos correspondientes en el *DIB*.

27 El texto dice «el Cristo», que es el equivalente griego del «Mesías» o «Ungido».

28 El nombre de Jasón era relativamente común. Algunos judíos de nombre Josué lo utilizaban como su nombre griego. (Como Saulo se llamaba también Pablo.) Dado lo común del nombre, no es seguro que se deba identificar a este Jasón con el de Romanos 16.21, pariente de Pablo.

y los llevan ante las autoridades.[29] La acusación es contra Jasón, por haber alojado a unos subversivos «que trastornan el mundo» y que contravienen los decretos de César «diciendo que hay otro rey, Jesús». Empero, puesto que los misioneros no aparecen, los magistrados le exigen fianza a Jasón y sueltan a los que la turba ha traído. El texto no nos dice qué fue después de Jasón y de los demás hermanos, aunque en 1 Tesalonicenses Pablo habla de la «tribulación» que los hermanos en esa ciudad han sufrido (1 Ts. 1.6).

Mensaje subversivo

Según vamos adentrándonos en el libro de Hechos, vamos viendo que las acusaciones contra los cristianos van haciéndose más serias. Al principio se trataba únicamente de acusaciones entre judíos. Y tales acusaciones continuarán a todo lo largo del libro. Luego, en Filipos, los dueños de la muchacha sanada acusan a los misioneros de enseñar «costumbres que no nos es lícito recibir ni hacer, pues somos romanos». Ahora, en Tesalónica, se les acusa de ser desleales al César, proclamando otro rey.

Tales acusaciones tienen algo de falso, y algo de cierto. Son falsas, porque ésos no son los verdaderos motivos por los que se lleva a los misioneros ante las autoridades. Pero son ciertas, porque es verdad que los misioneros estaban incitando a los conversos a practicar costumbres ilícitas (por ejemplo, no quemar incienso a los dioses ni al emperador) y que el señorío absoluto de Jesús pone en tela de juicio el señorío del César, que también pretende ser absoluto.

Más adelante, cuando se desaten las persecuciones por parte del Imperio Romano, se dará la misma situación. Al principio la persecución se deberá a un malentendido. Pero con el correr del tiempo, según los romanos comprendan más del mensaje cristiano, más arreciará la persecución.[30]

No podemos negar que hay un elemento «subversivo» en la fe cristiana. Tenían razón los acusadores al decir que los misioneros trastornaban el mundo. Parte esencial de la fe cristiana es la afirmación de que hay una diferencia entre el mundo tal cual es y el mundo tal cual Dios quiere que sea. El reino de César no es el reino de Dios. Donde Dios es rey, no puede haber otro rey absoluto.

---

29 Una vez más, Lucas nos da prueba de su exactitud histórica al referirse a estas autoridades como *politárjai*. Tal título no nos era conocido en toda la literatura antigua. Empero en inscripciones antiguas se ha encontrado prueba de que tal era efectivamente el título que se les daba a las autoridades no romanas en la ciudades griegas.

30 Véase toda esa historia en González, *Historia ilustrada*, 1:61-120, 145-57, 175-89.

Luego, todos los absolutismos ruedan por tierra. Ni el absolutismo nacionalista, ni el absolutismo ideológico de derecha o de izquierda, ni el absolutismo militarista, ni el absolutismo eclesiástico, son compatibles con la fe cristiana. Si predicamos fielmente el mensaje del evangelio, se dirá también de nosotros que contravenimos los decretos del mundo actual, diciendo que hay otro rey, Jesús.

Desafortunadamente, en muchas de nuestras iglesias se ha creado la opinión de que es posible predicar o vivir el evangelio de Jesucristo sin ese elemento que trastorna el mundo, que subvierte todos los absolutismos, que pone en tela de juicio todo orden presente, juzgándolo, no a base de ideologías preconcebidas, sino a base del reino venidero. Lo cierto es que la predicación cabal del evangelio ha de subvertir el orden, y hasta ha de subvertir a la subversión misma. ¿Es ése el mensaje que predicamos?

Ch. Berea (17.10-14)

Los misioneros, que aparentemente estaban escondidos en Tesalónica, salen de noche hacia Berea. Esta era una ciudad algo apartada de los principales caminos, a unos 80 kilómetros de Tesalónica.[31] Posiblemente los hermanos de Tesalónica les recomendaron a los misioneros que fueran a esa ciudad porque tenían contactos allí, o porque, por no estar en una de las principales rutas del Imperio, era menos probable que sus enemigos les buscaran allí.

Allí también los misioneros comenzaron su trabajo en la sinagoga. Lucas nos dice que estos judíos eran «más nobles» (literalmente, «mejor nacidos», es decir, de mejor disposición) que los de Tesalónica, pues estaban dispuestos a estudiar las Escrituras y ver si lo que Pablo decía era cierto.

El éxito fue notable, según lo indica el v. 12. Otra vez vemos aquí que se menciona explícitamente a las «mujeres griegas de distinción».[32]

De algún modo llegó a Tesalónica la noticia de lo que ocurría en Berea, y los mismos judíos que habían incitado a las multitudes en Tesalónica repitieron su obra en Berea. El resultado fue que Pablo tuvo que huir «inmediatamente»,[33] mientras Silas y Timoteo (de quien no se nos había dicho que estuviera con los misioneros) permanecieron en Berea.

---

31 Véase «Berea» en *DIB*.

32 El texto occidental, con su aparente prejuicio antifeminista, cambia el orden de las palabras, de modo que se nota menos la referencia específica a estas mujeres: «Algunos de ellos creyeron, pero otros no, y de entre los griegos y las personas distinguidas muchos hombres y mujeres creyeron».

33 En el v. 14, donde RVR traduce «que fuese hacia el mar», algunos manuscritos dicen «que fuera como hacia el mar», dando la impresión de que se hacía esto para despistar a los perseguidores, y que Pablo de hecho hizo el viaje por tierra.

La saña de los perseguidores

Al leer este texto, lo que llama la atención es que aquellos judíos de Tesalónica, que empezaron la persecución por celos, y que presentaron acusaciones falsas ante las autoridades, ahora persiguen a los misioneros hasta Berea, un viaje que tomaría varios días.

Esto es lo que sucede frecuentemente cuando se incitan los ánimos. La acusación de «subversivos» que se hizo en Tesalónica, y que se hace tan frecuentemente en nuestra América, aunque al principio se utilice para cubrir otros motivos, a la postre cobra fuerza propia, y se continúa hasta cuando los motivos iniciales se han olvidado. En un país de la América Latina se dio el caso de un profesional que, amargado (quizá con razón) porque una institución de la iglesia no había tratado a su padre justamente muchos años antes, cuando logró cierta holgura económica empezó a utilizar sus recursos económicos para acusar a esa institución y a todos los que tenían algo que ver con ella de ser subversivos, aunque no hubieran estado presentes cuando su padre fue maltratado. Cuando publicó sus primeras acusaciones, estaba bien consciente de que lo hacía por tomar venganza. Pero según fue pasando el tiempo, él mismo se convenció de lo que decía, y llegó a convertirse en el paladín de un grupo que utilizaba sus resentimientos para sus propios fines. Desafortunadamente, es en esos casos, como en el de los judíos de Tesalónica, que todo diálogo se vuelve imposible.

¿Qué han de hacer los cristianos en tal caso? Probablemente lo que hicieron Pablo y los suyos. Continuar predicando, enseñando y viviendo lo que consideran ser el evangelio.

D. Atenas (17.15-34)

Pablo no fue solo de Berea hasta Atenas, sino que le acompañaron algunos hermanos. Esto hace suponer que fue por tierra, pues para un viaje por barco no haría falta tal compañía. Con estos hermanos, Pablo manda instrucciones para que Silas y Timoteo se le reúnan tan pronto como sea posible.

Según el v. 16, el propósito de Pablo en Atenas no era predicar, sino solamente esperar a sus compañeros. Empero mientras los esperaba, como buen judío y cristiano, «su espíritu se enardecía viendo la ciudad entregada a la idolatría».

Atenas había visto mejores tiempos. Grecia era una de las zonas más empobrecidas del Imperio Romano.[34] La ciudad misma estaba relativamente despoblada. Empero le quedaba algo de su vieja gloria. Todavía brillaban los mármoles de la Acrópolis, con sus famosos portales, su Partenón —el templo a Atenea la virgen (*parthénos*)— y sus otros templos menores: el Erecteo, el templo a la Victoria Desalada, etc. En esos templos, y en otros muchos de menos fama, continuaba el viejo culto a los dioses. Luego, en una ciudad en que la población había decaído, pero que contaba todavía con tan espléndidos templos, no ha de extrañarnos el que el espíritu de Pablo se enardeciera viendo la idolatría (v. 17).

Empero la fama de Atenas no se limitaba a sus templos. Mucho más famosos eran sus filósofos y sus letras. Allí habían florecido Sócrates y Platón, Aristófanes, Eurípides y Fidias, el escultor sin par. La Academia de Atenas, fundada por Platón, seguía existiendo, y era considerada todavía un centro intelectual con pocos rivales, hasta que fue clausurada en el año 529 d.C. por el emperador Justiniano. Es a ese gusto por parte de los atenienses de «oír algo nuevo» que Lucas se refiere, con cierto desprecio, en 17.21.

En aquel ambiente, Pablo luchaba en dos frentes, pues «discutía en la sinagoga con los judíos y piadosos, y en la plaza cada día con los que concurrían». Sobre estos «piadosos» o «temerosos de Dios», ya hemos tratado en otra ocasión (véase el comentario a 10.2). La «plaza» puede haber sido la antigua *ágora*, o alguna de las plazas menores de la ciudad. Sobre el testimonio en la sinagoga, y la posible conversión de algunos judíos, Lucas no dice más. Su interés está en relatar lo que de nuevo hay en cada ciudad. Por eso, el resto del capítulo se dedica a los esfuerzos de Pablo entre los griegos.

Las dos escuelas filosóficas que se mencionan en el v. 18 eran efectivamente las que se disputaban la hegemonía en esa época. Ambas se esforzaban por ofrecer, más que una metafísica, una filosofía para la vida. Los estoicos sostenían que la vida debe conformarse a la ley natural que rige el universo, y que cuando uno se conforma a esa ley se llega al estado de «apatía», en el que ya no se sufre ni se es víctima de las pasiones. Los epicúreos, por su parte, sostenían que el propósito de la vida es el placer; pero no el placer desenfrenado, sino el placer sabiamente administrado y dirigido, para que no lleve al dolor y la desesperación.[35] Son los filósofos de estas escuelas quienes muestran cierta curiosidad por las enseñanzas de Pablo. Curiosidad, pero no respeto. La palabra que RVR traduce por «palabrero» (*spermológos*) originalmente se aplicaba a los pájaros que andaban escarbando en busca de semillas. De ahí, pasó a utilizarse para referirse a quienes andaban buscando trapos en los basureros, y por último a cualquier charlatán o diletante que anda buscando migajas de ideas y juntándolas como mejor le parece. Es en este último sentido

---

34 Véase M. Rostovtzeff, *Historia social y económica del Imperio Romano*, Espasa-Calpe, Madrid, 1981, vol. 2, pp. 465-66.

35 Sobre estas doctrinas, especialmente la estoica, y su impacto en el cristianismo, véase González, *Historia del pensamiento cristiano*, vol. 1, p. 51.

que se lo aplican a Pablo. La segunda parte del versículo da a entender que algunos pensaban que Pablo predicaba una pareja de nuevos dioses: Jesús y «Resurrección».

Son estos filósofos, por curiosidad, quienes llevan a Pablo «al Areópago». Este era el nombre de una colina al norte de la Acrópolis, y separada de ella por un arroyo. Desde tiempos antiguos se había reunido en esa colina el tribunal de la ciudad, que por eso se llamaba también «Areópago».[36] El texto no aclara si Pablo fue llevado a la colina, o al tribunal, que seguía existiendo en tiempos romanos, aunque su autoridad era limitada. Puesto que la motivación al oír a Pablo parece ser mera curiosidad, y no hay indicio alguno de que se tratara de un juicio, parece que Pablo habló en la colina, y no en el tribunal, que ya para esa fecha se reunía en otra parte.[37]

El discurso de Pablo comienza, como era costumbre en esa época, por unas palabras de elogio a sus oyentes (como cuando hoy comenzamos un sermón en una iglesia donde estamos de visita diciendo que «es un placer y un privilegio estar con ustedes»). En la retórica de entonces, se llamaba a esta clase de introducción la *captatio benevolentiae*. Ese es el propósito de los vv. 22-23a. En lugar de comenzar atacando sus ídolos, Pablo les dice a los atenienses que son muy religiosos, pues hasta ha encontrado una inscripción «al Dios no conocido».[38]

Esta introducción se ha interpretado frecuentemente como si Pablo quisiera decir que ya los atenienses saben algo de Dios. Pero tal interpretación no se percata de la fina ironía del discurso de Pablo. Pablo les dice que ha visto esta inscripción al «Dios no conocido» (*agnôstos theós*).[39] En la segunda parte del versículo el tono comienza a cambiar, pues sutilmente se acusa a los atenienses, que se creen tan sabios, de ignorancia: «al que vosotros adoráis, pues, *sin conocerle* [*agnoountes*, en ignorancia] es a quien yo os anuncio».

Como muestra de la ignorancia de los atenienses, Pablo pasa a una descripción de la obra de Dios, basada en parte en Isaías 42.5. Este Dios, desconocido para los atenienses, ha creado a toda la humanidad «de una sangre», con dos propósitos: «para que habiten sobre toda la faz de la tierra», y «para que busquen a Dios». En el v. 28 les dora la píldora con unas citas

36 Véase «Areópago» en *DIB*.

37 Empero los escritores antiguos Juan Crisóstomo (siglo IV) y Teofilacto (siglo XI) sostienen que Pablo habló ante el tribunal. Véase una defensa de tal opinión en Ramsay, *Paul the Traveler*, pp. 242-45. Un argumento a favor del tribunal es que uno de los conversos es miembro de esa corte: Dionisio el areopagita (v. 34).

38 Véase D. Zweck, «The *Exordium* of the Areopagus Speech. Acts 17.22,23», *NTSt*, 35, 1989, 94-103. La conclusión de este autor es que tenemos aquí un discurso que se ajusta a los cánones retóricos de la época.

39 Sobre el sentido de estas palabras, y otras afines, en la literatura de la época, véase H. Kulling, «Zur Bedeutung des Agnostos Theos: Eine Exegese zu Apostelgeschichte 17,22-23», *TZ*, 36, 1911, 65-83.

ligeramente adaptadas del poeta Epiménides de Creta: «Porque en él vivimos, y nos movemos, y somos», y de los estoicos Cleantes y Arato: «Porque linaje suyo somos». Acto seguido, el v. 29 rechaza la idea de que tal Dios sea «semejante a oro, o plata, o piedra, escultura de arte y de imaginación de hombres». Esto tampoco era nuevo para los atenienses, pues sus propios filósofos, desde tiempos de Jenófanes (siglo VI a.C), habían hecho críticas semejantes a la religión tradicional.

Es el v. 30 que por fin introduce el centro del mensaje de Pablo: todo lo que ha precedido eran «tiempos de ignorancia (*agnoía*)». Ahora vemos que el *ágnôstos theós* (Dios no conocido) a quien los griegos adoraban *agnoountes* (sin conocerle) es índice de esa *agnoía* (ignorancia). El Dios verdadero, que ha pasado por alto tal ignorancia aun entre estos griegos que se creen sabios, *ahora manda* a todos que se arrepientan. Aquí Pablo llega al meollo mismo de la cuestión. No se trata de verdades estáticas o de teorías que los filósofos puedan discutir. Se trata más bien de este momento histórico. Se acabó el tiempo de la ignorancia. Viene el tiempo del juicio (v. 31). Y la prueba de ello es la resurrección de Jesús.

Al llegar a este punto, sus oyentes se rebelan. Unos se burlan abiertamente. Otros le dicen «ya te oiremos acerca de esto otra vez», como quien hoy dice «un día de éstos», es decir, nunca. La sesión termina, sin que Pablo haya concluido su discurso.

A pesar del fiasco, algunos se convierten. Entre ellos, Lucas menciona a dos: el más famoso de ellos es Dionisio, el areopagita (es decir, el miembro del consejo del Areópago), sobre quien después se tejieron importantes leyendas,[40] y Dámaris.[41]

Predicación y popularidad

El discurso de Pablo, comparado con sus otros sermones, fue un fracaso. Lo que es más, no solamente fueron pocos los conversos, sino que no hay otra noticia en el Nuevo Testamento de que haya llegado a existir una iglesia en Atenas.

---

[40] En el siglo V d.C., algún cristiano piadoso de tendencias místicas neoplatónicas escribió una serie de libros haciéndose pasar por este Dionisio. Puesto que pronto fueron tenidos por genuinos, se pensó que se trataba de libros escritos por un discípulo inmediato de Pablo, y gozaron de gran prestigio. Hoy se sabe que no son genuinos. Véase González, *Historia del pensamiento cristiano*, vol. 2, p. 97. Una leyenda harto difundida en la Edad Media hacía de Dionisio el areopagita un misionero a Francia, y fundador de un monasterio en las afueras de París. También esa leyenda ha sido descartada por los historiadores.

[41] De quien no se sabe más que el nombre. El Códice Bezae, con su prejuicio antifemenino, o quizá por error, la omite. Desde tiempos de Crisóstomo (siglo IV) se pensaba que era la esposa de Dionisio. Pero esto es pura leyenda.

Quizás Pablo pudo haber evitado ese fracaso. Al comienzo de su discurso, dio muestras de conocer los principios retóricos de su época, y más adelante citó también algunos de los poetas conocidos y respetados por su audiencia. Todo lo que debió haber hecho para evitar el fracaso fue no haber dicho los vv. 30 y 31. Hasta ahí, parece que todo iba bien. Empero, en la predicación, ¿se puede medir todo a base del éxito? Seguramente Pablo sabía que lo que iba a decir en los vv. 30 y 31 no sería bien recibido. Pero así y todo lo dijo, porque de no haberlo dicho su predicación, aunque quizá exitosa, hubiera sido falsa.

Esta es una lección que necesitamos recordar en nuestras iglesias. La verdadera predicación del evangelio no se mide solamente por los resultados, sino también y ante todo por su fidelidad. En nuestra América se ha hecho muy fácil ganarse numerosos adeptos predicando un evangelio desencarnado, como si todo tuviera que ver únicamente con ir al cielo, y Dios no se ocupara de la tierra, o como si en lugar de seres humanos fuésemos ángeles flotando en las nubes. Y se predica también un evangelio falso según el cual al que es cristiano todo le saldrá como desea, y no tendrá problemas. Lo que es más, hasta se admira a los evangelistas que, con su predicación por los medios de comunicación en masa, viven en lujosas mansiones, pues se piensa que esas mansiones son el premio por su fidelidad. Todo esto es falso evangelio. Y sin embargo, porque tiene éxito se sigue predicando. Contamos el número de personas que acuden a la iglesia o al estadio a escuchar esta predicación, y aunque sabemos que el mensaje bíblico es mucho más que esto, nos alegramos porque las cifras son elevadas. Desde este punto de vista, un buen predicador es quien logra atraer multitudes, no importa lo que les diga.

El ejemplo de Pablo es todo lo contrario. Pablo predica la verdad. Trata de ganarse la benevolencia de sus oyentes, como se ve en los primeros versículos de su discurso. Pero no quiere esa benevolencia al precio de no ser fiel al mensaje. En algunos casos, como en Atenas, el éxito es bien poco. En otros, su predicación resulta en persecución. Pero de no haber sido por esa firmeza en el testimonio del apóstol, las iglesias fundadas por él no hubieran resistido la persecución que vino poco después.

Nos es imposible saber lo que el futuro le traerá a nuestra iglesia hispanoamericana. Sí hay indicios de que será un futuro difícil, en el que la iglesia tendrá que responder a retos antes insospechados. Habrá enormes convulsiones económicas, sociales y políticas en nuestros pueblos. Es posible y hasta probable que en algunos lugares se persiga a los cristianos. También es probable que en otros las autoridades traten de ganarse el apoyo de la iglesia. En tan diversas circunstancias, la obediencia de la iglesia dependerá del modo en que se haya preparado mediante una comprensión del evangelio profunda y correcta. ¿Sabremos, como Pablo, ofrecerle a nuestro pueblo esa enseñanza y predicación, aunque no sean siempre bien recibidas?

El propósito de la criatura humana

En el pasaje, Pablo también dice algo que ha de hacernos pensar. Dios creó a la humanidad con dos propósitos: habitar la tierra y buscar a Dios (vv. 26-27). El hecho mismo de habitar la tierra es parte de la voluntad de Dios para nosotros. Dios no se interesa únicamente en nuestra religión. Dios se interesa también en que habitemos la tierra. Se ofende a Dios cuando se comete idolatría, como en el caso de Atenas y en tantos aspectos de nuestra vida religiosa. Por eso, hacemos bien en atacar la idolatría y la superstición. Esto es lo que hemos hecho repetidamente desde nuestros púlpitos y en toda la enseñanza de nuestras iglesias evangélicas. Y hemos hecho bien.

Pero también se ofende a Dios cuando se acapara la tierra, y cuando por esa razón algunos no tienen tierra en que habitar. En nuestra América, en la situación actual, no basta con atacar la idolatría y la superstición; hay que atacar también las prácticas injustas que impiden el doble propósito de Dios para sus criaturas humanas, «que busquen a Dios» y «que habiten sobre toda la faz de la tierra».

Por otra parte, habitar la tierra no quiere decir solamente ocuparla, sino también cuidar de ella de tal modo que continúe siendo habitable. Uno de los más grandes pecados colectivos de la humanidad en nuestra generación ha sido el modo en que hemos ofendido a Dios destruyendo la tierra. El lago Aral, en la Unión Soviética, que hasta hace poco fue el cuarto en tamaño en todo el mundo, se está secando rápidamente, y lo que todavía queda de él es un mar muerto debido a los pesticidas y otros productos químicos que lo han contaminado. La selva amazónica desaparece rápidamente, al tiempo que el dióxido de carbono que se produce al quemarla es uno de los principales factores que hacen temer a los científicos un alza notable y trágica en la temperatura mundial. Los desiertos en Africa crecen a razón de varios kilómetros al año. En los países industrializados, la enorme producción de contaminantes amenaza a toda la humanidad. En la ciudad de México el aire que se respira es altamente tóxico. Docenas de especies animales y vegetales desaparecen cada año. Naturalmente, las razones que llevan a tales condiciones son también económicas y sociales. ¿No es hora de que la iglesia, que cree que Dios nos ha colocado aquí para buscar a Dios y para habitar la tierra, tome acción decidida para la salvación de la tierra misma?

E. Corinto (18.1-17)

Atenas es una de las pocas ciudades de la que no se nos dice que Pablo tuvo que salir huyendo. Tampoco se nos dice si el viaje a Corinto fue por tierra o por mar. Por tierra serían poco más de 80 kilómetros. En el caso de ir por mar, Pablo se habría embarcado en el Pireo (el puerto de Atenas) y desembarcado en Cencrea, puerto que se encontraba a unos 14 kilómetros de Corinto.[42]

Corinto era una ciudad rica.[43] Estaba en una posición geográfica privilegiada, pues dominaba el istmo de Corinto. El tráfico terrestre entre el Peloponeso y el resto de Grecia tenía que pasar por Corinto. Y el tráfico marítimo entre el Mar Egeo y el Adriático frecuentemente se evitaba la circunnavegación del Peloponeso trasbordando entre Cencrea, el puerto sobre el Egeo, y Lequeo, sobre el Adriático, con el resultado de que todo ese tráfico también tenía que pasar por Corinto.[44] Aunque Corinto había florecido siglos antes, en el año 146 a.C. fue completamente arrasada por los romanos, en represalia por el papel predominante que había tenido en la resistencia a la conquista romana. En el 44 a.C. fue reconstruida por orden de Julio César, quien asentó en ella un número de colonos italianos. Debido a su gran actividad comercial, pronto volvió a atraer numerosos habitantes, que se ocupaban principalmente del comercio. En el 27 a.C, Augusto César creó la provincia senatorial de Acaya, e hizo de Corinto su capital.

La nueva ciudad, que tenía menos de un siglo de existencia cuando Pablo la visitó, bullía en actividad. Como sucede frecuentemente en tales casos, buena parte de esa actividad consistía en una vida licenciosa. Desde tiempos antiguos, la fama de Corinto había sido proverbial, hasta tal punto que se había inventado el verbo «corintizar» como sinónimo de llevar una vida fácil y de licencia.

Según el mismo Pablo cuenta (1 Co. 2.3), estuvo en Corinto «con debilidad

---

42 Véase el mapa al final de este libro.

43 Sobre la historia, economía y vida social de Corinto, véase a Irene Foulkes, «Introducción» a 1 Corintios, en este *Comentario Bíblico Hispanoamericano*.

44 Se había construido un sistema de poleas que permitía transportar barcos pequeños entre un puerto y otro. Poco después de la época en que Pablo visitó Corinto, Nerón emprendió el proyecto de abrir un canal atravesando el istmo. Empero el proyecto fue abandonado poco después de empezado, y no se completó sino en 1893.

[¿su vieja enfermedad?], y mucho temor y temblor». Dado lo que sabemos de Corinto, no es de sorprendernos el que el misionero cristiano se haya sentido atemorizado al llegar a tal ciudad.

En Corinto, Pablo estableció contacto con Aquila y Priscila. El texto no nos dice cómo se inició ese contacto, sino solamente que Pablo los «halló». Aquila era judío, natural del Ponto (en la costa sur del Mar Negro), y poco antes él y Priscila habían llegado procedentes de Roma. El decreto de Claudio a que se hace referencia en 18.2 nos es conocido por la referencia del historiador romano Suetonio, quien dice que Claudio «expulsó a los judíos de Roma, porque estaban haciendo disturbios constantes instigados por Cresto».[45] Los historiadores concuerdan en que este «Cresto» no es sino Cristo, y que lo que sucedió fue que, como en tantos otros lugares, la predicación cristiana en la sinagoga produjo tumultos que llevaron a la expulsión de los principales responsables.[46]

Lucas no nos dice una palabra sobre la conversión de Priscila y de Aquila. Lo más probable es que hayan sido cristianos desde que estaban en Roma, antes del edicto de Claudio. De otro modo no se explica cómo un judío que había tenido que salir de Roma debido a los tumultos ocasionados por la predicación cristiana le ofreciera ahora alojamiento a un misionero cristiano. Poco después, en Efeso, tenían suficiente peso y experiencia en la comunidad cristiana como para corregir la predicación de Apolo (18.26).

El v. 18 es el único lugar en todo el Nuevo Testamento en que se menciona a Aquila antes que a Priscila (véase 18.18,26; Ro. 16.3; 2 Ti. 4.19).[47] En este caso, la construcción gramatical, y la necesidad de explicar que Aquila era judío (¿lo sería también Priscila?) son el motivo para nombrarle a él primero. El hecho de que en todos los otros casos se nombre a Priscila primero parece indicar que ella fue más importante que él en la vida de la iglesia de aquellos tiempos.

En 18.3 nos enteramos de que el oficio de Pablo era «hacer tiendas».[48] Al parecer, sus necesidades económicas eran tales que solamente podía estar libre

---

45 *Claudio*, 25.

46 No es probable que la expulsión fuera absoluta, como parecen indicarlo Hechos y Suetonio, pues siguió habiendo una comunidad judía en Roma. Dión Casio, historiador del siglo tercero, dice que lo que se prohibió fue que los judíos continuaran reuniéndose (*Historia romana*, 60.6). Josefo, en una cita conservada únicamente por el autor del siglo V, Orosio, da la fecha de ese edicto: el año 49 d.C.

47 «Priscila» es el diminutivo de «Prisca», y por lo tanto, en todos estos pasajes se trata de la misma pareja.

48 El término griego es *skênopoiós*. Literalmente, esto quiere decir, como bien traduce RVR, «hacedor de tiendas». Empero, ¿Qué quiere decir esto? Algunos han sugerido que lo que Pablo hacía era tejer la tela de lana de cabra conocida como «cilicio» por haber sido producida por primera vez en Cilicia (la región de donde Pablo era oriundo). Lo más probable parece ser que las tiendas fuesen de cuero y que por tanto el oficio de Pablo, más bien que de tejedor, haya sido de curtidor, talabartero o tafiletero.

para predicar los sábados (18.4), lo cual hacía en la sinagoga (v. 4),[49] hasta que llegaron Silas y Timoteo trayendo ayuda de los hermanos en Macedonia, lo cual le permitió entregarse «por entero a la predicación» (v. 5).[50] En su segunda Epístola a los Corintios, Pablo les recuerda que «cuando estaba entre vosotros y tuve necesidad, a ninguno fui carga, pues lo que me faltaba, lo suplieron los hermanos que vinieron de Macedonia» (2 Co. 11.9).

Respecto a los viajes de Timoteo y de Silas, ya hemos indicado que, por no ser éstos personajes centrales en la narración de Hechos, no siempre se nos mantiene al tanto de dónde estaban. Al parecer Timoteo se reunió con Pablo en Atenas, pero pronto salió de nuevo para Macedonia. En cuanto a Silas, no hemos sabido más de él desde que estaba en Berea (17.14). Es más, ésta es la última vez que se le menciona en el resto del libro. Como hemos indicado anteriormente, sí aparece en el resto del Nuevo Testamento bajo su nombre latino, «Silvano» (véase más arriba el comentario a 15.22).

Aparentemente, a consecuencia de la mayor persistencia de Pablo en su misión,[51] aumenta la oposición dentro de la sinagoga, y Pablo se aparta de ellos con un gesto dramático («sacudiéndose los vestidos») y una imprecación («vuestra sangre sea sobre vuestra propia cabeza»). El sacudirse los vestidos era señal de disgusto, apartándose de ellos (casi como quien hoy se tapa la nariz). La «sangre» sobre la «cabeza» quiere decir que ellos, y no Pablo, son responsables de lo que les acontezca. (Compárese la expresión con Mt. 27.25.)

Abandonando la sinagoga, Pablo fue y estableció su centro de predicación en casa de un tal Justo, junto a la sinagoga. El texto occidental da a entender que Pablo se mudó de casa de Priscila y de Aquila. El sentido de lo que se dice aquí es que lo que Pablo estableció en casa de Justo fue su centro de enseñanza cristiana, que antes había estado en la sinagoga. Varios manuscritos, algunos de ellos muy antiguos, dicen «Tito Justo» o «Titio Justo». Pero no parece haber razón para pensar que este Justo, aunque se llamara también «Tito», sea el mismo de las epístolas paulinas. (Resulta extraño, sin embargo, que en todo el libro de Hechos no se mencione a este colaborador de Pablo.)[52]

Entre los judíos que se convierten está Crispo, «el principal de la sinagoga» (*ho arjisynágōgos*; el artículo definido da a entender que había solamente un archisinagogo, y que si después se le da a Sóstenes el mismo título, debe ser porque sucedió a Crispo). Aunque Hechos no nos lo dice, Pablo sí nos informa (1 Co. 1.14) que bautizó a Crispo. Según Hechos, Crispo creyó «con toda su casa», y hubo muchos otros que también creyeron y fueron bautizados. Puesto

---

49 El artículo definido, *la*, da a entender que había solamente una sinagoga en Corinto.

50 Como hemos indicado, la iglesia de Filipos parece haberle enviado recursos a Pablo repetidamente. Fil. 4.10-20.

51 El texto griego tiene más fuerza que RVR: «Estaba entregado por entero a la predicación de la palabra». Una traducción más literal, aunque menos elegante, sería «Pablo fue asido por la palabra».

52 Véase «Tito» en *DIB*.

que Pablo no los bautizó, es de suponerse que fueron bautizados por miembros de la comunidad cristiana que el misionero encontró en Corinto al llegar, y cuyo núcleo parecen haber sido Priscila y Aquila.

La visión de los vv. 9-10 cobra especial importancia si recordamos las palabras de Pablo citadas más arriba, en cuanto al temor que le produjo la misión en Corinto. Y esa importancia se aclara con el episodio que sigue, del juicio (o conato de juicio) ante Galión.

Ese episodio (18.12-17) se encuentra «emparedado» entre dos aseveraciones sobre el tiempo que Pablo permaneció en Corinto: «un año y seis meses» (18.11) y «aún muchos días» (18.18). No está claro si el año y medio se refiere al tiempo antes del episodio ante Galión, o si es la suma de todo el tiempo que Pablo pasó en Corinto. En todo caso, pasó *por lo menos* año y medio.

Este Galión, «procónsul de Acaya», nos es personaje conocido por otras fuentes en la literatura e historia romanas. Era natural de España, y hermano mayor del famoso filósofo Séneca. Su nombre de nacimiento era Marcus Annaeus Novatus; pero había sido adoptado, como era costumbre entre las familias aristócratas de Roma, por un amigo de su padre, y por tanto su nombre oficial era Lucius Junius Gallio Annaeus. Amigo de Nerón, al igual que su hermano Séneca, algunos años después cayó en desgracia, y tuvo que suicidarse por orden de Nerón. Gracias a una inscripción encontrada y publicada a principios del siglo veinte, se sabe que Galión fue procónsul de Acaya desde julio del año 51, hasta la misma fecha del 52 (el puesto de procónsul, muy codiciado por los aristócratas romanos, normalmente se ocupaba solamente por un año). Gracias a este dato, y a la fecha del edicto de Claudio a que nos hemos referido anteriormente (18.2), es posible afirmar que el tiempo que Pablo pasó en Corinto fue más o menos desde el otoño del 50 hasta la primavera o mediados del 52. Este es uno de los pocos episodios en Hechos para los cuales es posible dar una fecha relativamente exacta.

Lo que sucede ante Galión no puede llamarse juicio. La acusación es ambigua, pues se dice que Pablo «persuade a los hombres a honrar a Dios contra la ley», pero no se indica si se trata de la ley romana o de la de Moisés. Empero Galión no permite que le involucren en el asunto. Antes que Pablo pueda defenderse, responde con palabras de tono despectivo, y termina con la fórmula empleada por un juez para declarar que no va a ver un caso: «yo no quiero ser juez de estas cosas». El tono despectivo probablemente se relacione con la actitud de la aristocracia romana hacia los judíos. En las obras de Séneca, hermano de Galión, se encuentra la misma actitud. Luego, no es que Galión sea justo, o que tome el partido de Pablo, sino que sencillamente no le interesan ni los acusadores ni el acusado, quienes para él no son sino unos judíos despreciables. La misma actitud se ve cuando, acto seguido, les manda echar a todos del tribunal, y luego permite que golpeen a Sóstenes «delante del tribunal» sin que le importara nada.

El v. 17 es difícil de interpretar. Los mejores manuscritos no dicen quién se apoderó de Sóstenes, sino sólo que fueron «todos». Las palabras «los griegos», que RVR incluye en su traducción (al igual que VP, pero no RVA, BJ, BA ni NBE), parecen haber sido añadidas por algún copista, precisamente porque el sentido del texto original no estaba claro. ¿Quiénes golpearon a Sóstenes? Hay varias posibilidades: (1) Los que le golpearon fueron la turba de la ciudad, en burla por el desprecio con que el procónsul había tratado a los judíos, y aprovechándose de la actitud de Galión; (2) Los que le golpearon fueron los propios judíos, molestos porque su jefe les había fallado y les había hecho pasar la vergüenza de ser humillados y echados del tribunal; (3) Los que le golpearon eran judíos, pero lo hicieron porque Sóstenes, al igual que el archisinagogo anterior, se inclinaba hacia el cristianismo o se había hecho cristiano. A favor de esta última interpretación está el hecho de que Pablo más tarde se refiere a un «Sóstenes» que le acompañaba en Efeso, precisamente cuando les escribía a los corintios (1 Co. 1.1).

Los hechos del Espíritu y los hechos de la historia

En la Introducción dijimos que el libro que estudiamos, más bien que «Hechos de los Apóstoles», debería llamarse «Hechos del Espíritu», pues el tema del libro no es lo que hicieron los apóstoles, sino lo que el Espíritu hace. Repetidamente hemos visto la actividad del Espíritu en la comunidad de los creyentes, o en la obra de Pablo y sus acompañantes. En este pasaje, sin embargo, vemos otra dimensión de esa actividad que es de gran importancia para nuestra obediencia en el día de hoy: el Espíritu actúa también en la historia, a veces de forma tan misteriosa que ni siquiera sospechamos esa acción.

En este pasaje hay dos ejemplos de lo que decimos. El primero es el edicto de Claudio, echando a los judíos (o a algunos de ellos) de Roma. Es por razón de ese edicto que Priscila y Aquila están en Corinto cuando Pablo llega a esa ciudad. Toda la obra de esta pareja, primero en Corinto y después en Efeso, es el resultado de aquel edicto por parte de un emperador pagano. El segundo ejemplo es el juicio ante Galión. Galión no pretendía proteger a Pablo. Lo que sentía era más bien desprecio tanto hacia él como hacia los que le acusaban. Pero ese mismo desprecio por parte de un personaje poderoso les da espacio a Pablo y a los demás creyentes para llevar a cabo su obra.

¿Qué importancia tiene todo esto para nosotros hoy? Mucha. A veces pensamos que el Espíritu de Dios está activo únicamente en la iglesia, donde le vemos manifestarse de diversos modos. Pensar que el Espíritu actúa únicamente en la iglesia es limitar el poder y la obra del Espíritu. Antes que Pablo llegara a Corinto, ya el Espíritu de Dios había preparado el campo llevando allá a Priscila y Aquila. Dios actúa, no solamente en la historia de la iglesia y en las vidas de los creyentes, sino también en la historia del mundo y hasta en las vidas de los más incrédulos. Recordemos que repetidamente en la historia de Israel, cuando el pueblo fue infiel, Dios empleó no solamente a sus profetas, sino hasta a sus enemigos (los filisteos, los amorreos, Ciro, y muchos otros) para hacer cumplir su voluntad. Recordemos además que, según el testimonio bíblico, Dios no solamente sacó a los israelitas de Egipto, sino también a los filisteos de Caftor, y a los arameos de Kir (Am. 9.7). Dios está presente en medio de nuestra historia hispanoamericana. Negar esa presencia es negar su poder.

Parte del mensaje de los profetas del Antiguo Testamento fue precisamente eso: la presencia de Dios en los acontecimientos históricos de su tiempo. Y lo mismo puede decirse de Lucas. En su Evangelio, Lucas relaciona el nacimiento de Jesús con las circunstancias políticas del momento: el rey Herodes, el edicto de Augusto César y el gobierno de Cirenio sobre Siria. Lo mismo sucede en Hechos, como se ve claramente en este pasaje. De igual modo, parte del mensaje de hoy tiene que ser la acción de Dios en los acontecimientos de nuestro tiempo y nuestros pueblos. Si hay un dictador, esto no es ajeno a la voluntad de Dios ni al juicio de Dios. Si hay injusticia en nuestros países o entre nuestros pueblos, si hay quienes no tienen albergue, si hay campesinos sin tierras, si hay represión, si hay justicia, si hay libertad, si hay necesidad, si hay prosperidad... todo esto se relaciona estrechamente con el mensaje cristiano y con la obra del Espíritu.

Naturalmente, no siempre es fácil discernir la obra de Dios en los acontecimientos históricos de nuestro tiempo. Podemos imaginarnos a Pablo, viviendo en casa de Priscila y de Aquila, y oyendo cómo la predicación del evangelio les había creado dificultades en Roma. Ahora él está predicando en Corinto, y ya en otras ocasiones su predicación le ha creado dificultades. Luego, no ha de sorprendernos el que tuviera temor, y necesitara de una visión para recibir ánimo. Nosotros también nos desanimamos viendo tanta injusticia en nuestro alrededor. En la misma iglesia hay quienes se molestan si otros cristianos denuncian la injusticia en nuestras sociedades. Luego, unas veces por temor a equivocarnos y otras por temor a represalias, vacilamos en señalar claramente que tal injusticia se opone a la voluntad de Dios. En tales casos, las palabras del Señor

a Pablo son harto pertinentes: «no temas, sino habla, y no calles».
Es pecado callar cuando Dios nos manda que hablemos.

Hay otro tipo de dificultad menos dramática, pero no menos
cierta: el desprecio de los poderosos. A Galión le importa un bledo
lo que sea de Pablo o de los cristianos. Sin embargo, y sin que
Galión lo sepa, Dios sigue siendo el Señor hasta de él mismo. Igual
cosa sucede muchas veces en el día de hoy. Vivimos en un mundo
donde a veces se nos mira con desprecio o desinterés. Los grandes
artistas del cine y la televisión, los atletas famosos, y hasta los
criminales, reciben más atención que la predicación del evangelio.
Hay cristianos de profunda convicción que dedican sus vidas a
servir a los necesitados, a veces con grandes sacrificios, a quienes
sin embargo la sociedad desconoce, mientras se desvive averi-
guando la vida y milagros de algún magnate que se ha enriquecido
a base del trabajo de otros. En cualquiera de nuestros países, se
invierten más recursos comprando cosméticos, cigarrillos o alimentos para perros que en la predicación del evangelio o en obras de
justicia. Es precisamente por eso que a veces los predicadores se
ven tentados a imitar los métodos propagandísticos que se emplean
para vender cosméticos o cigarrillos. Galión estaría orgulloso de las
inscripciones que celebraban su proconsulado en Acaya, el equivalente de entonces de nuestros programas de televisión. ¡Qué triste
situación la de los cristianos de Corinto, despreciados, sin que nadie
esculpiera inscripciones en su honor! Pero hoy sabemos que aun
aquel desprecio fue oportunidad para la obra del Espíritu. ¿Podremos ver lo mismo en los desprecios de hoy? ¿O trataremos de ser
como Galión, de que se nos reconozca, de aparecer en los programas de televisión y en los diarios, de que se nos fotografíe junto a
dictadores y magnates, aun a costa de nuestra fidelidad? La tentación es grande y muy real.

F. El regreso (18.18-22)

La estancia de Pablo en Corinto fue larga («muchos días», 18.18). Es
posible que durante ese tiempo se hayan fundado iglesias en algunas ciudades
cercanas. En Romanos 16.1, Pablo se refiere a la iglesia de Cencrea; que, como
hemos dicho, era el puerto de Corinto sobre el Egeo. Y en 2 Corintios 1.1 les
dirige su carta, no solamente a los corintios, sino a «todos los hermanos que
están en Acaya». En todo caso, por fin llegó la hora de regresar a Antioquía,
y «navegó a Siria». En el sentido en que los romanos empleaban el término
«Siria», ésta incluía tanto lo que hoy es Siria como Palestina. Como veremos
más adelante, Pablo fue primero a Cesarea, que era el puerto de desembarque
para Jerusalén, y luego a Antioquía. Le acompañaban, al principio del viaje,

Priscila y Aquila. Posiblemente estos dos viajaban a Efeso por motivos de negocios, y Pablo, que vivía con ellos, aprovechó la ocasión para ir con ellos. En cuanto a Silas y Timoteo, no se nos dice una palabra, y es de suponerse que permanecieron en Corinto, trabajando con la iglesia en esa ciudad y sus alrededores. La última parte del v. 18 es difícil de interpretar. La primera pregunta es: ¿quién se rapó la cabeza, porque tenía voto? En sentido gramatical estricto, esa frase parece referirse a Aquila, la última persona que se menciona. Empero rara vez Lucas nos da detalles tales sobre sus personajes secundarios, y el sentido mismo de la narración, cuyo sujeto principal es Pablo, parece indicar que la frase en cuestión se refiere al Apóstol.[53]

La otra dificultad que la frase plantea es independiente de la primera: ¿en qué consistía el voto que Pablo (o Aquila) había hecho? El raparse la cabeza nos hace pensar de inmediato en el voto de los nazareos, que se describe en Números 6.1-21. Al concluir su voto, el nazareo se rapaba la cabeza y ofrecía sus cabellos en sacrificio a Dios. Empero esto se hacía normalmente en el Templo, y quien hacía tales votos lejos de Jerusalén tenía que pasar los últimos días de su nazareato en Jerusalén. Según la escuela de Shammai, la más flexible en tales asuntos, era necesario pasar al menos treinta días en Jerusalén antes de raparse la cabeza. Por otra parte, un texto bastante ambiguo de Josefo parece dar a entender que el nazareo que se encontraba lejos de Jerusalén podía raparse la cabeza, y más tarde traer sus cabellos para el sacrificio en el Templo.[54]

Sea cual fuere el caso, lo más probable es que Lucas mencione este voto de Pablo para recalcar su fidelidad continuada a las prácticas religiosas judías. Pablo no era anti-judío, ni abogaba por el abandono de las prácticas de sus antepasados, sino que sencillamente insistía en que quienes no eran judíos no tenían que cumplir con esas prácticas para aceptar a Cristo y unirse a su iglesia.

De Corinto, Pablo fue a Efeso. Quien siga esta ruta en un mapa puede extrañarse de que, para ir de Corinto a Cesarea, Pablo navegara primero a Efeso. Esto puede deberse en parte a que quería acompañar a Priscila y Aquila, quienes iban a establecerse en esa ciudad.[55] También puede deberse al carácter de la navegación en esa época. Los marinos hacían todo lo posible por permanecer siempre a vista de la costa, o al menos evitar largas travesías en alta mar. Por ello, quien se dirigía desde Cencrea hacia el oriente frecuente-

---

53 Algunos manuscritos del texto occidental, y también la Vulgata, afirman que quien tenía voto era Aquila. Sobre esa base, y también por razón del orden gramatical, algunos intérpretes modernos afirman que era Aquila quien tenía voto. Véase Haenchen, *Acts*, p. 542, n. 4.

54 Josefo, *Guerra*, 2.15.1. Williams, *Acts*, p. 315, defiende esta interpretación de Josefo, mientras Haenchen, *Acts*, pp. 543, 545-46, la rechaza. Otros han propuesto, sin mayor éxito, la teoría de que se trataba de otra suerte de voto, quizá de un «voto privado».

55 En Ro. 16.3-5a, Pablo les envía saludos, dando a entender que moraban entre los destinatarios de la carta, pues se refiere a la iglesia en casa de ellos. Esto parecería indicar que en fecha posterior a la que se narra en Hechos el matrimonio volvió a Roma.

mente atravesaba el Egeo dirigiéndose primero a Efeso, para luego tomar la ruta hacia el sur y el este (véase el mapa al final del libro).

Efeso era un importante puerto de mar en Asia Menor.[56] Su templo a Artemisa (o Diana) era una las siete maravillas del mundo.[57] En medio de la ciudad había una amplia avenida de diez metros de ancho, con cuatro metros más de portales a cada lado. Esta avenida iba desde el puerto hasta el teatro. El teatro, con asientos para 24.000 personas, nos da una idea del tamaño de la ciudad.[58]

A partir de este momento, Efeso ocupará un lugar importante en la historia del cristianismo del siglo primero. Esa ciudad y su iglesia ocuparán el centro de nuestra atención hasta el final del capítulo 21. Más tarde, volveremos a encontrarla en el Apocalipsis.[59]

¿Qué quieren decir las palabras «los dejó allí» en 18.19? La lectura inmediata del texto parece indicar que la sinagoga estaba fuera de Efeso, y que Pablo, tras dejar a sus acompañantes en Efeso, fue a la sinagoga. El resto del pasaje —especialmente los tiempos verbales en imperfecto: «discutía», «rogaban»— parece indicar que Pablo visitó la sinagoga repetidamente. Luego, lo más acertado parece ser que en el v. 19 Lucas se adelanta a su narración. Pablo dejó a Priscila y Aquila en Efeso cuando siguió su viaje hacia Palestina. Entretanto, mientras permaneció en Efeso, discutía con los judíos en la sinagoga, y éstos le rogaban que se quedara con ellos por más tiempo.

No se sabe cuál era «la fiesta que viene» que Pablo quería guardar en Jerusalén. Los mejores manuscritos no incluyen esa frase, sino que dicen, como la RVA: «se despidió y dijo: 'Otra vez volveré a vosotros, si Dios quiere'». Si la referencia a la «fiesta» es parte del texto original, probablemente se refiera a la Pascua.

Aunque el v. 22 no menciona a Jerusalén, lo más probable es que «subió para saludar a la iglesia» se refiera a la iglesia de Jerusalén.[60] Ya hemos visto que en Hechos quien va a Jerusalén «sube», y quien va de Jerusalén a Antioquía «desciende». Si «subió para saludar a la iglesia» se refiere a que Pablo subió desde el puerto mismo a la ciudad de Cesarea, no se entiende por qué Lucas nos dice entonces que «descendió» a Antioquía. De Jerusalén a Antioquía sí se desciende; pero no de Cesarea a Antioquía. Además, la razón para navegar desde Efeso a Cesarea, y no directamente a Antioquía, no puede ser sino el

---

56 Debido a los depósitos fluviales, el mar se ha alejado, y hoy las ruinas de Efeso se encuentran a varios kilómetros del mar.

57 Sobre este templo, y el culto de Artemisa, diremos más al estudiar 19.23-41.

58 También sobre el teatro diremos más al comentar sobre 19.29.

59 Aunque hay una Epístola a los Efesios entre las cartas paulinas, la cuestión de a quiénes iba dirigida esa carta se discute aún entre los eruditos. Los mejores manuscritos de esa carta no incluyen la referencia a Efeso (Ef. 1.1). Véase sobre esta cuestión el comentario a Efesios en esa serie.

60 No todos los eruditos concuerdan. Véase un resumen de los argumentos en pro y en contra en Haenchen, *Acts*, p. 544, n. 5.

deseo por parte de Pablo de ir a Jerusalén. Luego, aunque Jerusalén no aparezca en los mejores manuscritos del v. 21, y aunque Lucas no la mencione aquí por nombre, el texto sí da a entender que antes de regresar a Antioquía Pablo fue a Jerusalén.

Por último, Pablo regresó a Antioquía, de donde había salido largo tiempo antes.

Misión y conexión

Lucas no nos dice gran cosa sobre lo que Pablo hizo en Jerusalén o en Antioquía. Es más, ya en el próximo versículo le veremos saliendo en un nuevo viaje. El hecho mismo de regresar a esas dos ciudades es importante pare entender la visión que Pablo tiene de su misión. El Apóstol no tiene necesidad de regresar a ninguna de esas dos ciudades. Su situación no es la del misionero de hoy, que de vez en cuando tiene que regresar a las iglesias que proveen su sostén. Al contrario, Pablo se sostiene haciendo tiendas, o con lo que recibe de iglesias que él mismo ha fundado, como la de Filipos, y cuando hay transacciones económicas entre él y Jerusalén, es esta última la que recibe contribuciones de las iglesias paulinas, y no viceversa.

El propósito de Pablo al regresar a Jerusalén y Antioquía no tiene que ver con el sostén misionero, sino con la visión misma del carácter de la misión. La misión de Pablo no consiste únicamente en predicar el evangelio, convertir personas y fundar iglesias, sino que consiste también en crear y fortalecer los vínculos entre los cristianos y entre las iglesias. Cuando alguien se convierte como resultado de la obra de Pablo, el apóstol le une a la iglesia. Y cuando Pablo funda una iglesia en Filipo, lo que ha creado no es una unidad completamente aislada del resto del Cuerpo de Cristo. Esa iglesia puede tener su autonomía y hasta si se quiere su independencia, pero no puede ser iglesia de Cristo por sí sola, aislada del resto del cuerpo.

A nosotros nos hace falta algo de esa visión de la misión. En parte como reacción a una iglesia dominante y altamente jerárquica, muchas veces hemos caído en el extremo opuesto. La conexión entre los cristianos, y entre las comunidades de cristianos, se vuelve entonces tema secundario. Lo importante es «creer en Jesucristo», decimos; la iglesia es cuestión de conveniencia, no parte del evangelio mismo. En la visión bíblica creer en Jesucristo implica y requiere unirse a la comunidad de los fieles, a esa *koinônía* de que hablábamos al principio de este comentario. Creer en Jesucristo es cosa muy personal, sí; pero no privada.

Cuando perdemos esa visión, suceden varias cosas. La primera de ellas es que para el creyente la iglesia se vuelve opcional. Participo de la vida de la iglesia si me parece; si no, no. Después de todo, lo que importa es mi relación con el Señor. Es por ello que en nuestras visitas pastorales se nos dice con tanta frecuencia: «No se preocupe, pastor, yo puedo ser cristiano sin asistir a la iglesia».

La segunda consecuencia es que limitamos la función de la iglesia. La iglesia está para llenar *mis* necesidades espirituales. Si lo que se dice o se hace en la iglesia en un día dado no responde a esas necesidades, no tengo por qué participar. Con mucha frecuencia se dice que la iglesia es como la estación de gasolina donde venimos para obtener energía para el resto de la semana. Y eso puede ser cierto. Pero la iglesia es mucho más que eso. La iglesia es parte del evangelio, de las buenas nuevas: la iglesia es la comunidad que vive en anticipación del Reino, y en la que por tanto ese Reino se hace presente, por muy difícil que nos resulte verlo a veces. La iglesia está para responder, no solamente a *mis* necesidades, sino a todas las necesidades de todos los creyentes, y de todo este mundo por el cual Jesucristo murió.

La tercera consecuencia es que, puesto que la iglesia es opcional y está para llenar las necesidades individuales, es cuestión del gusto de cada cual. Por ello hay quien cambia de iglesia como quien cambia de camisa. No me gusta el pastor. Aquella otra iglesia es más activa. La música en la otra es más bonita. Aquélla tiene mejor programa de jóvenes. Nos volvemos turistas espirituales y, como todo turista, no llegamos a conocer verdadera y profundamente el país que visitamos.

La cuarta consecuencia es que cualquier excusa basta para dividir la iglesia. Si, después de todo, la comunidad de los creyentes no tiene mayor importancia, cualquier desacuerdo o pleito es suficiente para que nos separemos los unos de los otros. Si un grupo no está de acuerdo con el pastor, se van y se buscan otro pastor. Y, si un pastor no se lleva bien con grupo alguno, se declara «independiente», se dedica a «evangelizar», y problema resuelto.

Por último, como consecuencia de todo esto, nos dividimos en multitud de grupos que acaban dedicándole más tiempo a competir y disputar entre sí que a llevar a cabo y ser señal de la obra del Reino en nuestro mundo.

Frente a esa visión, está la que Lucas nos plantea en todo el libro de Hechos, y la que Pablo muestra en este pasaje. La iglesia es parte esencial de la vida cristiana. Su propósito no es únicamente responder a mis necesidades, sino responder a las necesidades del mundo, y ser señal de la obra y gracia de Jesucristo. Al llevar a cabo la misión, los hermanos se ocupan de mantenerse en contacto unos con otros. No siempre estarán de acuerdo, como se ve repetidamente en el libro de Hechos (recuérdese la necesidad del concilio de Jerusalén, y el desacuerdo entre Pablo y Bernabé). Pero cuando haya desacuerdos, se hará todo lo posible por mantener los vínculos del amor y la comunión. Así, y sólo así, el mundo creerá. Recordemos que fue por nosotros y por el mundo que el Señor oró pidiendo que «ellos sean uno en nosotros, para que el mundo crea» (Jn. 17.21).

VII. En derredor de Efeso (18.23-20.38)

En el v. 23 comienza un nuevo viaje de Pablo. Aunque en este viaje el Apóstol visitará otros lugares —algunos de ellos en los que había estado antes— Lucas le prestará especial atención a Efeso y a los acontecimientos que tienen lugar en esa iglesia y sus alrededores.

A. Discípulos deficientes (18.23-19.7)

1. El episodio de Apolos (18.23-28)

a. Un resumen (18.23)

La brevedad del v. 23 no debe ocultarnos todo lo que en él se resume. Pablo pasó «algún tiempo» en Antioquía. ¿Cuánto tiempo? Es imposible saberlo. Empero, dadas las condiciones de los caminos que debería recorrer para llegar a Galacia y Frigia, es de suponerse que estuvo en Antioquía por lo menos hasta la próxima primavera. Efectivamente, los pasos a través de las montañas eran intransitables en invierno. Además, «la región de Galacia y de Frigia» incluye varias de las ciudades que Pablo había visitado antes: Derbe, Iconio, Listra, etc. Puesto que Lucas nos dice que iba «confirmando a todos los discípulos», es de suponerse que en cada una de esas ciudades pasó por lo menos algunas semanas. Por tanto se trata de un largo viaje, a pesar de ocultarse en la brevedad de este versículo. Una vez más, Lucas nos ofrece un brevísimo resumen de lo que ciertamente tomó meses y quizá hasta años.

b. La predicación de Apolos (18.24-28)

Lucas introduce ahora en su narración un nuevo personaje, que va a desaparecer de nuevo en 19.1. De no ser por las referencias de Pablo en 1 Corintios, estos versículos serían todo lo que sabríamos de Apolos.

En el v. 24 se describen su persona y carácter. El nombre «Apolos» es una forma abreviada de «Apolonio». Era judío alejandrino. El judaísmo alejandrino se había destacado, ya desde antes de tiempos de Jesús, por sus sabios y filósofos, muchos de los cuales habían tendido puentes entre el judaísmo y lo mejor de la cultura pagana.[1] Luego, cuando Lucas nos dice que Apolos era judío alejandrino, esto nos trae a la mente toda esa tradición intelectual, de la cual probablemente Apolos era heredero. La palabra que RVR traduce por «elocuente» (*lógios*) también puede significar «erudito», «educado» o «inteligente». Era además «poderoso en las Escrituras», lo cual parece referirse a su capacidad de refutar a sus contrincantes a base de las Escrituras, como lo indica el v. 28.

Apolos era cristiano, ferviente de espíritu (el griego dice literalmente que «bullía en el espíritu»), y enseñaba «con exactitud» (RVA) las cosas de Jesús.[2] Todo esto concuerda con lo que sabemos acerca de Apolos por 1 Corintios.

La predicación de Apolos era deficiente, pues «solamente conocía del bautismo de Juan». Es difícil saber exactamente en qué consistía la deficiencia de Apolos. Al comparar este pasaje con el que sigue (19.1-7), parece que el conocer solamente el bautismo de Juan quiere decir no conocer o no haber recibido el del Espíritu Santo. Empero si así fuera no hubiera bastado, como en este caso, que Priscila y Aquila tomaran a Apolo aparte y le expusieran «más exactamente el camino del Señor». En este pasaje no se hace mención alguna de que, tras tal exposición, Apolos haya recibido el Espíritu Santo. Luego, parece que se trata de una deficiencia teológica. Lo que dificulta la interpretación del pasaje es que en el v. 25 se dice que Apolos enseñaba «con exactitud las cosas de Jesús», y en el 26 se nos dice que su enseñanza era deficiente. Algunos eruditos pretenden resolver la dificultad alegando que las fuentes de Lucas alababan a Apolos, pero que Lucas, seguidor y admirador de Pablo, trata de restarle importancia al ministerio de este rival de Pablo, y por tanto introduce lo de su deficiencia teológica.[3] Leyendo, sin embargo, el texto como un todo se llega a la conclusión de que, aunque Apolos conocía perfectamente y con exactitud la vida de Jesús, no había llevado las consecuencias de esa vida más allá de un llamado al arrepentimiento (el «bautismo de Juan»). De ser así, lo que hablaba en la sinagoga, y provocó a Priscila y Aquila a llamarle aparte, sería sencillamente la vida de Jesús, sus enseñanzas, y la injusticia que se había cometido al crucificarle (quizá también su resurrección); pero no la inauguración de los «postreros días», como había dicho Pedro en su discurso de Pentecostés. Así se entiende por qué en 19.1-7 la cuestión del Espíritu Santo se contrasta con el bautismo de Juan. Sobre esto volveremos al tratar acerca de ese pasaje.

1 Véase González, *Historia del pensamiento cristiano*, vol. 1, pp. 42-45.
2 La traducción de RVR, «diligentemente», es menos exacta. Además, los mejores manuscritos no dicen «del Señor», como la RVR, sino «de Jesús».
3 Véase Haenchen, *Acts*, pp. 554-55 y M. Wolter, «Apollos und die ephesinischen Johannesjünger», *ZntW*, 78, 1987, 49-73.

Una vez instruido «más exactamente», Apolos fue a Corinto, con carta de recomendación de los cristianos de Efeso, y allá fue de gran provecho a la iglesia.[4] Sobre este ministerio de Apolos en Corinto tenemos también el testimonio de 1 Corintios.

Una mujer que enseñaba teología

En el texto, el nombre de Priscila aparece antes del de Aquila. Ya en el siglo segundo, el texto occidental invirtió el orden, diciendo que fueron «Aquila y Priscila» quienes llamaron aparte a Apolos. Esta tendencia a restarle importancia a Priscila con el correr de los siglos puede verse en otros indicios. Por ejemplo, una de las antiguas iglesias de Roma se llamaba en el siglo IV «Iglesia de Santa Prisca»; poco después se llamó «de Prisca y Aquila»; y para el siglo VIII era la «Iglesia de los Santos Aquila y Prisca».[5]

Lo que ha sucedido es que a partir del siglo segundo se desató en la iglesia, por varias razones, una reacción antifemenina, y que como parte de esa reacción, al tiempo que se limitaba la autoridad de la mujer en la iglesia, se iba ocultando la tradición de mujeres que habían hecho cosas extraordinarias. Una de ellas es Priscila.[6]

La iglesia hispanoamericana es parte de esa tradición. Es más, en cierta medida la historia de la iglesia antigua, primero abierta hacia las mujeres, y luego más cerrada, se ha repetido en nuestras iglesias. En efecto, cuando comenzó la obra misionera protestante en América Latina, los misioneros fueron tanto varones como mujeres. Hubo mujeres que viajaron a lugares remotos, abrieron brecha, fundaron iglesias, enseñaron teología. Así, la iglesia hispanoamericana de hace unas décadas estaba perfectamente acostumbrada a tener mujeres en posiciones de autoridad, y como pastoras y predicadoras. Después llegaron del extranjero otras corrientes que pretendían limitar el ministerio de la mujer. Hoy hay quien piensa que lo del ministerio de la mujer es una innovación, un invento de tiempos recientes, cuando lo cierto es todo lo contrario.

Priscila —al igual que las cuatro hijas de Felipe que predicaban,

---

4 El texto occidental añade que fue a petición de unos corintios que estaban en Efeso que Apolos pasó a Corinto.

5 Sobre éste y otros detalles de la tradición acerca de Priscila, véase C. G. y J. L. González, *Sus almas engrandecieron al Señor*, Caribe, Miami, 1977, pp. 109-11.

6 ¿Será Priscila la autora de la Epístola a los Hebreos, y se habrá eliminado su nombre como parte de esa reacción antifemenina? Hay quienes lo sugieren. Véase el comentario sobre Hebreos en esta serie.

sobre las que trataremos más adelante (21.9)— nos señala lo mismo que decía Pedro en su discurso de Pentecostés, que los dones del Espíritu se derraman sobre jóvenes y ancianos, varones y mujeres. Ante la obra del Espíritu, todos los límites que los humanos nos imponemos unos a otros tienen que ceder. La iglesia hispanoamericana tiene un recurso valioso en sus mujeres, y quienes se niegan a permitir que esos recursos sean utilizados han de tener cuidado de no ser hallados resistiendo al Espíritu.

2. Los doce discípulos de Efeso (19.1-7)

Este otro episodio se relaciona temáticamente con el anterior. Tiene lugar después de la partida de Apolos, pero al parecer quedan todavía en Efeso algunos discípulos que no conocen más que «el bautismo de Juan» (19.3). Puesto que ésta es la misma frase que aparece en 18.25 con referencia a Apolos, el texto parece implicar que había alguna relación entre estos doce (o, mejor dicho, «unos doce», 19.7) discípulos y Apolos. ¿Serían personas a quienes Apolos había enseñado antes que Priscila y Aquila le dieran su lección de teología? ¿O serían quizá gentes procedentes del mismo círculo donde se había formado Apolos? Es imposible saberlo.

En todo caso, ahora se nos explica con más claridad en qué consistía la deficiencia, si no de Apolos, al menos de estos discípulos. Pablo añade dos cosas a lo que sabían: primera, que la predicación de Juan el Bautista señalaba hacia el que vendría después de él, Jesús el Cristo (19.4); y, segunda, que hay tal cosa como el Espíritu Santo (19.2,6). Al parecer, estos «discípulos» eran seguidores de Jesús como maestro, pero no como el Cristo, el Mesías prometido, el cumplimiento de las promesas. (¿Sería esto también la deficiencia de Apolos, es decir, que podía enseñar con exactitud acerca de las doctrinas y milagros de Jesús, pero no sabía que en él se cumplían las promesas?) Lo que Pablo les dice es que ése era precisamente el mensaje del propio Juan. Entonces, con base en ese testimonio conjunto de Pablo y de Juan, los doce son bautizados y, cuando Pablo les impone las manos, reciben el Espíritu.

Jesús y el Espíritu

Aunque no estamos escribiendo un tratado sobre la doctrina del Espíritu, conviene que señalemos dos puntos que se desprenden de esta narración, y que tienen especial importancia en la iglesia hispanoamericana, donde tanto se habla y se discute sobre el Espíritu Santo.

El primer punto es que hay una relación estrecha entre tener el Espíritu y poder confesar a plenitud quién es Jesucristo. Esto se ve en la narración misma. Los doce no saben del Espíritu, y Pablo les contesta declarándoles que Jesús es el Cristo. Entonces se bautizan «en el nombre del Señor Jesús» y reciben el Espíritu. En este caso, cuando Pablo se entera de que alguien no conoce el Espíritu, les contesta hablándoles acerca de Jesús. Hay una relación estrecha entre conocer y confesar a Jesús como el Cristo y tener el Espíritu Santo. Como el propio Pablo dice en otro lugar (1 Co. 12.3), «nadie puede llamar a Jesús Señor, sino por el Espíritu Santo».

El segundo punto es que el modo en que todo esto se relaciona entre sí no es siempre el mismo. A nosotros nos gusta tenerlo todo en blanco y negro, saber exactamente cómo, cuándo y dónde actúa el Espíritu. Particularmente en nuestras iglesias, hay quienes pretenden saber sobre el Espíritu y su acción más de lo que nos es dable saber a los humanos. Eso es tratar de limitar el poder y la libertad del Espíritu. Aquí, como en la mayoría de los otros pasajes paralelos en Hechos, el Espíritu viene tras el bautismo, con la imposición de manos de los apóstoles (véase, por ejemplo, 8.17). Sin embargo, en el episodio de Cornelio, los gentiles reciben el Espíritu primero, sin que Pedro les imponga las manos ni nada parecido, y es después, a consecuencia de haber recibido el Espíritu, que Cornelio y los suyos son bautizados.

La importancia de esto para nuestra iglesia resulta claro: No pretendamos saber más de lo que en verdad sabemos, ni ponerle límites al Espíritu.

B. Milagros en Efeso (19.8-22)

1. La enseñanza de Pablo (19.8-10)

Estos versículos son un rápido resumen en el que se incluye, primero, la predicación de Pablo en la sinagoga, segundo, la ruptura con la sinagoga y, tercero, la enseñanza continuada de Pablo en la escuela de Tiranno. Tras dos años de predicación, la palabra se había difundido por toda la región, «de manera que todos los que habitaban en Asia, tanto judíos como griegos, oyeron la palabra del Señor Jesús». Precisamente porque se trata de un rápido resumen, Lucas no dice una palabra de un viaje a Corinto durante este tiempo, según se deduce de la correspondencia de Pablo con los corintios.

El único punto de este pasaje que necesita aclaración es la referencia a la escuela de Tiranno. En este punto, RVR sigue el texto occidental al decir «la escuela de *uno llamado* Tiranno».[7] El texto alejandrino, que es probablemente el original, dice sencillamente «la escuela de Tiranno». No se sabe quién era

---

7 El texto occidental añade también que Pablo enseñaba desde la hora quinta hasta la décima; es decir, desde las once de la mañana hasta las cuatro de la tarde.

esta persona, ni cuál era su relación con la «escuela». Quizá haya sido un maestro que enseñaba o había enseñado en el mismo lugar, y cuya fama le había dado nombre a la escuela. Quizá haya sido el dueño de un edificio que se utilizaba para conferencias. O quizá haya sido su arquitecto o constructor. En todo caso, ya cuando se compuso el texto occidental, probablemente en el siglo segundo, el escriba que lo compuso no sabía quién era el tal Tiranno, y por ello puso «la escuela de uno llamado Tiranno».

2. Los falsos milagros (19.11-16)

Toda esta sección trata sobre los milagros que tuvieron lugar en Efeso gracias al ministerio de Pablo. Lucas normalmente no presenta a Pablo como taumaturgo o hacedor de milagros. Según Hechos, la principal función de Pablo es predicar, enseñar y confirmar la fe de las iglesias. En las epístolas paulinas se añade su tarea como recolector de la ofrenda para la iglesia en Jerusalén. Los milagros que tienen lugar por intermedio de Pablo aparecen en la narración de Hechos repetidamente, pero por lo general no son el tema de esa narración, sino la causa u ocasión para lo que Lucas desea narrarnos. Así, por ejemplo, la curación de la muchacha con espíritu de adivinación en 16.16-18 sirve de introducción al encarcelamiento de Pablo y Silas en Filipos.

Aquí, los milagros que tienen lugar «por mano de Pablo» sirven de introducción, no ya a un episodio de la vida del mismo Pablo, sino a un episodio en el que se muestra el fracaso de los que pretenden imitar a Pablo, con la esperanza de poder realizar milagros como los que se le atribuyen al Apóstol.

a. Un resumen sobre los milagros (19.11-12)

Lucas introduce el episodio del demonio sarcástico (19.13-17) con un resumen sobre los milagros que Dios hacía «por mano de Pablo». Al leer este pasaje, de inmediato pensamos que todos los milagros a que se refiere tuvieron lugar en Efeso. Pero es posible que el texto deba leerse en términos más generales. Lucas va a contarnos un episodio que tuvo lugar en Efeso, en el cual se muestra la debilidad de los falsos milagreros, e introduce ese episodio con un comentario general sobre los milagros que tenían lugar en conjunción con el ministerio de Pablo.

Lo de los pañuelos y delantales de Pablo ha dado ocasión a que algunos anuncien la venta de pañuelos bendecidos, y otras cosas por el estilo. Nótese, sin embargo, que aquí el texto da a entender, no que Pablo repartía o anunciaba el poder de sus pañuelos y delantales, sino que las gentes los sustraían sin que el Apóstol lo supiera. No se trata, como algunos parecen pensar hoy, de que Pablo bendijera los pañuelos para que a través de ellos se hicieran milagros.

b. El demonio sarcástico (19.13-16)

La fama de Pablo, que se manifiesta en que las gentes toman sus pañuelos y delantales para hacer milagros, lleva también a que unos exorcistas traten de imitarle. La referencia a exorcistas judíos no sorprende, pues se sabe que entre los judíos del siglo primero el exorcismo era práctica común.[8] La narración misma, sin embargo, presenta varios problemas. En primer lugar, la relación entre el v. 13 y el 14 no está clara. En el 13 se habla de «algunos de los judíos», y en el 14 de «siete hijos de un tal Esceva, judío, jefe de los sacerdotes». ¿Son dos grupos distintos, o son los del v. 14 un caso particular de los del 13? En segundo lugar, entre quienes ocuparon el cargo de sumo sacerdote de los judíos no aparece el nombre de Esceva, a quien el texto ordinario le da ese título (*arjieréôs*). En tercer lugar, es difícil explicar por qué Lucas se referiría a un personaje tan importante como «un tal Esceva». Por último, en el v. 14 se habla de *siete* hijos de Esceva, mientras en el 16 se dice que el espíritu malo saltó sobre *ambos*. En todos estos puntos el texto occidental parece resolver las dificultades,[9] y por ello algunos eruditos se inclinan a pensar que ésa es la versión original, mientras otros insisten en que no es sino una revisión muy bien hecha, precisamente con el propósito de resolver las dificultades del texto ordinario u original.[10]

Las dificultades del texto ordinario no son insalvables. En primer lugar, el v. 14 puede ser un ejemplo particular de lo que el 13 indica en términos más generales. Había exorcistas judíos que pretendían echar fuera demonios en el nombre de Jesús. Entre éstos se contaban los siete hijos de Esceva, sobre los cuales el relato trata más específicamente. En segundo lugar, el título de *arjieréôs* que se le aplica a Esceva puede interpretarse, no como «sumo sacerdote», sino como «principal entre los sacerdotes».[11] Por último, en algunos escritos de la época se emplea el término «ambos» (*amfotérôn*) en el sentido de «todos».[12]

---

8 Josefo, *Ant.*, 8.2.5. Sobre la fama que los exorcistas judíos tenían, véase B. A. Mastin, «Scaeva the Chief Priest», *JTS*, 27, 1976, 405-412.

9 En el texto occidental, se trata de dos grupos de exorcistas. Los primeros (los del v. 13) son judíos. Los segundos (los del v. 14 y el resto de la historia) son paganos. Esceva es sumo sacerdote, pero no se dice que es judío, y por tanto parece ser el sumo sacerdote de algún culto que existía en Efeso. Entonces el «ambos» del v. 16 parece referirse a ambos grupos, y no a dos exorcistas. Hay además muchos otros detalles (como el uso de singular y del plural en los diversos diálogos) en los que el texto occidental parece tener más coherencia que el texto ordinario.

10 W. A. Strange, «The Sons of Sceva and the Text of Acts 19:14», *JTS*, 38, 1987, 97-106, sostiene que el texto occidental es el original, mientras E. Delebeque, «La mésaventure des fils de Scévas selon ses deux versions», *RevScPhTh*, 66, 1982, 225-32, sostiene que se trata de una revisión extremadamente ducha.

11 RVR, al traducirlo como «jefe de los sacerdotes», guarda la posibilidad de ambas interpretaciones. En varios otros lugares de Hechos, el propio Lucas emplea la palabra en plural, con lo cual muestra que, al menos en esas ocasiones, no la entiende en el sentido de «sumo sacerdote», sino más bien de «sacerdotes importantes»: 4.23; 5.24; 9.14, 21; 22.30; 23.14; 25.2, 15; 26.10, 12.

12 RVR, RVA y otras versiones adoptan esta interpretación al traducir *amfotérôn*, que literalmente quiere decir «ambos», por «ellos». Hay cierta justificación para este proceder, pues los eruditos

En todo caso, el sentido esencial de la narración resulta claro: unos exorcistas pretenden echar fuera demonios con la fórmula: «os conjuro por Jesús, el que predica Pablo». Se trata de una fórmula harto extraña, en la que el exorcista se distancia de Jesús, en cuyo nombre pretende echar fuera el demonio. No dice «en el nombre de Jesús», sino «por Jesús, el que predica Pablo».

La respuesta del demonio tiene un tono sarcástico: «A Jesús conozco, y sé quién es Pablo; pero vosotros, ¿quiénes sois?» En el texto griego aparecen dos verbos distintos, que RVR con razón traduce de manera diferente: el demonio *conoce* a Jesús, y *sabe* de Pablo. Aunque quizá no se deba subrayar demasiado el contraste entre esos dos verbos, sí indican que el demonio reconoce a Jesús y a Pablo de dos modos distintos: el primero más directamente, como quien conoce a alguien; el segundo más como materia de información, como quien sabe algo.

Acto seguido, este demonio que parece burlarse de los exorcistas añade la acción física a la burla, pues el endemoniado salta sobre los exorcistas y los deja mal parados.

3. La reacción del pueblo (19.17-20)

Estos cuatro versículos resumen la reacción de diversos grupos a todo lo acontecido, y especialmente a la paliza recibida por los hijos de Esceva. El v. 17 indica que cuando esto se supo en Efeso, todos temieron, «así judíos como griegos». El v. 18 afirma que la noticia de lo sucedido afectó también a los cristianos, quienes «venían, confesando y dando cuenta de sus hechos». El v. 19 se refiere a «los que habían practicado la magia». No nos dice si eran creyentes que habían continuado con sus prácticas mágicas, o si eran otras personas que se enteraron de lo que había sucedido. Lo más probable es que sean ambos, y que al menos uno de los pecados que algunos cristianos confesaron (v. 18) haya sido el de continuar con sus viejas supersticiones.

El que este episodio haya tenido lugar en Efeso tiene especial importancia, pues esa ciudad era conocida por los libros de magia que en ella se producían, y que frecuentemente recibían el nombre de «escritos efesinos» (*Efésia grámmata*).[13] También es importante señalar el monto a que ascendía el valor de los libros quemados. Cincuenta mil piezas de plata equivalían a un buen jornal para otros tantos días; es decir, más de ciento cincuenta años de jornal. Cabe suponer que Lucas menciona esta cifra en contraste con el próximo episodio, en el que los intereses económicos tratarán de obstaculizar la predicación del

---

señalan que en el griego tardío se usaba a veces la palabra «ambos» en el sentido de «todos». Hay amplia bibliografía sobre el asunto en J. Renié, *Actes des Apôtres*, Pirot-Clamer, Paris, 1951, p. 265.

13 Seguían recibiendo ese nombre, aunque ya para esa época se producían más libros de esa índole en Egipto que en Efeso.

evangelio. Aquí, el impacto de esa predicación es tal que se sobrepone a todo interés económico.

Por último, el v. 20 es otro de los muchos resúmenes con los que Lucas redondea su libro.

4. Un bosquejo del futuro (19.21-22)

Estos dos breves versículos son una especie de resumen de lo que ha de venir, un bosquejo del futuro. Especialmente en el v. 21, se nos anuncia que Pablo ha de recorrer Macedonia y Acaya, para luego ir a Jerusalén, y por último a Roma. Esto es lo que el resto de Hechos nos va a narrar. Empero lo que aquí tenemos es más que un resumen: es un anuncio de un cambio radical en el carácter de la narración. El modo en que RVR traduce el comienzo del v. 21 («pasadas estas cosas») no tiene la misma fuerza del original griego. Mejor traducción es la de NBE, «cumplido todo esto». Aquí el griego da el sentido de algo que se ha cumplido o completado. En cierto modo, Pablo ya ha completado la tarea misionera que el Espíritu le ha encomendado. Lo que falta es ir a Jerusalén y a Roma, lugares no tanto de trabajo misionero como de sufrimiento y persecución. En la carrera de Pablo, este pasaje es paralelo a lo que dice Lucas sobre Jesús, que «afirmó su rostro para ir a Jerusalén» (Lc. 9.51). En ese versículo del Evangelio aparece el mismo verbo «cumplir»; como en el caso de Pablo en Hechos, Lucas tiene todavía bastante que contarnos en su Evangelio antes de la llegada de Jesús a Jerusalén.

En el v. 22, Pablo comienza a hacer preparativos para ese viaje que se propone, enviando delante de él a Timoteo y Erasto. A Timoteo le hemos encontrado antes (16.1; 17.14-15; 18.5). Esta es la primera vez que se menciona a Erasto en Hechos, aunque el mismo nombre se menciona también en 2 Timoteo 4.20 (donde evidentemente se refiere a la misma persona que se menciona en Hechos) y en Romanos 16.23. Puesto que se trata de un nombre relativamente común en esa época, es imposible saber si el «Erasto» que se menciona en Romanos, que era «tesorero de la ciudad» (¿de Corinto?), es el mismo. Aunque Hechos no se refiere a la colecta para Jerusalén, por las cartas de Pablo sabemos la importancia que el Apóstol le daba a esa colecta, y por tanto es posible que haya enviado a estos dos colegas para que fueran estimulando a los creyentes en Macedonia, preparando el campo para la colecta, y quizá hasta recogiendo ya algunos fondos.

La victoria sobre los demonios de hoy

En este *Comentario Bíblico Hispanoamericano* nos hemos propuesto comentar las Escrituras a la luz y dentro del contexto de la realidad de nuestro pueblo. Cuando analizamos esa realidad, nos percatamos del poder misterioso y sobrecogedor del mal. Hace unos pocos años, era dable pensar que nuestros problemas tendrían una solución relativamente fácil. Se decía, por ejemplo, que el problema de los pueblos hispanoamericanos era la ignorancia y la falta de educación, y se pensaba que con fundar escuelas y promover la instrucción pública desaparecerían casi todas nuestras trágicas circunstancias. Han pasado los años, y hemos visto con cuánta frecuencia la educación se emplea, no para ayudar al pueblo a resolver sus problemas, sino para explotar a los demás. Médicos, abogados, contadores, ingenieros, y hasta ministros, emplean lo que saben para enriquecerse, mientras el pueblo sigue sumido en la enfermedad, la injusticia, la miseria y el pecado. Con razón dijo un orador en el acto de graduación de una de nuestras universidades que los títulos que ese día se iban a otorgar eran otras tantas «patentes de corso». Ciertamente, la educación no es la panacea que antes se pensó. Otros dirían que lo que nos hace falta es mayor desarrollo económico. Repetidamente vemos cómo según se van construyendo puentes y caminos, y el interior de nuestros países se va abriendo a los mercados nacionales e incluso internacionales, son más los campesinos despojados de sus tierras, y más miserables se vuelven los arrabales en nuestras grandes ciudades. Luego, el desarrollo económico tampoco es la solución que antes pensamos. Y hasta lo mismo podría decirse de la predicación del evangelio. Con frecuencia oímos decir que, si todo el pueblo aceptara nuestra fe, nuestros problemas se resolverían. Pero las estadísticas muestran que la cosa no es tan sencilla, pues algunos de los países en los que los evangélicos somos más son también los países con mayores problemas de miseria económica, crisis agrícola y opresión política.

Lo que todo esto quiere decir es que los últimos años del siglo veinte nos han forzado a enfrentarnos al poder del mal, y a confesar que se trata de un poder misterioso, que no alcanzamos a comprender y que no sabemos cómo subyugar o destruir. O, dicho de otro modo, que los acontecimientos de nuestra América, así como los de todo el mundo contemporáneo, nos llevan de vuelta a lo que la Biblia llama «demonios». El poder del mal no es algo que podamos explicar, ni comprender, ni manejar, ni destruir por nosotros mismos. Es misterioso, sobrecogedor, inexplicable. Es precisamente en ello que radica su terrible perversidad. Si pudiéramos explicarlo, ya estaríamos camino a vencerlo. Pero, porque no podemos explicarlo ni entenderlo, su maldad es inmensamente mayor. Luego, en vista de los males que aquejan a nuestro pueblo —de los demonios que lo tienen subyugado— no podemos sino decir que tienen razón las Escrituras al hablar del mal en términos de demonios.

Esto no quiere decir que debamos dar un salto atrás de veinte siglos y olvidar todo lo que, con la ayuda de Dios, la humanidad ha aprendido sobre los virus, las sicosis y las hormonas. Sabiendo todo esto, y sabiendo también algo de los manejos económicos y políticos que se encuentran tras el sufrimiento de nuestros pueblos, no podemos pretender que la causa de todo ello sean unos diablitos volando por los aires con cuernos y tridentes.

Lo que sí quiere decir es que, si pensamos que la cosmovisión que explica todos los males con tales diablitos es ingenua, no lo es menos la otra cosmovisión, que a veces pasa por «moderna», según la cual nuestros males y problemas tienen solución fácil, con sólo que apliquemos lo mejor de los conocimientos modernos.

Cuando planteamos la cuestión de ese modo, vemos que el conflicto que el Nuevo Testamento describe en términos de demonios no es muy distinto del que hoy describimos cuando hablamos de «injusticia» y «opresión». De hecho, si bien se mira, el demonio de la opresión económica es mucho más temible, y mucho más demoníaco, que un diablito con un tridente susurrándonos al oído, como los pintan en las películas para niños. Y, si esto es así, se sigue que un estudio de lo que el Nuevo Testamento nos dice acerca de la victoria sobre tales poderes nos dirá también algo sobre el modo en que hemos de enfrentarnos hoy a esos demonios gemelos de la injusticia y la opresión; o a cualquiera otro de los muchos demonios que han tomado posesión de nuestro pueblo.

Cuando así lo miramos, vemos que el pasaje sobre el demonio sarcástico se relaciona con nuestra situación de varios modos. En primer lugar, el demonio dice que conoce a Jesús, y que sabe de Pablo: «A Jesús conozco, y sé quién es Pablo». Este conocimiento de Jesús es mucho más que haber tenido noticias de él. Es el conocimiento de quien se ha topado con Jesús, y conoce y reconoce su poder. Este es un tema que quizá se nos haga difícil de comprender, pero que es central en el mensaje del Nuevo Testamento. Lo que el Nuevo Testamento dice acerca de Jesús no es únicamente que fue un gran maestro, que hizo milagros, y que murió por nuestros pecados. El Nuevo Testamento dice eso, sí; pero dice mucho más. Dice también y sobre todo que a través de su vida y su muerte Jesús se enfrentó a las más poderosas y terribles fuerzas del mal, y resultó vencedor. Aunque el mal continúe manifestándose, su poder último ha sido destruido, pues hay Uno que venció sobre él, y en ese Uno todos somos vencedores. Luego, el centro del mensaje del Nuevo Testamento es que en Jesús un nuevo día ha comenzado, y que la culminación de ese día será la destrucción final de todos los poderes del mal.

Los poderes del mal conocen el poder de Jesús. Lo que esto quiere decir es que la palabra final no les pertenece a esos poderes; que el mal será (y en cierto sentido ya ha sido) conquistado; que de modos misteriosos que los ojos de la fe solamente pueden vislumbrar comenzamos ya a gozar de las primicias de la nueva creación. Como dice Pablo en otro lugar, «Si, pues, habéis resucitado con Cristo, buscad las cosas de arriba, ...porque habéis muerto, y vuestra vida está escondida con Cristo en Dios. Cuando Cristo, vuestra vida, se manifestare, entonces vosotros también seréis manifestados con él en gloria» (Col. 3.1, 3-4). Esta confianza en la victoria de Cristo, iniciada en su resurrección y que se ha de completar en el triunfo final, es parte esencial de la fe del Nuevo Testamento. Si no participamos de esa confianza, nuestra supuesta «fe» no es sino distante y de segunda mano, como la de aquellos exorcistas que conjuraban los demonios «por Jesús, el que predica Pablo».

Esto nos lleva al segundo punto importante de este texto: El demonio se hace el que no sabe quiénes son los exorcistas; pero ahí está la esencia de su sarcasmo, pues sí sabe sobre ellos todo lo que importa; es decir, que no tienen autoridad para invocar el poder de Jesús. La frase, «pero vosotros, ¿quiénes sois?», implica mucho más que una falta de conocimiento. De hecho, lo que implica es un conocimiento desconcertante. El demonio les está diciendo a los presuntos exorcistas que, si bien conoce el poder de Jesús, también sabe que hay una gran distancia entre ese poder y los que ahora pretenden invocarlo. Los poderes del mal no reconocen el poder de los exorcistas precisamente porque saben que su relación con el poder de Jesús es distante y de segunda mano.

Y esto lo vemos también en nuestras batallas de hoy contra los poderes del mal. La iglesia hace un pronunciamiento contra la injusticia social, y escucha la voz de los demonios sarcásticos de hoy: «¿Ustedes van a combatir la opresión, cuando sus iglesias están gobernadas por caciques que mandan como si fueran señores feudales? ¿Ustedes se quejan de la injusticia económica, cuando entre ustedes hay injusticias semejantes? ¿Ustedes predican el gozo de la salvación, cuando en sus iglesias hay que andar con caras largas, como si el mundo estuviese de luto?» Lo que tales voces nos están diciendo es muy semejante a lo que el demonio sarcástico les dijo a los exorcistas ambulantes: «A Jesús conozco, y sé quién es Pablo; pero vosotros, ¿quiénes sois?». Los que manejan el mundo de hoy saben, siquiera de un modo confuso, que las enseñanzas y la vida de Jesús tienen algo que ver con las injusticias entre los humanos. Quizá hasta sospechen que sus obras se oponen al poder de Jesús. Pero saben también lo fácil que es señalar la distancia que nos separa a nosotros de ese Jesús y su poder.

Esto nos lleva al tercer punto: Es mejor no convocar el poder de Jesús que convocarlo de segunda mano. El poder de Jesús, convocado desde una distancia prudente y desde una posición segura, no funciona. Los exorcistas no solamente fracasan, sino que reciben una paliza y tienen que huir desnudos. Cuando los cristianos nos metemos a atacar los males de hoy en nombre de Jesús, pero sin verdaderamente reclamar para nosotros el poder de Jesús, frecuentemente salimos mal parados. Los demonios tienen de nosotros el mismo conocimiento desconcertante que el demonio sarcástico tenía de los exorcistas ambulantes: por mucho que invocaran el poder de Jesús, lo invocaban desde lejos, sin comprometerse, y por tanto de nada les servía. Si hemos de echar fuera los demonios que hoy aquejan a nuestro pueblo, solamente podremos hacerlo si al invocar el nombre de Jesús lo hacemos dentro de un compromiso real con ese Jesús.

Aquí llegamos al punto difícil. Un compromiso real con Jesús implica mucho más que asistir a la iglesia, orar y leer la Biblia. El Jesús a quien seguimos fue a la cruz, y nos dice que para seguirle hay que tomar la cruz. El compromiso con Jesús no es solamente cuestión de confesión de fe; es también cuestión de enfrentarnos junto a él a los poderes del mal. El demonio dice que conoce a Jesús. ¿Por qué? Porque Jesús se le enfrentó, penetró sus moradas, anduvo con los enfermos, los desvalidos y los pecadores, fue criticado, insultado y muerto por los poderes del mal, y a través de todo ello salió vencedor. El demonio conoce a Jesús porque Jesús conoce al demonio. Y el demonio sabe de Pablo porque Pablo sigue a Jesús por el mismo camino. Antes, en el mismo libro de Hechos, Pablo les había dicho a los discípulos que «es necesario que a través de muchas tribulaciones entremos en el reino de Dios». Más adelante, en los capítulos que siguen, Pablo afirmará su rostro para ir a Jerusalén, aunque sabe que allí le esperan dificultades y sufrimientos. Es por eso que el demonio sabe quién es Pablo, y le respeta. Pablo anda por el mundo enfrentándose a los poderes del mal, y por tanto esos poderes saben que tiene verdadera autoridad para invocar el nombre de Jesús. Los poderes del mal solamente reconocerán nuestro poder cuando nosotros reconozcamos —en verdad reconozcamos— el poder de Jesús. Y, por extraño que parezca, para conocer el poder de Jesús hay que conocer también los poderes del mal; hay que seguir a Jesús en su enfrentamiento con esos poderes, recibir y hasta sufrir todo lo peor que esos poderes puedan echarnos encima, y salir «más que vencedores» en virtud del que ya venció.

El viejo himno lo dice muy bien: «Hay poder en Jesús». Pero como el himno también dice, ese poder está «en la cruz»; en la cruz de enfrentamiento al mal que él llevó, invitándonos a nosotros a llevarla también.

C. El alboroto en Efeso (19.23-41)

En estos versículos estalla el conflicto entre la predicación del evangelio (o, como diría Lucas, del «Camino») y los intereses religiosos y económicos de Efeso. Esos intereses giraban alrededor del gran templo de Artemisa. (RVR dice «Diana», porque desde tiempos antiguos se identificó a la diosa Artemisa de Efeso con la diosa Diana, de los romanos. El texto griego dice «Artemisa», y RVR lo ha traducido con el nombre más común de «Diana».) El primer templo a Artemisa que se había alzado allí fue destruido por un incendio, según una antigua tradición, precisamente el mismo día en que nació Alejandro el Grande, en el 356 a.C.[14] Casi inmediatamente, los efesios comenzaron a reconstruir su famoso templo, cuya planta tenía más de cien metros de largo y cincuenta de ancho, y fue tenido por una de las grandes maravillas del mundo antiguo hasta que los godos lo destruyeron en el 262 d.C. En él se adoraba a la diosa Artemisa, representada por una estatua de piedra con una almena en la cabeza y múltiples mamas en el pecho, por lo que se le llamaba *polymastos*. Esta no era en realidad la antigua diosa Artemisa de los griegos, sino que era una diosa de fertilidad conocida en otras regiones vecinas como la «Gran Madre». Su sacerdote supremo era siempre un eunuco que recibía el título de *megabyzos*. Bajo éste había un numeroso séquito de sacerdotes y sacerdotisas.

Este templo, además de ser el orgullo de la ciudad, era también fuente de ingresos, pues a él acudían peregrinos de todo el mundo mediterráneo. También, como era costumbre en los tiempos antiguos, servía de banco en el que se depositaban los tesoros, tanto de la ciudad como privados. Por último, hay indicios de que en la mente del pueblo el culto a Artemisa se confundía con el servicio al emperador, especialmente por cuanto la emperatriz Agripina se interesaba e identificaba de manera particular con ese culto.[15] La historia que Lucas narra es relativamente sencilla.[16] Todo comienza

---

14 Plutarco, *Alejandro*, 3.3.

15 L. J. Kretzer, «A Numismatic Clue to Acts 19.23-41. The Ephesian Cistophori of Claudius and Agrippina», *JTS*, 30, 1987, 59-70.

16 Como en tantos otros casos en el libro de Hechos, también aquí las variantes del texto occidental son notables. El texto occidental nos parece ser un intento de aclarar los puntos que al redactor le parecieron oscuros en la narración de Lucas. Véase E. Delebecque, «La révolte des orfèvres

con el negocio del platero Demetrio y los artífices que trabajaban junto a él. Su negocio[17] consistía en hacer templecitos de plata, réplicas del gran templo de Artemisa, para que los peregrinos los llevaran consigo al regresar a sus hogares.[18] Preocupado por la pérdida económica que la predicación de Pablo pudiera representar, Demetrio convoca a «los obreros del mismo oficio» y los arenga con motivaciones económicas disfrazadas de fervor religioso. Según Demetrio, la predicación de Pablo ha apartado a muchos del culto de los dioses, y por tanto «no solamente hay peligro de que nuestro negocio venga a desacreditarse, sino también de que el templo de la gran diosa Diana [Artemisa] sea estimado en nada, y comience a ser destruida la majestad de aquella a quien venera toda Asia, y el mundo entero». Los que le oyen se llenan de ira, gritando (en la versión de RVR): «¡Grande es Diana de los efesios!» Pronto la confusión es grande, y la turba marcha hacia el teatro, el lugar más apropiado en la ciudad para asambleas y manifestaciones populares. En el camino toman a dos compañeros de Pablo, Gayo y Aristarco, y los llevan consigo.

Esta es la primera vez que Aristarco aparece en Hechos. Se le volverá a mencionar en 20.4, 27.4, y en Colosenses 4.10 y Filemón 24. El caso de Gayo es más complicado. En 20.4, junto a Aristarco, se le menciona de nuevo, pero ahora se nos dice que era de Derbe. ¿Sería otra persona del mismo nombre, o será por otra razón que primero se nos dice que era de Macedonia y luego de Derbe? Además, Pablo menciona a un «Gayo» en Corinto (Ro. 16.23 y 1 Co. 1.14), y la tercera epístola de Juan también va dirigida a «Gayo». Es imposible saber la relación entre todos estos personajes, sobre todo por cuanto el nombre Gayo era muy común.

El teatro de Efeso era imponente. Era un amplio semicírculo en una concavidad que miraba hacia el puerto, con asientos de mármol para 24.000 espectadores. En esa época estaba siendo reconstruido, en una serie de obras que comenzaron en tiempos del emperador Claudio (41-54 d.C.) y no terminaron sino a principios del siglo segundo.

Cuando Pablo se enteró de lo que estaba teniendo lugar, quiso acudir al teatro, pero «los discípulos no le dejaron». En Romanos 16.3-4, Pablo dice que Priscila y Aquila expusieron su vida por él. ¿Se referiría quizá a algo que sucedió durante el motín de Efeso, y estaría esta pareja entre los que le impidieron a Pablo ir al teatro? Además, «algunas de las autoridades de Asia» le enviaron recado a Pablo, que no fuera al teatro. La palabra que Lucas emplea

à Éphèse et ses deux versions», *RevThom*, 83, 1983, 419-29.

17 La palabra que RVR traduce como «ganancia», *ergasía*, también quiere decir un negocio, y es la misma palabra que se les aplica en 16.16 al negocio de los amos de la muchacha con espíritu pitónico.

18 Los arqueólogos no han encontrado ejemplar alguno de tales templecitos de plata, aunque sí los han encontrado de arcilla. Es de suponerse que, cuando el sentido religioso de tales templecitos se fue perdiendo, quienes los tenían los fueron derritiendo para obtener la plata de que estaban hechos.

aquí es «asiarcas». Los asiarcas eran jefes religiosos de la provincia de Asia. Había allí una especie de liga de ciudades, en la que cada cual estaba representada por su asiarca. Luego, estas autoridades eran religiosas más bien que políticas, aunque sí tenían cierto peso político.

Mientras tanto, en el teatro, el motín continuaba. En el v. 32, Lucas pinta esa confusión magistralmente: «Unos, pues, gritaban una cosa, y otros otra; porque la concurrencia estaba confusa, y los más no sabían por qué se habían reunido».

Los vv. 33 y 34 son parte de esa misma confusión, hasta tal punto que se le hace difícil al lector moderno entender qué sentido tienen en medio de la escena que se está describiendo. ¿Quién es este Alejandro, que aparece en escena sin otra explicación? Lucas dice que los judíos le empujaron para que hablara. Quizá los judíos temían que la reacción contra Pablo se desbordara en una reacción contra ellos, quienes tampoco adoraban a Artemisa. O quizá querían aprovechar la ocasión para soliviantar más aún al pueblo contra Pablo y los cristianos. En todo caso, cuando los efesios vieron que era judío no le permitieron hablar, probablemente porque sabían que los judíos no creían en su diosa, y el pandemonio fue tal que por casi dos horas estuvieron gritando, «¡Grande es Diana de los efesios!»

Por fin interviene el «escribano». Tal título no refleja toda la autoridad de este personaje, quien era responsable de ejecutar las decisiones de la asamblea, y era por tanto uno de los principales administradores de la ciudad. En cierto modo, servía de intermediario entre el gobierno romano y la asamblea popular (el *dêmos*) de la ciudad. Es con esa autoridad que ahora logra calmar a la multitud. Empieza haciéndoles ver que no es necesario que anden aclamando la grandeza de su diosa con esos gritos desordenados, pues «¿quién es el hombre que no sabe que la ciudad de los efesios es guardiana del templo de la gran diosa Diana, y de la imagen venida de Júpiter?» Esta última palabra (en griego, *diopetês*) es la respuesta del escribano a lo que Demetrio ha dicho en el v. 26, sobre la predicación de Pablo contra los «dioses que se hacen con las manos». Artemisa, puesto que ha caído del cielo, no resulta vulnerable a tales críticas. En consecuencia, dice el escribano, «puesto que esto no puede contradecirse, es necesario que os apacigüéis». Hasta este punto, el escribano está diciendo muy hábilmente que el pueblo tiene razón. Pero ahora cambia el tono de su discurso. Precisamente porque el pueblo tiene razón, y su diosa es todo lo grande que dicen, no hace falta defenderla con tumultos y motines. Y viene entonces la palabra final: el haber arrebatado a Gayo y Aristarco, que no han cometido crimen contra la diosa, no es conforme a la ley. Hay procedimientos legales y procónsules, y si Demetrio y sus compañeros lo desean, pueden presentar acusación siguiendo los procedimientos legales. Con estas palabras se descubre la causa del motín, y se nos recuerda que Demetrio, después que provocó el alboroto, no parece haber dado la cara. Por último, el escribano le recuerda al pueblo que por encima de ellos está el poder del

Imperio, y que «peligro hay de que seamos acusados de sedición por esto de hoy, no habiendo ninguna causa por la cual podamos dar razón de este concurso». Con esas palabras de advertencia, que pueden haberles causado escalofríos a los más revoltosos, el escribano despide la asamblea.

Los que sirven al bolsillo

El episodio del motín en Efeso tiene tantos matices al parecer modernos, que buena parte de este texto bien pudiera haberse escrito hoy, aunque ya no se adore a Artemisa, y de su famoso templo no queden sino ruinas. Quizá lo más notable sea el modo en que Lucas entrelaza los motivos económicos con los religiosos. Demetrio empieza hablándoles a sus colegas del modo en que la predicación de Pablo puede afectarles el bolsillo, y luego lo envuelve todo bajo un manto de devoción a Diana-Artemisa. Los plateros, movidos primero por su posible pérdida económica, acaban gritando, «¡Grande es Diana de los efesios!». Y aquí se ven dos hechos notables, que continúan sucediendo hasta el día de hoy. El primero es que los plateros parecen estar convencidos de que sus gritos se deben únicamente a su fervor religioso. El segundo es que pronto hay toda una multitud que grita lo mismo, y que no tiene la más mínima idea de lo que ha causado el motín, ni del modo en que sus gritos sirven a los intereses de Demetrio y sus colegas.

Los intereses económicos y políticos se revisten de religión, y con ello se justifican tanto ante sí mismos como ante los ojos del mundo. Y esto, que sucedió con Artemisa en tiempos de Pablo, ha sucedido más recientemente y continúa sucediendo con el cristianismo en nuestra América. En efecto, cuando Colón vino acá, los Reyes Católicos le instaron: «... procuréis con toda diligencia de animar y atraer a los naturales de dichas Indias a toda paz y quietud, e que nos hayan de servir e estar so nuestro señorío e sujeción». El resultado fue, como más tarde dijera Gonzalo Fernández de Oviedo, que «nuestros convertidores tomábanles el oro é aun las mujeres é hijos é los otros bienes, é dejábanlos con nombre de bautizados». Y lo mismo sucedió en el Brasil, desde donde Manoel da Nóbrega le escribió al rey de Portugal: «Si los indios tuviesen una vida espiritual, reconocieran a su Creador y su vasallaje a Su Majestad y obligación de obedecer a los cristianos ... los hombres [es decir, los portugueses] tendrían esclavos legítimos capturados en guerras justas, y también tendrían el servicio y vasallaje de los indios de las misiones. La tierra estaría poblada de colonizadores.

Nuestro Señor ganaría muchas almas, y Su Majestad recibiría grandes ingresos de esta tierra».[19]

Y lo peor de todo es que los Reyes Católicos, los «convertidores» a que se refieren Fernández de Oviedo y Manoel da Nóbrega, eran todos cristianos sinceros. No eran sencillamente gentes que se sentaran a sacar cuentas y llegaran a la conclusión de que les convenía convertir a los indios. Para ellos, el servicio a Dios y el servicio a sus propios intereses eran una y la misma cosa. Es precisamente por esto que el episodio sobre Demetrio resulta tan pertinente: el texto no da la menor indicación de que Demetrio y sus colegas fuesen hipócritas que conscientemente utilizaran la devoción a la diosa para proteger sus intereses. Al contrario, en la narración las dos cosas se confunden, y lo que comienza como una discusión de negocios termina en motín religioso.

Lo que sucedió en tiempos de Pablo y en tiempos de la Conquista sigue sucediendo hoy en nuestra América, donde toda clase de intereses económicos y políticos se disfrazan de religión. Hace unos años, en Puerto Rico, al parecer sin motivo alguno, recibí una larga y extraña carta en la que se esgrimía toda clase de argumento supuestamente teológico contra la incineración de cadáveres. El autor estaba convencido de que un buen cristiano enterraría a sus seres queridos en los más lujosos ataúdes, «en espera de la resurrección final». La carta me intrigó, y no alcancé a comprender todo su significado hasta que llegué al último párrafo, donde el autor afirmaba que él mejor que nadie debía saber sobre estas cuestiones, pues... ¡era gerente de una empresa funeraria! De haber sido platero en Efeso en el siglo primero, este buen señor, con igual sinceridad y fervor, probablemente hubiera estado gritando, «¡Grande es Diana de los efesios!»

Ese caso se acercaba a lo ridículo; pero otros llegan a lo trágico. Si entre nosotros un cristiano se atreve a insistir en que se haga justicia con los desposeídos, afirmando que eso es lo que la Biblia requiere, hay quienes ni se ocupan de ver si tiene razón o no. Sencillamente le acusan de comunista o hereje, insisten en que lo que la Biblia requiere es únicamente que se predique el «evangelio» (como ellos lo entienden) y excomulgan al hermano en cuestión. Peor aun, ha habido casos en que, además de excomulgarle, lo han denunciado ante las autoridades. ¡Y lo peor del caso es que quienes actúan de tal modo pareciera que lo hacen con completa sinceridad! Lo que frecuentemente sucede en tales casos, como en el de Demetrio, es que alguien cuyos intereses se ven amenazados, crea

---

19 Citas tomadas de González, *Historia ilustrada*, 7:69, 105, 201.

el ambiente necesario, despertando el fervor religioso contra quien parece amenazarle, y a partir de ese punto la ciega sinceridad de muchos hermanos se ocupa del resto. «¡Grande es Diana de los efesios!»

Pero hay más. La intervención del escribano en Efeso nos recuerda que los efesios no están solos en el mundo, ni son dueños de su propio destino. Por encima de ellos está el Imperio Romano. Entre nosotros, los que actúan como acabamos de describir tampoco son sus propios señores. Por encima de ellos hay otros intereses y poderes. Hay juntas de misiones. Hay personajes, sociedades y empresas que costean parte de la obra. Hay relaciones políticas que es necesario respetar. Para comprender lo que sucede en casos como los que acabamos de describir, hay que comprender esa madeja de relaciones, de igual modo que para comprender la intervención del escribano hay que tener en cuenta la relación de los efesios con el Imperio.

En el caso del alboroto en Efeso, la intervención del escribano redunda en beneficio de los cristianos, pues el motín se disuelve. Pero no siempre es así. En Juan 11.48 tenemos un caso en el que sucede lo contrario. Jesús acaba de resucitar a Lázaro. Era de esperarse que los jefes del pueblo aclamaran y reconocieran su poder. Pero lo que hacen es reunirse en concilio y llegar a la conclusión de que han de procurar matar a Jesús, porque «si le dejamos así, todos creerán en él; y vendrán los romanos, y destruirán nuestro lugar santo y nuestra nación». Los jefes de Israel, al igual que el escribano de Efeso, y al igual que muchos supuestos «señores» de nuestra América y nuestras iglesias, no son sus propios señores, y por tanto unas veces actúan de una manera, y otras de otra, no según la verdad, sino según les parece que mejor sirven a los que están por encima de ellos.

¿Qué hemos de hacer ante tal situación? Lo primero que hemos de hacer es examinarnos a nosotros mismos. ¿No será que, en algo en lo que estoy convencido que mi actitud no se debe sino a mi fe sincera, en realidad estoy sirviendo a mis propios intereses o a los de otros a quienes deseo agradar? Lo segundo que debemos hacer es ser «astutos como serpientes». Si algo nos muestra este pasaje, es que Lucas era astuto. Aquí, como en los capítulos iniciales de Hechos, da pruebas de comprender la compleja situación política en que el evangelio se desenvolvía. Al igual que Lucas, tenemos la obligación de tratar de comprender lo que está sucediendo a nuestro alrededor, y de comprenderlo en el sentido profundo de hacer un análisis de los poderes e intereses que están en juego. Lo tercero, y lo más importante, es ser fieles en medio de todos esos intereses. Pablo era ciudadano romano. Ya le hemos visto apelar a esa ciudadanía. Pero no por eso se dedica a defender el Imperio. Por mucho que el César le sirva de protección (y a la postre será el César quien lo mandará matar) la tarea de Pablo no está en defender al César, sino en anunciar a Jesús. En anunciarle como Rey, frente al cual todo otro señorío ha de ceder. Si por eso le acusan de subversivo —como de hecho lo acusan— tal es el precio de la obediencia.

Ch. Viaje a Macedonia, Grecia y Troas (20.1-12)

1. El viaje (20.1-6)

Estos seis versículos resumen un largo viaje. Aunque Pablo ha resuelto ir a Jerusalén, no va directamente hacia esa ciudad, que se encuentra hacia el este, sino que parte en dirección contraria, hacia Macedonia y Grecia. Lucas no nos explica el por qué de este viaje. Por las epístolas del propio Pablo sabemos que una parte importante de su misión era la ofrenda para la iglesia en Jerusalén, y que una de las razones para hacer esa larga gira por Macedonia y Grecia era precisamente recoger esa ofrenda. Parece además que varios de los acompañantes que Lucas menciona aquí eran los representantes de esas iglesias, que debían acompañar a Pablo y a la ofrenda hasta Jerusalén.

Sobre estos acompañantes hay poco que decir. Sópater y Segundo no aparecen más que en este versículo. Trófimo aparece más adelante, en 21.29, y luego en 2 Timoteo 4.20. Tíquico no se menciona en Hechos sino en este versículo; pero aparece repetidamente en las epístolas (Ef. 6.21; Col. 4.7; 2 Ti. 4.12; Tit. 3.12). A Aristarco le encontramos antes en 19.29, y volveremos a verle en 27.2. También Pablo lo menciona en Colosenses 4.10 y Filemón 24. Timoteo es uno de los personajes más conocidos del Nuevo Testamento. Quien presenta un ligero problema es Gayo. Al comentar sobre 19.29 vimos que se menciona, junto a Aristarco, a un Gayo, y se nos dice que ambos eran de Macedonia. Aquí se afirma que Gayo era de Derbe. Puesto que Derbe no está en Macedonia, sino en Asia Menor, parece tratarse de dos personajes distintos con el mismo nombre (véase también Ro. 16.23 y 1 Co. 1.14). Empero el texto occidental de este versículo no dice «Gayo de Derbe», sino «Gayo de Doberes». Doberes era una pequeña población de Macedonia, y en ese caso este Gayo y el de 19.29 serían el mismo. Lo que no está claro es si el dato del texto occidental es original, o si un copista, viendo la dificultad presentada por la referencia a «Derbe», creyó que se trataba de Doberes, y trató de corregir el texto.

En el v. 5, no está claro quiénes son los «éstos» que se adelantaron a los demás. Podrían ser solamente Tíquico y Trófimo, o también todos los siete que se mencionan en el v. 4.

La ruta de Pablo (véase el mapa al final del libro) le lleva de Efeso, cruzando el Mar Egeo, hasta Macedonia, luego por tierra hasta Grecia. Lo normal sería entonces regresar por barco hasta Asia, y de allí a Jerusalén. Empero Pablo decide regresar por tierra hasta Filipos, donde él y sus compañeros (no está claro cuántos de ellos) pasan la fiesta de la pascua, para luego cruzar el mar. El viaje de cinco días hasta Troas es el mismo, en dirección contraria, que antes había tomado dos días (16.11-12).

2. El episodio de Eutico (20.7-12)

Es en Troas, hacia el final de los siete días que Pablo pasó allí, que tiene lugar el episodio de Eutico. «El primer día de la semana» a que se refiere el texto puede haber sido bien el domingo por la noche, o bien el sábado a la misma hora, pues según el modo judío de contar los días, éstos comienzan al anochecer. Hacia el siglo segundo hay amplias evidencias de que los cristianos celebraban la resurrección del Señor reuniéndose en una larga vigilia que comenzaba el sábado por la noche y terminaba con el bautismo de los neófitos y la fracción del pan al amanecer del domingo.[20] Paralelamente al gran Domingo de Resurrección, todo otro domingo era una pequeña fiesta de resurrección, de igual modo que todo viernes era un pequeño Viernes Santo. En todo caso, los discípulos de Troas están reunidos «para partir el pan», pero Pablo les habla largamente. Esto también era costumbre en el culto antiguo, en el que se tenía primero una exposición de las Escrituras y luego la comunión misma: el «servicio de la palabra» y el «servicio de la mesa».

En medio de ese servicio, debido a lo largo de la predicación de Pablo y al ambiente sofocante producido por las «muchas lámparas», el joven Eutico se queda dormido, sentado en la ventana. Puesto que en nuestros países hay modos diversos de contar los pisos de un edificio, hay que aclarar que el «tercer piso» en este caso se refiere al que se encuentra dos pisos por encima de la planta baja (planta baja, segundo piso, tercer piso).[21]

La narración resulta clara. Vencido del sueño, Eutico cae de la ventana a la calle y muere. Pablo baja a la calle, abraza al joven, anuncia que vive, y vuelve al tercer piso, donde parten el pan y Pablo sigue hablando «largamente». Es sólo después de todo esto, y de la partida de Pablo, que Lucas nos dice que en efecto «llevaron al joven vivo, y fueron grandemente consolados».

El más grande milagro

Este pasaje resulta más sorprendente cuanto más lo estudiamos. Lo primero que nos sorprende es la libertad con que Lucas

20 Véase González, *Historia ilustrada*, 1:162-67.
21 D. F. Deer, «Getting the 'Story' Straight in Acts 20.9», *BibTrans*, 39, 1988, pp. 246-47.

afirma que su héroe, Pablo, predicó tan largamente que hubo quien se durmió. Lucas no tiene la intención de enaltecer a Pablo, alabándole como el más grande predicador de todos los tiempos. En este caso, casi se lee entre líneas un tono de crítica por lo extenso de la enseñanza de Pablo. Y ya con eso debe bastarnos para ver la importancia de esta actitud en nuestro propio contexto, donde se da con tanta frecuencia la tendencia a enaltecer a nuestros líderes —inclusive a nuestros líderes religiosos— hasta tal punto que nos imaginamos que no hay en ellos defecto alguno. Hay también predicadores que gustan de presentarse como seres casi sobrehumanos, como los más elocuentes de todos los tiempos, los más santos, los que tienen más fe, los que hacen más milagros, etc. Pero aquí Lucas nos presenta a un Pablo humano, capaz de dormir a su audiencia, como nos puede pasar a cualquiera de nosotros en un mal día.

Pero hay más. Lo que más sorprende del texto mismo es el curso de la narración. Cuando primero leemos este texto, lo que sobresale es la resurrección de Eutico, cuyo nombre quiere decir «afortunado». Como antes lo hiciera Jesús con Lázaro, y Pedro con Tabita, ahora Pablo rescata a Eutico de la muerte. Empero cuando estudiamos el texto con detenimiento, no es eso lo que más llama la atención. Lo que sorprende es el modo en que Lucas trata la resurrección del joven, y el modo en que nos describe a la iglesia en torno a ese acontecimiento. Otras veces, al tener lugar un milagro, Lucas nos dice cómo los que lo vieron «tuvieron gran temor», o se regocijaron, o de algún otro modo expresaron su sorpresa ante lo acaecido. Pero aquí las cosas siguen como si la resurrección de Eutico no fuera sino un paréntesis en medio de algo más importante.

Veamos por orden dos momentos de la historia, y el modo en que los cristianos responden. En primer lugar, está la caída del joven. Cuando el joven cae y muere, Pablo interrumpe su predicación, va a donde el joven, y anuncia que ha de vivir. Pablo no dice sencillamente que hay que esperar a terminar el culto, o que la solemnidad de la ocasión demanda que él siga predicando, sino que interrumpe lo que está haciendo, va donde el joven, y responde a su necesidad. La iglesia interrumpe su vida interna en pro del necesitado. Desafortunadamente, ésta es una lección que no siempre hemos aprendido en nuestras iglesias hispanas. A veces damos la impresión de que la vida interna de la iglesia es lo más importante que hay, y que todas las necesidades con que el mundo nos presenta no son sino interrupciones, o, en el mejor de los casos, oportunidades para presentar el mensaje de la iglesia e invitar a las gentes a que se nos unan. En el caso de Eutico, vemos claramente que el Dios de Pablo no es solamente Dios de la iglesia, sino que es Dios de vida, que responde a los poderes de la muerte. Vivimos en un continente donde los poderes de la muerte parecen haber acampado. El hambre, el analfabetismo, la desnutrición, la falta de tierras, la explotación de los obreros, y mil situaciones parecidas, dan la impresión de que la muerte tiene la última palabra. En tales circunstancias, es urgente e imprescindible que la iglesia esté dispuesta a interrumpir sus propias agendas para dar testimonio del Dios de vida.

Pero lo que es más sorprendente es el segundo momento de la narración: Pablo y los creyentes regresan y continúan su adoración. El milagro de la resurrección de Eutico les causa, sí, gran consuelo (v. 12); pero no es motivo para hacer grandes alardes, ni abandonar el culto y salir corriendo por las calles gritando y anunciando el gran milagro que Dios ha hecho. ¿Por qué? Ciertamente, no porque el milagro no sea grande, sino porque hay otro milagro aún más grande: la vida misma de la iglesia, y la presencia de Dios en su vida en común y en el partimiento del pan. No es que no perciban el milagro de Eutico; es que están escuchando la Palabra de Dios, y la actividad de esa Palabra es más milagrosa, y poderosa, y sorprendente, y sobrecogedora, que la resurrección de un muerto.

El libro de Hechos nos presenta a un Dios que hace milagros. De ello hay abundantes pruebas en el libro mismo. Pero lo que no hemos de olvidar es que el milagro más grande de Dios es la redención en Jesucristo, y el haber creado su iglesia a base de gentes como nosotros (o como aquellos primeros discípulos, o como los cristianos de Troas). El poder milagroso de Dios se manifiesta, sí, en la resurrección de Eutico. Pero se manifiesta mucho más en la resurrección de cada uno de nosotros, nacidos de nuevo, arrancados de una vida entregada a los poderes de la muerte y nacidos a una vida de servicio al Dios vivo. Y nacidos también a una nueva comunidad de amor y de compartimiento, como la que se reunía en aquella ocasión en Troas para partir el pan. Ese es el más grande milagro de todo el libro de Hechos. Sin él, los demás no tienen sentido. Y junto a él, los demás palidecen.

La iglesia es un milagro. Ese es el tema central del libro de Hechos. Es un milagro de Jesús por el Espíritu. Si la iglesia misma no es un milagro, si la vida y acción de la iglesia son tan rutinarias que nos hacen falta otros milagros para confirmar nuestra fe, quizá nos sea necesario redescubrir el mensaje de Hechos sobre la actividad del Espíritu en la iglesia.

D. La despedida en Mileto (20.13-38)

1. Viaje de Troas a Mileto (20.13-16)

En unas pocas líneas, Lucas recuenta el viaje hasta Mileto, a unos 50 kilómetros de Efeso. Los diversos lugares mencionados aquí pueden verse en el mapa. La frase «y habiendo hecho escala en Trogilio» aparece solamente en el texto occidental, de donde RVR la ha tomado. Además, según Lucas nos informa, la razón por la que Pablo no regresó a la provincia de Asia y a su querida iglesia de Efeso era que tenía prisa por llegar a Jerusalén antes del día de Pentecostés. No se nos informa, sin embargo, si lo que esto quiere decir es que Pablo temía que, si visitaba Efeso, sus amigos allí le obligarían a permanecer por más tiempo, o si se trata sencillamente de que tomaron la primera nave disponible que iba en dirección a Palestina, y la que consiguieron no hacía escala en Efeso.

2. Despedida de los ancianos de Efeso (20.17-38)

Pablo envía un mensaje a Efeso, para que los ancianos de la iglesia vinieran a verlo en Mileto. Puesto que entre Mileto y Efeso hay 50 kilómetros, la ida del mensaje y la venida de los ancianos debió tomar por lo menos tres días, y posiblemente más. Por ello es de suponerse que la nave hacía escala en Mileto, y que Pablo aprovechó la oportunidad, mientras se descargaba y volvía a cargar el navío, para hacer venir a los ancianos.

Puesto que este discurso se encuentra entre dos secciones en «nosotros», es de suponerse que quien lo narra, posiblemente el propio Lucas, estuvo presente. Sin lugar a dudas, hay aquí varias frases y principios teológicos con claro sabor paulino, y por tanto parece que, aunque Lucas ha resumido una conversación que tomaría horas y quizá hasta días, el meollo de lo que nos cuenta procede del mismo Pablo.[22] El discurso se divide en cuatro partes:[23]

a. La obra pasada de Pablo (20.18-21)

Es con base en esa obra que se resume aquí en cuatro versículos, que Pablo les habla. Lo que le da autoridad ante los ancianos de Efeso es su obra pasada.

b. La situación presente de Pablo (20.22-24)

«Ahora», dice Pablo, y con ello trae a sus oyentes al presente. Va camino a Jerusalén «ligado en espíritu». Esto puede traducirse de varios modos. En

---

22 Neil, *Acts*, pp. 213-15, señala una serie de paralelismos con las epístolas de Pablo. Esto es tanto más notable, por cuanto Lucas no parece haber conocido esas epístolas, o al menos no las utilizó al escribir su obra.

23 Un bosquejo algo distinto aparece en F. Zeilinger, «Lukas, Anwalt des Paulus: Überlegungen zur Abschiedsrede von Milet. Apg. 20,18-35», *BibLitur*, 54, 1981, pp. 167-72.

primer lugar, puede querer decir que Pablo siente un impulso interno por ir a Jerusalén. En ese caso, el «espíritu» es su espíritu humano. En segundo lugar, puede querer decir que ya Pablo se ve encadenado en Jerusalén. En ese caso, la frase es un anuncio de lo que ha de sucederle en Jerusalén: ya él vive «en espíritu» lo que ha de suceder. Por último, y con mayor probabilidad, el «espíritu» aquí puede ser el Espíritu Santo (en los antiguos manuscritos griegos no se hace distinción entre unas palabras escritas con mayúscula inicial y otras con minúscula, como en castellano). En ese caso, lo que Pablo dice es que es el Espíritu quien le compele a ir a Jerusalén. Ciertamente, en el próximo versículo, Pablo afirma que el Espíritu Santo le ha advertido de lo que le espera, y que lo ha hecho «por todas las ciudades». Puesto que en los capítulos anteriores no hemos visto tales advertencias repetidas, esto nos recuerda una vez más que Lucas no pretende contarnos todos los detalles de lo sucedido en cada lugar.

En todo caso, a pesar de tales advertencias, Pablo ha resuelto continuar su camino a Jerusalén, lo cual nos recuerda lo que señalamos anteriormente, sobre el paralelismo entre esta resolución de Pablo, y lo que nos dice Lucas, que Jesús «afirmó su rostro» para ir a Jerusalén (véase el comentario a 19.21). Nótese además que, si todo esto se cumple, Pablo dice que terminará su carrera «con gozo».

c. El futuro (20.25-31)

Esta sección del discurso comienza igual que la anterior: «y ahora» (en griego, *kaì nûn*, la misma frase que en el v. 22). Pablo comienza dándoles la triste nueva de que no volverá a verles.[24] En consecuencia, no será ya más responsable de su bienestar espiritual: «estoy limpio de la sangre de todos». Esa tarea les corresponderá ahora a estos ancianos a quienes Pablo ha convocado: «mirad por vosotros, y por todo el rebaño».

Es aquí que aparece la palabra «obispos» aplicada a estos «ancianos». Más adelante, según se desarrolle la jerarquía de la iglesia, se establecerá una distinción entre un «obispo» (*episkopos*) y un «anciano» o «presbítero» (*presbyteros*). Tal distinción, sin embargo, todavía no aparece aquí. En este caso, parece que el término «anciano» indica el oficio, mientras que el «episcopado» o la supervisión es la función de los ancianos.

La razón por la que estos ancianos han de estar particularmente atentos es que vendrán «lobos rapaces». Continuando con la imagen del rebaño, Pablo se refiere así a los que lo destruyen, o roban sus ovejas. Los que se mencionan en el v. 29 parecen ser algunos que vendrán de fuera, mientras que los falsos

---

24 Esto crea dificultades con las epístolas pastorales, que parecen indicar que Pablo sí volvió a Éfeso tras su encarcelamiento en Roma. Esta es una de las razones por las que algunos niegan que las pastorales hayan sido escritas por Pablo. Sobre toda esta cuestión, véase M. A. Ramos, *1 y 2 Timoteo y Tito*, en este *Comentario Bíblico Hispanoamericano*.

maestros del v. 30 se levantarán «de vosotros mismos». Posiblemente se trate, tanto en un caso como en el otro, de los dos movimientos heréticos que más frecuentemente afligieron al cristianismo en sus primeras décadas: las tendencias judaizantes contra las que el propio Pablo escribió frecuentemente en sus cartas, y los albores del gnosticismo, a que también se refiere en algunas de ellas.

ch. Conclusión (20.32-35)

Por último, Pablo se despide de ellos, encomendándoles a Dios y a su palabra de gracia, «la cual es poderosa para sobreedificaros». Lo que esto quiere decir es que, aunque Pablo no esté ya con ellos, sí tendrán el poder necesario para continuar siendo edificados sobre el fundamento que el apóstol ha colocado, y para resistir a los falsos maestros que han de venir.

Los vv. 33-35, que a primera vista parecen no venir al caso, señalan un aspecto fundamental de la preocupación de Pablo. La vida económica de la iglesia no es cuestión periférica o secundaria. Al contrario, es parte esencial de la vida de la iglesia. Por ello Pablo les recuerda a estos ancianos que pronto han de quedar sin su dirección, que él mismo no ha codiciado «ni oro ni plata ni vestido». La referencia al vestido se debe a que en esa época, antes que se inventaran las máquinas de hilar ni los productos sintéticos, el vestido era caro, y tener varios vestidos era señal de riqueza. El propio Pablo, en lugar de pedir dinero, ha trabajado con «estas manos», y con ellas ha ganado el sustento, no solamente para sí mismo, sino también para sus acompañantes. La consecuencia de todo esto es que «trabajando así, se debe ayudar a los necesitados». Y todo termina con unas palabras que Pablo le atribuye a Jesús, aunque no aparecen en los Evangelios: «Más bienaventurado es dar que recibir».

Finalmente, una vez terminado el discurso, Pablo ora «de rodillas». En la iglesia antigua, la oración se hacía normalmente de pie, con las manos extendidas. El ponerse de rodillas era señal de una petición solemne y profundamente sentida.

La despedida que sigue es altamente emotiva. Todos lloran, abrazan a Pablo y le besan, hasta que por fin le acompañan al barco.

El ministerio de hoy

El discurso de Pablo en Mileto ha sido frecuentemente usado como modelo para las sucesivas generaciones de ministros. Hay amplia razón para ello, pues en él se nos presenta tanto el ministerio del propio Pablo, resumido en unas pocas líneas, como lo que ha de ser el ministerio de sus sucesores.

Si seguimos esa misma línea de interpretación, pero aplicán-

dola más directamente a la situación de nuestra iglesia hispanoamericana, hay dos elementos que resaltan:

El primero de ellos es la función de estos ancianos, presbíteros
u obispos de velar por la enseñanza correcta dentro de la iglesia.
De igual modo que en las generaciones inmediatamente posteriores a Pablo la iglesia tuvo que enfrentarse a doctrinas que
tergiversaban el evangelio, así también hoy en nuestras iglesias
tenemos que enfrentarnos a doctrinas semejantes. En la iglesia
antigua, esas doctrinas eran esencialmente dos: el cristianismo
judaizante y el gnosticismo. En nuestra iglesia, las doctrinas que
nos amenazan son también parecidas a esas dos.

El cristianismo judaizante insistía en que, aunque Jesús había
venido para salvar al mundo, la salvación en verdad dependía de
que los cristianos guardaran la Ley. Esto parecería no ser más que
una añadidura al mensaje del evangelio, y por tanto cuestión
relativamente inocua. Según Pablo veía las cosas, se trataba en
realidad de una amenaza al corazón mismo del evangelio. En
efecto, si para ser salvo lo que hay que hacer es cumplir la Ley,
entonces por demás murió Cristo, y de nada vale la gracia de Dios.

No hay que ser muy perspicaz para ver que en el día de hoy hay
doctrinas semejantes que amenazan a nuestras iglesias. Por todas
partes oímos decir que «sí, es verdad que basta con la gracia de
Cristo, pero hay que...» Y entonces cada cual añade lo que hay que
hacer para ser verdaderamente de Cristo. Unos insisten en las
regulaciones dietéticas del Antiguo Testamento. Otros dicen algo
sobre el vestido, o sobre el adorno en las mujeres, o sobre las
bebidas alcohólicas, o sobre la acción social. Lo cierto es que todas
estas doctrinas, no importa cuál nombre se les dé —«conservadoras» o «liberales», «reaccionarias» o «radicales»— si de algún
modo añaden requisitos a la gracia de Dios, son semejantes a los
judaizantes contra quienes Pablo escribió. La gracia, sí, nos impele
a comportarnos de cierto modo; empero ese comportamiento no es
requisito previo a la gracia. No recibimos gracia porque nos comportamos bien, sino que nos comportamos bien porque hemos
recibido gracia.

El gnosticismo, la otra doctrina que amenazaba y tergiversaba
el evangelio en tiempos antiguos, se hacía pasar por más «espiritual» que los cristianos comunes. Para los gnósticos, todo lo que
fuera material era malo, o al menos despreciable. Lo importante era
lo «espiritual». Los cristianos verdaderamente espirituales no debían preocuparse por el cuerpo —ni el suyo, ni los de los demás—
sino que debían solamente cuidar de sus vidas espirituales. Al fin
de cuentas, este mundo no es importante, sino que lo importante

es el venidero, que es únicamente espiritual. Los cristianos antiguos lucharon firmemente contra tales doctrinas, que ponían en entredicho no solamente aspectos fundamentales de la vida cristiana, sino también doctrinas tales como la creación, la encarnación de Dios en Jesucristo, y la resurrección del cuerpo.[25]

Estas doctrinas, que han aparecido una y otra vez en la historia de la iglesia, han ganado especial vigencia en nuestra América en los últimos años. Según las circunstancias sociales, económicas y políticas se han ido haciendo más difíciles y violentas, más y más cristianos han encontrado refugio en doctrinas y actitudes de este tipo. Si lo importante es la salvación del alma, y Dios no se ocupa del cuerpo, no tengo por qué preocuparme mucho si en mi país se torturan los cuerpos de los «subversivos», o si se les quitan las tierras a los campesinos, o si no se les ofrece educación a las minorías étnicas. En medio de países convulsionados por crecientes tensiones sociales y económicas, o por guerras civiles, la iglesia se vuelve entonces un refugio espiritual, donde no tenemos por qué ocuparnos ni preocuparnos por esas convulsiones. Es más, tales tendencias a veces reciben recursos económicos y de personal por parte de elementos interesados en mantener la calma a toda costa, y así se promueve un cristianismo desencarnado que no merece el nombre del Señor Jesucristo.

Decíamos al principio de esta sección que en el discurso de Pablo resaltan dos elementos de especial vigencia para nuestras iglesias. El primero es el que acabamos de discutir; es decir, las falsas doctrinas. Veamos el segundo.

Al final de su discurso, casi sin que parezca venir al caso, Pablo trae a colación la cuestión económica. Aquí se destacan tres puntos: primero, Pablo no ha pedido oro ni plata; segundo, los ancianos han de seguir su ejemplo; tercero, el propósito de esto es «ayudar a los necesitados».

Lo primero que este texto nos enseña es que la vida económica de la iglesia no es cuestión periférica, ni es cuestión meramente utilitaria. No se trata sencillamente de que la iglesia tiene que tener un presupuesto, porque de otro modo no puede manejarse en el mundo en que vivimos. Se trata también y sobre todo de que ese

---

25 Sobre estas doctrinas, su desarrollo, y el modo en que los cristianos respondieron a ellas, véase González, *Historia del pensamiento cristiano*, vol. 1, pp. 111-129,138-149. También, hace ya muchos años, publiqué un pequeño libro en el que hablaba sobre la amenaza a nuestra iglesia tanto del gnosticismo como de las tendencias judaizantes. Aunque buena parte de lo que dije entonces se refiere a circunstancias que han cambiado, hasta el punto que incluso ya no refleja mi parecer, el esquema esencial que allí describía sigue siendo válido para nuestra tarea teológica de hoy: *Revolución y encarnación*, La Reforma, Río Piedras, Puerto Rico, 1965.

presupuesto, así como toda la vida de la iglesia, ha de reflejar el evangelio y sus valores. Desafortunadamente, en nuestras iglesias eso no es siempre cierto. Por ejemplo, en la América Latina hay iglesias en las que los misioneros norteamericanos reciben un salario, y los obreros nacionales otro, y la diferencia es tal que los nacionales viven en la miseria, mientras los misioneros viven muchísimo mejor que sus propias congregaciones. Hay algunas denominaciones en las que se piensa que para ser iglesia hay que tener al menos un pastor a tiempo completo, y entonces todo el esfuerzo económico de la iglesia se dedica a sostener al pastor. En tales casos, quizá sería bueno considerar la posibilidad de tener pastores que, como Pablo, se ganen al menos parte de su sustento de otro modo, y sirvan a la iglesia durante su tiempo libre. También hay evangelistas que, gracias a la radio y la televisión, construyen grandes imperios económicos, y luego llevan vidas de opulencia con lo que contribuyen millares y millares de creyentes pobres e incautos. Pero, cualquiera sea el tamaño de nuestras iglesias, lo cierto es que en la mayoría de ellas la mayor parte de los recursos económicos se dedican a la vida misma de la iglesia: el sueldo del pastor, la construcción y mantenimiento de edificios, el mobiliario, etc.

Lo que Pablo indica en este pasaje es muy distinto. La ayuda a los necesitados ha de ser parte esencial de la vida económica de la iglesia. Frecuentemente, al recoger la ofrenda, citamos las palabras del v. 35: «Más bienaventurado es dar que recibir». Empero cuando se trata de manejar los fondos de la iglesia nos olvidamos de esas palabras. Para la iglesia, al igual que para los individuos, es más bienaventurado dar que recibir, y la fidelidad de una iglesia, al igual que la de cada cristiano, ha de medirse, no por cuánto recibe, sino por cuánto da.

VIII. Cautiverio de Pablo (21.1-28.31)

La sección que comenzamos ahora es la conclusión del libro de Hechos. En ella se cumple lo que Pablo había indicado antes, que iba a Jerusalén a pesar de las cadenas que allí le esperaban. Pero se cumple mucho más que eso, pues Pablo, quien siempre había deseado ir a Roma, llega por fin a la capital del Imperio, aunque en calidad de prisionero.

A. Viaje de Mileto a Jerusalén (21.1-16)

La narración continúa en primera persona plural, «nosotros». No está claro quiénes se incluyen en el grupo. En el resto de la narración se mencionará, aparte de Pablo y el narrador mismo, a Trófimo y Aristarco. Tampoco está claro si los otros forman todavía parte del grupo, o dónde se separaron de él. En todo caso, el viaje continúa, al parecer en el mismo navío de cabotaje, a lo largo de la costa, yendo de Mileto a Cos, luego a Rodas, y por fin a Pátara.[1] Allí transbordan a otro navío, probablemente de mayor tonelaje, que toma una ruta más directa hacia Tierra Santa. Pasan al sur de Chipre y llegan hasta Tiro.

En Tiro se reúnen con «los discípulos», es decir, con los creyentes de esa ciudad. (Hechos no dice una palabra sobre cómo llegó el evangelio a Tiro, y el verbo que RVR traduce por «hallados» da a entender que fue necesario ir en busca de ellos.) Allí los creyentes, «por el Espíritu», le dicen a Pablo que no vaya a Jerusalén. La despedida es emotiva (vv. 5-6), y nos recuerda la de Mileto.

De Tiro, con una escala de un día en Tolemaida[2] durante la cual visitan a los cristianos de esa ciudad, el grupo sigue hasta Cesarea. El modo en que

---

1 El texto occidental lleva al grupo hasta Mira, unos 80 kilómetros más al este, y es allí donde se embarcan con dirección a Tiro. Sobre todo este itinerario, véase el mapa al final del libro.

2 Tolemaida es hoy Acre.

Lucas describe el viaje de Tolemaida a Cesarea («saliendo Pablo y los que con él estábamos», v. 8) parece dar a entender que dejaron el barco en Tolemaida, y que fueron hasta Cesarea por tierra, o en otro barco.

En Cesarea, Pablo y sus acompañantes se hospedan en casa de Felipe, a quien Lucas llama «el evangelista» para distinguirle del apóstol. Este Felipe es el mismo a quien vimos en el capítulo 8, evangelizando a Samaria y al eunuco etíope. Lucas nos dice que «tenía cuatro hijas doncellas que profetizaban», es decir, que interpretaban la Palabra y predicaban. Contrariamente a lo que a veces pensamos, en la iglesia primitiva sí hubo mujeres en posiciones de liderato, y específicamente en este caso, mujeres que hablaban en la iglesia.[3]

En el v. 10 se nos presenta al profeta Agabo como si no le hubiéramos conocido antes, en 11.28. En todo caso, Agabo, al estilo de los profetas del Antiguo Testamento, ilustra su profecía mediante la acción (véase, por ejemplo, Jer. 13.1-11, donde el profeta, como Agabo, utiliza un cinto). El «cinto» de Pablo que Agabo toma es probablemente, no un cinto de cuero, sino un largo lienzo que se acostumbraba llevar, dándole varias vueltas alrededor del cuerpo, y en el que además se podía llevar dinero y otros objetos pequeños.[4] Atándose con el cinto, Agabo anuncia que los judíos atarán a Pablo y «le entregarán en manos de los gentiles». Es sobre esto que trata el resto del libro.

A pesar de que el profeta habla por el Espíritu, los compañeros de Pablo, incluso el narrador, tratan de persuadirlo para que no vaya a Jerusalén. Es sólo cuando Pablo insiste en su propósito que por fin dicen, «Hágase la voluntad del Señor».

En Cesarea, el grupo pasó ocho días, y luego partieron hacia Jerusalén. Lo que RVR traduce por «hechos ya los preparativos» puede referirse a obtener cabalgaduras para el viaje hasta Jerusalén, a una distancia de cien kilómetros. Con ellos va el chipriota Mnasón, en cuya casa proyectaban hospedarse. El texto no aclara si esto quiere decir que durante el viaje se detendrían en casa de Mnasón, camino a Jerusalén, o si Mnasón vivía en la Ciudad Santa, y era allí que les ofrecería hospedaje.[5]

---

3 Se ha especulado que fue posiblemente de estas hijas de Felipe, o del mismo Felipe, que Lucas aprendió buena parte de lo que cuenta en los primeros capítulos de Hechos, especialmente lo que se refiere a la elección de los «siete» y al ministerio de Felipe. Neil, *Acts*, pp. 216-17.

4 Haenchen, *Acts*, p. 601.

5 El texto occidental sí lo aclara, indicando que Mnasón vivía en una aldea a mitad de camino entre una ciudad y la otra, y que fue allí que les ofreció hospedaje. Véase E. Delebecque, «La dernière étape du troisième voyage missionaire de saint Paul selon les deux versions des Actes des Apôtres», *RevThLouv*, 14, 1983, 446-55.

Los mandatos del Espíritu

Este pasaje, que parece muy sencillo, en realidad encierra una seria dificultad. Se ha señalado que en el v. 4 los cristianos de Tiro, inspirados por el Espíritu, advierten a Pablo para que no vaya a Jerusalén. Antes, Pablo ha declarado repetidamente que va a Jerusalén guiado por el Espíritu. Luego, en el v. 11, Agabo le anuncia lo que va a suceder en Jerusalén, aunque no intenta disuadirlo. Los discípulos, sin embargo (incluso el narrador), intentan convencerle para que no vaya a Jerusalén (v. 12).[6] ¿Se contradice entonces el Espíritu? Algunos eruditos tratan de resolver el problema diciendo que Lucas «no vio el enredo en que se estaba metiendo».[7]

Empero quizá haya otra respuesta. Quizá lo que debamos preguntarnos es si Lucas no nos estará diciendo que el Espíritu actúa de un modo distinto del que frecuentemente nos imaginamos. La visión común que tenemos de la obra del Espíritu es tal que quita de nosotros toda duda, haciéndonos ver claramente qué es lo que hemos de hacer. Pero quizá Lucas, al mismo tiempo que insiste en la importancia de tomar muy en serio la dirección del Espíritu, nos esté diciendo más: el Espíritu no ha de servirnos de muleta para descansar sobre él y no tener que tomar decisiones difíciles. En Hechos, el Espíritu no le dice a Pablo exactamente lo que tiene que hacer, y luego lo confirma con una serie de profecías que todas concuerdan entre sí. Al contrario, el Espíritu insta a Pablo para que vaya a Jerusalén, pero luego también utiliza a otros personajes para que le adviertan del precio de ir a Jerusalén. La decisión última queda todavía en manos de Pablo.

Esto puede parecer que le resta importancia y autoridad tanto al libro de Hechos como al Espíritu. Pero en realidad es todo lo contrario. Si el libro de Hechos nos pintara una iglesia en la que el Espíritu les dice a los cristianos lo que deben hacer a cada paso, eso mismo le restaría pertinencia para nosotros hoy, pues nuestra experiencia frecuente es que, aunque el Espíritu nos hable y nos dirija, todas nuestras decisiones llevan la marca de riesgo y de ambigüedad que es característica de toda acción humana. No podemos escondernos tras el Espíritu y decir sencillamente, «el

6 Esto fue indicado ya en el siglo XIX por W. M. L. de Wette, *Kürze Erklärung der Apostelgeschichte*, Weidmann, Leipzig, 1870, p. 356.
7 Haenchen, *Acts*, p. 602.

Espíritu me dijo que lo hiciera». Pero, por la misma razón, tampoco podemos escondernos tras la falta de dirección clara y tajante, para entonces no hacer nada.

El no ver esto es una de las causas de la falta de acción de muchas de nuestras iglesias. Idealizamos la obra del Espíritu en Hechos, y en todo el Nuevo Testamento. Cuando el Espíritu habla, los humanos saben exactamente lo que dice y manda. Por tanto, cuando existen dudas en cuanto a la acción que hemos de tomar, decimos que no tenemos que hacer nada, porque el Espíritu no nos ha hablado, o porque hemos oído voces contradictorias. Si Pablo hubiera hecho eso, no habría ido a Jerusalén. Pero lo cierto es que prácticamente todas las decisiones que los cristianos y la iglesia hemos de tomar se dan en tales situaciones. Hay desempleo en nuestra ciudad. ¿Qué hemos de hacer? Ciertamente, hemos de orar y pedir la dirección del Espíritu. Pero, ¿quiere esto decir que mientras no tengamos una voz clara y tajante, indicándonos todos los pasos que hemos de dar, no hemos de hacer nada? Ciertamente, no. El Espíritu, mediante las Escrituras, mediante las enseñanzas de Jesús, mediante la nueva vida que nos da, nos ha dado ya suficiente dirección para que al menos sepamos que tenemos que tomar acción. Quedarnos esperando a que se nos dé un mandato detallado y claro no es sino una excusa para no hacer lo que debemos.

B. Entregado a los gentiles (21.17-22.24)

1. Recibimiento por la iglesia en Jerusalén (21.17-25)

En esta sección se nos narra la llegada de Pablo a Jerusalén, su arresto en el Templo, su discurso en defensa propia, y cómo por fin fue entregado a los romanos. En el v. 18 termina la narración en primera persona plural («nosotros»), para no reaparecer sino al momento de la partida hacia Roma (27.1). Esto podría explicarse de acuerdo a motivaciones teológicas;[8] pero la explicación más sencilla es que durante todo el proceso en Jerusalén lo que le importa al autor es lo que le sucede a Pablo. Aunque el narrador probablemente presenció buena parte de esto, lo hizo como espectador o como testigo, no

---

8 Por ejemplo, Rius-Camps, *El camino*, pp. 228-36, entiende que la desaparición del «nosotros» durante prácticamente toda la estancia de Pablo en Jerusalén es indicación de que el Espíritu no concuerda con su actitud de pacificación ante las objeciones de los elementos judaizantes dentro de la iglesia. Como hemos indicado repetidamente, este modo de leer Hechos como un libro en clave no nos convence.

como participante, y es por ello que el sujeto de toda esta narración, más bien que el «nosotros», es Pablo.

Al parecer, los «hermanos» que recibieron a Pablo y sus acompañantes «con gozo» en el v. 17 no son Jacobo y «los ancianos», quienes no aparecen sino al día siguiente, cuando Pablo y sus compañeros van a visitarles (v. 18). Por tanto, es posible que a su llegada a Jerusalén Pablo se haya puesto en contacto primero con los elementos más helenizantes entre los cristianos (sobre estos elementos, y sus conflictos con los «hebreos», véase el comentario a 6.1-6), para al día siguiente ir a visitar a los jefes de la vieja iglesia de Jerusalén, donde todavía predominaban los «hebreos»; es decir, los judíos de Palestina, cuya lengua era el arameo.

Lucas no dice una palabra sobre la ofrenda que Pablo traía, pero es de suponerse que fue en esa visita que se la entregó a Jacobo y a los dirigentes de la iglesia en Jerusalén, los «ancianos». No se sabe exactamente quiénes eran estos «ancianos», cómo fueron nombrados, o qué autoridad tenían. Dos cosas sí parecen seguras: Primera, que los «doce» ya no están en Jerusalén, o al menos que Pedro, quien juega un papel tan importante en los primeros capítulos de Hechos, ya no está. De otro modo, Lucas lo hubiera mencionado. Segunda, que son un grupo relativamente numeroso, pues Lucas nos dice que «todos los ancianos» estaban presentes.

Jacobo y los ancianos, al escuchar lo que Pablo les cuenta sobre la misión entre los gentiles, glorifican a Dios. Pero inmediatamente le plantean a Pablo el problema que su presencia representa. Hay en Jerusalén y sus alrededores varios millares de judíos que han creído en el evangelio, pero que son «celosos de la ley». Entre estos judíos se ha corrido el rumor de que en su misión entre los gentiles, Pablo les ha dicho a los judíos que ya no tienen que seguir a Moisés, ni circuncidar a sus hijos. Los jefes de la iglesia temen un motín («la multitud se reunirá por cierto», v. 22), y para evitarlo le indican a Pablo el curso que debe tomar, a fin de mostrarles a estos judíos «celosos de la ley» que él mismo sigue siendo judío, fiel a las «costumbres» de Moisés.

La recomendación de Jacobo y los ancianos se encuentra en los vv. 23 y 24. En términos generales, está clara: Pablo ha de unirse a cuatro cristianos «hebreos» que han hecho voto de nazareato, cubriendo sus gastos y mostrando así que sigue siendo respetuoso de la ley. Las dificultades aparecen cuando tratamos de reconciliar lo que aquí se nos dice con lo que se sabe por medio de otras fuentes sobre la práctica del nazareato.[9] Ciertamente, Pablo no podía unirse a los nazareos en su voto, pues esto requería al menos treinta días de residencia en Jerusalén.[10] Lo más probable es que lo que se le sugirió a Pablo no fue que se uniese al voto de los nazareos, sino que se purificara (recuérdese

---

9 Véase lo que se dijo sobre esa práctica en el comentario a 18.18.

10 La solución de muchos eruditos consiste sencillamente en declarar que Lucas no conocía los detalles del nazareato, y que por tanto se equivoca. Véase, por ejemplo, Haenchen, *Acts*, pp. 610-14; Roloff, *Hechos*, p. 422.

que viene llegando de tierras paganas), y que además pagara los gastos de los cuatro nazareos. De ese modo, al ver que Pablo hacía todo lo que se esperaba de un buen judío y más, se acallarían los rumores. El v. 25 repite la decisión del llamado «concilio de Jerusalén» sobre lo que se requeriría de los gentiles convertidos al cristianismo.[11]

2. Arresto de Pablo en el Templo (21.26-36)

En el 26 Pablo comienza a hacer lo que se le había indicado. Purificándose con los nazareos y entrando al Templo —en realidad, a sus patios exteriores, que se consideraban parte del recinto sagrado— anunció su propósito de cumplir con los ritos de su propia purificación, que tomarían siete días (a lo cual alude el v. 27), y además presentar la ofrenda correspondiente a los cuatro nazareos.

Todo marcha bien hasta poco antes de cumplirse el plazo de siete días, cuando se desata la tempestad. La causa de ello son «unos judíos de Asia»; es decir, de una de las regiones donde Pablo había laborado con mayor intensidad. La presencia de estos judíos de la Diáspora en Jerusalén parece indicar que, en efecto, Pablo había logrado su propósito de llegar a la Ciudad Santa antes de la fiesta de Pentecostés. La acusación contra Pablo es que enseña contra tres cosas (v. 28): «el pueblo, la ley y este lugar». Pero lo peor de todo es que, según dicen, ha profanado el Templo introduciendo paganos («griegos») en él. Lucas nos explica en el v. 29 que la razón por la que decían esto es que habían visto a Pablo acompañado de Trófimo en la ciudad, y pensaban que también le había llevado al Templo. Rápidamente se amotina «la ciudad». RVR da a entender que es la multitud quien arrastra a Pablo hacia fuera del Templo, cuyas puertas inmediatamente se cierran (v. 30). En el griego, el sujeto del verbo «le arrastraron» no está explícito, y por tanto es muy probable que quienes sacaron a Pablo del Templo, y también cerraron sus puertas para evitar su contaminación con sangre y violencia, fueron los levitas que guardaban el Templo.[12]

La noticia del motín, y del linchamiento que la multitud se proponía, le llega «al tribuno de la compañía». Literalmente, al «jefe de mil» (*jiliarjos*), que mandaba la guarnición romana en Jerusalén. Más adelante (23.26) se nos dirá que el nombre de este tribuno era Claudio Lisias. En todo caso, no le costaría mucho al tribuno enterarse del tumulto, pues el cuartel de la cohorte romana en Jerusalén estaba en la torre Antonia, sobre el ángulo del Templo, y

---

11 Véase el comentario a 15.22-29.

12 J. Jeremías, *Jerusalén*, p. 227: «...en el movimiento popular que condujo al arresto de Pablo, los hombres que lo sacan fuera 'del santuario', es decir, del atrio de las mujeres, y que cierran las puertas del templo (Hch 21.30) que conducen del atrio de los gentiles al de las mujeres, son evidentemente guardias del templo, más exactamente, los puestos de guardia levíticos situados por el día en la 'muralla'».

desde cuyos baluartes se dominaba todo el recinto sagrado.[13] De hecho, para llegar de la torre Antonia hasta el lugar del motín, Lisias y sus soldados no tenían sino que bajar las gradas que se mencionan en el v. 35.[14]

La acción del tribuno es rápida. Prende a Pablo y le manda atar «con dos cadenas»,[15] para entonces indagar quién es el prisionero y cuál es la causa del motín. La multitud le da respuestas contradictorias, al parecer porque, como frecuentemente sucede en tales motines, ni los mismos amotinados saben de qué se trata. Lo que sí está claro es que están enfurecidos contra Pablo, y es por ello que los soldados se lo llevan «en peso», mientras la multitud grita, «¡Muera!» (RVR, NBE, BA; RVA, BJ: «¡Mátale!»; literalmente: «¡Quítale!»).

3. Diálogo de Pablo con Lisias (21.37-39)

Pablo se dirige al tribuno, no solamente en griego, sino con una frase elegante y pulida. La respuesta del tribuno muestra asombro, pues al parecer había confundido a Pablo con otro personaje: «¿No eres tú aquel egipcio que levantó una sedición antes de estos días, y sacó al desierto los cuatro mil sicarios?» El historiador judío Flavio Josefo[16] ha conservado datos sobre los movimientos nacionalistas que tuvieron lugar en Palestina en ese tiempo. Entre ellos, Josefo habla de los «sicarios», cuyo nombre se deriva de «sica», que quiere decir «puñal». Estos apuñalaban a sus víctimas, frecuentemente en medio de las muchedumbres que se congregaban para las festividades religiosas, y luego desaparecían entre la multitud. Por ello, podían continuar llevando vidas normales en Jerusalén, sin huir al desierto.[17] Y Josefo habla además de cierto «egipcio» a quien Lisias parece haber confundido con Pablo:

> En esos días, cierto hombre procedente de Egipto llegó a Jerusalén diciendo que era profeta e incitando a las multitudes del pueblo a acompañarle al Monte de los Olivos, que está frente a la ciudad. ...Pero cuando Félix se enteró, les ordenó a sus soldados que se armaran, marchó con mucha caballería e infantería, y atacó al egipcio y sus seguidores. Mató a cuatrocientos de ellos y capturó vivos a doscientos. El egipcio huyó durante la batalla y desapareció sin dejar huella.[18]

---

13 Jeremías, *Jerusalén*, p. 27.

14 Cp. Josefo, *Guerra*, 5.5.8.

15 Sobre esto, véase lo que hemos dicho al comentar sobre 12.6. Es posible que lo que Lucas describe aquí sea un procedimiento parecido al que se le aplicó a Pedro. En ese caso, Pablo estaría atado a dos soldados, uno a cada lado.

16 *Guerra*, 2.13.3-6.

17 Véase R. A. Horsley y J. S. Hanson, *Bandits, Prophets, and Messiahs: Popular Movements at the Time of Jesus*, Harper & Row, San Francisco, 1985, pp. 200-216.

18 *Ant.*, 20.8.6. Cp. Josefo, *Guerra*, 2.13.6.

Si, como dice Josefo, el egipcio desapareció sin dejar rastro, no ha de sorprendernos el que Lisias, al ver un motín, pensara que se trataba de ese personaje a quien las autoridades buscaban. También es interesante el que Lisias confunda al egipcio con los sicarios, como sucede con tanta frecuencia hasta el día de hoy, en que las autoridades, sobre todo en los regímenes opresivos, confunden a todos los que se les oponen, como si fueran una masa uniforme. Por otra parte, los eruditos se preguntan por qué el que Pablo supiera griego le sirvió de indicación a Lisias de que no se trataba del egipcio fugitivo. La comunidad judía de Egipto normalmente hablaba el griego. Pero al parecer, Lisias sabía que el «egipcio» a quien los romanos procuraban prender no hablaba esa lengua.

Todavía usando lenguaje refinado, Pablo le responde que no es egipcio, sino judío de Tarso, y ciudadano de esa ciudad. Más adelante le dirá que es también ciudadano romano, pero por lo pronto no le ofrece esa información. Con esa información, insiste en su ruego de que se le permita dirigirse al pueblo.

4. Discurso de Pablo al pueblo (21.40-22.24)

Una vez recibido el permiso de Lisias, Pablo se dirige a la multitud en «lengua hebrea»; es decir, en arameo. Su discurso es de carácter autobiográfico.[19] Es por este discurso que nos enteramos de que Pablo, a pesar de ser oriundo de Tarso, se había criado en Jerusalén, y había estudiado «a los pies de Gamaliel» (a quien ya encontramos antes, en 5.34-39). Aquí aparece por segunda vez en Hechos la historia de la conversión de Pablo. Las otras dos están registradas en 9.1-19 y 26.12-18. Puesto que ya hemos comparado las tres al comentar sobre 9.1-19, remitimos al lector a esa sección de este Comentario.

En los vv. 17-21 se añade algo nuevo de que no teníamos noticias hasta este punto. En Jerusalén, precisamente en el Templo, Pablo tuvo un éxtasis en el que Jesús le ordenó que saliera de Jerusalén, porque «no recibirán tu testimonio acerca de mí», y además «porque yo te enviaré lejos a los gentiles».

Si bien la multitud le escuchó hasta este punto, no ha de sorprendernos el que ahora se alboroten de nuevo. En estas pocas palabras Pablo les ha ofendido doblemente. En primer lugar, se ha atrevido a decir que fue precisamente aquí, en este santo lugar, que Jesús le habló. Recordemos que fue también allí que el Dios de Israel les habló a algunos de sus profetas (por ejemplo, a Isaías en Is. 6). Por implicación, Pablo está equiparando a Jesús con el Dios del Templo, y está estableciendo un paralelismo entre sí mismo e Isaías, cuyo mensaje iría dirigido también a un pueblo recalcitrante (Is. 6.9: «Oíd bien, y no entendáis;

---

19 El uso de la palabra «defensa» (*apología*) en 22.1 les ha dado base a quienes argumentan que el propósito del libro de Hechos (o al menos de sus últimos capítulos) es de carácter apologético. Sobre esto, véase lo que hemos dicho en la Introducción.

ved por cierto, mas no comprendáis»). Y, en segundo lugar, Pablo ha vuelto a mencionar su misión a los gentiles, que es precisamente la razón del motín, y ha afirmado que esa misión surgió de un mandato recibido en el Templo.

Otra vez la multitud pide la muerte de Pablo: «Quita de la tierra a tal hombre, porque no conviene que viva». Y en señal de ira «gritaban y arrojaban sus ropas y lanzaban polvo al aire». Estos gestos pueden parecernos extraños, pero eran señal de ira, duelo y consternación. En Job 2.12, por ejemplo, cuando los tres amigos de Job vieron lo que le había sucedido, «lloraron a gritos; y cada uno de ellos rasgó su manto, y los tres esparcieron polvo sobre sus cabezas hacia el cielo». Esta reacción de los tres amigos incluye precisamente los tres elementos que vemos en 22.23: gritos, despojarse de las vestiduras y lanzar polvo al cielo.

La respuesta del tribuno, a fin de detener el motín, es ordenarles a los soldados que acaben de introducir a Pablo en la fortaleza (ya estaba en las gradas que conducían a ella, v. 35), para allí averiguar la verdad del asunto, torturando a Pablo con azotes.

Poderes de oposición

Al leer todo este pasaje, lo que inmediatamente nos llama la atención es el modo en que Pablo se encuentra en medio de diversos poderes e intereses, y cómo esos poderes e intereses se parecen a los que tenemos en nuestro derredor hoy.

En primer lugar, están las presiones por parte de los líderes de la iglesia en Jerusalén, quienes se preocupan de que lo que Pablo está haciendo pueda ser mal interpretado. Hay quien anda diciendo que Pablo incita a los judíos a abandonar las leyes de Moisés, y las costumbres que constituyen el centro mismo de la identidad judía. Jacobo y los ancianos no parecen darles crédito a tales rumores; pero tampoco parecen haber hecho gran cosa por acallarlos. Sí le sugieren a Pablo que dé ciertos pasos que, según ellos, les darán el mentís a los que hablan mal de Pablo y su misión. Pero ellos no se ofrecen a acompañarle, ni a hablar en su favor. Es más, a partir de este punto no se les volverá a mencionar en todo el libro de Hechos, mientras Pablo pasa por todos los peligros y vicisitudes de su encarcelamiento. Tristemente, lo que ha sucedido aquí es que se va perdiendo aquella solidaridad *(koinônía)* y compañerismo de que hablan los primeros capítulos de Hechos.

No hay que ir muy lejos para ver el modo en que esto se relaciona con la vida de nuestras iglesias, donde el chisme y la maledicencia constituyen poderosos instrumentos de Satanás. Muchas veces pensamos que el problema son únicamente los chismosos activos, los que hacen correr rumores por el solo placer de hacerlos correr, o los que oyen algo y lo repiten sin asegurarse de su veracidad. Pero el problema es mucho mayor, pues alcanza también a los que dicen que no creen el chisme, pero así y todo lo cuentan, o al menos no hacen nada por contradecirlo. Hay hasta quien se llega a un hermano y le dice: «¿Sabes? Fulano anda diciendo tal cosa de ti»; pero no se toman el trabajo de confrontar a Fulano con la falsedad de lo que dice. Lo cierto es que en tal caso ellos también se vuelven chismosos, pues en lugar de disminuir el poder del chisme, ahora ellos mismos añaden otro, al hablar de Fulano. En cierto modo, lo mismo sucede en el caso de Pablo y los jefes de la iglesia de Jerusalén. Esos jefes, en lugar de enfrentarse a la maledicencia sobre Pablo, le traen su propio chisme sobre los que andan hablando mal de él. Decíamos al principio que a partir de este punto la iglesia de Jerusalén desaparece de la escena; pero más exacto sería decir que en este punto esa iglesia comienza a desaparecer. El chisme tiene un poder profundamente corrosivo en la vida de la iglesia.

Estos hermanos de Jerusalén, al tiempo que le indican a Pablo lo que debe hacer para acallar los rumores, no dan un solo paso para participar con él en esa tarea. Cuando los nazis tenían ocupada a Dinamarca, dieron la orden de que a partir del próximo día todo judío debía llevar en un lugar visible de su ropa, la estrella de David. Todos sabían que el propósito de la orden era facilitar las acciones de las autoridades de ocupación contra los judíos. Al próximo día, ¡el propio rey de Dinamarca salió a la calle con una estrella de David! El rey no se contentó con darles consejos a sus súbditos judíos, sino que se solidarizó con ellos, y se hizo partícipe del riesgo que corrían. En un país de nuestra América, donde reinaba un régimen dictatorial, sucedió que en un cine, al salir el dictador en la pantalla, una mujer le lanzó un zapato. Se encendieron las luces, y el jefe de la guardia anunció que al terminar la película les sería fácil descubrir quién le había faltado el respeto al dictador. Pero, al terminar la película, ¡casi todas las mujeres salieron descalzas! Si esto se hace entre un rey y sus súbditos, o entre conciudadanos, ¡cuánto más no ha de hacerse entre cristianos! Jesús no se contentó con darnos buenos consejos, sino que se solidarizó con nosotros, y participó de nuestros dolores.

En nuestras iglesias hay muchas personas dispuestas a darles consejo a los que pasan por dificultades, y a decirles a aquéllos de quienes otros hablan mal qué han de hacer para acallar esos rumores. Pero no basta con eso. Si de veras somos un cuerpo, el cuerpo de Cristo, hemos de llevar los unos las cargas de los otros.

En segundo lugar, está la multitud de los judíos. En los primeros capítulos de Hechos, vimos cómo los jefes del judaísmo (los principales sacerdotes y los miembros del sanedrín) temían al pueblo, y cómo éste último tendía a favorecer a los cristianos. Ya en el martirio de Esteban vimos que por primera vez es el «pueblo» quien ataca a los cristianos. Ahora resulta claro que el pueblo ha tomado el partido de los principales sacerdotes y los miembros del sanedrín, hasta tal punto que el motín se forma sin que el sanedrín intervenga para nada. Más adelante volverán a aparecer estos jefes del judaísmo, otra vez tratando de arreglárselas para destruir a Pablo. Pero por ahora son «unos judíos de Asia», y el pueblo amotinado, quienes tratan de matar a Pablo. Podemos imaginarnos el dolor de Pablo, no solamente por la tragedia física de su encarcelamiento, sino al ver que es el propio pueblo judío el que le ha entregado, cuando es «por la esperanza de Israel» (28.20) que está encadenado.

Esta es también parte de la tragedia que vive nuestro pueblo. Muchos que han salido en defensa suya, denunciando las injusticias que se cometen contra él, o proclamando un mensaje de esperanza, se han visto abandonados y hasta traicionados por ese mismo pueblo. Esto se debe, naturalmente, a que quienes controlan la información tuercen la verdad para crear enemistad entre ellos y el pueblo. Recuérdese lo que dijimos sobre el control de la información al tratar sobre 4.13-22. El pueblo acaba por convencerse de que sus defensores son en verdad sus enemigos, y se presta entonces como instrumento para procurar su destrucción.

Y lo mismo sucede en la iglesia. A través de toda la historia de la iglesia, ha habido numerosos casos de personas que, por amor a la iglesia misma, se han lanzado a reformarla. Las más de las veces, tales personas terminan condenadas como herejes, y expulsadas de la iglesia que aman. ¿No sucede esto todavía con demasiada frecuencia en nuestras iglesias hispanas? ¿No conocemos todos el caso de algún joven que, en medio de su celo y fervor, comenzó a sugerir modos en que la vida de la iglesia podría mejorar, y acabó excomulgado?

En tercer lugar está el tribuno, quien interviene en la situación creyendo que Pablo es un subversivo famoso, el «egipcio». Su interés no está en salvar a Pablo de la multitud (aunque, como veremos más tarde, en 23.27, cuando le conviene sí dice que intervino por salvar a Pablo). Su interés está en salvar su responsabilidad. Si hay un motín mientras él y sus soldados están en la torre Antonia, le será difícil rendirles cuentas a sus superiores. Por ello va e interviene en la situación. Como romano y miembro del ejército de ocupación, Lisias no sabe mucho de la situación del país o de sus conflictos religiosos interiores. Su única preocupación son los que puedan crear algún desorden o rebelión que resulte ser una mancha en su expediente. Y le preocupa particularmente capturar al famoso «egipcio». Todos los judíos que no se ajusten al orden que Roma ha impuesto le parecen ser prácticamente iguales, y por ello confunde al «egipcio» con Pablo y con los sicarios, haciendo caso omiso de las distancias que separan a cada uno de estos elementos entre sí. Con la misma brocha gorda, Lisias pinta a Pablo, a los sicarios, y al «egipcio».

En décadas recientes, la América Latina se ha visto llena de «tribunos» como Lisias. Gente cuya única función en la vida es guardar el orden existente a toda costa, y para quienes todos los que de algún modo o en cualquier medida se oponen o critican al orden existente son «subversivos». Lo triste del caso está en que, precisamente porque estas personas, como Lisias, no hacen las distinciones necesarias, centenares y hasta millares de personas «desaparecen», o son torturadas para obligarles a confesar que de veras son tan subversivos como los «tribunos» de la defensa nacional pretenden.

Lo mismo, aunque afortunadamente casi siempre con consecuencias menos sangrientas, pasa en la vida de la iglesia. Hay inquisidores que ven herejes por todos lados. Se cuenta de uno de ellos en la Iglesia Católica, jefe del organismo sucesor de la vieja Inquisición, que murió en un accidente de tránsito junto a otros dos teólogos de opiniones más debatibles. Al llegar a la puerta del cielo, se les dijo que tenían que comparecer ante el trono celestial para un examen de ortodoxia. El primer teólogo entró, estuvo media hora en su examen, y salió muy triste, diciendo: «No pasé». El segundo entró igualmente, estuvo media hora ante el trono celestial, y salió también triste, diciendo: «No pasé». El tercero, el famoso inquisidor, entró al recinto sagrado, estuvo dos minutos ante la divina presencia, y salió muy contento, diciendo «¡No pasó!».

Empero no pensemos que tales actitudes existen únicamente en la Iglesia Católica. Entre los evangélicos se dan fenómenos semejantes. En lugar de hacer las distinciones necesarias, y tratar de comprender lo que cada cual nos dice, nos hacemos de una serie de etiquetas o «sacos intelectuales»: «liberales», «reaccionarios», «comunistas», «derechistas». Entonces, vamos echando a cada cual en el saco que parece corresponderle, y ya no tenemos por qué preocuparnos más de esa persona.

En el texto que estamos estudiando, Lisias se sorprende cuando escucha a Pablo hablar en griego refinado: «¿Sabes griego?

¿No eres tú aquel egipcio?» Nosotros, en cambio, nos las arreglamos para que los demás no nos sorprendan. Ya sabemos que es liberal, o que es fundamentalista, o que es reaccionario, o que es izquierdista. Empero, cuando perdemos la capacidad de sorprendernos ante alguien, hemos perdido la capacidad de escucharle, y por tanto le hemos deshumanizado y nos hemos deshumanizado a nosotros mismos.

Por último, está el Apóstol. Su actuación en toda esta historia es interesante. Empieza por aceptar el consejo de Jacobo y los ancianos, aun cuando el presentarse públicamente en el Templo conlleva un serio riesgo. La iglesia está dividida a causa de los rumores que circulan sobre él, y Pablo se muestra dispuesto a hacer todo lo posible por contradecir tales rumores. Aun después que se crea el motín, cuando los soldados le llevan ya hacia la fortaleza, Pablo insiste en dar su testimonio, que es a la vez testimonio de Jesucristo y de su propia actitud con respecto a Israel. Su discurso empieza mostrando su relación estrecha con los que le oyen. Es judío, criado en Jerusalén, educado bajo la dirección de uno de los más grandes maestros de su tiempo, «estrictamente conforme a la ley de nuestros padres, celoso de Dios». Además, les da a los mismos que se amotinan contra él el crédito de haberlo hecho por motivos sinceros de religión: «celoso de Dios, como lo sois todos vosotros». Sobre la base de esa relación con su auditorio, les da su testimonio. Y sobre la base de esa relación, ellos escuchan lo que tiene que decir, hasta que llega al punto en que declara algo que ellos no pueden aceptar: que Jesús le habló en el Templo de Jerusalén, y que le envió a los gentiles. Es entonces que la multitud, enardecida, se arremolina otra vez, y Lisias ordena que lo lleven a la fortaleza.

Este discurso de Pablo tiene varias implicaciones misionológicas para nosotros hoy. En primer lugar, Pablo reconoce y subraya los lazos que le unen con su auditorio, y hasta les da crédito por sus percepciones y tradiciones religiosas. Esto es contrario a mucho de lo que se entiende por «evangelismo» en algunos de nuestros círculos, donde se empieza por atacar todas las tradiciones y la cultura de quienes nos escuchan; y es muy distinto de cierto tipo de predicación que tuvo y a veces todavía tiene lugar en nuestras comunidades hispanas, donde se nos dice de mil maneras que toda la tradición hispana y la religiosidad que aprendimos de nuestros antepasados tienen que ser descartadas. No. Pablo afirma la religiosidad de los que le oyen. Y lo hace no solamente por ganarse su buena voluntad, sino también y sobre todo porque verdaderamente aprecia esa religiosidad y esas tradiciones. Les invita a creer en Jesús, sí; y a la postre su insistencia en el nombre de Jesús es lo que va a renovar el motín contra él. Pero Pablo no predica a Jesús diciéndoles primero que no valen nada, que son un montón de paganos, que su cultura y tradiciones son de Satanás. Al contrario, el mensaje es de amor y de afirmación aun para los mismos que persiguen a los cristianos.

Esto es muy distinto de lo que tantas veces y de tantos modos se nos ha enseñado a los hispanos, que para ser verdaderamente cristianos tenemos que volverles las espaldas a las tradiciones culturales y religiosas de nuestros antepasados, como si esos antepasados hubieran sido ateos empedernidos, sin conocimiento alguno de las cosas de Dios, y como si solamente se pudiera ser cristiano aceptando una cultura foránea: la de los misioneros que primero nos predicaron.

Gracias a Dios, ya nuestra iglesia va logrando su madurez, y parte de esa madurez consiste en poder ver la acción y manifestación de Dios aun allí donde aquellos misioneros no podían verla. Sobre la base de esa nueva visión de nuestra cultura y tradiciones, vamos descubriendo el modo propio de ser a la vez verdaderamente hispanos y verdaderamente fieles al evangelio. Es una tarea que no debemos descuidar.

C. Pablo bajo la custodia de Lisias (22.25-23.33)

Hasta este punto, Lisias ha estado interviniendo en lo que al fin de cuentas es un asunto entre judíos. Ahora, al llevar a Pablo a la fortaleza, y especialmente a partir del momento en que el Apóstol se declara ciudadano romano, entrará en juego todo el sistema jurídico de Roma.[20]

1. Pablo reclama la ciudadanía romana (22.25-29)

Ahora atan a Pablo «con correas». Esto se refiere probablemente al hecho de atarle a un poste para azotarle. Es entonces que Pablo le informa al centurión de su ciudadanía romana. Inmediatamente el centurión se da cuenta de la gravedad de la situación,[21] y le pide nuevas instrucciones al tribuno. Este acude a donde Pablo y le pregunta si es cierto que es ciudadano romano. Su comentario sobre cuánto le costó esa ciudadanía posiblemente implica que entonces Pablo debe ser hombre de recursos. El nombre del tribuno, *Claudio*

---

20 Sobre el trasfondo jurídico de todo el resto del libro, y especialmente lo que se refiere a la ciudadanía romana y sus privilegios, véase M. Black, «Paul and Roman Law in Acts», *RestorQ*, 24, 1981, 209-218. Sobre el uso que Pablo hace de su ciudadanía, véase Cassidy, *Society and Politics*, pp. 100-103.

21 Véase lo que hemos dicho sobre los privilegios de los ciudadanos romanos al tratar sobre 16.37.

Lisias, puede ser indicación de que compró su ciudadanía romana en tiempos de Claudio, cuando la emperatriz Mesalina se enriqueció a base de la venta de tales cartas de ciudadanía.[22] En ese caso, «Claudio» sería su nombre romano, tomado en honor al emperador al hacerse ciudadano, y «Lisias» su nombre griego.

No sabemos cómo fue que los antepasados de Pablo adquirieron la ciudadanía romana. Quizá alguno de ellos la compró, como Lisias. En todo caso, el resultado de la declaración de Pablo es que no se le aplica el tormento, y hasta el tribuno teme las consecuencias de lo que ha hecho. Tampoco se nos dice cómo Pablo dio pruebas de ser ciudadano romano. Lo que sí sabemos es que reclamar tal ciudadanía falsamente era crimen por el cual se aplicaba la pena de muerte.[23]

2. Pablo ante el sanedrín (22.30-10)

Al día siguiente, Lisias convoca «a los principales sacerdotes y a todo el concilio», con el fin de saber de qué se acusa a Pablo. Esta sesión del sanedrín les ha causado dificultades a los intérpretes. En primer lugar, se plantea la pregunta de cómo Claudio Lisias, siendo pagano, podía estar presente en una sesión del sanedrín. En segundo lugar, se plantea la cuestión de cómo es posible que Pablo no supiera que el que presidía la sesión era el sumo sacerdote (vv. 2-5). En tercer lugar, cabe preguntarse cómo entendería el tribuno las deliberaciones del sanedrín, que tendrían lugar en arameo. Por esas razones, se ha puesto en duda la historicidad de lo que aquí se narra.[24]

Las dificultades se aclaran si pensamos, no en términos de una sesión oficial del sanedrín, sino de una reunión de los miembros de ese concilio, convocados por el tribuno, en el tribunal o la residencia del tribuno. Por ello se dice en 22.30 que Lisias «mandó venir» a los miembros del concilio, no que mandó convocar el sanedrín, ni que se presentó en una de sus sesiones. Puesto que se trataba de una reunión, no del sanedrín, sino de sus miembros, a petición del tribuno romano, es de suponerse que Ananías no llevaba sus vestimentas de oficio, ni tampoco presidía la sesión, y que la discusión tuvo lugar, o bien en griego, o bien usando intérpretes, para que el tribuno pudiera informarse de lo que se discutía. Después de todo, ése era el propósito de la convocatoria.

Sobre el sumo sacerdote Ananías, tenemos noticias por otras fuentes. En Hechos aparece solamente aquí y en 24.1. Fue sumo sacerdote desde el año 48 hasta el 58, y le debía su cargo a Herodes Agripa II. Su crueldad y arbitrariedad (de la que da muestras en 23.2) fueron tales que cuando estalló la rebelión de los judíos en el año 66 fue muerto a manos del pueblo.[25]

22 Dión Casio, *Historia romana*, 60.17.
23 Epicteto, *Diatribas*, 3.24, 41.
24 Véase, por ejemplo, Haenchen, *Acts*, pp. 639-43.
25 Josefo, *Ant.*, 20.5-6; *Guerra*, 2.17.9.

En el v. 6, Pablo hace uso de una estratagema para dividir a sus acusadores. Reclamando su condición de fariseo, afirma que «acerca de la esperanza y de la resurrección de los muertos se me juzga». Pablo no aclara que el punto en discusión es, no si los muertos han de resucitar, sino si la resurrección ha comenzado ya con Jesús de Nazaret. En todo caso, el resultado es que los miembros del concilio se dividen, y surge una calurosa disputa entre fariseos y saduceos, precisamente porque en este punto los fariseos se acercaban más que los saduceos a las enseñanzas cristianas (v. 8). Al parecer, la discusión llegó a tal punto que el tribuno comenzó a temer que Pablo «fuese despedazado por ellos». Recordando quizá que era ciudadano romano, y las graves consecuencias que su muerte a manos de una multitud amotinada[26] podría traer, el tribuno les ordena a los soldados que intervengan, saquen a Pablo «de en medio de ellos», y le conduzcan de nuevo a la fortaleza.

3. Complot contra Pablo (23.11-22)

Por la noche, Pablo recibe una visión en la que el Señor le alienta, diciéndole que de igual modo que ha testificado en Jerusalén ha de testificar en Roma. Aunque a simple vista esto puede parecer como una promesa de que todo saldrá bien, no hay que olvidar el paralelismo que este versículo establece entre lo que ha sucedido en Jerusalén y lo que ha de suceder en Roma. En otras palabras, que Pablo ha de tener ánimo, no porque pronto terminarán sus dificultades, sino porque lo que ha comenzado en Jerusalén va a continuar en Roma.

Lucas nos informa entonces de un complot para matar a Pablo. Se trata de una intriga que nada tiene que envidiarle a las modernas novelas de espionaje. Un grupo fanático se compromete a un ayuno total hasta tanto no le den muerte a Pablo, y entonces se conjura con «los principales sacerdotes y los ancianos».[27] El plan es relativamente sencillo: los sacerdotes y ancianos le pedirán al tribuno que envíe a Pablo a comparecer ante el sanedrín, y los que han jurado matar a Pablo cumplirán su juramento mientras el Apóstol es conducido por alguna de las calles estrechas de Jerusalén. Más adelante, en el v. 21, nos enteramos de que los que han jurado matar a Pablo son más de cuarenta hombres.

El sobrino de Pablo se entera del asunto. Esta es una de las dos veces en que se hace referencia en el Nuevo Testamento a la familia carnal del apóstol.[28] Es sólo por esta indicación que sabemos que tuvo una hermana. El sobrino lo

---

26 La palabra que Lucas emplea para describir el desorden (*stásis*, RVR: «disensión») es la misma que emplea en Efeso el escribano de la ciudad al referirse a la posible acusación de «sedición».

27 Nótese que no se menciona a los escribas. Se ha sugerido que, puesto que entre los escribas predominaban los fariseos, no parecían ser grupo digno de confianza para los conjurados. Turrado, *Biblia comentada*, p. 221.

28 La otra es Romanos 16.7.

visita en la fortaleza y le cuenta lo que se trama. Pablo tiene buen cuidado de no decirles ni una palabra a los que le guardan, sino que sencillamente le pide a uno de ellos que lleve al joven ante el tribuno. Enterado el tribuno de la trama, ordena al joven que guarde silencio y proyecta los pasos que ha de dar para frustrar a los conjurados.

4. Pablo es enviado a Cesarea (23.23-33)

Lisias ordena a dos centuriones que preparen una fuerte comitiva para llevar a Pablo hasta Cesarea, donde estaba la residencia del gobernador. Temiendo al parecer un nuevo motín, o que los conjurados se enteren y ataquen a la comitiva en alguno de los lugares semidesiertos por los que habían de pasar, el tribuno toma dos precauciones. En primer lugar, ordena la salida para la tercera vigilia de la noche; es decir, tres horas después de puesto el sol, o aproximadamente a las nueve de la noche. El plan es marchar toda la noche, para que al rayar el día ya Pablo y su escolta estén demasiado lejos para que los conjurados puedan proyectar un nuevo golpe. En segundo lugar, ordena una escolta mucho más fuerte de lo necesario: un total de 470 hombres.[29] De ese modo, si los conjurados se enteran del plan, o si ven salir la comitiva, no podrán crear un motín y en medio de él arrebatar a Pablo de entre sus manos.

El propósito de Lisias es enviar a Pablo ante Félix, el gobernador. La situación se ha vuelto demasiado complicada y escabrosa, y el tribuno, como tan frecuentemente sucede entre los oficiales de cualquier gobierno, resuelve que ha llegado el momento de colocar la responsabilidad sobre otros hombres.[30]

La carta que Lisias escribe, y que Lucas reproduce en los vv. 26-30, es un *elogium*. Según la ley romana, cuando un magistrado inferior transfería un caso a otro superior, debía acompañarlo de tal *elogium*, en el que se resumía el proceso que se había seguido, y se indicaba la naturaleza del caso. Claudio Lisias, como el protocolo lo exige, llama «excelentísimo» al gobernador Félix. Ese es el mismo título que Lucas le da a Teófilo en Lucas 1.3. Es interesante notar que Lisias transforma ligeramente lo acontecido, tratando de evitar cualquier posible crítica de su actuación. En el v. 27 dice que acudió con la tropa para salvar a Pablo, «habiendo sabido que era ciudadano romano». Según la narración misma, esto no es estrictamente cierto. Lisias acudió por otros

---

29 La palabra que RVR traduce por «lanceros» (*dexiólaboi*) es de significado incierto. Está claro que tiene un significado militar, mas no aparece con suficiente frecuencia en los textos antiguos para que se pueda determinar su sentido exacto. Ciertamente se refiere a soldados ligeramente armados. Quizá sean arqueros u honderos. Tradicionalmente se ha traducido aquí por «lanceros», y es por eso que RVR, al igual que todas las otras versiones más usadas (VP, BA, NBE, BJ), lo traduce así.

30 El texto occidental añade que Lisias hizo esto «porque temía que los judíos lo tomaran y mataran [a Pablo] y que se dijese que él [Lisias] había aceptado dinero».

motivos. Ni siquiera sabía quién era Pablo, y fue sólo más tarde que se enteró de que era ciudadano romano. Entre el v. 29 y el 30 hay una contradicción que da a entender la vacilación del tribuno. En el 29, dice que halló «que ningún delito tenía digno de muerte o de prisión». Pero en el 30 dice que ha mandado a Pablo ante el gobernador y les ha indicado a sus acusadores que deben acudir al mismo tribunal para que «traten delante de ti lo que tengan contra él». En otras palabras, que Pablo es inocente, pero que Lisias se lo manda a Félix para que lo juzgue. No es difícil leer entre líneas y ver la ansiedad de un oficial de gobierno que teme las posibles consecuencias de una situación, y decide pasarle el problema a otro.

El modo en que la marcha se condujo no está claro. De Jerusalén a Antípatris hay más de 60 kilómetros. La infantería acompaña a Pablo hasta allí, y al día siguiente emprende la marcha de regreso a la fortaleza. Un modo en que tal cosa es posible es que el «día siguiente» se refiera, no al día después de la salida de Jerusalén, sino al día después de la llegada a Antípatris.[31] Puesto que ya están a buena distancia de Jerusalén, la escolta puede ser menor. La caballería sigue escoltando a Pablo, y la infantería regresa a su base. Por fin la comitiva llega a Cesarea, y le entrega al gobernador tanto al prisionero como la carta que explica su caso. A partir de entonces, Pablo es responsabilidad de Félix, y no de Claudio Lisias.

En medio de los poderes

Lo que más llama la atención en todo este pasaje es el modo en que Pablo, aun en su encarcelamiento, sabe moverse en medio de los poderes políticos y religiosos de su tiempo. Al parecer, su ciudadanía romana no es cosa de la cual se sienta particularmente orgulloso. En el pasaje anterior, cuando Lisias le preguntó si no era el «egipcio», se contentó con decirle que era ciudadano de Tarso. Empero ahora, cuando ya las autoridades romanas se preparan a torturarle con azotes, como se usaba entonces para obligar a los acusados a confesar sus crímenes, Pablo les hace saber que es ciudadano romano. El resultado es la consternación en medio de los mismos romanos que hasta un momento antes se creían dueños de la situación. El tribuno, que poco antes creía tener cautivo al

---

31 Haenchen, como es su costumbre en tales casos, sencillamente afirma que Lucas desconocía la geografía de Palestina. *Acts*, p. 648. Otra posibilidad es que los *dexiólaboi* sean caballería ligera, y que entonces los doscientos soldados de infantería solamente hayan acompañado a Pablo hasta las afueras de Jerusalén, los doscientos de caballería ligera fueron los que volvieron desde Antípatris, y los setenta de caballería regular hayan continuado su tarea de escolta hasta Cesarea. De ese modo, la mayor parte del viaje de Jerusalén a Antípatris podría hacerse a velocidad de caballería.

peligroso «egipcio», ahora se percata de que su prisionero constituye una amenaza muy distinta de lo que se había imaginado. Como Lucas nos dice, Lisias «tuvo temor por haberle atado», y acaba tramando el modo de salvar a Pablo del complot contra su vida.

Sin embargo, el hecho de que Lisias salve a Pablo de esa difícil situación no lleva a Lucas a presentárnosle ingenuamente. Al contrario, Lucas está bien consciente de las razones por las que Lisias actúa como lo hace, y hasta del modo sutil en que su carta dirigida a Félix tuerce los hechos para presentar su propia actuación bajo una luz más favorable. Todo esto es altamente realista, y nos recuerda el modo en que se desenvuelven las autoridades de hoy.

Luego viene el episodio ante los miembros del sanedrín. Una vez más, Pablo se muestra políticamente astuto. En lugar de entrar en una discusión estéril con ellos, hace uso de las desavenencias que sabe existen dentro del mismo sanedrín, de modo que acaban peleando los unos con los otros.

Por último viene la cuestión del complot. Otra vez Pablo se muestra astuto. El no sabe quiénes son los centuriones que le guardan, ni cuáles son sus intereses. Pero sí sabe que Lisias tiene interés en salvarle de tal complot, no porque Lisias sea buena persona, sino porque como oficial responsable en Jerusalén se le culpará de cualquier irregularidad que tenga lugar en la ciudad. Luego, sin decirles a sus guardas más que lo absolutamente necesario, le hace llegar a Lisias la noticia de lo que se trama.

En todo esto, lo que Lucas destaca es la perspicacia política de Pablo. El apóstol no se nos presenta, como a menudo nos lo imaginamos, como un predicador fogoso que arremete continuamente contra los enemigos de Dios, sin importarle quiénes son, ni cuáles son sus intereses. Al contrario, Lucas lo pinta aquí como un astuto misionero, que sabe utilizar los intereses de cada uno de los elementos en juego. Y le presenta al mismo tiempo como hombre de gran integridad, que no está dispuesto a mentir ni a callar solamente por salvar su vida.

¿Qué mensaje pudiera ser más pertinente y urgente para nuestra iglesia hispanoamericana? Por un lado, la necesidad del análisis político realista y sobrio; saber quiénes son los jugadores de turno, cuáles son sus intereses, qué les mueve. Por otro, al tiempo que empleamos ese conocimiento, hacerlo con integridad. Entre esos dos polos, nuestra iglesia frecuentemente se olvida del ejemplo de Pablo. Por un lado, hay quienes piensan que basta con «predicar el evangelio», olvidándose de que el evangelio siempre se predica a seres humanos, dentro de un contexto político y social, y que ese contexto tiene mucho que ver con el modo en que se nos escucha y el modo en que las gentes reaccionan a lo que decimos y a lo que hacemos. Los poderes políticos y económicos están bien dispuestos a usarnos, y lo harán para sus propios propósitos, si nosotros no sabemos en qué consisten esos poderes y cuáles son sus metas. Y por otro, a veces parece que estamos demasiado dispuestos a «hacerle el juego» al dictador de turno, o a callar sobre la injusticia y la opresión a cambio de que se nos permita predicar libremente, o a «dorarles la píldora» a los ricos para que nos den sus ofrendas. Empero, entre lo uno y lo otro, con su ejemplo retador, se alza la figura del apóstol Pablo, sabio, astuto, e íntegro. ¡Quiera el Señor darnos líderes como él, para la hora decisiva en que nos ha tocado vivir!

Ch. Pablo bajo la custodia de Félix (23.34-24.27)

1. Primera entrevista con Félix (23.34-35)

Sobre Félix tenemos datos conservados por los historiadores romanos[32] y por Flavio Josefo.[33] Era un liberto —es decir, un esclavo liberado— cuyo hermano había sido favorito de Agripina (la madre de Nerón). Refiriéndose a esos orígenes, el historiador Tácito dice que «practicó toda clase de crueldades y lascivias, usando del poder de un rey con el espíritu de un esclavo». Uno de los modos que utilizó para avanzar en su carrera política fue casarse con mujeres influyentes, por lo cual Suetonio le llama «marido de tres reinas». Más adelante Lucas nos hablará de una de ellas, Drusila (24.24). Fue nombrado procurador de Judea hacia fines del reinado de Claudio, quien murió en el año 54. Luego, para la fecha del juicio de Pablo (el 58) ya tendría unos cuatro años en el cargo.

Aparentemente, Félix averigua de qué provincia era Pablo porque antes de decidir si iba a oír el caso o no, tenía que determinar la cuestión de jurisdicción. Los gobernadores de Judea sabían sobradamente que las cuestiones de religión eran espinosas, y podían conducir a desórdenes que a su vez serían vistos en Roma como señales de ineptitud por parte del gobernador. Por ello, si de algún modo puede deshacerse de este caso difícil en que los jefes religiosos del pueblo judío se enfrentan a un ciudadano romano, gustosamente lo hará. Un buen modo de lograr ese objetivo sería transferir el caso a otra provincia. Un caso criminal podía verse ante los tribunales de la provincia en que se había cometido el delito (*forum delicti*) o ante los de la provincia del acusado (*forum domicilii*). Si Félix logra transferir el caso a la provincia de

---

32 Tácito, *Hist.*, 5.9; Suetonio, *Claudio*, 28. Véase además, F. F. Bruce, «The Full Name of the Procurator Felix», *JStNT*, 1, 1978, 33-36.

33 *Ant.*, 20.8.5-9; *Guerra*, 2.13.2.

Pablo, se habrá lavado las manos de un asunto escabroso. Empero resulta que Pablo, oriundo de Cilicia, es ciudadano de Tarso, ciudad libre en esa provincia, y por tanto no está sujeto a las autoridades provinciales. Al menos, esto es lo que entienden algunos eruditos sobre los vv. 34-35.[34]

El «pretorio de Herodes», donde Pablo es puesto en prisión, era el antiguo palacio de Herodes el Grande, que servía también como sede del procurador romano, y por tanto se llamaba ahora «pretorio».

2. El juicio ante Félix (24.1-23)

La llegada de Ananías «cinco días después» es índice de la importancia que el sumo sacerdote y sus acompañantes le daban al caso. Puesto que la distancia total de Cesarea a Jerusalén era de unos cien kilómetros, es de suponer que la comitiva judía salió no más de uno o dos días después de enterarse del traslado de Pablo. Llevan consigo a un «orador», es decir, a un abogado experto en retórica, que era la disciplina básica que los abogados estudiaban, llamado Tértulo. Aunque su nombre es romano, es probable que haya sido judío.

El juicio gira alrededor de los dos discursos, uno de Tértulo y otro de Pablo. Ambos comienzan por una *captatio benevolentiae*, un esfuerzo por ganarse la buena voluntad de Félix. La de Tértulo (vv. 2-4) es más lisonjera que la de Pablo, mucho más breve (10b). Las acusaciones son varias: Pablo es «una plaga», «promotor de sediciones[35] por todo el mundo», «cabecilla de la secta de los nazarenos», e intentó «profanar el templo». De todo esto, lo único que en realidad puede importarle al gobernador es la acusación de sedicioso y la de profanar el Templo, pues era responsabilidad del gobernador evitar motines y salvaguardar el Templo contra quienes quisieran profanarlo.[36]

En el v. 9, Félix les pide corroboración de los hechos a los jefes de los judíos que han descendido desde Jerusalén para el juicio, y la obtiene.

Entonces, en el v. 10, tras recibir indicación de Félix que le ha llegado el turno para hablar, Pablo pronuncia su defensa. Los vv. 11-13 tratan sobre las dos acusaciones de instigar motines y profanar el Templo. Hábilmente, se desentiende de lo que se ha dicho, que promueve sediciones «por todo el mundo», y limita su defensa a los doce días que acaba de pasar en Jerusalén. Durante esos doce días, nadie le ha visto disputar, ni amotinar a la multitud, ya sea en el Templo, ya en las sinagogas. En el v. 14 cambia el tono del discurso, que no es ya una respuesta a las acusaciones, sino una exposición

---

34 Roloff, *Hechos*, p. 446.

35 Aquí aparece una vez más la palabra *stásis* (sedición o motín), tan temida por todos los súbditos y oficiales del Imperio Romano, que se preciaban del orden que existía bajo su gobierno.

36 En este caso, como en tantos otros, el texto occidental ofrece más detalles, aunque menos crédito. Cp. E. Delebecque, «Saint Paul avec ou sans le tribun Lysias en 58 à Césarée. Texte court ou texte long?», *RevThom.*, 81, 1981, 426-34.

positiva de su fe y de por qué ha venido a Jerusalén. Se confiesa seguidor del «Camino que ellos llaman herejía». Aquí RVR nos despista un poco, pues la misma palabra que traduce por «secta» en la acusación de Tértulo (24.5) la traduce ahora por «herejía» en la defensa de Pablo (24.14). En realidad, el término *hairésis*, del que se deriva el castellano «herejía», no tenía todavía esa connotación negativa (ni siquiera la de «secta»). Quería decir más bien «partido», «grupo» o «bando». Al mismo tiempo que sigue este Camino, Pablo continúa «creyendo todas las cosas que en la ley y en los profetas están escritas». Y es precisamente por esa creencia en lo escrito que participa de la esperanza en una resurrección universal, «así de justos como de injustos». Por ello, Pablo se comporta como lo hace, para «tener siempre una conciencia sin ofensa ante Dios y ante los hombres». En toda esta parte del discurso, resulta notable que Pablo, al tiempo que habla de la resurrección final, no diga una palabra de la resurrección de Jesús, o que esa resurrección muestra que Jesús es en efecto el Mesías esperado por Israel. Tal declaración hubiera confirmado las peores acusaciones de sus adversarios, pues el nacionalismo judío, en su rebeldía frente a Roma, giraba en torno al Mesías esperado.

Pablo continúa explicando la razón de su venida a Jerusalén. Aquí por fin Lucas nos deja entrever algo de la gran colecta que ocupa un lugar tan importante en las cartas de Pablo, y sobre la cual Hechos guarda un silencio casi total: «vine a hacer limosnas a mi nación y presentar ofrendas» (v. 17). Fue cuando estaba en el Templo, precisamente por respeto a ese lugar, que «unos judíos de Asia» le hallaron, «no con multitud ni con alboroto».[37] Por implicación, son esos judíos los causantes del alboroto. Esos judíos de Asia son los que deberían estar en el tribunal, dando testimonio de las acusaciones. En cuanto a los judíos presentes, Pablo les reta a que informen sobre «alguna cosa mal hecha» que hayan descubierto cuando compareció ante ellos, excepto el haber afirmado la resurrección de los muertos.

Es en el v. 22, tras el discurso de Pablo, que nos enteramos de que Félix estaba «bien informado de este Camino». Es dudoso que esto quiera decir que Félix sintiese simpatías hacia el cristianismo, según veremos más adelante. ¿Quiere decir que Félix había indagado antes acerca de este movimiento que se extendía en su provincia? ¿O se refiere sencillamente, en uno de esos resúmenes de Lucas, a que Félix indagó de Pablo sobre el Camino allí mismo, en el juicio, y por fin decidió aplazar la cuestión? Es imposible saberlo. Lo que sí está claro es que Félix no quiere embrollarse en el asunto, y por ello aplaza su decisión, con la excusa de que tiene que esperar a recibir un informe personal del tribuno Lisias.

Mientras tanto, Pablo había de seguir prisionero, aunque con «alguna

---

[37] Pablo parece evitar el término *stásis*, y emplea otro (*thórybos*).

libertad», y de tal modo que se les permitiese a «los suyos servirle o venir a él».[38]

3. Entrevista con Félix y Drusila (24.24-27)

Lucas nos cuenta entonces otra entrevista de Pablo con Félix, esta vez en presencia de Drusila, la esposa del gobernador. Nos dice únicamente que era judía. Pero Josefo nos da más información.[39] Era hija menor de Herodes Agripa I (véase 12.1), y por tanto hermana de Agripa II y de Berenice (véase 25.13). Había estado casada antes con el rey de Emesa, Aziz, pero lo dejó para casarse con Félix. Tenía al menos un hijo, Agripa, quien murió con ella cuando la erupción del Vesubio en el año 79.

Félix y Drusila hacen venir a Pablo ante su presencia, y le escuchan hablar «acerca de la fe en Jesucristo». Empero cuando Pablo empieza a tratar «acerca de la justicia, del dominio propio y del juicio venidero, Félix se espantó». Lucas sabe bien lo que se cuenta de Félix, de su carácter disoluto y cruel, y por tanto lo que nos pinta aquí es el cuadro de un hombre que se niega a escuchar lo que Pablo le dice porque le toca muy de cerca. Por ello despide a Pablo con la vaga promesa de que le llamaría otra vez cuando tuviera más tiempo.

En el v. 26, Lucas nos informa que ésa no fue la última entrevista entre Pablo y el gobernador, aunque ahora el propósito de Félix era ver si podía obtener dinero de Pablo. Por fin, «al cabo de dos años», llegó un nuevo gobernador, pero Félix dejó preso a Pablo. Los «dos años» (*dietía*) son el término técnico que se utilizaba en derecho para referirse al tiempo máximo durante el cual un acusado podía ser mantenido en prisión preventiva. Si Lucas emplea el término en ese sentido, lo que el texto quiere decir es que, pasados esos dos años, Félix debió dejar a Pablo en libertad, pero que para congraciarse con los jefes de los judíos, o para evitarse problemas con ellos, sencillamente le dejó preso, para que su sucesor tuviera que lidiar con el asunto.

---

38 Había tres tipos comunes de encarcelamiento. El más fuerte era la *custodia pública*, en la que se encarcelaba y encadenaba a la persona, como en la cárcel en que Pablo y Silas fueron confinados en Filipos. La *custodia militaris* requería que el preso fuese sujeto a un soldado mediante una cadena, del brazo derecho del detenido al izquierdo del soldado. A veces, cuando el preso estaba en un lugar cerrado, podía quitársele la cadena. La *custodia libera* era muchísimo más suave, y se parecía mucho al «arresto en domicilio» que se practica en tiempos modernos. En este caso, parece que Pablo es colocado bajo *custodia militaris*.

39 *Ant.*, 20.7.1-2.

Veleidad, poder y paciencia

En este pasaje, Lucas nos pinta un cuadro triste de las autoridades, tanto judías como romanas. Sobre el sumo sacerdote Ananías no hay que añadir mucho. Ya dijimos que era hombre cruel, que no gozaba de las simpatías de su pueblo. Cuando por fin ese pueblo se rebeló contra Roma, una de sus primeras acciones fue precisamente darle muerte a quien pretendía ser su jefe religioso, pero en realidad era un hombre preocupado por su propio poder y autoridad. Ahora trae consigo a un abogado, para que presente la causa contra Pablo. El abogado se muestra en extremo adulador de un gobernador bien conocido por su amor al dinero y por sus pocos escrúpulos. (Lo cual contrasta con la actitud de Pablo, quien no le da más crédito a Félix que el haber sido gobernador por muchos años.) Las acusaciones de los jefes judíos son vagas, y varias de ellas no tienen nada que ver con las leyes romanas.

El gobernador romano, por su parte, primero trata de lavarse las manos (como aquel otro romano, Poncio Pilato). Luego, en lugar de dictar sentencia, la aplaza, con la excusa de que tiene que esperar a que llegue el tribuno Lisias. Después hace venir a Pablo, para que comparezca ante él y su mujer; pero cuando el apóstol le habla del «dominio propio y del juicio venidero», son cuestiones que le tocan muy de cerca, y se asusta. Empero no por ello deja de correr tras su propio provecho, y sigue buscando el modo de que Pablo le pague algo para que le suelte. Por fin, dándole largas al asunto, deja pasar dos años, y se va sin haber resuelto nada.

En medio de todo esto, Pablo debe haber necesitado de mucha paciencia. Dos años encarcelado y probablemente encadenado, esperando el resultado de un juicio que ya había tenido lugar, es un tiempo largo. Y más largo para quien sabe que está preso porque su juez no se atreve a dictar sentencia, o está esperando a que le paguen. Amplia oportunidad tuvo entonces Pablo de vivir lo que él mismo había enseñado: «nos gloriamos en las tribulaciones, sabiendo que la tribulación produce paciencia; y la paciencia, prueba; y la prueba, esperanza; y la esperanza no avergüenza» (Ro. 5.3-5).

La lección para nosotros resulta obvia. Vivimos en tiempos en los que se requiere, junto a una santa impaciencia con la injusticia y el dolor presentes, una también santa paciencia para perseverar aun cuando las dificultades parecen no tener fin ni solución. No es cuestión de conformarnos; pero tampoco es cuestión de desalentarnos porque nuestros esfuerzos no producen resultados inmediatos. Pablo estaba preso, en las cárceles del imperio más poderoso que el mundo mediterráneo había conocido, y sujeto a los antojos de un gobernador políticamente poderoso, pero moralmente débil. Era para desesperarse. Pero pasaron los años, y pasaron los siglos, y de aquel gobernador, de aquel imperio, y de todas sus legiones, no queda sino un eco lejano en las páginas de la historia, mientras del pobre preso que parecía marchitarse en las cárceles del Imperio se habla hoy en los cuatro rincones del mundo, y su mensaje resuena aun hoy con el mismo tono vibrante que le causó tanto espanto al veleidoso gobernador.

Desde el punto de vista meramente humano, la iglesia hispano-americana tiene muchas razones para desesperar. Nuestro pueblo se encuentra sumido en una pobreza cada vez mayor. Mientras más analizamos la situación, más nos percatamos de que esa pobreza tiene sus raíces en circunstancias y sistemas que se encuentran fuera de nuestro control. El hambre, la miseria, la opresión política, y mil cosas más, nos llevan a la desesperanza. Como cristianos, sabemos que tenemos que luchar contra ellas. Pero al mismo tiempo, porque somos realistas, sabemos que nuestra lucha no es meramente contra carne ni sangre, sino contra principados y potestades. Estamos sujetos a poderes tan poco dignos de respeto como el sumo sacerdote Ananías o el gobernador romano Félix. Empero en medio de todo ello, gracias al poder y la presencia del Espíritu (de ese Espíritu Santo que es el principal protagonista de Hechos) tenemos esperanza, sabiendo que la tribulación produce paciencia; y la paciencia, prueba; y la prueba... ¡esperanza!

D. Pablo bajo la custodia de Porcio Festo (25.1-26.32)

1. El juicio ante Festo (25.1-12)

Sobre Porcio Festo es poco lo que se sabe. Josefo le pinta como gobernante enérgico, que tomó medidas rápidas y certeras contra el desorden que comenzaba a reinar en la provincia.[40] Hay algunas dificultades en cuanto a la fecha exacta en la que Festo llegó a Cesarea, pero lo más probable parece ser que esto haya tenido lugar en el año 60.[41] La «provincia» a que se refiere el v. 1 era la provincia romana de Siria, a la que Palestina pertenecía.

El carácter enérgico de Festo, que se desprende de las palabras de Josefo, puede verse también en esta narración de Hechos. En efecto, sólo tres días después de llegar a Cesarea, Festo «sube» a Jerusalén. Es de suponerse que,

40 *Ant.*, 20.8-9; *Guerra*, 2.13-14.
41 Véase Turrado, *Biblia comentada*, pp. 227-28.

advertido del espíritu de rebelión que iba en aumento, llevaba el propósito de enterarse lo más pronto posible de las condiciones reinantes en la porción de sus territorios que más probablemente le causaría dificultades.

Puesto que Lucas se interesa únicamente por la actuación de Festo con respecto a Pablo, casi parece dar a entender que lo único que se discutió durante la visita de Festo a Jerusalén fue el juicio del apóstol. Lo más probable es que, entre las muchas cosas de que se habló, surgiera el caso de Pablo. Aparentemente, los que tramaban su muerte no se habían dado por vencidos, a pesar de la oportuna intervención de Lisias, y ahora le «ruegan» a Festo que envíe a Pablo a Jerusalén. Lucas nos informa que hacían esto porque continuaban tramando cómo matarle en el camino (v. 3).[42] Empero Festo les contesta, muy razonablemente, que él mismo partiría pronto, y que no sería sensato mandar a traer a Pablo hasta Jerusalén, sino que sería mejor que sus acusadores fueran a Cesarea, y allí presentaran sus cargos contra el preso.

La acción continúa desarrollándose con la rapidez característica de Festo. Este no permanece en Jerusalén mas de «ocho o diez días», y al día siguiente de su regreso a Cesarea tiene lugar el juicio de Pablo. En total, Festo no había estado en la provincia más de unas dos semanas, y ya se acerca el desenlace de un proceso que bajo Félix había durado más de dos años.

Sobre el proceso mismo, es poco lo que se nos dice. Puesto que en el capítulo 24 Lucas acaba de contarnos el juicio ante Félix, ahora se limita a dos versículos (7 y 8) en los que resume tanto las acusaciones de los judíos como la defensa de Pablo. A la postre, Festo sugiere que el juicio se pase a Jerusalén, donde continuará bajo su propia presidencia. Posiblemente lo que sucede es que los que acusan a Pablo no pueden probar sus cargos, y Festo quiere darles la oportunidad a que lo hagan en Jerusalén, donde podría haber más testigos. Lucas, sin embargo, indica que Festo sugiere esto «queriendo congraciarse con los judíos». Es interesante notar que ésa es la misma razón por la que Félix había dejado preso a Pablo, aún pasados los dos años (24.27). Esta explicación de Lucas constituye un fuerte argumento contra los intérpretes que dicen que el propósito de Hechos es mostrarles a sus lectores romanos que el evangelio fue perseguido por los judíos, pero no por los romanos, quienes fueron siempre sus justos defensores. En este pasaje, y en 24.27, Lucas dice claramente que los gobernantes romanos fueron veleidosos, y que les preocupaba más granjearse el favor de los jefes judíos que hacer justicia.

La respuesta de Pablo es uno de los momentos más dramáticos del libro de Hechos. El apóstol le echa en cara su debilidad al recién llegado gobernador: «Ante el tribunal de César estoy, donde debo ser juzgado. A los judíos no les he hecho ningún agravio, como tú sabes muy bien». Le dice además que no tiene autoridad para hacer lo que se propone —«si nada hay de las cosas de

---

42 El texto occidental afirma que los que tramaban esta nueva celada eran los mismos que antes se habían conjurado para matar a Pablo.

que éstos me acusan, nadie puede entregarme a ellos»— y concluye con su apelación al César (que en ese tiempo era Nerón).

Con respecto al derecho de apelar al César, hay muchos puntos oscuros sobre los que los historiadores del derecho romano no pueden emitir veredicto seguro. Por ejemplo, no se sabe si solamente los ciudadanos romanos tenían ese derecho, si se aplicaba o no a toda clase de caso criminal, si se podía apelar antes que el gobernador dictara sentencia, y varias otras cuestiones semejantes.[43] Lucas parece dar a entender que el derecho de apelación no era automático, pues Festo consulta con su consejo antes de indicar que Pablo irá ante César (25.12). En todo caso, a partir de ese momento, el caso de Pablo no está ya en las manos de Festo, y todo lo que sigue en el libro de Hechos es una serie de encuentros y episodios de gran interés, pero sin valor jurídico alguno.

2. Pablo ante Agripa y Berenice (25.13-26.32)

Aunque Pablo ha apelado al César, no sale inmediatamente para Roma, sino que sigue prisionero en Cesarea mientras se hacen los preparativos necesarios. Es durante ese tiempo que Festo recibe la visita de Agripa y Berenice. Este Agripa era Herodes Agripa II, hijo de Herodes Agripa I, quien ordenó matar a Jacobo. Tenía solamente diecisiete años cuando murió su padre, en el 44. Aunque era favorito del emperador Claudio, éste no le dio el trono de su padre, posiblemente porque era demasiado joven para ello, sino que le concedió territorios más limitados, y no fue sino en el año 53 que Herodes Agripa II recibió el título de rey. Sus territorios no incluían toda Judea, que quedó bajo el gobierno de los procuradores romanos. Su capital estaba en Cesarea de Filipo. Sin embargo, por ser miembro de la dinastía judía que había reinado en Palestina durante los últimos años, tenía el derecho de nombrar al sumo sacerdote, y era además custodio del tesoro del Templo. Cuando tuvieron lugar los hechos que Lucas narra, tendría unos treinta años de edad. Murió bastante después, en el año 92, con lo cual terminó la dinastía de los Herodes.[44]

Su hermana Berenice era un año menor que él, y diez años más joven que Drusila, la esposa de Félix. Había estado casada con un oficial judío de Alejandría, y luego con su propio tío, de quien tuvo dos hijos.[45] Al morir este segundo esposo, Berenice fue a vivir con su hermano Herodes Agripa II, y pronto comenzaron a circular rumores en el sentido de que existían relaciones incestuosas entre ambos. Quizá con el propósito de acallar esos rumores, Berenice se casó por tercera vez con el rey de Cilicia, Polemo; pero pronto le abandonó y regresó a casa de su hermano. Más tarde, cuando se avecinaba la rebelión de los judíos, trató de calmar los ánimos, pero con poco éxito. Entonces fue amante de Tito, con quien esperaba contraer nupcias por cuarta

43 Véase Haenchen, *Acts*, p. 667, n. 2.
44 Sobre toda esta dinastía, véase el artículo «Herodes», en *DIB*.
45 Josefo, *Ant.*, 20.5.2; *Guerra*, 2.11.6.

vez, pero cuando Tito fue hecho emperador se vio obligado a abandonarla por razones políticas.[46]

Agripa y Berenice fueron a Cesarea, como era de protocolo, para saludar al nuevo representante de Roma, y en el transcurso de esa visita Festo les cuenta de Pablo y su caso (25.14-21). Agripa muestra interés, y Festo le promete satisfacer su curiosidad. No se trata entonces de un juicio, lo cual no era ya posible por cuanto Pablo había apelado al César, sino más bien de un intento por parte del anfitrión Festo por entretener a sus huéspedes Agripa y Berenice.

Es al día siguiente que tiene lugar la audiencia que Lucas describe en 25.23-26.32. Se trata de una audiencia ante estos personajes reales que tiene lugar «con mucha pompa», y en presencia de «los tribunos y principales hombres de la ciudad». En los vv. 24-27, Festo explica por qué Pablo ha sido traído. Ahora añade otro propósito a la entrevista. Como era costumbre, se suponía que Festo enviara a Roma, no solamente al acusado, sino también un resumen del caso (el *elogium* de que hablamos al tratar sobre 23.25-30). En este caso, Festo se siente perdido, pues «no tengo cosa cierta que escribir a mi señor».[47] No olvidemos que Festo llevaba poquísimo tiempo en su provincia, y que no estaría enterado de buena parte de los detalles sobre la religión judía, y sobre el modo en que sus antecesores se habían conducido con respecto a esa religión. Por tanto, aprovecha la oportunidad de la visita de Agripa para enterarse mejor de lo que se discute, y así poder escribirle al emperador con mejor conocimiento de causa.

Agripa le indica a Pablo que puede hablar, y Pablo responde con uno de sus más largos discursos en todo el libro de Hechos (26.2-23). Como en otros casos parecidos, este discurso empieza con una breve *capatio benevolentiae* (vv. 2-3), en la que el orador trata de ganarse la buena voluntad de quien le escucha. El discurso de Pablo es una combinación de autobiografía con argumentación teológica. El argumento teológico consiste esencialmente en unir la doctrina de los fariseos, que incluía la esperanza en la resurrección, con la resurrección de Jesús. Naturalmente, Pablo no toca el verdadero punto de contraste entre la creencia tradicional de los fariseos y el mensaje cristiano: mientras aquéllos creían en la resurrección en el día final, éstos decían que ya esa resurrección se había iniciado con la resurrección de Jesús. La autobiografía se refiere principalmente a la conversión de Pablo, de la que ya hemos tratado. Puesto que al comentar sobre 9.1-19 comparamos los varios textos en Hechos donde se narra esa conversión, inclusive el presente, remitimos al lector a ese lugar. Por último, al final de la narración de su conversión, Pablo

---

46 Juvenal, *Sátiras*, 6; Suetonio, *Tito*, 7.

47 Esta es la primera vez en la literatura antigua que alguien se refiere al emperador como «señor» (*kyrios*). Pocos años más tarde, los cristianos tendrán que enfrentarse a la persecución, y uno de los motivos principales de esa persecución será la incompatibilidad entre la afirmación del estado, «César es el Señor», y la afirmación cristiana, «Jesús es el Señor».

regresa a la afirmación teológica. El sí ha ido por todas partes invitando a judíos y gentiles a que se arrepintiesen y convirtiesen a Dios (v. 20); pero ha hecho todo esto «no diciendo nada fuera de las cosas que los profetas y Moisés dijeron que habían de suceder: que el Cristo había de padecer, y ser el primero de la resurrección de los muertos, para anunciar luz a pueblo y a los gentiles».

Es en este punto que Festo le interrumpe gritando: «Estás loco (*maínē*), Pablo; las muchas letras te vuelven loco (*eis manían peritrépei*)» (26.24). Las dos palabras que RVR traduce por «loco» tienen la misma raíz que el castellano «manía». Lo contrario de esta clase de «manía» es la cordura o sabiduría (*sôfrosynê*), y es eso lo que Pablo reclama en el v. siguiente: «No estoy loco, excelentísimo[48] Festo, sino que hablo palabras de verdad y de cordura». Entonces apela al rey, quien como judío «no pienso que ignora nada de esto, pues no se ha hecho esto en algún rincón» (26.26). El «esto» que se supone que Agripa sabe se refiere probablemente tanto a los profetas como a los acontecimientos cristianos. Agripa, como judío y morador de Palestina, debe conocer los profetas, y debe además estar enterado del surgimiento del cristianismo, que no ha tenido lugar «en algún rincón».[49] Y le confronta con la pregunta: «¿Crees, oh rey Agripa, a los profetas? Yo sé que crees».

La respuesta de Agripa se presta a interpretación y discusión. La traducción de RVR da a entender que Agripa por poco se convence: «Por poco me persuades a ser cristiano». El griego aquí incluye la idea de un papel, como en el teatro, y por tanto es mejor la traducción de BJ: «Por poco me convences a pasar por cristiano». Lo que Agripa dice no es que esté a punto de hacerse cristiano, sino que Pablo se las ha arreglado para que Agripa casi se vea obligado a dar testimonio a favor del cristianismo. Su respuesta tiene un tono irónico, como diciendo, «Pablo, casi te las arreglas para tomarme a mí por testigo a favor del cristianismo».

Las palabras de Pablo han venido a ser clásicas, pues se les cita frecuentemente en la literatura y la predicación cristianas: «¡Quisiera Dios que por poco o por mucho, no solamente tú, sino también todos los que hoy me oyen, fueseis tales cual yo soy, excepto estas cadenas!» La última parte de esta frase da a entender que Pablo fue llevado ante el rey encadenado, quizá atado por la mano a un soldado. En todo caso, Pablo les dice tanto al rey como a todos los demás presentes, que él no les envidia su posición ni su poder, y que, excepto por las cadenas que lleva, se encuentra en posición de ventaja sobre ellos.

Con esto termina la audiencia. El rey se levanta, posiblemente disgustado por el tono personal de las palabras de Pablo, y con él salen todos los demás personajes importantes.[50] En conversación aparte, todos estos (el rey, su

---

48 Otra vez el mismo título que Lucas le aplica a Teófilo.

49 Sobre la historia de esta frase, véase A. J. Malherbe, «Not in a Corner: Early Christian Apologetic in Acts 26:26», *SecCent*, 5, 1985-86, 193-210.

50 Los «que se habían sentado con ellos» es el modo en que RVR traduce el término *synkathêmenoi*,

hermana, Festo y los miembros del consejo) declaran que no han encontrado crimen alguno en Pablo, y Agripa afirma que la única razón por la que no pueden soltarlo es que ha apelado al César. Naturalmente, puede ser que esté usando la apelación de Pablo al César como un subterfugio, pues soltar a Pablo le hubiera creado dificultades a Festo con los jefes religiosos del judaísmo.

El testimonio ante la vacilación y la curiosidad

Festo parece traer un nuevo estilo de gobierno. Mientras Félix había demorado dos años sin tomar decisión alguna, Festo se enfrenta al caso de Pablo a los pocos días de haber llegado a la provincia. Empero esto lo hace porque no sabe todavía cuán profundos son los sentimientos involucrados en el caso de Pablo. Hacia el fin del juicio en Cesarea, cuando los acusadores no han podido probar sus cargos, lo que hace Festo, en lugar de absolver al acusado, es proponer un nuevo juicio en Jerusalén, donde es de suponerse que los acusadores tendrán más testigos. Se ve claramente que se trata de una maniobra política. Festo, como antes Félix, se percata del peligro que sería para su carrera política concederle la libertad a este preso tan odiado por algunos de los jefes judíos. Es entonces que Pablo apela al tribunal del César. Esto no quiere decir que Pablo sienta una simpatía particular hacia el emperador, que a la sazón era nada menos que Nerón. Lo que quiere decir es sencillamente que Pablo se percata de la contradicción interna entre los principios legales que se supone Festo defienda, y los intereses políticos que en realidad gobiernan su acción.

Situaciones paralelas son frecuentes entre nosotros. En las últimas décadas, han sido numerosos los casos de líderes eclesiásticos latinoamericanos puestos en prisión por oficiales del ejército, y liberados mediante una apelación a las autoridades superiores, inclusive al dictador a quien ese mismo ejército había colocado en el gobierno. Ha habido otros casos en los que alguien ha sido arrestado, y lo único que impidió que desapareciera fue una rápida llamada telefónica al embajador norteamericano, o una serie de

---

que literalmente quiere decir los que se sientan juntos, pero que en realidad era también el término técnico para los miembros del consejo. Véase Haenchen, *Acts*, p. 690, n. 1.

cables a las Naciones Unidas y otras agencias internacionales. En las ciudades norteamericanas, los pastores hispanos tienen que enfrentarse a diario con casos en los que un policía u otro funcionario del gobierno atropella a algún hispano, y el único modo de lograr que se haga justicia es apelando a autoridades superiores.

Lo interesante de tales casos es que en sí mismos constituyen un testimonio. Al apelar al emperador, Pablo está señalando, aunque indirectamente, la triste corrupción del Imperio, y la necesidad del mensaje que él proclama. No está diciendo necesariamente que Nerón sea bueno. Está más bien señalando la contradicción interna del sistema, y exigiéndole que al menos se ajuste a sus propias reglas. Cuando apelamos a un dictador en nombre de un hermano injustamente encarcelado, no estamos dándole el visto bueno al dictador. Estamos más bien señalando las contradicciones internas del sistema que ese dictador encabeza, y exigiéndole que se ajuste al menos a las más mínimas reglas de la justicia. Lo mismo cuando un pastor hispano en Texas o en Illinois presenta una queja contra un sistema policial que parece discriminar sistemáticamente contra los hispanos. En tales casos, además de demandar justicia, estamos dando testimonio, pues la integridad moral es en sí misma testimonio del Señor a quien servimos.

Pero las autoridades y los poderosos no siempre tratan de aplastar a los débiles y a aquéllos a quienes menosprecian. Otras veces los oprimen reduciéndoles a meros objetos de curiosidad. Festo utiliza a Pablo para entretener a sus huéspedes Agripa y Berenice. ¿Qué mayor deshumanización que ésa de no ser sino un objeto de curiosidad, como un fenómeno de circo? El problema está, como Agripa y Festo al fin descubren, en que el supuesto fenómeno sigue siendo humano, y que en el caso de Pablo tiene además el poder y la convicción que le da el Espíritu Santo, de modo que al final del encuentro son el gobernador y el rey los que están incómodos. El gobernador no tiene otro recurso que burlarse de Pablo: «Las muchas letras te vuelven loco». Y el rey se une a la burla: «casi, casi me obligas a hacer el papel de cristiano».

Pablo resulta vencedor en este tan curioso enfrentamiento. Al terminar el encuentro, sus interlocutores no estarán convencidos; pero al menos estarán vencidos. ¡Extraño poder éste, que hace de un hombre en cadenas vencedor de un rey y un gobernador romano! Poder que, sin embargo, no ha de extrañarnos, si de veras conocemos al Espíritu Santo, protagonista de toda esta historia, y protagonista también de nuestra historia.

E. Pablo es enviado a Roma (27.1-28.10)

La narración vuelve ahora a la primera persona plural («nosotros»), y continuará en esa modalidad hasta el fin de esta sección que trata del viaje desde Cesarea hasta Italia, y por fin a Roma. Por estar en primera persona plural, y por los detalles que se ofrecen, se ha pensado frecuentemente que esta sección era originalmente parte de un «diario de viaje» que Lucas incorporó en su obra. Empero lo más factible es que el autor de Hechos sea el mismo que se refiere a Pablo y sus acompañantes como «nosotros». Debe notarse, sin embargo, que el narrador no se incluye a sí mismo entre los presos. Esto parece indicar que el régimen de prisión que Félix había establecido para Pablo seguía en vigencia (24.23): «que se le concediese alguna libertad, y que no se impidiese a ninguno de los suyos servirle o venir a él». Es sobre la base de ese régimen que el protagonista del «nosotros» puede embarcarse con Pablo.[51] También se nos informa en 27.2 que les acompaña Aristarco.[52]

1. Inicio del viaje (27.1-12)

Pablo y «algunos otros presos» son colocados bajo la custodia del centurión Julio, «de la compañía Augusta». Se sabe que por lo menos en tiempo de Agripa II había en Cesarea una cohorte llamada *Cohors Augusta I*. Es posible que el centurión haya pertenecido a ella. Por otra parte, los historiadores romanos hacen referencia a unos soldados pretorianos a quienes llaman los «augustanos», que eran enviados a diversas regiones del Imperio en misiones especiales,[53] y por tanto es dable pensar que este Julio era uno de esos «augustanos» que había venido a Cesarea en alguna misión y ahora volvía a Roma.

La nave en que el grupo se embarca es «adramitena», es decir, procedente de Adramitio, ciudad al sur de Troas (véase el mapa al final del libro). La ruta de la nave les lleva primero a Sidón, donde el centurión le permite a Pablo visitar a los «amigos». Esta es la única vez que Lucas se refiere a los cristianos con ese término. Probablemente esté repitiendo el modo en que el centurión se referiría a los cristianos, no como hermanos de Pablo, sino como sus amigos. Es de suponerse que Pablo visitaría a los hermanos en la compañía de un soldado, al cual posiblemente estaría encadenado. Luego, pasando al norte de Chipre, llegaron hasta Mira. El texto explica que navegaron «a sotavento de Chipre, porque los vientos eran contrarios». Lo que esto quiere decir es que, con el viento del oeste, la nave usó la isla de Chipre para protegerse de él, al

51 Además, la ley le permitía a un ciudadano romano tomado preso como en el caso de Pablo llevar consigo hasta dos esclavos. Por ello se ha sugerido que el protagonista del «nosotros» iba, al menos legalmente, como esclavo de Pablo. Tal hipótesis no ha sido generalmente aceptada.
52 Sobre Aristarco, véase 19.29 y 24.10.
53 Tácito, *Anales*, 14.19; Suetonio, *Nerón*, 25.

tiempo que aprovechaba la corriente, que en esa costa corre hacia el occidente. Según el texto occidental, el viaje hasta Mira tomó catorce días.

En Mira trasbordaron a una nave procedente de Alejandría, que iba para Italia. Es de suponerse que la nave adramitena seguiría bordeando la costa de Asia Menor, rumbo a Adramitio, y que por ello los viajeros trasbordaron en Mira. Puesto que la nave venía desde Alejandría e iba hasta Roma, sería un barco de mayor tamaño que el anterior. Más adelante (27.37) Lucas nos dirá que iban a bordo 276 personas.

Desde un principio la navegación en la nave alejandrina fue lenta y difícil. Los vientos seguían contrarios, y a duras penas llegaron frente a Gnido, en la esquina suroeste de Asia Menor. De allí, en lugar de continuar directamente hacia el oeste, lo cual hubiera sido imposible a causa de los vientos contrarios, tomaron hacia el sur, para navegar a sotavento de Creta y así aprovechar la protección de esa isla. «Salmón» es un cabo al extremo oriental de Creta. La ciudad de Lasea, hoy en ruinas, estaba en la costa sur de Creta, aproximadamente a mitad del camino entre los dos extremos de la isla. Hay hoy, cerca de esas ruinas, una bahía que lleva el nombre de «Kololimonias», y que probablemente sea la que Lucas llama «Buenos Puertos» (*Kaloùs liménas*). No es una bahía excelente, pues se encuentra expuesta a los vientos, y es por eso que Lucas nos dice que era «incómodo el puerto para invernar».

En los vv. 9 al 12 se toma la decisión de no pasar allí el invierno, sino continuar camino a Fenice. Se piensa hoy que este puerto, que Lucas describe en 27.12, era el que hoy se llama Lutro.[54] Se trataba de un viaje de unos sesenta kilómetros, al final del cual podrían anclar en un puerto bien resguardado de los vientos de invierno.

Empero ya era tarde en el año, y el tiempo en que la navegación era menos peligrosa iba pasando. Lucas nos dice que ya había pasado «el ayuno» (v. 9). Este ayuno era la celebración judía de Kippur (véase Lv. 16.29-31), que tenía lugar el día diez del mes de Tishri, es decir, hacia fines de septiembre o principios de octubre. En el año 59, fecha probable de este viaje, el ayuno cayó el 5 de octubre. Por tanto, todos concordaban en que ya no era posible llegar a Italia antes del invierno, y lo que se intentaba era encontrar un buen lugar donde invernar.

Hay entonces un desacuerdo con respecto a lo que se ha de hacer. Los expertos piensan que lo más aconsejable es seguir hasta Fenice.[55] Pablo, por el contrario, les dice que deben permanecer en Buenos Puertos. Lucas no nos indica si Pablo hace su recomendación sobre la base de su sentido común, o

---

54 Véase «Fenice» en *DIB*. Según otra opinión, «Fenice» es el lugar que hoy se llama «Fineca», que ya no es puerto porque el nivel de la tierra ha subido unos cinco metros. Véase Haenchen, *Acts*, p. 700, n. 7.

55 Las palabras que RVR traduce por «piloto» y «patrón» son términos técnicos sobre cuyo significado se debate. Lo más probable es que el primero sea el capitán y el segundo sea el dueño del barco (o el representante de los dueños).

por inspiración del Espíritu. Lo primero es dudoso, pues no tenemos indicación alguna de que el apóstol fuese experto en navegación.[56] Pero si Pablo hizo su vaticinio por inspiración del Espíritu, resulta que solamente parte de lo que anunció se cumplió, pues la nave y el cargamento sí se perdieron, aunque todos los que iban en la nave se salvaron. Sobre esto, véase lo que hemos dicho más arriba, en la sección «los mandatos del Espíritu».

No está claro quién tiene autoridad para tomar decisiones con respecto a la navegación. Normalmente, esa responsabilidad caería sobre el capitán y el dueño del navío. Lucas, sin embargo, nos dice que «el centurión daba más crédito al piloto y al patrón de la nave que a lo que Pablo decía», como si el centurión pudiese decidir dónde la nave pasaría el invierno. Y, en 27.12, añade que «la mayoría acordó zarpar», lo cual parece indicar que la decisión se tomó siguiendo un proceso de votación universal. Lo más probable es que el patrón y el piloto pidieran el consentimiento del centurión, de los marinos y quizá hasta de los pasajeros, pues cualquier decisión que tomaran sería peligrosa.

Los expertos y la autoridad

Este episodio invita a una breve reflexión. Parece osado por parte de Pablo, quien no es experto en navegación, recomendarles a los expertos de su tiempo lo que han de hacer. Sin embargo, el resto de la historia nos hace ver que Pablo tenía razón.

Con mucha frecuencia en nuestros días, cuando la iglesia intenta pronunciar palabra profética sobre alguno de los problemas que se debaten en el mundo, se le dice que calle, pues son los «expertos» quienes saben lo que ha de hacerse, y la iglesia o sus portavoces no son expertos en lo que se discute. Cuando, por ejemplo, se habla del problema de la contaminación ambiental, y algunos líderes de la iglesia advierten contra la tendencia a violentar la naturaleza con fines de lucro, se intenta hacerles callar diciendo que después de todo, no son expertos en economía ni en ecología. O cuando se alza una voz profética contra la injusticia económica, quienes reciben los beneficios de esa injusticia pretenden desentenderse de lo que se les dice argumentando que, después de todo, el profeta no es economista. O cuando la iglesia alza la voz contra el daño físico que el uso del tabaco ocasiona, los «expertos» pagados por las compañías tabacaleras tratan de desautorizarla diciendo que, después de todo, la iglesia no es experta en asuntos

---

[56] No olvidemos, sin embargo, que Pablo había hecho frecuentes viajes por mar. Hay una lista de ellos en Haenchen, *Acts*, pp. 702-3. En total, antes de este viaje, Pablo parece haber navegado por lo menos unos 6.000 kilómetros.

de salud. Los ejemplos podrían multiplicarse en número casi infinito. Lo esencial es que, en un mundo en el que los «expertos» frecuentemente usan de su autoridad para justificar el mal, es hora de que la iglesia reclame su autoridad. Esa autoridad no se basa en ser experta en cuestiones de economía, o de política, o de ecología, o de salud, sino en tener una visión clara del futuro que Dios nos tiene prometido, de ese elemento central en el mensaje cristiano, el Reino de Dios. Quizá la iglesia y sus líderes no sean «expertos»; pero, si tienen palabra del Señor, sí tienen autoridad.[57]

2. Tempestad y naufragio (27.13-44)

La decisión se corrobora con un viento del sur, lo cual les permitiría navegar hacia el noroeste hasta llegar a Fenice. El viento sur, sin embargo, les impediría salir de la bahía en que estaban, y por tanto es probable que remolcaran el navío a remos, usando el esquife. Sin embargo, no han hecho más que salir de la bahía cuando el viento cambia. El «Euroclidón» (v. 14) es un fuerte viento del nordeste. Lo normal en tal situación era darle vuelta a la nave, para que el viento la golpeara de proa. De ese modo el embate de las olas sería menor, y la embarcación no sería arrastrada por el viento con tanta velocidad. Pero esta vez parece que el viento llegó de momento. Al darle vuelta a la nave, era necesario exponer su costado a las olas y al viento, lo que resultaría en extremo peligroso. Por tanto, los marinos deciden sencillamente dejar que el viento les lleve, posiblemente izando sólo una pequeña vela para mantener la nave de popa al viento, y para que el timonel pudiera dirigir la nave, de tal modo que cortara las olas perpendicularmente, y no zozobrara. Aparentemente el viento apareció de forma tan repentina que ni siquiera tuvieron tiempo para recoger el esquife hasta que se encontraron bajo la protección de Clauda, una pequeña isla a unos 40 kilómetros hacia el oeste de Buenos Puertos.

Los vv. 17-19 cuentan una serie progresiva de medidas de emergencia que se van tomando. Los «refuerzos para ceñir la nave» se han interpretado de diversas maneras.[58] Parece que se trataba de cables amarrados alrededor de la nave, para contrarrestar el efecto de las olas que tendía a desencajar los maderos. Lo que se discute es cómo y en qué dirección se ataban esos cables. La Sirte era un banco de arena en la costa norte de Africa que tenía fama de ser un «cementerio de barcos». Puesto que el navío era llevado rápidamente hacia el suroeste, y los marineros no tenían modo de saber con exactitud cuán lejos habían ido, ese temor era natural. Lo que RVR traduce por «arriaron las velas» es una frase de sentido oscuro (*jalásantes tò skeuos*). Probablemente la

---

57 Para un desarrollo más amplio de este tema, ver K. Strachan, *El llamado ineludible*, Editorial Caribe, Miami, 1969, pp. 137-143.
58 Véase Haenchen, *Acts*, p. 703, n. 1.

traducción de BJ sea mejor: «se echó el ancla flotante». No tiene sentido el que esperaran hasta ese momento para arriar las velas. El ancla flotante, por otra parte, es un aparato que se utiliza para que el mar haga resistencia y de ese modo el navío continúe popa al viento y no sea arrastrado a tanta velocidad. Frecuentemente consiste en un barril o en un cono de lona, arreglado de tal modo que flote bajo la superficie. Al día siguiente, viendo que no bastaba con esas medidas, comenzaron a aligerar la nave (ése es el sentido de la palabra algo arcaica que utiliza RVR, «alijar»). Lo que esto quiere decir es que empezaron a deshacerse de la carga, posiblemente para contrarrestar el peso del agua que iba entrando al navío.[59] Por último, al tercer día se deshicieron de los aparejos. Esto se refiere al mástil principal, con su vela, etc. A partir de entonces el navío no cuenta sino con la pequeña vela y el ancla flotante.

Ya han hecho todo lo que pueden hacer, pero no parece ser suficiente. La tormenta continúa «por muchos días», y sin sol ni estrellas, los marinos no tienen la más mínima idea de dónde les lleva el viento. En su desesperación y preocupación, los que van en el barco ni siquiera comen.

Es entonces que por fin Pablo interviene. Comienza por recordarles que les había aconsejado no zarpar de Creta. Les recuerda esto, no por vanagloria, sino para que ahora le hagan caso a lo que va a decirles. En medio de la desesperación, su palabra es de aliento y esperanza: «Ahora os exhorto a tener buen ánimo». La razón para ello, según les dice, es que le ha visitado «el ángel» (es decir, el mensajero) de Dios y le ha anunciado que Dios quiere que vaya a Roma a presentarse ante el César, y que Dios le ha concedido la vida de todos sus acompañantes.

Así son llevados «a través del mar Adriático» por dos semanas. Aquí, el mar «Adriático» no se limita al que hoy recibe ese nombre, es decir, el que se extiende entre Grecia e Italia, sino que incluye toda la zona al sur de ese mar. Por fin, de noche, los marinos sospechan que están cerca de tierra, quizá porque oyen el ruido característico de las olas al romper en la costa. La sonda lo confirma, y se deciden a echar anclas para no ir a estrellarse contra algún escollo. Echan cuatro anclas por la popa. Para ello bastaba con tirarlas por la borda. Pero luego los marinos dicen que es necesario echar anclas también por la proa. Para que se mantuviera la tensión sobre las anclas, sería necesario largarlas, no desde la nave misma, sino desde el esquife. Se trata de una maniobra perfectamente justificada. Por alguna razón, Pablo sospecha que los marinos quieren huir, convence de ello al centurión, y los soldados cortan las amarras del esquife, que es llevado por el viento y las olas.[60]

---

59 Decimos «empezaron», porque en el v. 38 Lucas nos informará que todavía quedaba en la nave algo del trigo que llevaban.

60 Puesto que la maniobra que los marinos decían que iban a emprender era perfectamente justificable, algunos interpretes han declarado que con estas acciones Pablo, lejos de salvar la nave, en realidad la puso en mayor peligro, pues no echaron las anclas de proa y además se perdió el bote salvavidas. F. F. Bruce, *Acts*, p. 516, dice que hubo un malentendido.

En los vv. 33-38 Pablo otra vez interviene para alentar a sus compañeros de viaje, aunque esta vez lo hace no sólo de palabra, sino también con el ejemplo. Les recuerda que llevan catorce días «sin comer nada». (No parece haber duda en cuanto a que esta declaración es hipérbolica, pues si en realidad no hubieran comido nada en absoluto no habrían sobrevivido ni tenido fuerzas para su larga lucha contra el mar.) Les ruega entonces que coman para su propia salud (o salvación, *sôtêría*), prometiéndoles que «ni aun un cabello de la cabeza de ninguno de vosotros perecerá». Acto seguido, unió el ejemplo a la palabra, tomó pan, dio gracias, lo partió y comió. La secuencia de los verbos, tomar pan, dar gracias, partirlo y comer, ciertamente nos recuerda la cena del Señor, aunque el texto no indica que se tratase de una comunión.[61] El ejemplo de Pablo les da ánimo a sus acompañantes, quienes comen también. Es entonces que Lucas nos informa, de pasada, que eran 276 «almas» (RVR: «personas») las que iban en el navío. Tomado el alimento, y esperando posiblemente que la nave iba a encallar, continuaron aligerándola; de ese modo, se acercarían más a la costa.

Por la mañana vieron una tierra desconocida con una ensenada y una playa, y decidieron hacer todo lo posible por varar la nave en esa playa. Puesto que el tiempo apremiaba, y no tenían esquife, cortaron los cables de las anclas. El timón (literalmente, los timones) había sido amarrado durante la tormenta, y ahora lo desamarraron e izaron la pequeña vela de proa, para poder dirigir la nave hacia la playa.

El «lugar de dos aguas» en que la nave dio posiblemente se refiera a un bajío. Aun hoy hay uno en el lugar en que se supone que Pablo y sus compañeros naufragaron. Atascada la proa en el lodo del bajío, y la popa sacudida todavía por las olas, el barco se deshacía.

Los soldados, que deben responder con la vida si sus presos escapan, deciden matarlos. Pero el centurión, cuyo respeto hacia Pablo parece haberse acrecentado, lo impide a fin de salvar al Apóstol. Unos en tablas, otros en otros objetos flotantes[62] y otros en fin a nado, todos llegan a salvo a la costa.

La iglesia, esperanza del mundo

El dramatismo de todo este episodio es tal que al leerlo corremos el riesgo de no percatarnos de lo más sorprendente en todo él: todos los que navegan con Pablo se salvan por razón de la presencia del Apóstol. Esto puede parecernos extraño, pues es-

---

61 El texto occidental sí lo afirma, pero probablemente ello se deba a que su redactor sencillamente tomó los verbos que hemos mencionado como indicación de que se trataba en efecto de una celebración eucarística.

62 Esta frase es difícil de traducir, pues su gramática es extraña. Puede querer decir que algunos se salvaron sobre los hombros de otros.

tamos acostumbrados a pensar en términos extremadamente individualistas: cada cual es responsable por sus propias acciones. Aquí, empero, Dios le concede a Pablo la vida de sus acompañantes. Gracias a la fidelidad de Pablo, quien obedece a la misión que Dios le ha encomendado, los demás se salvan del naufragio.

Hay en la Biblia otra historia paralela, pero que muestra el caso contrario. Se trata de la historia de Jonás, quien toma un barco para ir en dirección contraria de la que Dios le ordena. A consecuencia de su infidelidad, toda la embarcación peligra, y los tripulantes no tienen otra alternativa que lanzarle al mar.

Es importante mantener estas dos historias en tensión permanente, pues si bien es cierto que una iglesia fiel es esperanza para el mundo, una iglesia infiel le es una amenaza, y quizá haría bien el mundo echándola por la borda.

Gracias a la fidelidad de Pablo, y a la misión que Dios le tiene encomendada, se salvan sus compañeros de naufragio. Es más, cuando Pablo les promete que van a salvarse del naufragio, y les invita a comer, el hecho de que él mismo come es señal de que sus palabras de esperanza no son vanas. Está convencido de que hay un futuro distinto del que sus compañeros ven acercarse y temen. Con el sencillo hecho de tomar pan, dar gracias y comer, les infunde esperanzas a unos marinos, soldados y pasajeros desesperados.

De igual modo, la iglesia tiene palabras de esperanza para el mundo. Esa esperanza se basa en que la iglesia tiene una visión del futuro distinta de la del mundo. Pero el mundo no nos creerá si no vivimos ya a partir de esa esperanza. Sus compañeros creen a Pablo, y se animan a comer, cuando le ven comiendo. El mundo nos creerá, y se animará a creer, en la medida en que nos vea siendo verdaderamente el pueblo de una nueva esperanza que anuncia y vive desde ya un futuro distinto. En medio de un continente en constante crisis de desesperanza, con enormes deudas internacionales, trágicas situaciones políticas, y un ambiente biológico cada vez más contaminado, la iglesia no tiene otra alternativa que ser anuncio, con sus palabras, con sus acciones y con su propia vida interna, del futuro distinto que Dios nos tiene prometido.

Lo que Pablo hizo nos recuerda la comunión: tomó pan, dio gracias, lo partió e invitó a otros a participar. Quizá lo que nos atañe ahora a nosotros es hacer lo mismo en sentido contrario: que nuestra comunión sea tal que le recordemos al mundo la esperanza de su propia salvación, del Reino de Dios. Que al tomar pan, bendecirlo y partirlo, nuestra misma acción, y la vida que de ella surja, sean anuncio vivo del nuevo orden del Reino. Tal iglesia es verdaderamente esperanza del mundo. Y lo contrario es también cierto: la iglesia que carezca de la fidelidad necesaria para ser anuncio de esperanza, no merece sino ser echada fuera, como Jonás de la nave que zozobraba, o como sal que no sirve ya sino para ser hollada.

3. En la isla de Malta (28.1-10)

La isla en que los náufragos encuentran refugio es Malta.[63] Al parecer tocan tierra en la bahía de Melieha, en la costa norte de esa isla.[64] La palabra que RVR traduce por «naturales» es *bárbaroi*, término que se empleaba para quienes no hablaban el griego. El idioma de los maltenses hasta el día de hoy es una lengua de origen fenicio, y por tanto semítica. En cierto modo, contrasta en 28.2 el hecho de que Lucas llame a los naturales de la isla «bárbaros» con su indicación de que «nos trataron con no poca humanidad».

Puesto que los náufragos eran 276, es de suponerse que los que se reunieron alrededor del fuego a que se refiere 28.2 eran un grupo de entre ellos, mientras otros se reunían alrededor de otros fuegos o se calentaban de otro modo. En tiempos de tormenta en octubre, la temperatura en Malta puede ser de doce grados centígrados (54 Fahrenheit), y por tanto los náufragos, mojados como estaban, necesitarían calentarse.

Tiene entonces lugar el episodio de la víbora. El texto resulta claro, y no necesita mayor explicación. Hay en la antigüedad otros casos paralelos en los que un náufrago muere mordido por una serpiente.[65] La principal dificultad está en que en Malta no hay serpientes venenosas. Tradicionalmente los maltenses han explicado esto diciendo que, a consecuencia del milagro de Pablo, todas las serpientes en Malta perdieron su veneno. Los eruditos más escépticos dicen que esto prueba que se trata de una leyenda. Otra posibilidad es que, por tratarse de una isla relativamente pequeña y densamente habitada, las serpientes venenosas, perseguidas por los habitantes, hayan acabado por desaparecer.

El episodio de la serpiente es breve y muestra la veleidad de las gentes. Primero piensan que Pablo debe ser un pecador terrible, pues la serpiente le muerde. Luego, al ver que vive, piensan que es un dios. En ambos casos se equivocan. Lucas no nos dice una palabra sobre lo que hizo Pablo para hacerles cambiar de opinión. Ya antes nos contó otro episodio parecido en Listra, donde Pablo y Bernabé sí insistieron en que no eran dioses.

En el v. 7 cambia la acción. Un «hombre principal de la isla» ofrece

---

63 Aunque una antigua tradición sostiene que fue en realidad la isla hoy llamada Mljet, en el mar Adriático frente a Dubrovnik. O. F. A. Meinardus, «St. Paul Shipwrecked in Dalmatia», *BibArch,* 39 (1976), 145-47.

64 N. Heutger, «Paulus auf Malta im Lichte der maltesischen Topographie», *BibZeit,* 28 (1984), 86-88.

65 Haenchen, *Acts,* p. 713, n. 5.

hospedaje a los náufragos. El título «hombre principal» parece ser una fórmula oficial, y da a entender que Publio era el representante de Roma allí. Como tal, ofreció a los náufragos hospedaje por tres días, mientras encontraran otros lugares donde hospedarse (pues en total permanecieron en la isla tres meses, probablemente esperando la mejoría del tiempo). Sobre este Publio no sabemos más que lo que se nos dice aquí. Es más, extraña el que Lucas no dé su nombre completo. Durante esos tres meses, hubo muchas sanidades en la isla, de las cuales la primera fue la del padre de Publio. (Es en este pasaje que aparecen algunos de los términos que se han empleado para afirmar que Lucas era médico. Sobre esto, véase la Introducción al presente volumen.) No se dice una palabra sobre la predicación, sino solamente de los muchos milagros hechos por medio de Pablo, y de las muchas atenciones que él y sus compañeros recibieron por parte de los maltenses. La tradición posterior sí afirma que Pablo fundó una iglesia allí, y que Publio fue su primer obispo.

¡Ojo con la teología barata!

Al leer este pasaje, vemos, como ya lo señalamos, la facilidad con que los maltenses cambian de opinión con respecto a Pablo. Primero, al ver que una serpiente le muerde, piensan que debe ser un terrible pecador. Luego, cuando ven que no muere, piensan que debe ser un dios. En ambos casos se equivocan. Como ha dicho un comentarista sobre este pasaje, «la mala teología resulta tan inepta en su interpretación del sentido de la tragedia como en su atribución de la buena fortuna».[66] Los maltenses se equivocaron en el primer caso, porque el que la serpiente mordiera a Pablo no quería decir que fuese particularmente pecador. Y se equivocaron igualmente en el segundo, porque el hecho de que sobreviviera no quería decir que fuese un dios. Pablo no es ni un pecador empedernido ni un dios. Es un ser humano a quien Dios ha llamado —como nos ha llamado a todos nosotros— y le ha encomendado una misión, como nos la ha encomendado a todos nosotros. En el curso de esa misión, encuentra momentos difíciles: cárceles, azotes, naufragios, y encuentra también momentos gloriosos: conversiones, sanidades, liberaciones. Por lo pronto, en Malta, es un prisionero que aguarda su juicio ante Nerón.

Lo que Lucas aquí nos cuenta es mucho más que una anécdota interesante sobre unos «bárbaros» del siglo primero. Tristemente, la misma teología de los maltenses se ha infiltrado en la iglesia cristiana, y es particularmente popular en algunos círculos hispa-

---

[66] Willimon, *Acts*, p. 185

nos. Según esa teología, quien sufre algún infortunio lo sufre como castigo por su pecado, mientras que quien tiene fe y es obediente a los mandatos del Señor sale ileso de todo contratiempo y prospera económicamente. No hace poco escuché a un predicador, en un programa de televisión en cierta capital latinoamericana, dar testimonio de cómo Dios le había enriquecido, dándole dos coches, una lujosa casa, y no recuerdo cuántas cosas más. Miraba yo el programa de pie en la calle, frente a un receptor público. A mi lado, una pobre mujer, descalza y con una enorme canasta al brazo, escuchaba atenta al predicador. ¿Qué pensaría y sentiría esa mujer, me pregunto, al escuchar aquel testimonio? ¿Pensaría que ella era pobre, y sus hijos no tenían qué vestir, porque era peor pecadora que yo, quien estaba bien vestido a su lado? ¿Pensaría que los actores de televisión que había visto poco antes en una telenovela, engañándose unos a otros, eran mejores que ella, porque tenían automóviles y casas lujosas? ¿O pensaría quizá, con esa profunda sabiduría producto de la vida, que el predicador no sabía lo que estaba diciendo?

No sé lo que esa mujer pensaría. Pero una cosa sí sé. Lo que estaba escuchando no eran las Buenas Nuevas del que nació en un pesebre, no tuvo ni donde reposar la cabeza, y murió en una cruz. Lo que estaba escuchando era más bien la teología barata y no cristiana de aquellos maltenses, que creían que si la serpiente mordía a Pablo, ello era señal de su pecado, y si no moría, ello quería decir que era un dios.

Y lo triste del caso es que esa teología «barata» en realidad resulta harto cara. El precio de ella es que no nos atrevemos a hablar de nuestros dolores y nuestras angustias, pues según esta teología, son culpa nuestra, índice de nuestra propia corrupción. El precio de ella es la internalización de la opresión del pobre, a quien se le dice que si es pobre ello se debe a que ha pecado. El precio de ella es una iglesia en la que, contrariamente a lo que nos enseña la Biblia, se desprecia al pobre, al enfermo y al dolido, y se enaltece al rico, al poderoso y al saludable. El precio, en fin, es el abandono de la cruz de Cristo y de su más profundo significado.

F. Pablo en Italia (28.11-31)

1. Camino a Roma (28.11-15)

Por fin, tras pasar tres meses en Malta, el grupo continuó su viaje hacia Italia. Lucas no nos dice si en esta nave, que era alejandrina como la anterior, se embarcaron todos los 276 náufragos, o solamente algunos de ellos. Sí dice que la nave llevaba la insignia de los Dióscuros (que RVR traduce con sus nombres, «Cástor y Pólux»). Estos eran dos dioses gemelos, patronos de los marinos. La nave, que había invernado en Malta, los llevó primero a Siracusa, en Sicilia, luego fue bordeando la costa oriental de esa isla hasta llegar a Regio, en el extremo mismo de la península italiana, y de allí siguió hasta Puteoli (o Pozzuoli). Este era un puerto poco más al norte de Nápoles. Aunque Lucas no lo dice explícitamente, fue allí que el grupo desembarcó, para entonces continuar el viaje por tierra hasta Roma.

El versículo 14 es notable por dos razones. En primer lugar, porque es señal de que en el puerto relativamente pequeño de Puteoli, tan distante de Palestina, ya había una iglesia. No sabemos cómo llegó el cristianismo hasta ese lugar; pero ello es recordatorio de que lo que Lucas cuenta es solamente una parte de la historia, y que mientras Pablo y Bernabé llevaban a cabo su trabajo misionero había también muchísimos otros que hacían obra parecida. En segundo lugar, este versículo es notable porque da a entender que Pablo tenía suficiente libertad para decidir permanecer en Puteoli una semana, a petición de los cristianos del lugar.[67] Tras medio año de convivencia, parece que el centurión Julio había llegado a respetar y quizá en cierto modo hasta a amar al preso cuya custodia le había sido encomendada.

La demora de una semana en Puteoli les da tiempo a los hermanos de esa ciudad para enviar aviso a Roma, de donde salen entonces otros hermanos para encontrarse con el séquito paulino. Algunos de éstos, posiblemente los más vigorosos, o quizá algunos que iban a caballo, se encuentran con Pablo y sus acompañantes en el Foro de Apio, que estaba a unos 65 kilómetros de Roma. Los otros, quizá un día más tarde, en las Tres Tabernas, 16 kilómetros más allá. Lucas nos informa que «al verlos, Pablo dio gracias a Dios y cobró aliento».

2. Pablo en Roma (28.16-31)

Por fin llegamos a Roma. RVR, VP y BA incluyen aquí una frase tomada del texto occidental (y de la recensión antioqueña): «el centurión entregó los presos al prefecto militar». Esto era de rigor, y posiblemente fue por eso que el redactor del texto occidental lo añadió; pero el texto ordinario no lo incluye, y por ello no aparece en otras versiones tales como RVA, BJ y NBE. En todo caso, «a Pablo se le permitió vivir aparte, con un soldado que le custodiase». Esta es la *custodia militaris* a que hemos hecho referencia antes. Por 28.30 sabemos que Pablo alquiló una casa.

Tres días después (posiblemente el tiempo que le tomó determinar el carácter de su prisión, encontrar alojamiento y hacer otros arreglos) Pablo convocó a los líderes de los judíos en la ciudad. Es él quien toma la iniciativa

---

67 El texto occidental, quizá para evitar dar la impresión de que Pablo podía tomar tal decisión por cuenta propia, habla de una permanencia de siete días con los cristianos de Puteoli, sin mencionar lo de la invitación.

convocó a los líderes de los judíos en la ciudad. Es él quien toma la iniciativa de explicarles a estos judíos por qué está preso, resumiendo los acontecimientos que hemos visto en capítulos anteriores. Sus interlocutores le responden que, aunque han oído hablar mal del cristianismo, no han recibido de Jerusalén noticia alguna acerca de Pablo, ni han venido delegados para proseguir las acusaciones. Esto puede sorprendernos, pues hemos visto el ahínco con que los jefes judíos de Jerusalén perseguían a Pablo. Recordemos que unos años antes, por motivo de los desórdenes que tuvieron lugar entre los judíos en Roma en torno a la predicación de «Cresto», el emperador Claudio había expulsado de la ciudad, si no a todos los judíos, al menos a sus jefes. Por tanto, es muy probable que los judíos de Roma quisieran evitar incidentes parecidos, y que los de Jerusalén, sabiendo que tal era la situación en Roma, decidieran olvidarse del caso de Pablo.[68] En todo caso, los judíos deciden darle una oportunidad para que les explique con más detalles de qué se trata.

El día señalado, se reunieron con Pablo «muchos», y el apóstol pasó todo el día tratando de persuadirles «tanto por la ley de Moisés como por los profetas». Como al principio del libro, Lucas vuelve ahora a resumir el mensaje cristiano como testimonio del «reino de Dios» (28.23 y 31). Y, como en tantas otras ocasiones anteriores, unos creen y otros no. En vista de ello, Pablo les cita el texto de Isaías 6.9-10 en el que se habla de la dureza de corazón del pueblo de Dios, y concluye diciendo que «a los gentiles es enviada esta salvación de Dios; y ellos oirán». Al oír esto, los judíos se van, divididos entre sí (*asymfônoi*).

Este episodio resume en cierto modo lo que hemos visto repetidamente en todo el libro: el mensaje es primeramente para los judíos; pero cuando ellos no creen, se les ofrece la misma oportunidad a los gentiles. Lo que ha sucedido a lo largo de toda esta historia que Lucas acaba de contar es precisamente eso, según se ha ilustrado repetidamente en diversos incidentes.

Por último, Lucas termina con otro de sus famosos resúmenes, pues en dos versículos incluye dos años durante los cuales Pablo predica el reino de Dios y enseña acerca de Jesucristo «abiertamente y sin impedimento». Ahí termina el libro. Ni una palabra se nos dice acerca de lo que fue de Pablo. Quizá los dos «años» sean una referencia al período máximo en que un preso podía estar sujeto sin llevarle a juicio (véase el comentario a 24.27). Por otros escritos e indicios históricos podemos hacernos conjeturas sobre lo que fue de Pablo. Pero Lucas no nos lo dice.[69]

---

68 Sobre el decreto de Claudio, véase el comentario 18.2.

69 Las Epístolas Pastorales (Timoteo y Tito) dan a entender que Pablo pudo salir de Roma y visitar España y varios otros lugares —inclusive Efeso, a donde había dicho que no esperaba poder volver. Puesto que la autoría de las Pastorales se discute, se discute también su testimonio en este sentido (véase la introducción a las pastorales en el volumen del *Comentario Bíblico Hispanoamericano* dedicado a ellas, escrito por Marcos Antonio Ramos). Clemente de Roma, el fragmento de Muratori y otros escritos antiguos hablan de un viaje de Pablo a España. La

Epílogo: Los hechos del Espíritu

En cierto modo, el fin del libro le da unidad a toda la doble obra lucana. El Evangelio comienza colocando el advenimiento del Señor en su contexto político: «en los días de Herodes, rey de Judea» (Lc. 1.5); «se promulgó un edicto por parte de Augusto César» (Lc. 2.1); «siendo Cirenio gobernador de Siria» (Lc. 2.2). Ahora el libro termina en un contexto semejante, con Pablo en Roma a consecuencia de las acciones de los jefes judíos, prisionero del César, y aguardando su veredicto. El primer libro empieza entre judíos, con referencia a Roma, y el segundo termina en Roma, con referencia a los judíos.

Hemos dicho que el libro termina. Pero en realidad no termina, sino que más bien se acaba. Al leer la última palabra, queremos voltear la hoja, para leer la próxima página. Pero la próxima página no está. ¿Qué fue de Pablo? ¿Qué sucedió después? ¿Qué de los otros apóstoles? Quizá, en lugar de punto final, el libro debería terminar con puntos suspensivos...

¿Por qué no termina el libro? Los eruditos lo han discutido interminablemente, produciendo diversas teorías. Pero la explicación es bien sencilla: el libro no termina porque los hechos del Espíritu no terminan. Si en realidad se tratara de los «Hechos de los apóstoles», Lucas nos hubiera contado lo que hizo cada uno de los apóstoles después de la ascensión del Señor. Pero no; Lucas no tiene en este segundo libro otro protagonista que el Espíritu. Mientras seguimos aguardando el Reino, los hechos del Espíritu continúan.

Y esto es precisamente lo que le da valor y autoridad al libro de Hechos. Si se tratara únicamente de anécdotas sobre los apóstoles o sobre la iglesia primitiva, podría ser muy inspirador, pero así y todo no sería más que un viejo libro con interés anticuario. Pero no es así. El mismo Espíritu cuya acción vemos en Hechos sigue actuando entre nosotros; seguimos viviendo en tiempos de los hechos del Espíritu; vivimos, por así decir, en el capítulo 29 de Hechos; y mientras sigamos viviendo en estos tiempos, ese libro será Palabra de Dios para nuestro provecho y dirección. ¡Estudiémosla y hagamos de ella una práctica diaria!

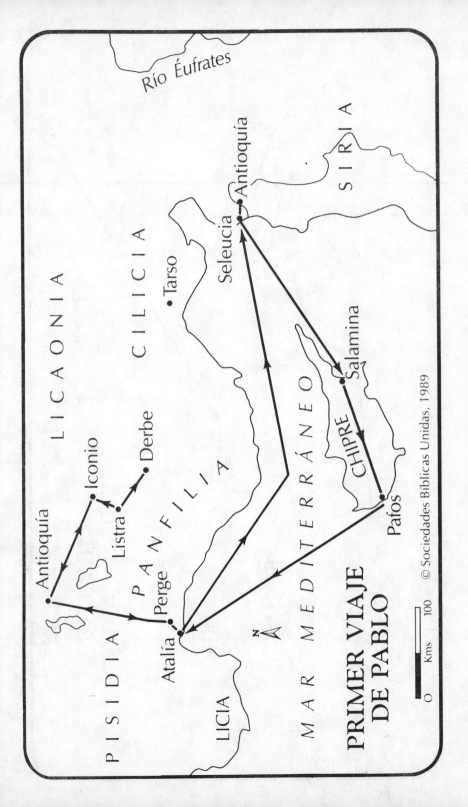

Río Éufrates

SIRIA

Antioquía

Seleucia

Tarso

CILICIA

LICAONIA

Iconio

Derbe

Listra

PISIDIA

Antioquía

PANFILIA

Perge

Atalía

LICIA

Salamina

CHIPRE

Pafos

MAR MEDITERRÁNEO

N

**PRIMER VIAJE
DE PABLO**

© Sociedades Bíblicas Unidas, 1989

0   100
Kms

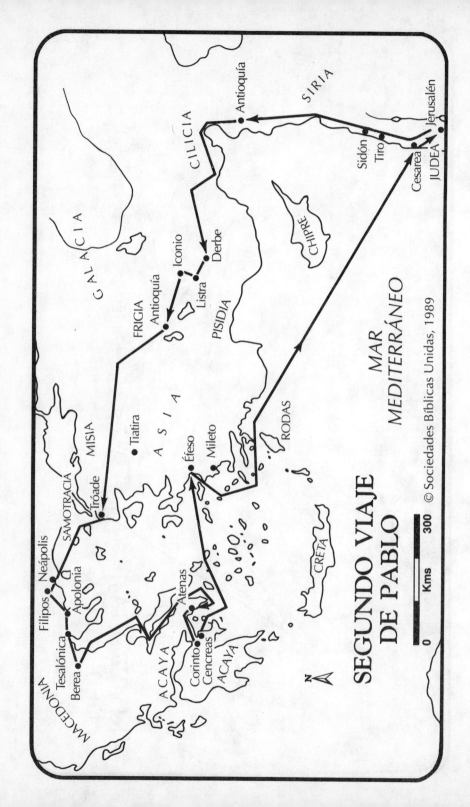

SEGUNDO VIAJE
DE PABLO

MAR
MEDITERRÁNEO

© Sociedades Bíblicas Unidas, 1989

0   Kms   300

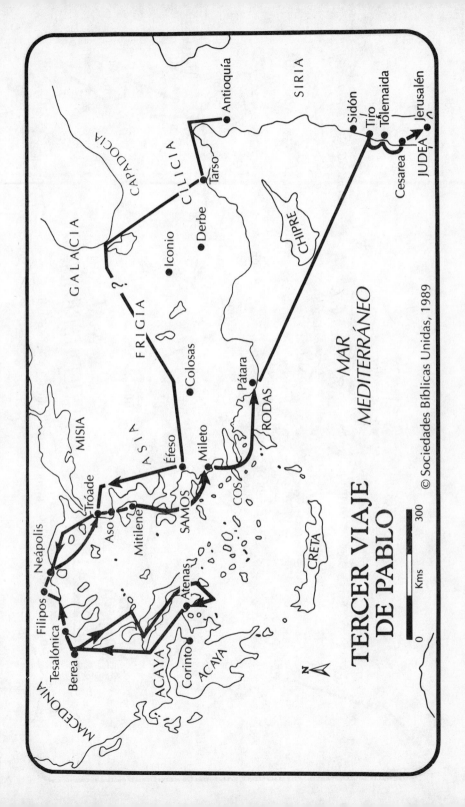

TERCER VIAJE
DE PABLO

MAR
MEDITERRÁNEO

© Sociedades Bíblicas Unidas, 1989

Kms   0   300

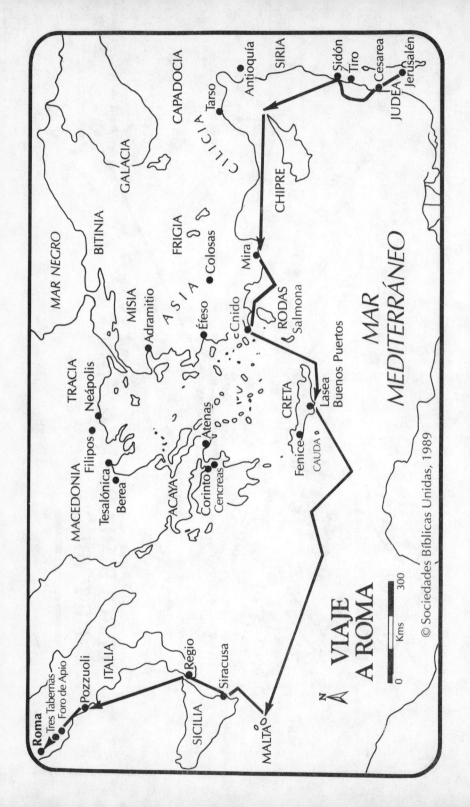

VIAJE A ROMA

© Sociedades Bíblicas Unidas, 1989

EDITORIAL CARIBE